"十三五" 国家重点出版物出版规划项目

应用语言学
核心话题系列丛书
Key Topics in
Applied Linguistics

U0728178

KEY TOPICS

外语学科核心话题
前沿研究文库

▲ 心理语言学
Psycholinguistics

句子加工研究

*

Sentence Processing

吴芙芸　著

外语教学与研究出版社
FOREIGN LANGUAGE TEACHING AND RESEARCH PRESS
北京 BEIJING

图书在版编目（CIP）数据

句子加工研究 ／ 吴芙芸著． －－ 北京 ：外语教学与研究出版社，2021.12（2022.5 重印）
（外语学科核心话题前沿研究文库. 应用语言学核心话题系列丛书. 心理语言学）
ISBN 978-7-5213-3195-0

Ⅰ．①句… Ⅱ．①吴… Ⅲ．①句法 - 研究 Ⅳ．①H043

中国版本图书馆 CIP 数据核字 (2021) 第 247537 号

出 版 人　王　芳
选题策划　常小玲　李会钦　段长城
项目负责　解碧琰
责任编辑　解碧琰
责任校对　毕　争
助理编辑　周　娜
装帧设计　杨林青工作室
出版发行　外语教学与研究出版社
社　　址　北京市西三环北路 19 号（100089）
网　　址　http://www.fltrp.com
印　　刷　北京盛通印刷股份有限公司
开　　本　650×980　1/16
印　　张　26
版　　次　2022 年 1 月第 1 版 2022 年 5 月第 2 次印刷
书　　号　ISBN 978-7-5213-3195-0
定　　价　103.90 元

购书咨询：（010）88819926　电子邮箱：club@fltrp.com
外研书店：https://waiyants.tmall.com
凡印刷、装订质量问题，请联系我社印制部
联系电话：（010）61207896　电子邮箱：zhijian@fltrp.com
凡侵权、盗版书籍线索，请联系我社法律事务部
举报电话：（010）88817519　电子邮箱：banquan@fltrp.com
物料号：331950001

记载人类文明
沟通世界文化
www.fltrp.com

出版前言

　　随着中国特色社会主义进入新时代，国家对外开放、信息技术发展、语言产业繁荣与教育领域改革等对我国外语教育发展和外语学科建设产生了深远影响，也有力推动了我国外语学术出版事业的发展。为梳理学科发展脉络，展现前沿研究成果，外语教学与研究出版社汇聚国内外语学界各相关领域专家学者，精心策划了"外语学科核心话题前沿研究文库"（下文简称"文库"）。

　　"文库"精选语言学、应用语言学、翻译学、外国文学研究和跨文化研究五大方向共25个重要领域100余个核心话题，按一个话题一本书撰写。每本书深入探讨该话题在国内外的研究脉络、研究方法和前沿成果，精选经典研究及原创研究案例，并对未来研究趋势进行展望。"文库"在整体上具有学术性、体系性、前沿性与引领性，力求做到点面结合、经典与创新结合、国外与国内结合，既有全面的宏观视野，又有深入、细致的分析。

　　"文库"项目邀请国内外语学科各方向的众多专家学者担任总主编、子系列主编和作者，经三年协力组织与精心写作，自2018年底陆续推出。"文库"已获批"十三五"国家重点出版物出版规划项目，作为一个开放性大型书系，将在未来数年内持续出版。我们计划对这套书目进行不定期修订，使之成为外语学科的经典著作。

我们希望"文库"能够为外语学科及其他相关学科的研究生、教师及研究者提供有益参考，帮助读者清晰、全面地了解各核心话题的发展脉络，并有望开展更深入的研究。期待"文库"为我国外语学科研究的创新发展与成果传播作出更多积极贡献。

外语教学与研究出版社
2018年11月

目录

总序

　　当前国际范围内对应用语言学的认识以"国际应用语言学协会"（Association Internationale de Linguistique Appliquée，AILA）给出的定义最具代表性（De Bot 2015：26-31）。该协会认为：应用语言学是研究现实语言问题的交叉学科。相关语言问题可借助既有语言学理论和方法，也可采用新创的理论思路或手段加以解决。语言教学、社会语言学、语料库语言学、跨文化交际、语言政策与规划等是应用语言学的常见领域。上述理解已渐成共识，主流期刊（如 Applied Linguistics）与最新出版的《应用语言学手册》和《语言学与应用语言学百科全书》涵盖范围也大致如此。

　　虽说应用语言学学科分支广泛而多元，但不难看出所谓的狭义应用语言学，即语言的教与学，仍是热门的话题，相关成果也令人瞩目。究其原因，早在1964年召开的第一届国际应用语言学大会（AILA World Congress）上，语言教学便是首要议题。其后几十年来，应用语言学的疆域不断延展，而语言教学研究的热度则长盛不衰。在这一进程中，语言教学领域不断分化，譬如按语言构成、语言技能、语言教学环节、语言教学主体、语言教学机制等，衍生出语音、词汇、语法、语篇、语用教学，听说读写译教学，课堂教学与语言测评，学习者及教师、中介语和语言习得的社会和心理机制等相关教学及研究。此次"应用语言学核心话题系列丛书"设立的语言习得、社会语言学、心理语言学、语料库语言学、语言测评、二语写作、外语教师教育等子系列，正是我国发展较快的几大核心领域。

现代意义上的语言教学理论探讨，可追溯到20世纪20、30年代英美学者在中国（以Lawrence Faucett为代表）、日本（以Harold Palmer为代表）、印度（以Michael West为代表）开展的英语教学实践和理论总结（Howatt & Smith 2014: 85）。随着1941年密歇根大学"英语研究所"（English Language Institute）的成立以及Charles C. Fries（1945）*Teaching and Learning English as a Foreign Language* 一书的出版，语言教学研究大势渐成。其后，各类应用语言学组织、会议、专论和学刊如雨后春笋般涌现。

我国应用语言学的发展历程与改革开放同步。在桂诗春先生等先驱开辟的广阔天地里，从引介到创新（何莲珍 2018；王初明 2018），应用语言学走过了锐意进取、成果丰硕的四十年。在研究领域方面，我国应用语言学研究的主体也是语言教学，尤其是英语教学和对外汉语教学。即便是我国的语料库语言学研究，也以英汉中介语分析为最盛，意在解决语言学习问题。在研究成果方面，中国大陆学者在过去十余年里产出的高水平应用语言学研究成果令人瞩目，高影响因子英文论文数量激增（Lei & Liu 2018）。我国应用语言学学者正以实际行动赢得国际学术话语权，提升国家文化软实力。

更令人欣喜的是，以文秋芳"产出导向法"、王初明"续理论"等为代表的中国特色理论探索与实践创新，均表明我国应用语言学学者正从西方思想搬运工向中国理念设计师转变。在此过程中，理论本身的完善和学界思想的碰撞在所难免。但不可否认，聚焦语言运用与语言教学中的真问题，有意识地建构本土特色应用语言学理论（另见崔希亮 2007: 8），是我国学者责无旁贷的使命。

本系列丛书正是坚守传承与创新的使命，本着梳理学科发展脉络，展现前沿研究成果的宗旨，从应用语言学不同领域的核心话题入手，评述相关理论与实践的沿承、探索与发展，力求体现学术性、系统性、前沿性与引领性。下面对各子系列作一简介。

语言习得系列

主编为蔡金亭教授。该系列从语言本体、认知、社会等多视角考察语言习得的影响因素、过程与结果。该系列有三个特点。第一，专家写专题。该系列首批包括四本书:《二语词汇习得研究》《语言迁移研究》《二语学习同伴互动研究》和《二语的外显学习和内隐学习》。因其独特的重要性，这些专题几十年来一直备受关注，佳作纷呈，亟须我国外语教师和研究人员了解其历史和现状。四位作者均在各自领域深耕多年，具有丰富的经验与独特的视角。第二，理论、实证、方法有机结合。所有专著都在介绍相关概念理论的基础上，系统梳理了国际及国内的实证研究，并对相关研究方法进行了专门归纳。第三，客观梳理与主观评论兼顾。作者在综述各领域的研究时，一方面以具体研究问题为主线对前人研究进行系统梳理，另一方面从研究内容、研究方法、结果与讨论等方面进行有针对性的评论，既帮助读者了解现状，又激发读者对未来研究进行思考。

社会语言学系列

主编为高一虹教授。社会语言学是研究语言与社会关系的交叉学科，大致可分为较为宏观的部分(如语言政策与规划)和较为微观的部分(如语言变异)。社会语言学描述现实情境中的语言现象，并对其进行解释。就对材料解释的理论视角而言，社会结构与个人主体能动性构成主要的关系，强调社会结构对语言行为影响的称为“社会结构主义”，强调个体在与环境互动中之能动性的称为“社会建构主义”。从半个世纪本学科的发展来看，有一个从社会结构主义向社会建构主义逐渐发展的过程。这一发展体现在子领域内部的研究取向、解释视角以及研究话题的转向、新概念和子领域的兴起等。“社会语言学系列”首批包括四本书。第一本是《社会语言学视角下的共同体》。这是社会语言学兴起时的原始核心话题，关注社会结构因素对语言的影响。后来变异研究和共同体研究经历了从结构观向建构观的发展过程。因此这是一个经典而又崭新的领域。第二本是《社会语言学视角下的言语交际》。它聚焦个体的交际过程，包括称谓语、礼貌、交际策略等多个方面，与语用学、修辞学等有交叉。在这个子领域，建构观的影响更加突出。第三本是《从世界英语到国际通用英语》。该话题可以说是语言变异研究的延伸，能为传统上以"本族语"为样板的外语教学提供较开阔的社会视角。第四本是《语言态度与语言认同》。这实际是两个相互关联的话题，其中语言态度受到持续关注，而语言认同近一二十年来才成为社会语言学中的显性和热门话题。这四本书只涉及了社会语言学的一部分内容，较偏向微观。我们期待以后将更多的话题介绍给国内读者，以促成更多本土的创新性研究。

心理语言学系列

主编为董燕萍教授。心理语言学研究语言使用和习得的心理机制。语言使用包括语言的理解和产出；语言习得包括母语、二语、三语、双语及多语的习得，但一般侧重母语的习得，因为这是语言习得研究的根本；心理机制常常指加工某一问题时的心理过程及在这个过程中呈现的规律，还可能因为研究方法及视角的不同而被称为认知机制或者神经机制。心理语言学一般采取实验方法，通过操纵变量从而更好地研究某些变量的作用。在充分考虑已出版以及即将出版的同类图书基础上，基于话题的重要性和前沿性以及避免重复出版的原则，本系列首批包括三本书：《词汇加工研究》《句子加工研究》和《口译加工研究》。前两本书探讨心理语言学最根本、最传统、最核心的话题，最能体现心理语言学研究的精髓，是语篇加工研究及语言产出研究的基础。第三本在口译这项极具挑战性的语言任务中综合探讨语言理解和产出以及两者之间的协调关系。该话题最能体现心理语言学的学科交叉性和前沿性。三本专著从不同层面阐述语言加工的心理机制，并介绍具体研究方法，包括行为的方法（收集眼动数据、按键或者说话的反应时长、产出的语料等）和神经科学的方法（收集脑电数据、磁共振数据等）。

语料库语言学系列

主编为许家金教授。语料库语言学立足语用，突出概率，讲求方法，重视语境，既可构建语言理论，也可指导语言运用。语料库语言学作为以方法论见长的语言学分支，已广为语言学界接纳。其应用甚至扩展到传播学、文学、政治学、社会学和法学等人文社科领域。在国际范围内，基于语料库的话语研究成果尤其丰硕。因此，本系列第一本书便以《语料库与话语研究》为题展开讨论。该书不仅介绍了语料库语言学在话语组织方面的研究思路，还着重探讨了如何借助语料库考察话语中的身份或形象建构。在我国，语料库语言学选题集中于中介语及翻译语言研究，相关成果数以百计。本系列第二本书《语料库与双语对比研究》在对英汉语宏观特征量化描写的基础上，围绕英汉语介词、指称范畴、句段内部构成、事件编码方式、话语功能等议题作了深入对比。此外，为进一步拓展我国语料库语言学的选题视野，本系列还特别推出《语料库与学术英语研究》一书。该书着眼于学术英语的词汇、语法、话语特色及学科差异等，旨在通过语料库方法对学术英语进行精细描写，挖掘其典型特征，从而助力我国学者在国际上发表论文。

语言测评系列

主编为韩宝成教授。本系列首批将出版三本书:《语言测评效度验证研究》《语言测评反拨效应研究》和《Rasch测量理论在语言测评中的应用研究》。《语言测评效度验证研究》对语言测试学科出现的四种效度验证模式进行深度剖析，分析经典效度研究案例，阐释如何收集效度证据并构建效度论证框架。《语言测评反拨效应研究》基于实证研究，重点介绍反拨效应的成因与本质，分析如何通过实施有效测试促教促学。近年来，Rasch模型在语言测评研究中受到广泛重视，《Rasch测量理论在语言测评中的应用研究》将结合Rasch模型在测评研究以及测评开发中的应用研究，系统介绍和分析该模型的原理、使用方法和相关研究进展。本系列的出版将有力推动我国语言测评研究的发展。

二语写作系列

主编为王立非教授。本系列首批将出版五本专著:《二语写作课堂教学研究》《二语写作认知心理研究方法与趋势》《二语写作测评方式研究》《二语写作身份认同研究》和《体裁与二语写作研究》。本系列有以下三个特色:第一,从社会文化的宏观视角和心理认知的微观视角,聚焦二语写作领域的前沿问题,对国内外二语写作研究现状、研究热点进行深度剖析,对本领域的未来发展趋势作出预测;第二,以中国大学生和学生写作文本为研究对象和语料,分析中国人学习英语写作的重点和难点,寻求适合提高中国学习者二语写作能力的路径和方法;第三,选择的话题具有代表性和跨学科性,都是当前高校英语写作教学改革的热点问题,有助于加深我们对二语写作的特点与规律的认识,探讨二语写作教学改革的新模式和路径。

外语教师教育系列

主编为徐浩副教授。本系列聚焦外语教师学习与发展的核心话题,既突出教师学习的动态过程,又关注教师发展的影响因素,同时致力于采用更具综合性、整合性的视角来描述、分析、建构教师学习与发展的历程和规律。本系列在重点综述经典文献和前沿文献的同时,将着重对核心概念进行梳理和辨析,并通过综述框架的创新,展示核心话题的新维度与新视角。本系列首批涵盖外语教师学习、外语教师能力、外语教师共同体、外语教师知识等核心话题。《外语教师学习》基于三大学习理论分别从外语教师学习的结果、过程、途径和环境展开讨论;《外语教师能力》从教育心理学的视角,分别对外语教师能力的行为维度、认知维度和社会建构维度进行探讨,并提出一个整合性的研究框架;《外语教师共同体》从实然而非应然的角度,对外语教师所置身参与的各类共同体展开剖析,尤其关注我国外语教师共同体活动的实践及其特点,并对相关研究进行综述;《外语教师知识》解析外语教师认知、行为的核心基础——教师知识,阐述教师知识的性质、特点、生成机制和建构过程。

从上述介绍可以看出，我国已出现一批学养深厚、术有专攻的应用语言学中坚力量。他们将聚焦应用语言学领域的核心话题，引领我们解决本土语言运用难题，并不断走向国际学术前沿。希望更多的同行和年轻学子加入这一学术共同体，研读经典，探讨新知，让我国应用语言学绽放出实践智慧和理论光彩，而不再只是语言学理论的应用。本丛书还将根据国内外应用语言学研究进展适时再版，并不断扩充话题。希望本丛书能为同行学者和青年学子拓展科研视野，丰富研究方法作出积极贡献。

"应用语言学核心话题系列丛书"编委会

2018年12月

参考文献

De Bot, K. 2015. *A History of Applied Linguistics: From 1980 to the Present.* London: Routledge.

Fries, C. 1945. *Teaching and Learning English as a Foreign Language.* Ann Arbor: University of Michigan Press.

Howatt, A. & R. Smith. 2014. The history of teaching English as a foreign language from a British and European perspective. *Language and History* 57 (1): 75-95.

Lei, L. & D. Liu. 2019. Research trends in applied linguistics from 2005 to 2016: A bibliometric analysis and its implications. *Applied Linguistics* 40 (3) : 540-561.

崔希亮，2007，谈汉语二语教学的学科建设，《世界汉语教学》(3)：6-8。

何莲珍，2018，从引介到创新：中国应用语言学研究四十年，《外语教学与研究》(6)：823-829。

王初明，2018，我国应用语言学研究在解决问题中前行，《外语教学与研究》(6)：813-816。

前言 [1]

　　语言或言语（utterance）交流贯穿于人类日常生活的始终。成年人一般都能自如地运用母语，进行无障碍的交流，即使常有停顿、反复，或人声与四周噪音交织，也能瞬间理解彼此的意思。语言加工看似稀松平常，其内部过程却极其复杂。仅从听者角度看，每一次顺畅的理解，意味着其对于语流中出现的每个最新字词，都能即时地融入现有结构，并不断更新，最终将之构建、整合为一个合乎规范的表征（representation），获得句义的理解。这些过程需要大脑多个部门之间的协调合作，并在几百毫秒内完成，迅捷而内隐，因此不易察觉。但只要我们稍加留意，就会体察到人类加工语言的高效性。比如，在人流如织的地铁站台上，当你试图跟苹果手机上的智能语音助手Siri聊天或对其发令时，她的反应就远不及你身边的同伴。又比如，当你身处会场，不便聆听来自父母的微信留言，启用了转录文字功能后，基于方言语音转写的文字内容很可能令你忍俊不禁。以上种种人机互动不畅的事例，背后的成因很多，包括声讯信号失真、语音切分困难、难以融会常识或百科知识等，而有些问题目前仍无法通过海量数据或改进算法予以彻底解决。事实上，迄今为止最新研发的机器人或人机在线聊天软件，在理解、产出人类语言时，其表现远不及人类般自

1　本书受到国家社会科学基金一般项目"记忆理论视域下汉语长依存构式中句法与语义加工的机制研究"（项目编号：20BYY160）资助。

然、流利,更遑论像人类那样顺畅自如地沟通了。这些都从侧面说明语言加工涉及极其复杂的过程。

毋庸置疑,语言是一种高级的认知活动,只有人类才真正具备语言或言语能力。那么,人类语言或言语的知识体系是什么?是如何组织的?其认知、加工过程,到底有何奥秘?这些问题都吸引着包括语言学、心理学、计算机科学、神经科学等在内的多个领域的研究者在持续不断地进行纵深性探索。每个领域都有其关注的重点,因此,对于同一个研究问题,其侧重点也迥异。就北美大学里从事语言研究的学者而言,受训于语言学系的,通常致力于验证生成句法(generative syntax)关于句子结构表征的理论假说,比如美国马里兰大学语言学系Colin Phillips教授及其实验室的系列工作;心理系出身的,则侧重语言的学习、理解、记忆及与一般认知的关系,比如威斯康星大学心理系的Maryellen MacDonald教授及其实验室的系列工作;背景为计算机科学的,更偏重对大脑的建模,比如斯坦福大学计算机系Christopher Manning教授、Dan Jurafsky教授的系列工作;认知神经科学系的,则偏好大脑各区域与语言加工之间的功能性定位与连接方式,比如麻省理工学院脑与认知科学系Eve Fedorenko教授及其实验室的系列工作。但作为科学研究,不同学科对语言的探究都遵循一种共同的科学精神,即基于数据或实证结果,来推衍、构建人类对语言的表征及加工过程。

本书主要采用实验心理语言学的视角,聚焦句子层面,系统介绍语言能力正常的成年人群对母语句子的实时理解研究,所涵盖的文献历时近六十年,取名为《句子加工研究》。心理语言学作为一个交叉学科相对年轻,1954年psycholinguistics这个词才在美国正式出现,发展至今,其核心成员仍然由心理学家和语言学家组成。语言学家主要关心语言本身的模式和规律,心理学家主要关心如何理解、解释人们在使用语言时的心理结构和过程,心理语言学家通常二者兼具,但更关心语言为何具有普遍性特征,在具体语言中如何有所变异,语言结构如何影响实时加工,等等。其中,句子加工研究占据重要地位,原因有三。首先,日常交流最常见的语言单位是句子,而非单词。其次，理解句子的最终目的在于提取其意，而句义的获取离不开组成句子的每个字词和层级结构。虽然句法加工（即构建结构）只是其中的一个侧面，但早期心理语言学界深受生成语法（Chomsky 1957）"句法自主性"的影响，句法统领语言的思想根植于心，且贯穿句子加工研究的始终。最后，句法研究为心理学家提供了一个视窗，用以窥探人类大脑基本的认知过程。综上所述，本书偏重行为方面的实证研究，对神经方面特别是脑成像研究仅稍作介绍，不会重点讲解。此外，本书不涉及儿童、失语症病人、二语者的句子加工研究，但成人母语者的加工模式可为这些人群提供参考。

本书以初涉心理语言学的学子和青年教师为目标受众，通过系统梳理、阐述国际主流句子加工研究的核心议题、理论模型、发展演变，旨在帮助他们集中了解、掌握句子加工研究的重要文献、主要发现、相关理论及证据，使其尽快入门，并能自行开始尝试将所学拓展、运用到汉语句子加工的相关议题研究中去。现有的句子加工研究以印欧语系为主，句子加工理论的提出多基于英语事实，也有基于德语、荷兰语的研究，少量基于日语的研究。汉语为孤立性语言，从类型学角度看，具有诸多独特参项和特殊句式，可望为检验现有理论提供新鲜的数据及洞见。但限于篇幅及议题的复杂性，本书仅概略地介绍汉语句子加工，但希望借此契机，启发、吸引更多的研究者投身于该领域的研究。

本书共有九章，具体安排如下。第一章为句子加工概述。第二章简要介绍句子加工研究的实验方法和范式、假说检验原理及数据解读要点。考虑到本书的使用者未必接受过实验设计、数理统计的训练，研读句子加工文献或有难度，故该章单列出此部分内容。已有相关背景的读者可以直接跳过该章。第三章介绍早期句子加工研究，着重于歧义句，对比两大对立模型及各自支持证据。该章内容是句子加工研究理论的基石，迄今为止本领域里新的模型都是针对这两大理论的预设或核心主张所提出的挑战及修正。第四章转向非歧义句的复杂句式，重点关注关系从句、嵌套句的加工，涉及中心词前置的英语、中心词后置的德语和印地语，以展现相关争议理论的涵盖面及解释力。第五章引入近期前沿研究。第六章从认知资源角度，讨论工作记忆与句子加工的关系。第七章从句子加工的神经基础角度，阐释脑电研究的主要发现以及几个神经认知模型的核心主张及异同之处。第八章回顾句子、语篇层面的语义加工，重点包括论元与嫁接语、辖域歧义、运动事件、事件强制的语义加工、代词的实时消解，并提及口语中韵律线索对句子加工的影响。第九章从会话研究出发，介绍理解与产出交融的研究动态及理论，并简略概述汉语句子、语篇加工的一些议题，最后，对句子加工研究提出展望。

本书的出版得益于各方的支持。首先，感谢"心理语言学系列"主编董燕萍教授2016年的邀请。虽然本人近十年来在沪上高校开设过"实验心理语言学"硕士课程，对于如何让近乎零基础的学子接受偏自然科学的知识内容并愿意啃下有一定门槛的学刊论文，也稍有心得，但在签约后才真正促使自己静心爬梳句子加工方面的研究，搭建一个入门级的框架，整合具体内容。感谢董教授通读初稿并提出修改意见和建议，这对我改善本书质量有很大帮助。其次，感谢外语教学与研究出版社责任编辑解碧琰女士对本人进度缓慢的宽容理解与耐心支持。本书写作期间，正值本人从专职研究员转向教研并重岗位之时，调整、适应新节奏的代价是屡次延迟交稿期限，但董教授及解编辑总能慨允，宽慰我心。再次，感谢解编辑及其同事周娜通读、校对书稿，并提出具体修改意见和建议，帮助我进一步完善书稿。

虽已近知天命之年，此书却乃初试啼声。缺乏著述经验，亦受限于学识，加上时间、精力上捉襟见肘，本书难免存在瑕疵及不尽人意之处。若未来有修订机会，当更求精进、完美。

吴芙芸

上海交通大学

2020年11月

| 第一章 | **概述** |

1.1 心理语言学的定义

语言学和心理学都属于科学研究，那么，融合了二者的心理语言学是怎样的一门学科呢？对于行外之人，初闻该名，或许会望文生义，将其与弗洛伊德的心理分析联系起来，以为心理语言学意味着听人讲话即可知其内心真实所想，充满了神秘甚至神奇的色彩。其实，心理语言学与弗洛伊德的精神分析毫无关系。

心理语言学考察语言所涉及的心理加工过程，包括语言的理解、产生、记忆、习得，与听、说、读、写和记忆有关。如果把语言或言语视为一个无限的集合（set），由有限的表达意义的符号（即字词）所构成，那么如何实时消解该集合中符号与意义组合过程中的各种不确定性，就是心理语言学所考察的内容，具体有二：1）如何运用一套有限的规则（即语法知识）及有限的认知资源来处理不确定性，即语言加工（language processing），它专门研究人类如何实时（real-time）理解、实时产出各个层面上的语言单元，包括字词、短语、句子及多个句子。2）如何从有限的语言输入中获取或习得这些规则、知识和认知资源的分配，即语言习得（language acquisition），它专门研究婴儿及儿童如何获得母语的知识。

综上所述，心理语言学是研究语言的表征、运用以及习得的一门科

1

学。但在通常意义上，心理语言学主要是指人类语言的加工，即我们是如何理解语言(听、读)和产出(说、写)语言的。本书仅关注语言的理解，且聚焦句子层面的实时理解过程。

1.2　句子加工研究的实证性

实时即真实时间，那么，为何要研究实时理解句子的心理过程呢？一如前言所述，语言看似轻松平常，却常被人忽视，但是，"各复杂系统，往往在不能正常运行时，方能比其正常运行时，更能清晰地表现出内在的运行状况"(McClouskey 2001：594)。正因为语言加工是自动的，其处理过程具内隐性，不易察觉，所以需要设计逻辑严密的实验，借助精确到毫秒级的测量工具或仪器，经由合理的现代统计方法，来探究、推测语言加工背后的复杂机制。这些做法促使心理语言学及句子加工研究更趋向一门科学，并从属于实证科学，即通过实验所得到的数据，来验证某个理论，看其是否能系统地解释某个现象，或揭示事物的运作规律。而构思精巧的实验设计，使用恰当的研究范式，也是句子加工研究的一大特色。本书将在第二章对此做具体介绍。

正因为研究语言如何运用的心理语言学必须借助科学实验，所以通常被称为实验心理语言学(Experimental Psycholinguistics)。此外，随着计算机的普及，利用计算机建模方式来模拟人脑加工语言的模式，也是一种新兴的交叉学科，可称为计算心理语言学(Computational Psycholinguistics)。

任何一门实证科学，都离不开理论。理论能够系统地解释某个事物、现象是如何运作的。评判理论好坏的标准之一，是可证伪性(falsifiable)。好的理论一定可被证伪，不能被证伪的则基本属于伪科学。而通过实验所得到的数据，不仅可以证实或证伪现有理论，还能对现有理论起到修正、推进、拓展的作用。如此，该学科才能不断进步、发展。句子加工领域的心理语言学研究亦是如此。我们只需翻阅任何一本该领域的学术期刊，就能体会到这一点。研究者对于所考察句式的加工模式，都会预先放在不同的理论框架下，对可能的结果做出明确的预期，有时这些预期甚至会截然相反。而针对实验所得到的结果，研究者也会将其与理论预期进行对照，讨论预期与实际结果的异同，进而探讨对现有理论的启示。因此，句子加工研究的另一大特色是根植于理论，从不会因其强调研究方法而偏废理论。

　　基于某一理论衍生出来的、对某具体研究问题的预测，是科学性假说（hypothesis），这些预测可通过实验来加以验证。模型则更有针对性，比如针对歧义句加工而提出的"花园小径模型"（garden-path model），本书将在第三章予以详述。模型还有一层意思，是对数据进行建模，来解释为何会得到这样的数据模式。比如迄今为止就某一句式已有多个在线加工研究，研究者可以联系已发表研究的作者，将他们的原始数据全部拿来，通过贝叶斯元分析，得到总体的模式，并做出相关的理论预测。Jäger *et al.*（2017）就是采用这样的方式，对句子加工中的基于相似性的干扰效应做了建模分析。

1.3　句子结构与句法加工

1.3.1　自然语言的层级结构

　　本书聚焦句子加工，那么，什么是句子呢？显然，自然语言极富创造力，虽然一门语言中的词汇数量有限（即使仍很庞大），但每个母语使用者所说出的言语都不相同。这说明母语者拥有完好的语法知识，无论他们能否意识到这种知识的存在，而语法知识可以概括为抽象化的结构规则。换言之，母语者大脑里对语言有抽象的结构表征，方能生成无限个新鲜的句子。那么，什么是语言学意义上的结构呢？

在语言学研究中，句子总是占据特殊的地位。在语义上，句子由字词组合而成，可表达完整的命题（proposition）；在句法上，句子是最大的独立结构，语法规则在句内实施，而不在句外进行操作。正因为理解句子的要旨在于提取其意，而句义与句法结构有紧密的关系，所以句子加工在心理语言学中占据重要的位置。一个句子或许能被解读为不同的句义，但每种句义所对应的句法结构只有一个。自然语言的句法结构非常复杂，对句法进行描述、刻画的理论已有不少，且一直处于不断变化之中，因此，相对于语言学其他分支如语音学、形态学等，句法学属于理解得最不充分的一个领域。迄今为止，语言学家对英语句法的研究堪称最为深透，但也未能对各种句式做到"描述上的充分性"（descriptive adequacy），更未能达到评估语法理论的最高层次即"解释上的充分性"（explanatory adequacy，Chomsky 1965），包括Chomsky始创的生成句法在内。

但即便如此，学界对人类语言的结构还是达成了一些共识。语言具有强大的字词组合能力，但组合并不是简单地、毫无章法地将字词堆砌在一起，也不是把字词放入一个口袋里随意乱搅，而是必须符合一定的语序或规则。换言之，任何一门语言都有系统的句法，有一套规则或限制条件，对于如何组合不同的语言单元有其明确的规定。

短语结构规则（phrase structure rules）就是一种语法，规定了如何将不同类型的短语组合到一起。不同的词类范畴可以聚合到一起，组成组构成分（constituents），如及物动词"吃"和名词"苹果"可以组合，构成一个动词短语"吃苹果"；介词"在"和名词"学校"可以组合，构成一个介词短语"在学校"。以此类推，就构成一套适用于某种语言的短语规则。当不同的组构成分构成句子时，不仅仅只是按序排列（linear ordering），得到表面的语序，而是必须按照一套短语规则——类似计算机程序（computer programs）那样，组织成具有上下关系的层级结构（hierarchical structure）。

生成句法所提出的X杠理论（X-bar theory，Chomsky 1970；

Jackendoff 1977；Radford 1988），作为一种短语结构规则，普遍为从事语言研究的学者所采用。X杠理论可以直观地用树状图表示，这也是表征句子层级结构的一种有效方法，能解释为何一个字词相同、线性语序一致的歧义句，却允许不止一种解读。比如，美国好莱坞喜剧演员Groucho Marx曾讲过一个笑话：Last night I shot an elephant in my pajamas. What he was doing in my pajamas, I'll never know.。这句话如果从句法结构上分析的话，介词短语in my pajamas应该修饰邻近的名词短语an elephant，即an elephant in my pajamas，如图1.1左边的树状结构（a）所示。但出于对日常生活习惯的理解，我们通常会默认其描述的是句子的主语在射杀大象时穿睡衣的状态，即I shot［an elephant］in my pajamas，如图1.1右边的树状结构（b）所示。只有听到后半句时，我们才会意识到必须重新组织句子的结构。但因为该语义不合常理，所以才令人捧腹。该例表明，表层结构（surface structure）看似一样的句子，其底层结构（deep structure）却并不相同。结构和语义有一一对应关系，句意是由其

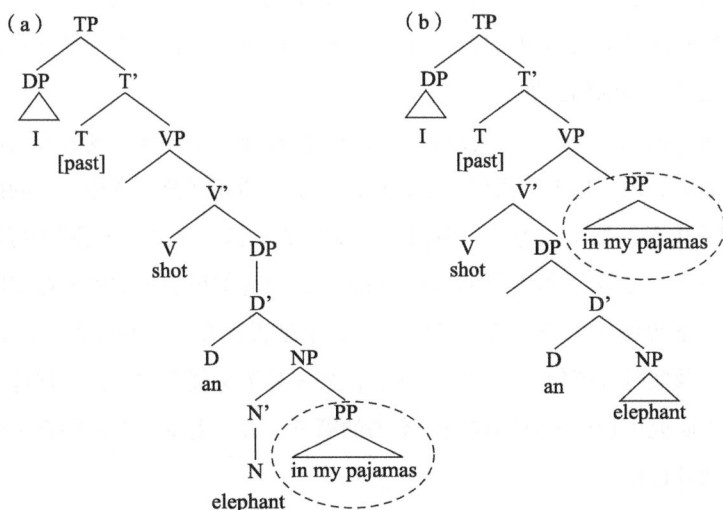

图 1.1　歧义句两种解读所对应的句法结构

注：介词短语在左图中挂靠在名词短语上，在右图中则挂靠在动词短语上。

底层结构来做明确表达的。当然，如果我们把句子改写为In my pajamas, I shot an elephant，那么只有一种符合常识的语义解读，即穿睡衣的只可能是说话人，而不可能是大象。这说明组构成分可以移位、重组。

短语结构规则作为一套句法体系，明确规定了如何将单个字词组合到一起，成为更高一层的语法范畴或语言单位，然后再如何将其合并起来，构成合乎规范的句子。虽然短语结构规则只有有限的几条，但可以指导性地生成无限的句子。短语结构不仅是人类语言的关键，而且涵盖认知系统的多个方面，如音乐、数学、社会推理等，都涉及层级结构。

1.3.2 句法加工

在理解句子时，若要最终获得句子的意思，就必须知道每一个字词是如何组合到一起的；对于隶属同一个短语或句法上彼此依存（dependency），但被介入成分相隔开来的两个词项，还需要构建二者的依存关系。这些过程被称为解析（parsing），也就是所谓的句法加工，意思是为当前已呈现的字词构建一个合法的结构。早期的成人句法解析研究多聚焦句法歧义句的初始分析，以及误析后的重新分析。本书第三章将重点讨论歧义句的句法加工。

句法加工只是句子实时理解中的一个阶段或一个侧面，其他方面还有词汇加工、语义加工、语用加工，口语句子的话还涉及语音加工、韵律等超音段线索的加工，等等。但由于深受生成语法"句法自主性"的影响，特别是在心理语言学的早期阶段，句法统领语言的思想长期以来在实验心理语言学界深入人心。关于母语者头脑中是否存在一个独立的句法加工器，以及实时理解句子时到底是句法优先还是语义优先的争论，都曾是句子加工研究中长久不衰的议题。本书的第三、五、七章将对这些有争议的话题展开讨论。

1.3.3　句子呈现模态的异同

　　句子有两种外在形式：口语和书面语。因此，在句子加工研究的实验研究中，实验刺激也会经由两种模态通道呈现，即听觉方式和视觉方式。二者有诸多不同，但从加工角度，主要差异在于三点：1）听觉呈现的句子在时间上展开，即听觉信息随着时间的推移而不断呈现；视觉呈现的句子在空间上的分布，受物理位置的影响更大，特别是阅读眼动范式，当句子较长，在电脑屏幕占据不止一行时，会对即时性加工过程有所影响。2）在强调变量控制的实时理解实验中，刺激仅呈现一次，因此，听觉呈现的信息瞬息即逝，对被试的工作记忆容量有所要求；自然阅读状态下视觉呈现的句子则可以回视、重读、再次加工，可提供层次或阶段丰富的数据。3）听觉呈现的句子以语音为载体，辨识、切分字词边界的难度较大，除非有明显的声学线索；视觉呈现的句子以文字为载体，字词边界通常会有标识，如英文字词之间的空格。中文均为方块字，但现代汉语有标点符号且汉字属于表意文字，"可视化"在一定程度上或可缓解字词无边界带来的歧义问题。

　　句子加工研究长期以来更多使用视觉呈现刺激的方式。形成这种偏好的主要原因在于，视觉呈现句子更容易控制变量，而且便于研究者将每个字词或短语的呈现时间与被试的反应时间建立联系，进而精确计算出加工所需的时间。但自然口语句子因自身的特点，对研究方法与手段要求较高，涉及的技术也需不断更新。因此，采用听觉呈现句子的研究更为受限。

　　但是口语在日常生活中使用更广泛，对被试也不设限，识字与否不做要求，因此有很大的研究价值和潜力。视觉刺激占据主导的这种局面，直到1995年才有所改变，由Michael Tanenhaus及其同事首创的视域眼动范式（visual-world paradigm），又称视觉场景范式，在技术上实现了随着听觉字词的呈现而追踪眼球运动的轨迹。自此，该范式的使用有逐渐上升的趋势，引发了对预测性加工（predictive processing）研究的热潮。

　　本书第二章将阐述句子加工实验的设计方法、注意事项，以及具体的实验手段，并简要阐述如何解读期刊文章中的图表、数据。

1.4　句子加工与形式句法学理论

上一小节阐述了形式语言学对句子结构的理论建构，那么，这种层级结构是否得到了句子加工研究的支持呢？形式句法学理论框架下所提出的句法原则，在多大程度上指导了母语者的在线句子加工呢？换言之，句子加工研究与语言学理论之间的关系到底如何呢？

就像错综复杂的人际关系一样，语言学与心理语言学历经七十余载，其关系也呈现出忽近忽远、忽冷忽热的复杂状况。Ferreira（2005）曾指出，两个领域分离的一个根本原因在于目标不同。语言学家致力于阐明语言能力背后所蕴藏的知识结构，而心理语言学家旨在寻求对认知机制的理解，即得以让母语者自如地加工语言输入与输出的内在机制。

在心理语言学发展初期，学界曾普遍认为，若想了解母语者如何应用某一语法（或句法）知识，则需首先提出一个研究假说，对该知识予以明确的界定；若要清晰地展示母语者头脑中如何组织该句法知识，则需构建一个句法结构，该结构在心理界面上具有操作可行性，或称"心理现实性"（psychologically real）（Halle *et al.* 1978），即可以从心理实验中发现相应的加工后果。比如，对于类似移位的语法规则，早期的生成句法学家在理论上提出了一套转换生成规则（transformational rules），包括实施这些规则性操作的限制条件、所涉及的步骤排序等，那么这些规则理应在心理实验中得到印证。这种看法的盛行，促使早期句子加工研究者愿意追随生成句法的鼻祖Chomsky，致力于验证句法规则的心理现实性。

但真实情况是，生成句法学家的理论构想和心理语言学家的实证结果之间并非相互契合，或并不总是对彼此有用。以一项针对语言加工单元的早期实验为例，Abrams & Bever（1969）采用听觉感知实验，给被试在耳机的一端播放句子，并在另一端呈现"滴答"声，然后让被试口头报告"滴答"声在句中出现的位置。比如，在两个英文句子In her hope of marrying <u>Anna</u> was impractical和Harry's hope of marrying <u>Anna</u> was impractical中，"滴答"声都出现在Anna上。结果发现，被试认为在第一句中，"滴答"声出现在Marrying和Anna之间；在第二句中则在Anna和was之间。换言之，虽然"滴答"声是随机呈现的，但被试总是将其感知为位于组构成分(如名词短语、动词短语等)交界之处。据此，Bever等早期心理语言学家们认为，小句(clause)是语言加工的单元，加工者遵循心理语法(mental grammar)中的短语规则，对独立小句进行表征。第一句中，Anna充任主句的主语，但句首位置还有一个介词短语，作为伴随状语，先于主句出现；第二句为系表—述谓句结构，主语是复杂的名词短语，而Anna内嵌于主语，充任动名词(marrying)的宾语。但是，Chomsky(2002：125-127)却指出，这个结果仅对"滴答"声感知更有用，对句法理论则无关紧要，因为语言学家总能根据相对独立的理据或动因，提出一套关于短语结构规则的理论体系。即使滴答感知在某些情况下并未重置到小句边界，也无法撼动母语者对短语间界限的强烈语感，而只能说实验设计有缺陷，无法揭示出母语者大脑里存在内隐的句法规则。

其实，在此类滴答感知实验中，被试需要完成的任务相当复杂，可以分解为至少五步：听觉感知句子、解析句法结构、理解句义、将解读好的句子存储在记忆中、回忆说出滴答声的位置。被试口头报告的"滴答"声位置发生游离，很可能发生在提取句义命题、记忆保存、回忆这几个步骤中，而并不一定是早期研究者所认为的那样，仅仅发生在声音感知、句法解析这两步中。的确，后来有研究表明，之前对滴答感知的解读过于简单了。Reber & Anderson(1970)在播放句子的过程中并未呈现滴答声，但告诉被试实验考察的是下意识感知，需说出他们认为滴答声所出现的位置。结果发现，被试仍然会出现"幻听"，并汇报说滴答声出现在组构成分的交界之处。Winnick & Danield(1970)让被试听句子，同时也以视觉方式呈现了句子。在这种情况下，被试能够正确指出滴答声出现的位置。这些结果暗示，当缺乏视觉线索时，被试会凭借母语者的语感，运用内隐的语法知识，凭记忆去完成听觉感知任务。因此会发生对滴答声感知的游离、偏离，更偏好将滴答声置于组构成分之间或小句边界。当提供了视觉线索时，就可以不必单纯依赖记忆，因此滴答声感知更为准确。

但是，在某些情况下，心理语言学其实能够为形式语言学的理论或规则提供有用的证据。一个最直接的例子就是空位（gap）。在英语口语中，可以将 want to 合并缩略为 wanna，比如宾语特殊疑问句 What do you want to buy?，口语可以说成 What do you wanna buy?。但对于主语特殊疑问句（如 Who do you want to pay the bill?），母语者会有强烈的语感，不能说成 Who do you wanna pay the bill?。生成句法的理论分析认为，疑问句的底层形式为陈述句，在形成表层形式的疑问句时，需将被提问的成分从原位移到句首，并在原位上留下语迹（trace），用 t 表示，或称空位（Chomsky 1981，1986）。语迹虽然没有显性的语音形式，但仍占据了槽位。在主语疑问句 Who do you want to pay the bill? 中，主语语迹介乎动词 want 和 to 之间，阻断了二者的毗邻关系，所以缩略形式 wanna 不能获得句法允准。句子加工研究很重要的一个议题就是语迹是否具有心理现实性。在加工长距离依存关系的句子中，如特殊疑问句（Who will Ruth bring us home to at Christmas?）、关系从句（The secretary forgot the student who was waiting for the exam was standing in the hallway），发生移位的词与空位上的语迹之间的距离，会影响加工的难易程度。本书的第三章、第四章将对相关内容做具体阐述。此外，约束理论中对于代词、反身代词与先行词互补式分布所提出的句法原则（Chomsky 1981），也为句子加工研究提供了经久不衰的研究议题。本书的第八章将针对代词的实时消解做具体阐述。

1.5　句子加工研究的发展简史

心理语言学被赋予学科名的时候，正值成人句子加工在实验心理学领域获得日益关注之时。实验心理学家始终对时间进程的分析保持兴趣，同时严格操控实验条件，以确保结果具有可重复性。这些做法也拓展到语言加工领域，进而导致心理语言学这一分支科学性强、技术含量高，且强调数据驱动（data-driven）。到了20世纪70—80年代，由于计算机的普及和大型语料库的可及化，成人句子加工模型开始变革。在工程、数学领域里突飞猛进的编程技术，也直接影响了心理学领域的建模，特别是在20世纪90年代风行的连接主义模型（connectionist modeling），并带动句子加工研究者建立简单的神经递归模型，来模拟人类加工的模式。进入21世纪以来，随着人工智能的迅猛发展，时间精度高的仪器和测量工具也日益涌现并广为普及，这些都为探究人类大脑实时加工句子的时间进程提供了便利。

  Chomsky于20世纪五六十年代掀起了语言学界的革命，也带动了心理学家致力于从语言学的句法模型来推导加工预测。Chomsky（1957）提出"复杂性推衍理论"（derivational theory of complexity），以核心句（kernal sentence）为底层结构，通常是简单陈述句的主动肯定形式，通过逐步施行不同的转换生成规则，来推衍生成其他句式，包括被动句、否定句、疑问句等。假定语法转换与心理操作有一一对应的关系，那么句子的推衍过程越复杂，施加的转换规则越多，其加工难度也就越大。这个思路吸引了包括George Miller在内的实验心理学家对其展开研究，Miller & McKean（1964）采用实验的方法，为"复杂性推衍理论"提供了支持证据。一时间，其他实验心理学家也纷纷加入，通过设计实验，来验证基于句法理论所做出的预测（Clifton & Odom 1966; Savin & Perchonock 1956; Mehler 1963）。

  但好景不长，这种蜜月期很短暂，心理学家与语言学家的密切合作很快就结束了。原因有二：首先，后继的一些心理实验结果未能支持"复杂性推衍理论"的预测（Slobin 1966; Forster & Olbrei 1973; Wason 1965）。其次，生成句法理论内部也发生了变化，Chomsky对转换生成语法做了修改，先后经历了标准理论（Chomsky 1965）、扩展的标准理论（Chomsky 1970，1973，1977），之后提出了管辖约束理论（Chomsky 1981，1986），后来予以废弃，代之以最简方案（Chomsky 1995），迄今仍在不断地充实、完善中。这些自我扬弃的过程主要是基于语言学理论内部的需要，而不是由于心理语言学家所提供的证据与理论预期无法契合。面对不断发生变化的句法规则和理论，心理语言学家一方面疲于追随、学习，另一方面要调整、更新先前基于即将过时的句法理论所做的预期，甚至去构建一个全新的加工理论，这些都导致心理语言学家在20世纪60年代末期从语言学中分离出来，开始寻求独立。但也有少数坚持认为加工器与句法在本质上是一致的，如Phillips（1996）。

自20世纪70年代起，大多数句子加工研究都不再直接与句法理论相关，而是转向了认知心理学，深受信息加工、计算机科学及人工智能的影响。比如Frazier & Fodor（1978）的"花园小径"加工模型，就采用了序列加工的模式。进入20世纪80年代之后，跨语言成人句子加工的对比研究，需要借助语言学理论，两个领域又开始对话。语言学家和心理学家都需要生物证据，特别是脑成像证据。到了21世纪，语言学模型的理据有望来自句子加工的实验证据。生物与行为之间的关系（Hauser *et al.* 2002），也日益提上心理语言学研究的日程。此外，随着跨领域交叉学科的深入，互动会话、多模态分析等前沿研究亦开拓新的理论疆域。

本书基本按照上述句子加工研究发展轨迹，安排具体章节。第三、四、五章围绕句法加工，结合生成句法的基本理论，按照早期、中期、近期的核心议题或主要句式展开讨论。第六章从认知心理学角度，阐述句子加工的认知基础。第七章聚焦脑电研究。第八章讨论非句法方面的加工，包括语义的实时加工、韵律消歧义等议题。第九章拓展到言者和听者的互动、协同过程，并介绍融合了理解与产出的理论前沿动态。

1.6　句子加工研究的原则性共识

本书重点在于句子的实时加工，而句子层面的输入涉及视觉（书面）

和听觉（口语）两种形式。以口语形式为例，在理解口语句子时，加工器需要将声学符号输入转化为语音表征，识别出每个单词，将这些字词整合为具有句法结构的表征，并推断出言者意欲表达的真实意思。句子理解领域致力于研究这些一系列的认知过程，从字词辨认，上升到更高层面的结构组合，不仅包括句法、语义结构表征，还包括一些通常认为与语言学无关的表征，如概念表征、语用推断、指代蕴涵等。

对于心理语言学家（甚至语言学家）而言，句法、语义、语用等表征的存在都很有必要，但多层表征的数目、性质以及它们之间的关系，尚不无争议。就跟其他科学研究一样，成人句子加工研究者也聚焦具有争议的领域，探究尚未解决的问题。当然，句子加工研究发展至今，已提出不少理论。这些理论虽各有不同，且有一些预设的原则，但在某些问题上，也已达成广泛共识，如下：

1）句子理解涉及一系列序列过程。以口语句子为例，语音加工必须先于单词识别。词汇加工提供单词的语义和句法信息（如动词的论元及搭配），以编码字词之间的关系，为当前已出现的字词构建一个句法结构的表征。然后，与结构相对应的语义表征为语用推理提供原料，来推衍出言者的交流目的，最终整合为契合语境的句子含义。

2）每个过程都是递增式的（incremental）。低层级的加工完成之前，高层级的加工就已开始。许多句子加工理论采用扩散式激活，或级联层级式激活，类似水瀑，来比喻这种关系。也就是说，当某一层面的信息激活开始积累时，就已传递到下一层面，开启更高层面的加工，与此同时，低层面的活动仍然继续。仍以口语句子加工为例，句中单词在首个音位呈现后，加工器就开始了词汇识别活动，而各候选词项的词性一旦开始活跃，其句法、语义加工也即时开启。因此，加工者通常会预期到即出现、但尚未听到的字词，而且在小句完结之前，就可以做出语用推断。

递增式加工符合我们日常交流的经验，与友人聊天时，我们通常不会等到全句结束才去理解意思，更可能的是对方说到一半的时候，我们就知道下一个词是什么，或者大致知道整句要表达的意思。

3）每个层面的加工过程都具有互动性。在某一层面的加工可以受到来自其他层面信息的即时影响，包括上层和下层。比如，单词识别可以受来自上层语境意义的影响，即该词应出现于何种语境，也可以受底层关于语音、语调等信息的影响，如重音与信息结构的焦点有关，等等。句子层面的加工，句法与语义加工是否存在互动，学界曾长期争论不休，随着研究手段在时间精度上的提高，越来越多的学者认为互动性更为可信。

1.7 句子加工国际会议及学术期刊

从事句子加工研究，要跟进前沿，多阅读期刊论文，并尽量参加国际会议，以弥补因期刊发表周期带来的滞后。

句子加工领域的国际会议，最具知名度的是CUNY人类句子加工大会（CUNY Conference on Human Sentence Processing），每年3月下旬举行，前一年的12月上旬提交摘要。该大会最早由Chomsky的学生Janet Fodor等人于1983年在纽约市立大学举办，从此成为年会，且每隔几年重返创始大学地。冠名CUNY是为了纪念早期心理语言学家的贡献，但随着时间的推移，其在学术会议的独立性、参会学者申请资助等方面，已不太合适。在2021年3月举行的大会上，经投票决议，从2022年起正式将CUNY从会议的名称中拿掉。另一个重要会议是语言加工机制大会（AMLaP），每年9月在欧洲举办，其形式与CUNY人类句子加工大会很像，但组织上更为松散，质量也稍有逊色。

这两大句子加工大会的议程均采取相似的模式，只安排一个主会场，没有平行分会场，因此能被选中做大会发言的内容除了特邀主旨报告以外，都是质量佳、内容新颖的前沿研究。大会更多的是海报展示，多是关于词汇、句子层面的加工，近年来也有二语加工、计算建模等相关内容。

海报展示的一大优点是针对性强，交流方便，特别是具有相同研究兴趣的学者可以直接与海报展示者面对面地对话、交流，而海报展示者通常也可获得来自本领域大咖亲自指导的机会。从2020年起，受全球新冠肺炎疫情的影响，这两大会议开始启动网上会议的形式；2021年起，采取按议题分组，平行安排5分钟"快闪发言"的形式，替代了海报展示。

国际期刊方面，句子加工领域最具影响力的当属 *Journal of Memory and Language*（简称 JML），但跟其他心理学分支领域或自然科学学刊相比，其受众面小，影响因子不高。出于同样的原因，语言学顶尖期刊 *Language* 的影响因子更低，但其在学界的地位却未能被撼动丝毫。另一期刊 *Cognition* 也刊登心理语言学方面的论文，但内容相对更为驳杂。该期刊因受众面更广而有很高的影响因子。其他期刊还有 *Journal of Experimental Psychology: Language, Memory and Cognition*（简称 JEP: LMC）。*Language, Cognition and Neurosciences* 是英国出版的一个老牌期刊，前身叫 *Language and Cognitive Processes*（简称 LCP）。偏重刊登句子层面的神经语言学研究的期刊有 *Brain and Language*。近几年来，随着"公平开放获取"原则（principles of Fair Open Access）日益普及，心理语言学领域也先后出现了两个新期刊：*Frontiers in Psychology*、*Gloss Psycholinguistics*。

第二章 句子加工的实验设计与研究方法

　　心理语言学作为相对较新的交叉学科，其前沿研究始终处于动态更新的状态，几乎没有一个模型或理论是不可动摇的，包括证据在内。句子加工研究也是如此。放眼句子加工领域中针对某一议题所发表的诸多学术论文，我们常会发现，早先支持某一理论的实证依据，因其实验设计、统计方法等存在问题，而被后来的研究者质疑。这种情况在日新月异的脑与认知科学领域里最为明显，随着计算、建模方法的不断更新，加上各人脑区存在解剖学上的差异，曾被奉为圭臬的科学断言或定位分析都颇具争议。但正是这种不确定性才使得该领域极具吸引力，充满了创新与活力。对于没有定论或标准答案的科学性探索，或许我们更需要去了解、发现一个理论最适用于解释哪些已有效应（即解释力涵盖性），哪些证据可以直接支持哪个理论，以及如何获取可靠的实验证据。

　　从事句子加工研究，需要设计精巧的实验，严格控制变量，以回答具体的研究问题；借助精密的科学仪器，以获取高质量的行为或脑电数据；运用现代统计的方法，以得到令人信服的分析及推论。此外，与自然语言、方言调查等范式不同，句子加工研究的数据采集工作一般都在安静、封闭的实验室内进行。这是因为，句子加工是一个复杂细微的心理过程，其影响因素很多，而实验室研究可以有效降低噪音，便于研究者控制无关变量，同时操纵其他因素，特别是研究者关心的因素。

本章主要分为三部分。第一部分（2.1—2.2小节）集中介绍句子加工研究常用的实验设计。第二部分（2.3小节）介绍句子加工研究的实验方法及范式，突出其对时间进程的关切。第三部分（2.4小节）简要介绍如何解读实验结果。

2.1　实验设计

句子加工研究者通常采取实证、量化方法，就所感兴趣的某一句式的实时理解过程，收集具有一定规模的母语者数据，并采用统计方法来分析数据。而收集数据、分析数据的前提，是研究者设计出构思严密精妙的实验。实验设计在整个研究程序化操作中不仅是必要的一环，也是回答研究问题的关键所在。

研究者在设计实验时，需要对自己的研究问题做全面充分的文献调研，提炼出有可能会影响实验结果，但非研究要旨的一些因素，将其控制好或使其潜在影响最小化，以确保数据结果：1) 有效，2) 可靠，3) 可重复。具体而言，效度（validity）是指，所发现的效应确实只能归因于实验刺激中所操纵的因素，而不是其他（非研究者所关心的，但却对结果施加了影响的）因素；基于实验结果所得到的结论不仅仅适用于当前的被试样本，而且可以推及更大的人群。信度（reliability）是指，实验结果基本恒定，即使变换了实验者、评定者（rater），或更换了测量工具，也能得到相对一致的结果。可重复性（replicability）是指，在其他环境下测试另一批被试，也能得到基本相同的结果；对于研究者所采用的语言刺激，如果换成另一批同质（homogeneous）的刺激（即实验所操纵的因素、所使用的结构一样，但具体的词项不同），也能得到同样的结果。

2.1.1　变量操纵：刺激与被试

在设计实验时，要区分一些重要的基本概念，如"自变量"、"因变量"、"被试内"、"被试间"等。这些都与变量这个术语有关。顾名思义，变量（variable）是指一个可以发生变化的因素，通常分为两类：1）定性（qualitative），如被试的性别；2）定量（quantitative），如句子语法可接受程度的五点量表（1＝最不可接受，5＝最可接受，其他各点代表不同程度的可接受度）、句子理解的错误率（以百分比计）、反应时间（以毫秒计）等。句子加工研究者通常最感兴趣的是后者，即可予以量化的因素。

研究者在设计实验时，需将各个变量所扮演的角色分为两种：1）自变量（independent variable），即研究者所操纵的变量，能对实验结果产生影响；2）因变量（dependent variable），即研究者所要测量的变量，需通过某一测量方法，才可观测到的数据、反应或效应。研究者设计实验的根本目的在于揭示出变量间的函数关系，而线性关系（Y=aX+b）是其中最简单的一种，如图2.1所示。X轴代表自变量（如词长），Y轴代表因变量（如阅读时间）。随着X值的变化，Y值也会相应发生变化，即因变量（Y）的值是由自变量（X）的变化引发的。从这个角度讲，自变量与因变量之间是一种因果关系（cause-effect relationship）。

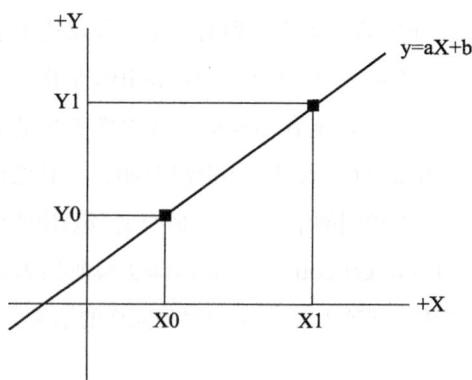

图 2.1　自变量与因变量呈线性关系

根据研究问题，研究者可操纵的自变量个数不一：1）或为单独一个，又称为"单因素"；2）或为两个、三个甚至多个，又称为"多因素"。每个因素又可下分为多个水平（level），也称为处理（treatment）。当某个研究含有两个或两个以上因素时，一个因素的各个水平与其他因素的各个水平相结合，最终得到的水平结合（或处理结合）的总数，即实验的所有条件。比如，Hsiao & Gibson（2003）针对汉语关系从句的加工，考察了两个因素：一个是关系从句的提取类型（A），下分两个水平：主语提取的关系从句（A1）、宾语提取的关系从句（A2）；另一个是关系从句的嵌套类型（B），下分两个水平：单层嵌套（B1）、双层嵌套（B2）。两两结合，得到（2×2=）4个条件，即A1B1、A1B2、A2B1、A2B2。如下：

(1) a. A1B1（主语提取、单层嵌套）

邀请富豪的官员心怀不轨但是善于隐藏。

b. A2B1（宾语提取、单层嵌套）

富豪邀请的官员心怀不轨但是善于隐藏。

c. A1B2（主语提取、双层嵌套）

邀请勾结法官的富豪的官员心怀不轨但是善于隐藏。

d. A2B2（宾语提取、双层嵌套）

富豪邀请的法官勾结的官员心怀不轨但是善于隐藏。

此外，按照被试接受处理或实验条件的情况，可将实验分为被试间（between-subjects）、被试内（within-subjects）设计：1）被试间设计中，每个自变量的每个水平，都分配了不同的被试。换言之，条件不同，被试也不同。比如，当研究者将被试变量（如性别）或实验任务（如理解问题是否出现）列为所考察的因素时，各条件之间的比较只能在不同被试之间进行。因此，被试间设计也叫组间设计（between-groups design）。2）被试内设计中，研究者将同一组个体分配到自变量的所有水平，又称为组内设计（within-groups design）。换言之，每名被试都参加了所有水平的实验条件。由于每组水平都由同样的被试组成，个体间差异就得到较好的控制。句子加工研究通常采用被试内因素设计，原因有二：1）可以将被试个体差异所带来的条件间差异缩减到最小；2）可以有效使用被试，尤其当被试源难觅、人数有限时，如脑损伤患者、二语水平高的学习者。

除了实验条件之间比较外，有时还可以将实验条件与控制条件（control condition）相比。从被试角度，将被试分配到控制条件，就构成控制组（control group），又称对照组或基线组。比如，在英语歧义句研究中，研究者关注考察的是省略了关系代词的句子，即缩略关系从句（reduced relative clause，如 The horse raced past the barn fell），将此类句式设为实验句条件，同时将没有省略关系代词的句子（如 The horse that was raced past the barn fell）设为控制句条件。通过对比两个条件之间加工模式的差异（如反应时间的长短、脑电成分的不同等），就可以发现缩略关系从句更难加工。

2.1.2　无关变量及控制

实验刺激中存在一些外部变量，又称为无关变量（extraneous factor）或混淆变量（confounding factor），它们并非研究者所关心、操纵的因素，也未得到有效控制，但可以导致测量数值发生偏离，进而造成结果失信或不可靠。因此，研究者在设计刺激时，要注意控制无关变量对实验结果的潜在影响。比如，在对比汉语句子理解难易程度时，不同实验条件下关键词要控制好词频、笔画数等外部变量。

除了实验刺激项之外，被试之间也存在个体差异，比如受教育水平、阅读水平、应试焦虑度等，因此也要予以控制。句子加工研究通常采用两种做法来控制变量：1）"随机化"分配被试（random assignment），该方法可使每个被试在被分配到自变量的不同水平方面，享有同样的概率机会。比如，可以通过计算机软件（如excel中的rand（）命令），或对照随机表，或登录网上资源（如www. random. org或www. randomizer. org）等方式，生成给定序列数目的随机数字。2)采用"被试内"设计，该设计可应对被试这一随机变量。在自变量的所有水平上，都分配相同的被试，可抵消每个被试个体内部的差异。

此外，研究者要注意避免"携带效应"（carryover effect），即上一个刺激项会影响被试对下一个刺激项的反应。比如，当被试看到某类刺激不止出现一次后，会对此类刺激变得更加熟练，出现练习效应。又比如，被试因同质性刺激重复出现而感到无聊、倦怠，进而表现不佳，出现疲劳效应。为防止这些情况发生，句子加工研究者通常采用"抵消平衡"（counterbalancing）法，将不同的被试随机化分配到不同的序列，按不同的顺序完成因变量下不同水平的刺激理解任务，以抵消序列效应。该方法仅用于被试内设计。比如，单因素三个水平，完全抵消平衡需要有6种顺序（排列公式：$3! : 3 \times 2 \times 1 = 6$）；单因素四个水平，完全抵消平衡需要有24种顺序（$4 \times 3 \times 2 \times 1 = 24$）。以此类推，单因素5个水平就需要120种顺序。每种顺序至少分配一个被试，而句子加工实验通常考察不止一个因素，这就意味着需要大量的被试，而这往往不太现实。

相对于完全抵消平衡，学界更普遍使用"不完全抵消平衡方法"（incomplete counterbalancing method），其核心要求是每个条件在每一种位序中出现次数相同，且位于其前、后的其他条件出现次数相同。惯常做法为拉丁方设计（Latin-square design），其具体步骤如下：

首先，按照"1，2，n，3，(n-1)，4，(n-2)，5…"的顺序，建构第一行，直至所有条件均被列入。比如，实验共有4个条件，则n=4，即第一行为"1，2，4，3"；如有6个条件，则n=6，第一行为"1，2，6，3，5，4"。

其次，在第一行的基础上，依次增加1，建构第二行。比如，n=4时，第一行为"1，2，4，3"，那么第二行应为"2，3，1，4"。注意，第一行的第三个数字"4"加1后，不应该填入"5"，而是轮回到第一个条件"1"。

再次，如此顺延，依次建构其他几行，直至完成n×n的方格。比如，继续沿用4个条件的例子，第三行应为"3，4，2，1"，第四行为"4，1，3，

2"，至此完成4 × 4的矩阵。

以上举例均取偶数。但当n取奇数时，需要再建构一个镜像矩阵，顺序正好相反。换言之，两个矩阵方可满足每一条件之前、之后，其他条件出现的次数相同。

图2.2给出具体样例，其中条件用字母表示，左图为偶数4个条件的拉丁方，右图为奇数5个条件的拉丁方。仅看第一行的最后一个条件：（a）中的C条件之前，其他条件A、B、D均出现一次；（b）中的D条件之前，其他条件A、B、C、E条件均出现两次。

a. 4 × 4拉丁方

A	B	D	C
B	C	A	D
C	D	B	A
D	A	C	B

b. 5 × 5拉丁方

A	B	E	C	D		D	C	E	B	A
B	C	A	D	E		E	D	A	C	B
C	D	B	E	A		A	E	B	D	C
D	E	C	A	B		B	A	C	E	D
E	A	D	B	C		C	B	D	A	E

图2.2　拉丁方设计样例

设计句子理解实验时，要注意三点，以四个条件的被试内因素设计为例：1）要将实验刺激均匀地平分在四个列表中（如图2.2左例），呈现给不同的被试，确保同一名被试不会看到同一个句子一次以上；2）每个列表包含一定数量的填充句（filler trials），以防被试识别出实验刺激所操纵的关键变量，从而采取加工策略；3）为了确保被试始终把注意力集中在句子理解上，通常会给被试指派一定的实验任务，比如每句呈现之后出现一个问题，让被试判断命题是否为真。

2.1.3　句子加工中的因素设计

句子层面的加工比词汇层面的加工更为复杂，针对所要考察的句子结构，研究者需要考虑不止一个因变量。通过多因素（multi-factor或

factorial）设计，来分别考察每个因素的效应，即主效应（main effects），以及各因素之间如何共同影响最终结果，即交互作用（interactions）。句子加工研究通常采用多因素设计，好处有二：1）解释力更强也更准确，因为研究者可观测不同因素如何共同解释某一句式加工的难易现象，或者某个因素是否依据另一个自变量而发挥作用。2）成本更低，因为相对于做多个实验，每个实验分别仅考察某个单一因素，多因素实验设计使用较少的被试，就能综合考量各因素的权重。

　　以Boland *et al.*（1995）的一项2 × 2被试内因素设计为例，研究者操纵了两个自变量：1）动词类型，2）疑问填充语的语义可信度（semantic plausibility），每个自变量各有两个水平：前者为后接直接宾语的及物动词（如visit）、宾语控制动词（即从句中的主语PRO由主句中的宾语所控制，如remind），后者为可信论元（如which client）、不可信论元（如which prize），因此共有四个条件，如下：

（2）　a. 及物动词、语义可信

　　　Which client did the salesman visit while in the city?

　　b. 及物动词、语义不可信

　　　Which prize did the salesman visit while in the city?

　　c. 控制动词、语义可信

　　　Which child did your brother remind to watch the show?

　　d. 控制动词、语义不可信

　　　Which movie did your brother remind to watch the show?

　　在句子加工研究中，常见的有两因素被试内、三因素被试内设计，但多于三个因素的则比较少见，因为很难解释四个因素间的交互作用。近期随着现代统计方法的推进，研究者可用多元回归法来分析。

　　涉及多因素实验设计，还有一种较为常见的做法，即混合设计

（mixed design）。比如，将被试变为被试间因素，而其他因素是被试内设计，在同一实验下考察不同类型的效应。Swets *et al.*（2008）即采用混合设计，考察英语本族语者对歧义关系从句的加工理解深度。实验刺激为英语关系从句，操纵了反身代词如何与（名词短语）先行词建立同指，分为三种挂靠解读：歧义（3a，NP1、NP2均可）、高挂靠（3b，即挂靠到NP1）、低挂靠（3c，即挂靠到NP2）。

    （3） a. 挂靠歧义

The maid of the princess who scratched herself in public was terribly humiliated.

b. 高挂靠（NP1-attachment）

The son of the princess who scratched himself in public was terribly humiliated.

c. 低挂靠（NP2-attachment）

The son of the princess who scratched herself in public was terribly humiliated.

此外，Swets *et al.*（2008）还引入第三个变量，将问题分为三种类型，旨在考察被试对句义理解的深浅程度：1）每句都有问题，且都针对关系从句提问，如"女仆/公主/儿子当众挠痒了吗？"；2）每句都有问题，但都是浅层问题，如"有人被羞辱了吗？"；3）仅1/12的句子会有问题，也都是浅层问题。Swets *et al.*（2008）将被试分为三组，每组48人，分别分配到三种问题的条件下，此为被试间设计。但在每种问题条件下，被试又被随机分配到按照拉丁方设计好的某一刺激组下，即每个被试都阅读过三种挂靠解读的句子。因此，此设计为3×3混合设计。

2.2 实验设计注意事项

2.2.1 刺激的标准化评定

句子加工研究中，刺激设计至为关键，要确保句子尽量通顺自然。这一点对于某些特殊句式的加工可能会有一定难度，比如涉及句法孤岛的 研 究（Hofmeister & Sag 2010；Kluender & Kutas 1993；Sprouse & Hornstein 2013）。理论语言学家通常借助自己的"专家内省式语感"，创造一些句子，通过对比合法与否，来论证语言学规则或限制条件的可操作性。但有时硬性生造的句子并不被其他母语者所接受，而且因长时间接触某类句子，其语感判断并非总是可靠。因此，这种获取数据的做法受到认知心理学家的质疑（Gibson & Fedorenko 2010，2013）。一些研究者开始尝试因素设计、顺序随机化等现代实验方法，采用大规模问卷方式，结合5点或7点式量表（5-/7-point Likert scale）判断任务，来收集语法可接受度的数据（Ambridge & Goldberg 2008；Hofmeister & Sag 2010）。随着全球互联网的普及，近十年来心理语言学家开始借助网络众筹外包，如亚马逊劳务众包平台（Amazon Mechanic Turk，www.mturk.com）、Prolific（www.prolific.co）、cloud research（www.cloudresearch.com）等，按小时计酬，支付工作者劳务费，能在短时间里收集语言材料的判断数据。

句子加工研究者通常会将实验工作与其他数据收集的方法结合起来，比如借助大型口语或书面语语料库，分析所考察结构的分布频率态式，包括类似宾州树库（Penn Treebank）的标注好的语料库，或从尚未标注的语料库中随机抽样。或者，计算所考察的句型中单词之间的条件概率（conditional probability），以估测加工者头脑中依据新进词项而对现有结构更新的动态过程。近十年里这种做法渐成趋势，且已成为计算心理语言学的普遍做法（参见 Jäger et al. 2015；Price & Witzel 2017等）。一些用于解释加工难易度和句子产出模式的重要概念，都与基于语料库的研究有很大关系，包括不确定性、歧义、信息密度（information density）等（Aylett & Turk 2004；Jaeger 2010；Piantadosi *et al.* 2012）。

此外，也有研究者结合语料库和实验数据，从理解和产出两个侧面，综合讨论制约句子加工的机制（Gennari & MacDonald 2009；Hsiao & MacDonald 2016）。

语料库方法存在的不足在于难以平衡对语料的量化分析和所得到的质性分析结果。使用未标注的语料较为费时，而从标注好的语料获取的样本量可能较小；运用自动抽取、半自动、人工手动分析、随机抽样等不同方法获得数据，在时间成本与正确率之间或许会此消彼长。比如，非常规动词很少在语料库中出现，对其出现频率的估算就只能基于少量的数据。而语料库的体裁不一，也会影响对某种结构出现频率估算的精准度。同样考察标句词that的隐现，基于新闻语料库的统计结果会与基于口语谈话类语料库存在较大差异（如Kaltenböck 2006；Kearns 2007；Temperley 2003；Thompson & Mulac 1991）。

当所考察的某些句法结构不太常用时，该结构在语料库中的出现频率就会很低，有时甚至罕见。此时，研究者可以采用句子补全任务，对实验刺激的可信度进行标准化评定。标准化评定刺激有赖于母语者的语感判断。比如，研究者试图估算英语母语者构建复杂句式（即缩略关系从句）的概率，那么可以让被试根据所给定的前半部分句子（如The defendant examined _____），完成一个合法的句子。汇总被试所生成的句子后，研究者可将其编码、分类，并计算各类句式的频率：1）主谓宾句（如The defendant examined the evidence）；2）缩略关系从句（如The defendant examined by the lawyer showed up at the court.）；3）其他。研究者还可以采用"门控"（gating）句子补全任务，即操纵给出的字词或短语的数目，或只给出一个词，或给出两个词，如Hsiao & MacDonald（2016：95-97）。这种标准化评定旨在考察被试如何根据给定字词，预测、建构可能的结构，进而了解加工者的心理表征，可为在线递增式理解刺激的动态过程提供量化估算。同语料库研究相比，句子补全任务（特别是"门控"补全）存在的一个潜在问题是，此类任务包括对给定字词的理解和对所完成句子的产出，当半截句的字数较少、结构相对简单时，其后继句的产出通常更快、更容易，因此最终结果可能会高估简短结构句式的频率。

　　另一种量表评定也很常用，如评定刺激的合法性（语法可接受度）、事件的可信度（event plausibility）等，采用5点或7点量表，分别对应"强烈不同意"、"不同意"、"不置可否"、"同意"、"强烈同意"，或者仅给出位于两端的点所对应的文字描述，即最左边为"强烈不同意"，最右边为"强烈同意"。比如，研究者想考察题元角色的可适度（thematic fit），可以要求被试评定类似"勺子用于搅拌的普遍程度"（1~5点量表），或者让被试列出"可用于搅拌的物件名称"。McRae *et al.*（1997）采用问卷方式，让英语被试从1到7的量表上，评定名词充当动词的施事或受事的典型程度，问题类似How common is it for a snake/nurse/monster/baby/cat to frighten someone/something?（蛇/护士/魔鬼/婴儿/小猫让人害怕，这事儿有多常见？），或者How common is it for a snake/nurse/monster/baby/cat to be frightened by someone/something?（蛇/护士/魔鬼/婴儿/小猫被某人或某物所惊吓，这事儿有多常见？）。此类任务的缺点在于，英语、汉语等语言中，动词与论元之间的搭配能直接影响人们对句法结构和题元角色的理解，二者可能会相互影响，有时很难完全将结构从现实世界中对事件可信度的看法中完全剥离出来。

2.2.2　句义理解问题的设置

　　一般而言，句子加工研究的是一语，即以母语者为研究对象。而对于母语被试而言——往往是大学生被试，他们受过良好教育，通常很容易获得句义理解。因此，必须要让被试在接受测试时保持足够的专注力，方能获得良好的数据，真正反映实时理解句子的过程。

　　在句子加工实验中，无论采用哪种研究方法（如自控步、阅读眼动、脑电），通常会针对每个句子设置相应的理解问题，并让被试判断正误，以确保被试的确认真注意了实验刺激。

Stewart *et al.*（2007，类似的发现也可参见Swets *et al.* 2008）运用自控步反应时显示，理解问题的频率和类型对被试采用何种加工方式有影响。实验中，一半被试看到的是"肤浅"或表层问题，很容易回答，其加工常常是肤浅加工（shallow processing），而另一半被试看到的是"深度"问题，需要他们认真阅读句子，其加工则是深度加工（deep processing）。因此，在设计针对刺激句的理解问题时，如果不需要考察加工方式对结果的影响，那么就需要注意平衡问题的难度，并确保句子的每一部分被问到的概率大致相当。

2.2.3 歧义句的对照基线

无论是自控步，还是阅读眼动，解读反应时或阅读时间都并非易事，因为很多因素都可能导致阅读时间变长，包括加工者错误分析了句子结构，或遇到了不太常见的单词，或者句子描述的是一个出乎意料的事件，或使用了一个低频的结构（不止歧义），或句子在给出的语境下不太自然。因此，研究者必须将句子与不含歧义的控制句相对比。

2.3 句子加工的实验范式

完成实验设计之后，研究者需要选取适当的实验方法。句子加工研究普遍采用"在线"（on-line）方法，探究句子理解的实时（real-time）进程。其原因有二：首先，句子加工过程以毫秒计，转瞬即逝，内省式审视根本无法察觉、捕捉条件之间的细微差异，特别是歧义效应（详见第三章关于歧义句的加工），通常因理解者并无意识而被忽视，需通过高精度的技术，才能探测到微弱但真实发生的干扰。其次，对于影响加工的各个因素发挥作用的时间节点，不少句子加工理论或模型能做出明确的预测，而研究者可借助实时方法，获得关键证据或信息，来证实或证伪这些预测。

当然，研究者也并非完全无视离线（off-line）方法，事实上为确保被试数据可靠，研究者会在实验刺激呈现之后设置阅读理解问题，让被试判断正误。假定被试在线处理完整个句子之后，才会得到句意的最终解释，只有正确理解句意的试次才会有助于我们了解加工的本质。因此，实验范式通常融合在线和离线两种测量手段，并以实时数据为主。

本小节介绍成人句子实时理解领域的研究方法，重点关注三种实验范式：1）基于反应时的范式；2）基于视觉注意信息的范式；3）基于大脑的范式。这些研究方法各有优点和不足，对仪器设备的要求也各异，但并不是说某种范式一定优于另一种范式，关键在于所采用的方法能否恰当地回答所研究的问题。

2.3.1　反应时范式

反应时（reaction time）是心理语言学研究最普遍使用的方法之一，在词汇、句子、理解、产出等方面都有应用。句子理解研究中有三种反应时范式：1）自控步阅读（self-paced reading），最为常用；2）跨通道启动（cross-modal priming）与反应时相结合，曾在20世纪80年代较为流行，现已基本不用；3）迷宫任务（maze task），最近十年才出现，未来或有广泛应用。以下分而述之。

2.3.1.1　自控步阅读

顾名思义，自控步是指被试通过按键，自行控制阅读的速度。具体而言，句子按字词或短语逐个呈现，即被试每次按键后，前一个字词消失（并由下划线或井字符号遮盖），同时下一个词出现（即从下划线或井字符变成单词）。通过记录单个字词从首次呈现到消失的时长，研究者可以获知每个被试对每个成分的加工时间，并推衍出被试在哪个区域出现了加工难度或认知负荷增大。该范式有两种呈现字词方式：1）移动视窗（moving-window），从左到右顺次推进，如图2.3所示；2）屏幕中央。前者更常见，使用也更广泛，后者虽较前者更有别于日常阅读体验，但可以避免被试一开始就预期到整句的长度。

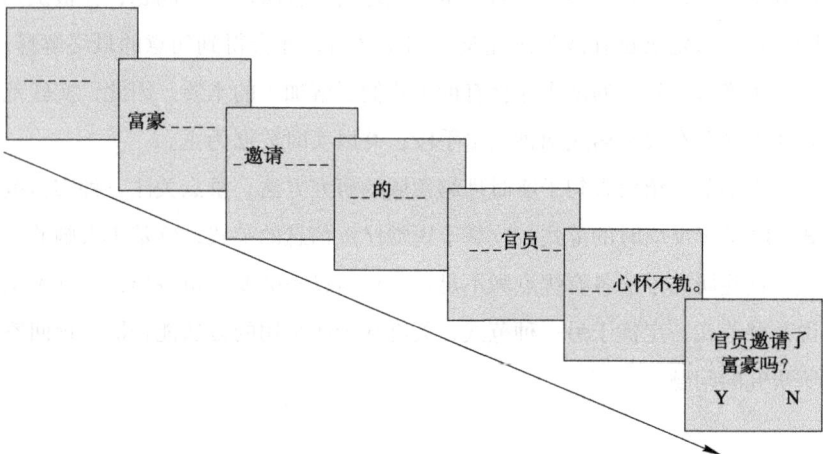

图 2.3　移动视窗自控步反应时范式的流程

反应时范式预设认为，反应时间是衡量加工复杂性的指标，即反应时间越长，加工负荷越大，加工难度也越大。比如，在句子理解中，通常句法依存关系越长，结构越复杂，反应时也越长（如 Grodner & Gibson 2005）。但近期研究显示，反应时间变长可能并不等同于加工难度。当句法解析的不确定性（uncertainty）概率突然降低时，比如，存在不止一种的结构分析，或原本构建的结构不再那么确定，那么加工也会变慢，因为加工器需要做更多的工作或认知努力，来明确建立一个句法表征（Hale 2003）。因此，当观察到反应时变长时，可能有两个原因：1）被试构建某种句法结构时遇到了困难；2）当前字词降低了句法结构的（不）确定性。

在早期的句子加工研究中，自控步反应时范式使用广泛，涵盖了多种句式，如短暂歧义句、非典型语序句、乱序句、复杂无歧义句、先行词—照应语依存句，等等。该方法普及性高，原因有三：1）成本低，易实施，数据分析相对简单。2）设备轻便易携，灵活度高，只需一台手提电脑，最多再配置一个E-prime反应盒（相对于键盘或鼠标，反应盒在传送数据时同步性较高，几无延迟，数据更为精确）。3）自控步的时间精度虽不及眼动仪，但也能够捕捉到细微的加工（Mitchell 2004）。

但自控步范式也有缺点：1）生态效度较低。在自然阅读状态下，我们可以回视、重读，也会跳读，并不是逐字逐词，只看一次。因此，自控步范式不太自然，且过程相对缓慢，可能会出现偏离自然阅读的伪迹效应。生态效度低这一点有时会带来比较严重的后果。比如，在切分句子时，研究者可能出于一些原因，按某特定方式划分区域，将主语和动词一起呈现，而单独呈现宾语，但这或许与被试的阅读习惯不符，而导致其加工变慢。2）强制按键为额外步骤，无法反映即时的加工过程。被试必须有意识地以按键方式激活下一个词，而自然状态下无需按键，只需（无意识地）自发移动眼睛。3）存在溢出效应（spill-over effects）。自控步范式下，被试只能通过按键方可看到后面的词，因此，由某个词所诱发的加工困难（时长增大）往往会出现在位于其后的一到两个词上，而不仅仅出现在研究者所关心的关键词上（Koornneef & van Berkum 2006；Mitchell 1984；Smith & Levy 2013）。这一点在分析反应时数据时需要特别注意。因此，设计实验时要避免将关键字放在句末，可以在关键词后增设一到两个"溢出区域"，提供"缓冲区"，让效应得以体现在反应时间上。

2.3.1.2　跨通道启动

跨通道启动这一名称的由来，源自该范式下刺激呈现方式的特殊性，需经听觉、视觉两个感官通道。具体而言，被试坐在电脑屏幕前，头戴耳机，聆听以听觉方式呈现的口语句子。在听到关键词时，屏幕上会出现一个与关键词相关的词项（即视觉呈现）。此时，被试需要尽快对该词做出相应的反应，如大声说出该词（即命名任务，naming task），或判断该词是否是真词（即词汇决定任务，lexical decision task）。在20世纪70年代末到80年代，跨通道启动范式的使用较为普遍，主要应用于语境下的词汇通达，特别是针对上文语境如何对多义词的提取、通达施加影响这一议题的考察（Swinney 1979；Seidenberg *et al.* 1982）。在句子加工领域里，也有少量研究沿用了该范式（如 Trueswell *et al.* 1993；Trueswell & Kim 1998），但后来就逐渐被自控步反应时、阅读眼动所取代。

跨通道启动范式中，被试的主要任务是对听觉句子的实时理解，而对视觉呈现的词项进行命名或判断是否为真词，实际上是次要任务。被试完成次要任务的反应时间，可作为一个衡量感知句子过程中局部加工负荷的指标。以 Trueswell *et al.*（1993）为例，该研究考察动词偏好类型对在线理解英语缩略关系从句的作用，如在缺省了标句词 that 时，动词 accept 更偏好直接宾语的解读（The old man accepted ...），而动词 insisted 更偏好小句的解读（The old man insisted ...）。当听觉呈现到关键动词时，屏幕上出现启动词，或为第三人称代词的主格 he，或为宾格 him，考察被试判定该词能否作为一个好的后续词（good continuation）的反应时间。结果发现 accepted 条件下对 he 的反应时间显著长于 insisted 条件，而对 him 的反应时间则显著短于 insisted 条件。这表明英语母语者能够利用动词偏向性线索构建句法结构。

另外一种是结合了自控步阅读和启动范式，如 Trueswell & Kim（1998）对比考察逐词呈现具有暂时歧义的句子（如 The/talented/photographer/accepted/（that）/the/fire/could/not/have/been/prevented.），并在关键动词 accepted 呈现之前，按键令遮蔽的等号符（==）消失，极快地先呈现启动项（obtained 或 realized），仅停留 39 毫秒（知觉阈下水平），然后呈现关键动词 accepted。结果发现偏向直接宾语的动词 obtained 增大了歧义效应，而偏向小句的动词 realized 则减弱了歧义效应，进而表明动词偏向性能够调节句子的实时理解。

跨通道启动范式相对而言不够自然，生态效度较低，因此，随着自控步反应时和阅读眼动范式的推广，目前已很少采用。

2.3.1.3 迷宫任务

"迷宫任务"最早由 Forster 及其同事首创并使用（Freedman & Forster

1985；Forster *et al.* 2009；Witzel *et al.* 2012）。该任务下，被试也是逐词阅读句子，但对于句中每个位置，被试都必须在目标词和迷惑干扰项之间做出选择，以使后继句合法。如果选对了目标词，则阅读继续；如果错选了干扰项，则该句终止。被试按键所需的反应时间，即可作为因变量。

根据研究旨趣，迷宫任务的干扰项可分为两种：1）合法迷宫，即干扰词项是真词，但与语境不符；2）词汇化迷宫，即干扰项为新词或假词。前者的迷惑性更大。

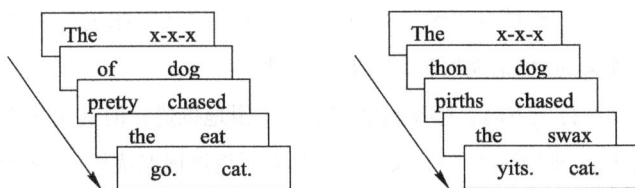

（a）合法迷宫，即干扰项为真词 　（b）词汇化迷宫，即干扰项为新词或非词

图 2.4　迷宫任务流程及两种范式

迷宫任务中，被试需要对两个备择项进行识别，决定各自是否与语境契合，选择正确的词项，并按键完成该词在全句中的整合。当被试在某个位置上反应时变长时，说明该词更难整合到当前语境，而该词加工难度通常不会溢出到下一个词，"溢出效应"可被控制到最小。因此，被试迫选过程可视为对句子的高度递增式加工。从这个意义上说，迷宫任务有可能比自控步反应时更强大，因此可以作为一个备择方法。

有研究表明，在英语句式中所观测到的某些经典效应，如介词短语的高挂靠偏好、主语关系从句加工优势，迷宫任务可以得到与自控步反应时类似的结果（Witzel *et al.* 2012；Forster *et al.* 2009）。但对于缩略关系从句歧义结构（直接宾语或小句解读），则结果会不一致（Boyce *et al.* 2020）。

在采用合法迷宫任务时，人工创造合法的干扰项比较费时费力。近期由麻省理工学院脑与认知系Roger Levy教授及其学生进一步结合亚马逊外包，开发了自动迷宫范式（Auto-maze），使用自然语言处理技术，构建循环神经网络（recurrent neural network，RNN），可自动生成干扰项（Boyce *et al.* 2020），其免费程序可自行下载（github.com/vboyce/Maze）。

2.3.2　眼动追踪范式

正如俗语所说，"眼睛是心灵的窗户"，眼球运动轨迹可以反映内在的认知加工过程（Just & Carpenter 1980）。20世纪80年代，阅读眼动研究范式开始兴起，以完整的形式呈现句子，更接近人们平时阅读的自然状态。在该范式下，被试在电脑上阅读句子或文本，其眼球运动可被（装有红外线摄像镜头的）仪器实时监测、记录下来。

我们在读一行文本时，感觉视线似乎在平滑地推进，但其实并非如此。通常我们不可能一眼就看清整行文字，而是需要将注视点从某一处跳到另一处，才能看得清晰。眼睛在不断地停跳式移动，这跟视网膜的生理结构有关。根据视觉敏锐度的高低，可将视网膜分为三个区域：中央凹（fovea）、副中央凹（parafovea）、边缘区（periphery）。中央凹在注视点中心2°视角范围内，如果伸直手臂，看着大拇指指甲，其对应的区域大致就是视网膜的中央区域。中央凹的视敏度最高，所感知的信息最为清晰。副中央凹在注视点中心左右两边2°~5°视角范围，视敏度渐低。边缘区在注视点中心两边5°视角范围之外，清晰度锐减。我们虽然能看到在旁中央凹区域以及边缘区的信息，但不如中央凹那么清晰。因此，当我们注意到某人或某物时，就会移动眼球，将注视点落在该实体上，而不会仅用眼角余光（即边缘区）去感知其存在。

综上所述，在进行视觉加工时，眼球运动可分为两种基本类型：1）注视（fixation），即眼睛停留并注视某个区域；2）眼跳（saccade），即眼睛快速运动，从一个位置移到另一个位置。这两种眼球运动快速频繁，切换自然，注视点随加工者注意力的改变而变换位置。句子加工研究者通过对听觉或视觉刺激的操纵，可有效改变被试注意力的分配，进而管窥所考察的因素调节、影响心理认知的时间进程。

句子加工研究对眼动仪的精度要求极高，采样率需要至少500赫兹，即每2毫秒采集一次数据，1秒会有500个数据点。精度越高越好，否则无法准确地记录每个字词所对应的各个眼动指标。

2.3.2.1　阅读眼动的常用指标

基于英语的研究发现，母语者阅读英语句子时，眼跳通常只需20—50毫秒，约跨6到9个词，大多朝前移动，但也会往回看之前的文本，熟练读者的回视约占比10%—15%。阅读者在眼跳过程中，视觉输入受到压制，无法获取信息；但在注视过程中，注视时长平均为200—250毫秒，研究者可获得涉及加工模式方面丰富的时间信息。注视时长、眼跳时长、回视频率会因人而异，也会因文本而不同，受制于词频、词长等词汇特征的影响。对于非熟练读者、难度大的文本，眼跳更短，注视更长，回视更多。

阅读眼动研究多为整句呈现，但研究者会将句子划分为不同的兴趣区（regions of interest），或称关键区（target region）。兴趣区可以是单个字词，也可以是几个字词构成的语块（chunk of words），比如短暂歧义句子中消除歧义的区域。以下结合图2.5，以兴趣区windmill内的眼动轨迹为例，介绍说明几个常用的眼动指标：

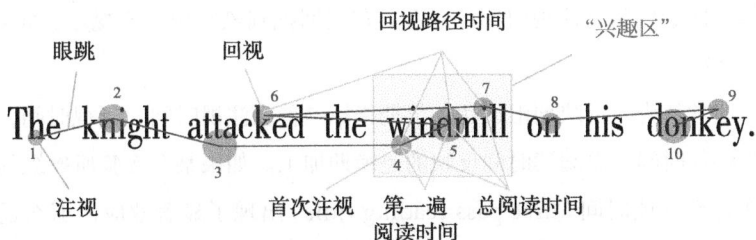

图 2.5　阅读英语句子时的眼球运动轨迹示例

注：方框为研究者定义的兴趣区，圆点表示注视点，圆圈大小表示注视时间的长短，数字序号代表注视次序。

（1）首次注视时间（first fixation duration）：首次注视某个词（或兴趣区）的持续时间，是第一个注视点的时间，如兴趣区windmill内，#4是首次注视时间。

当某个词上（或兴趣区内）只有一个注视点时，其注视时间为单次注视时间（single fixation duration），此时首次注视时间也就是单次注视时间，如#1、#2、#8，分别对应the、knight、on这三个词的单次（或首次）注视时间。

（2）凝视时间（gaze duration）：对于某个词（或兴趣区内），在眼睛移至下一个词之前，所有注视点时间的总和，包括再次注视，但不包括对前一个词（或之前区域）的回视。如兴趣区windmill内，#4、#5、#7为凝视时间。

（3）回视路径时间（regression-path duration，或称go-past time）：从首次注视某个词（或兴趣区），到向右离开该词（或该区域）的时间的总和，包括凝视时间和离开该词（或该区域）回视到左边前面的词或区域的时间。如兴趣区windmill内，#4、#5、#6、#7的总和为回视路径时间。

（4）第一遍阅读时间（first-pass reading time）：在首次加工某一区域的总阅读时间，即从首次进入该区域，到首次离开，所有注视时间的总和。如兴趣区windmill内，第一遍阅读时间为#4、#5。

（5）总阅读时间（total reading time）：不区分首次或是第二次加工，在某一区域内所有注视时间的总和，包括回视到该区域的注视点，如#4、#5、#7。

通常认为，反映词汇通达的早期指标是首次注视时间、凝视时间，而回视路径时间、总阅读时间反映的是晚期加工。如果某个实验所操纵的因素在首次阅读时间（first-pass reading time）出现了显著效应，那么通常认为该效应反映的是早期效应；但如果某操纵因素只在总阅读时间上有效应，则认为是晚期效应。通过这些不同指标，可以评估不同的句子加工理论，明确到底是何种信息——语义，句法，还是语篇，引导阅读者做出加工决定。因此，与自控步相比，阅读眼动提供的信息更加细微、详细，是眼动方法的一大优点。

2.3.2.2　视域眼动

视域眼动范式（visual-world paradigm）由美国罗切斯特大学脑与认知系Michael Tanenhaus教授于1995年创立，其特点是模拟现实自然场景，给被试同时呈现听觉（句子）和视觉（与句子相符的图片或实物）刺激，被试根据句子的意思，完成任务。其背后的预设是，人们在听到字词时会倾向去看与其对应的实体（Cooper 1974）。研究者将口语句子与被试的眼动同步，分析、推衍实时理解句子的心理认知动态过程。视觉场景可以是录像、静止的图片，也可以是放在桌上的几个物品。最常见的视域眼动范式，是在电脑上视觉呈现图片，被试通过鼠标按键，完成任务，如点击其中一幅图片。也可将实物展现在桌面上，镜头隐秘在某个位置，被试用手或道具（如羽毛）去完成任务，如轻碰其中的一个物件（Snedeker & Trueswell 2004）。

视域眼动范式不像按键反应时范式那样，在呈现了某个关键刺激之后，在某个时间点上观测反应时间。而是随着口语句子的呈现，实时、连续不断地追踪被试的眼球轨迹，从而获得被试在每一个时刻的心理活动。因此，在探索预测性加工（predictive processing）这个研究议题上，采用视域眼动研究范式尤为合适，其所提供的动态信息可以揭示理解者在关键刺激出现之前的心理加工过程。比如，Altmann & Kamide（1999）给被试展示的视觉场景中有一个男孩、四个物体，如图2.6所示，同时播放两种句子The boy will eat/move the cake，差异仅在于动词对论元的语义选择不同。结果发现如下图所示被试在听到动词eat后200毫秒左右（大脑运动区通常需要200—250毫秒去执行眼球运动的指令），听觉刺激还是定冠词the时（即宾语名词the cake呈现之前），就已经更倾向看可吃的食物图片即蛋糕。而当动词是move时，被试只有在宾语名词cake呈现200

毫秒之后，才会更多地注视"蛋糕"。该研究表明，加工者能够即时利用动词—论元的语义选择关系线索，推测到下一个即将到来的词，而不是消极被动地等待句子结束后才去构建句意。

The boy will eat/move the cake ...

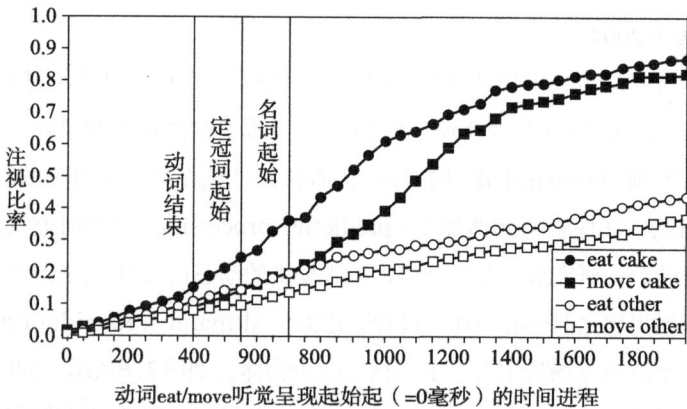

动词eat/move听觉呈现起始起（=0毫秒）的时间进程

图 2.6　利用视域眼动范式考察预测性加工（改编自 Altmann & Kamide 1999)

注：上图为视觉场景，下图为动词听觉呈现后1800毫秒内被试注视不同图片的比率。

　　视域眼动范式还有其他优点：1）实验操作简单，被试的任务较为轻松有趣。2）刺激句采用自然流畅的口语，不会使用非合法句。3）无需训练被试，追踪记录的是其自然状态下的眼动过程。4）可以考察不同层面的加工过程，如词汇激活的时间进程（Allopeanna *et al.* 1998），利用语义限制来预测即将到来的名词论元（Altmann & Kamide 1999；Kamide *et al.* 2003），视域语境如何消除句法歧义（Tanenhaus *et al.* 1995），语用推断的计算（Sedivy *et al.* 1999；Huang & Snedeker 2009），语调如何影响句子理解（Ito & Speer 2008；Snedeker & Trueswell 2003）。

但视域眼动范式也有缺点：1）必须以视觉呈现方式，描绘出句子的主要内容，这在一定程度上限制了实验刺激的形式，很难表达抽象、复杂的概念；2）眼动数据只能揭示在线理解者对视域内的实体或图片如何做出反应，但对于那些无法在视域场景中呈现的内容，加工者如何生成预测，则无从得知。但也有研究显示（Altmann 2004；Spivey *et al.* 2000），当图片呈现消失后，留下空屏时，在视网膜上遗留的映像也可以诱发被试的眼球运动。

此外，视域眼动的数据分析颇具挑战性。因变量是注视比率，为二项分布（binomial distribution）。眼球运动与当前视觉注意状态有很大关系，当听觉刺激中提及某个物体时，被试理应从他处转移视线，眼跳到该物体上，但是如果被试已经在注视某个物体，那么就无需再准备眼跳，即言语输入无法诱发被试眼跳到该物体。这会导致条件之间的差异，而这种差异无法归因于实验者想要测试的效应。目前，学界已探索、开发了新的分析方法，如增长曲线分析（growth curve analysis，参见 Barr *et al.* 2011；Mirman *et al.* 2008；Mirman 2014等），以期解决此类问题。

在设计视域眼动实验时，研究者需要针对视觉呈现刺激，控制外部变量，避免混淆因素的干扰。1）需要恒定图片大小，确保图片易被识别。可使用黑白线条画，将视觉刺激之间的差异最小化，勿因图片亮度、颜色等太过凸显或可识别度低而吸引更多的注视点。2）需要考虑听觉呈现关键词时眼睛是否处于中立位置，与各图片是否等距。可以用"十"字符，或者提及其他名词，以引导被试在听到关键词后才从"别处"眼跳到与关键词对应的图片。3）需要平衡关键图片的位置。受文字顺序的影响，被试多倾向先看屏幕的左上角，且从左向右看，因此关键图片要平均分配到各个位置（通常为四格）。

2.3.3　基于大脑的测量方法

基于大脑的神经语言学研究方法有事件相关电位（event-related potentials，ERPs）、功能性核磁共振（functional magnetic resonance imaging，fMRI）、脑磁图（magnetoencephalography，MEG）。这些方法需要使用精密仪器，造价不菲，尤其核磁共振仪和脑磁图仪器，极其昂贵，且对安装的场地、技术条件有较高要求，如需要另建屏蔽室，并用屏蔽导管包住室内电线等，以使电噪声最小化。此外，数据分析也很有挑战性。但基于大脑的研究范式提供了一种有效渠道，让研究者得以管窥大脑在处理语言时的神经认知活动。

2.3.3.1　脑电

大脑会自发产生节律性生物电位活动。当我们在头皮上安置多个电极，每个电极记录固定时间段（如每隔两毫秒）所在位置的脑活动，就可捕捉到这些微弱的神经电位活动，然后通过精密的仪器，将记录的讯号放大后获得的图形，就是脑电图（electroencephalogram，EEG）。

"事件相关"是指将测量的大脑活动锁定于具体特定的事件或兴趣点，如某个音位的起始，某个词的起始，或一张图片的出现。在句子加工研究中，研究者以视觉或听觉方式，将特定的刺激呈现给被试，同时测量由该刺激所诱发的脑电活动。为了将语言刺激所引发的微弱效应从其他电生理活动（如眼电、肌电等）中分离出来，研究者需要给被试呈现大量的刺激，然后把数据做叠加平均，经过去噪处理，最终得到与刺激事件相关的脑电数据图。

脑电的时间精度很高，可以用来研究句子加工中的诸多问题，包括句法建构、语义整合过程、语用推衍、语篇层面的表征等。脑电波的性质通常由四个指标体现：

(1) 潜伏期/时间点（response latency），即刺激呈现后多长时间会诱发效应？何时达到高峰？

(2) 极性，即相对于基线条件，是正波（positive，简写为P）还是负波（negative，简写为N）？正波、负波都是相对于基线条件而言的，一个"负走向"脑波可能其实是正的，但是相对于基线控制条件则更负；

(3) 持续时间；

(4) 头皮分布，即观察到的效应出现在哪个电极上。

一般而言，振幅大小最易受实验操纵的影响：语言刺激或句子所描述的事件越符合预期，被试加工的难度就越小，振幅也越小。因此，行为实验中能够影响反应时长短的因素，通常也会影响脑电波振幅的大小，具体可参见Kutas & Federmeier（2009，2011）的综述。潜伏期则相对稳定。但头皮分布信息很难稳定，除了视觉呈现的字词会诱发相对稳定的分布以外，对于其他类型的刺激，脑电反应的头皮分布有时重合，有时分离。在早期学界由线性加工、模块说主导的年代（1960—1980），大脑皮层分布的差异常被认为代表了句法加工器与语义加工器的分离。后来随着平行交互看法的盛行，大脑皮层分布的差异更被看作渐分的（graded），而不是绝对的（categorical）。本书将在第七章对此展开集中讨论。

目前为止，学界已经发现了几个脑电成分（component）与语言加工相关，但这些成分如何与加工的各个方面相关，仍无定论。具体阐述见第七章，本章仅做简要概述。传统看法认为，由句法重新分析（syntactic reanalysis）、句法违反（syntactic anomaly）所导致的加工难度，会诱发P600成分，这是一个正波，在关键刺激呈现后500~600毫秒左右达到峰值。例如，英语句子 The spoiled child throw the toys on the floor 中，动词 throw 缺失了时态屈折，就会诱发 P600（Hagoort *et al.* 1993；Osterhout & Holcomb 1992）。此外，学界曾长期认为，语义违反（semantic anomaly）或语义整合（semantic integration）困难会诱发 N400 成分，这是一个负波，在关键刺激呈现后约 400 毫秒达到峰值。比如，英语句子 He spread the warm bread with socks 中，句末名词 socks 不符合整句的语义，那么相对于符合语义的 butter，该词会诱发更大的 N400（Kutas & Hillyard 1980）。

但最近二十年的研究暗示，P600 与句法加工、N400 与语义加工之间的对应关系，其实并不像传统看法认为的那样简单明了。Kuperberg *et al.*（2003）最早发现，Every morning at breakfast the eggs would eat ... 较正常句 Every morning at breakfast the boys would eat ...，动词 eat 诱发了 P600。随后，Kim & Osterhout（2005）采用涉及语义违反的句子 The hearty meal was devouring ...，相对于合法句 The hearty meal was devoured ...，也在动词 devouring 上发现了 P600。之后，学界提出"语义 P600"的看法，认为其与事件参与者的题元角色反转有关。同样地，对于 N400，现有研究也提出了不同解读，认为该指标反映了词义提取，或语义、语用认知的整合，或是与意义相关的一般认知加工，而并非语言所特有，类似于认知控制中所需要的抑制性加工。

此外，学界还关注左前额叶负波（left-anterior negativity，LAN），分为两类：1）常规的 LAN，在刺激呈现后 400 毫秒左右达到峰值；2）早期左前额叶负波（early left-anterior negativity，ELAN），在刺激呈现后 100 — 200 毫秒达到峰值，证据主要来自形态丰富的德语句子。虽然仍有争议（详见第七章），但目前看法认为，ELAN 与快速、自动加工结构信息有关（Friederici *et al.* 1993），而 LAN 由形态—句法难度诱发（Friederici 2002）。

脑电范式有如下优点：1）时间精度高，可适用考察范围较广，包括语音或超音段线索对句子加工的作用；2) 无需另设按键判断任务，可将婴幼儿也纳入考察对象；3) 模态不受限制，视觉、听觉刺激均可考察。

但脑电也存在缺点：1) 相对于行为实验，脑电实验需要大量的刺激，才能进行数据分析。比如，一项视域眼动实验，若涉及四个条件，有24套目标句子即可，但同样的四个条件下，脑电实验则至少需要120套句子，才能确保在噪音情况下信号识别足够清晰。2) 刺激量大意味着实验时间长，被试易感劳累，且集中处理大量同质性刺激可能会产生应对的加工策略。3) 由眼动、眨眼引发的生理肌电反应会影响脑电结果，因此，脑电实验过程中，需要被试尽量配合，静坐不动，避免或减少眨眼，或在某个时刻眨眼。4) 经典的脑电设计通常会设置不合法句子，并与合法的常规句相对比，考察大脑对特异句的反应，但对合法句子的动态理解仅能提供有限的信息。

最后，本节讨论一下高导联脑电的溯源定位问题。早期或经典的句子加工研究主要利用脑电的高时间分辨率（精度为毫秒级），脑电设备多为24导联（即有24个电极位置或观测点），后来更普遍使用32导联。目前的脑电系统可多达128导联，甚至256导联，能获得头皮分布的细节信息。但对于脑电的溯源定位精度，相当多的学者持有不同看法，毕竟从头皮表面获取的电信号很微弱，且脑电的空间分辨率仅为厘米级，无法直接测量到涉及语言加工的大脑区域。打一个比方：想象在北京奥林匹克中心，赛场里坐满观众，各自都在交谈，某个方位的观众席上方高悬一个小型录音机，并连接一个扩音喇叭。那么，利用喇叭里收集到的各种声音，来追溯发出这些声音的观众各自所在的座位，这种精准性会有多高呢？类似地，脑电信号是否能与大脑内部神经活动的源头机制建立关系，亦尚存疑。具体讨论可见 Luck (2005)、Kaan *et al.* (2007)。但近期研究趋势是，将脑电图与 MEG、fMRI 等神经成像技术相结合，共同确定与认知事件相关的脑区。

2.3.3.2 功能性核磁共振

同脑电相比，核磁共振脑成像的空间分辨率更高(即定位更清晰)，但时间分辨率更低(即时间精度不高)。不过，相对于早期基于血流量成像方法，如正电子发射计算机断层扫描(positron emission tomography, PET)，需要给被试注射放射性造影试剂，核磁共振脑成像技术已有显著提高。该技术监测大脑在完成语言、认知任务时，不同脑区的血流量。

神经活动消耗氧气，为补充增加的氧气需求，含氧血液就会流向正在活跃的脑区。因为血液中的铁元素是有磁性的，富含氧气的血液和缺氧血液有不同的磁性，而核磁共振仪可以监测到含氧水平。但是，核磁共振仪对血流反应较慢，常以秒计，而非毫秒计。这些特点造成核磁成像数据的时间精度低，而空间精度高。此外，仪器运行时噪音很大，在句子理解实验中，被试必须佩戴降噪耳机。

核磁共振脑成像研究主要通过相减分析数据，即通过对比条件之间血氧含量的差值，来判定哪个区域更为活跃。因此，脑成像研究中的激活程度并非绝对，而仅具有相对性。这意味着，研究者选择正确的控制条件或基线条件，至为关键。使用"静息态"作为基线条件(即不给被试分配任何任务，但仍记录其血流量)，未必是最好的选择，因为被试仍有可能在从事与实验有关的加工，比如思考实验任务等。如果采用控制条件作为基线，那么研究者需要考虑好，该控制条件所分配的任务会造成何种后果，特别是在做相减对比时，其他条件中增加的任务会如何影响脑区的活跃程度(参见Skipper & Small 2006)。

脑成像研究的另一核心问题是其定位功能，即不同侧面的语言加工是否对应于不同的脑区。承袭早期脑损伤失语症病人的研究，语言神经认知的传统看法认为，布洛卡区(Broca's area)对应于语言产出，而威尼克区(Wernicke's area)对应于语言理解。但是近期研究表明，这种区分过于简单粗糙。麻省理工学院脑与认知科学系的Nancy Kanwisher教授及其同事Ev Fedorenko教授通过分析每个失语症患者的脑区发现，这两个区域的个体差异很大，从而挑战脑成像研究惯用的群体叠加平均（group analysis）的分析方法。她们提出，功能特异性的想法固然很有意义，但需要具体分析每个被试的个体脑区（参见 Fedorenko & Kanwisher 2009）。

2.3.3.3　脑磁图

人的颅脑周围存在着磁场。脑磁场的强度很微弱，需要专门设置一个电磁场屏蔽室，通过高精尖设备才能探测到并记录下来。通过这种方法记录下来的脑磁波，形成图形，就是脑磁图。

脑磁图在近年来日益受到瞩目，因为它综合了前两种方法的优点，即在时间、空间上都有很高的分辨率，但也极其昂贵。近期使用该方法的从事语言学研究者有美国纽约大学 Liina Pylkkanen 团队、塔夫茨大学 Gina Kupenberg 团队、麻省理工学院 Ev Fedorenko 团队等。

2.4　实验数据分析原理及结果解读

句子加工研究作为一门实证科学研究，关注的是多个被试数据的总体或平均趋势，而不是单个被试的个体加工模式。本小节简要介绍数据分析所涉及的原理。

2.4.1　显著性检验

分析实验数据时，通常涉及两步。第一步，描述性统计，通常可以通过做图、制表，如直方图、饼图、散点图等，来总结每个条件的平均值、标准差（即距离均值的离散程度），直观地呈现数据分布趋势。画图还可以决定是否需要对原始数据做一定的转换。例如，自控步反应时数据通常会右偏，那么可以在统计应用软件 R 下键入命令 boxcox（），来决定是否需要做对数转换、负倒数转换（Box & Cox 1964; Venables & Ripley 2002）。

当数据残余（residuals）尽量接近正态分布（normal distribution）时，方能进入下一步的推论统计，即显著性检验。

第二步，推论统计。进行统计显著性检验，是基于"虚无假说显著性检验"（null hypothesis significance testing，NHST）这一框架，包括虚无假说（H_0）和备择假说（H_1）。备择假说是研究者对于某种效应与某个（或多个）自变量之间存在相关性所做的断言，通常是研究者基于一定的理论而提出、有待证实的假说。虚无假说（H_0）则是备择假说的逻辑对立面，预测该效应并不存在，通常体现为条件间没有差异，或某效应与自变量之间没有相关性。

显著性检验基于如下逻辑和步骤：1）计算出数据中的效应，比如，条件间均值的差异；2）算出统计检验发生错误的 p 值概率，即当虚无假说为真时（即原本应该接受 H_0 时），研究者错误地得到观测效应（即结果偏离虚无假说）的概率。3）将该 p 值与显著值（通常设定为5%或0.05）相比，如果 p 值小于0.05，则拒绝虚无假说（因为 H_0 未被数据支持），接受研究者提出的备择假说。需要特别注意的是，这并不意味着研究者已经"证明"了自己的假说，毕竟仍然有一定的概率（即 p）会出现虚无假说成立的情况，只不过该可能性很小，所以我们选择拒绝虚无假说。如果效应达到统计显著（statistical significance），就意味着研究者所得到的结果或效应不是随机、碰巧得到的，而随机性得到结果的概率很低，还不到5%。

除了均值、相关性等描述性数据之外，还需要计算"置信区间"（confidence interval）。实证研究的置信区间通常设为95%，即无论如何取样（采用另一组被试完成实验），研究者可以断言所测试的效应真值落在该区间内的概率为95%。换言之，发生误判的概率低至5%。

2.4.2　解读研究结果

句子加工研究是数据驱动的量化实证研究，可分为两种：1）探索性研究，旨在生成某种假说；2）验证性研究，旨在证伪某种假说。前者是数据驱动、自下而上的，比如构建循环神经网络，通过不断递归数据，模拟人的行为结果。又如，可以通过分析大型数据（如阅读眼动语料库），来找出规律性分布或结构，从而为未来研究提供假设。后者则是在获得数据之前就有具体的实验假说，通过分析数据所得到的分布模式，来看是否支持该假说。在句子加工领域，验证性研究更为普遍。

在阅读句子加工领域的文献时，常会遇见表征原始数据的图（figures）和汇报统计结果的表格（tables）。这些表格遵循美国心理学会格式（American Psychological Association，APA）的要求，必须都能自立（stand alone），即图表中的数据具有直观性、可读性。标题（caption）描述呈现的内容，图例给出不同的实验条件。读者根据所提供的信息，就足以理解图表中所表达的基本意思，而无需借助正文中的表述。事实上，表格中呈现的信息都不会在正文中重复。所以，对于初学者而言，即使没有统计学背景，只要大致了解统计检验原理及逻辑，通过研读图、表信息，就能基本理解数据结果。

以一项自控步反应时研究为例，如图2.7，上边为图，下边为表，均取自Jäger *et al.*（2015）实验一的部分结果。该研究考察的是汉语主、宾语关系从句的加工难易问题。

图2.7中上图最上方标题为Subject-modifying relative clauses，说明该图呈现的是修饰主句主语的关系从句结果。X轴标出句子从左到右呈现的各个字词区域，用词类范畴标识（如，Det+CL意思是由指示词与量词构成的指量词，Adv意思是副词，等等）；Y轴代表每个区域所对应的平均反应时间，用毫秒计。左上角的图例，表明不同的实验条件，分别为主语关系从句（SR）、宾语关系从句（OR）。误差杆（error bar）代表的是所对应条件的变异（variance），用标准误（standard error）表示，表达的是该条件下所收集到的被试样本均值的95％置信区间，即如果选取另一批同质性（homogeneous）被试样本，所得到的数据均值，研究者会有95％的信心落在这个区间内。从图中可以看出，在从句内{V，N}区域，SR明显

比OR的反应时更短。类似的趋势也出现在中心词之后的第一（hn+1）及第二个溢出区（hn+2）。那么，从图上所得到的印象式解读，是否与实际统计检验结果一致呢？

Subject-modifying relative clauses

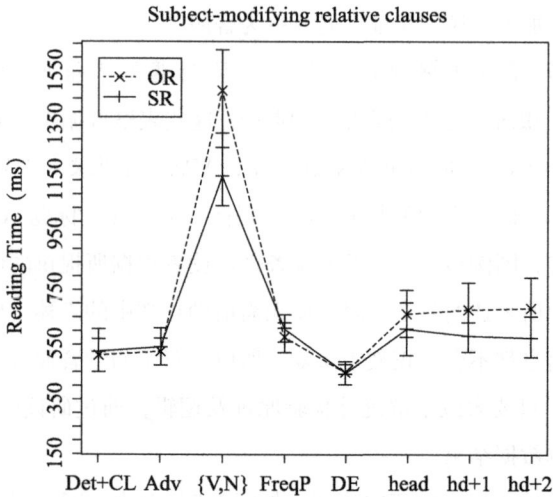

Region	Contrast	Coef.	SE	*t*-value
V+N/N + V	RC Type [Subject mod]	0.11	0.05	2.23*
	RC type [Object mod]	0.11	0.06	1.83
FreqP	RC type [Subject mod]	−0.06	0.06	−0.94
	RC type [Object mod]	−0.07	0.05	−1.42
DE	RC type [Subject mod]	0.02	0.03	0.52
	RC type [Object mod]	0.03	0.03	0.76
head	RC type [Subject mod]	0.1	0.06	1.56
	RC type [Object mod]	0.03	0.06	0.45
hd + 1	RC type [Subject mod]	0.09	0.05	1.56
	RC type [Object mod]	0.04	0.05	0.86
hd + 2	RC type [Subject mod]	0.13	0.04	3.05*
	RC type [Object mod]	0.03	0.04	0.89

图 2.7　自控步反应时图表呈现的样例［取自 Jäger *et al.*（2015）实验一］

再看图2.7中下边的表格，标题表明汇报的是分属于不同修饰类型的关系从句之间的比较。此处与图2.7中的上图对应，我们只需关心修饰主语的关系从句类型（subject mod）。从t值看，只有两个区域达到了统计显著(标了星号，$t>2$)，说明在从句的{V，N}位置和第二个溢出区，主语关系从句具有加工优势。

2.5　综合评述

本章集中介绍了句子加工的实验设计、研究方法及数据解读，以帮助读者更好地理解数据驱动的实证研究，为阅读其他章节内容做好准备。这里重申一点，对于实验研究范式，并没有孰优孰劣之分，区别仅在于是否能够回答研究问题。正如Mitchell（2004）所指出的那样，句子加工研究的许多突破，首先是通过自控步反应时任务发现的，然后由眼动追踪实验予以确认，有些还要经过脑电等实验来彼此印证。正因为句子加工是一个复杂的系统，仅通过某一种范式得到结果或结论，往往并不全面；探讨某一特定的研究问题，或者考察某一研究问题所涉及的特定句式或语言现象，往往需要运用其他方法，获得不同侧面的多种数据，提炼共同趋势及发现，予以论证、核实。当前句子加工领域也逐渐开始采用多样的研究范式，实验过程相当繁杂，包括结合自控步反应时与眼动追踪（如Bartek *et al.* 2011；Ferreira & Henderson 1990；Wu *et al.* 2014）、结合阅读眼动与脑电（如Dambacher & Kliegl 2007；Camblin *et al.* 2007），等等。

本书重点关注正常成年人实时理解句子的过程，因此偏重行为实验与脑电实验研究，基本不涉及基于脑损伤病人的脑成像研究。

第三章

早期的句子加工理论及歧义句的理解

本章立足于句子加工学界早期的发展历程，主要介绍句子加工理论的奠基者如何从具有朴素思想的雏形原则，演化至具有深远影响的理论，并按照时间顺序，依次呈现两大句子加工模型，对比其核心假说的异同，各自的支持证据，基于结果而提出的理论主张，以及导致彼此根本差异的动因。本章聚焦英语句子的同时，也涉及了跨语言的研究证据，并在最后讨论了与两大句子加工模型相抗衡的第三种观点。

3.1 早期的句子加工原则和模型

在20世纪60年代，整个心理语言学界都深受Chomsky理论的影响，以句法加工为中心，旨在验证转换生成语法的心理现实性。按照生成语法的理论，句子的表层结构都对应一个深层结构，是通过对深层结构进行一系列规则的操作，推衍、派生而来。那么，句子理解的过程就是"逆转工程"（inverse engineering）的过程，即把转换规则一步步还原，直到深层结构，即可得到对句子语义的理解。

心理学家George Miller提出了"复杂性派生理论"（Derivational Theory of Complexity，DTC），认为"发生转换的句子，其结构与转

换规则的性质、数量及复杂度具有某种函数关系"（Miller & Chomsky 1963：481），即句子越复杂，其涉及的转换规则越多，而转换的操作次数越多，句子理解所需的时间也就越长。Miller（1962）提出，英语简单主谓宾句为核心句（kernal sentence，简称K，如John hit Mary）；加上否定词（negation，简称N）及助动词插入，就转换为否定句（如John did not hit Mary）；经过助动词移位，转换为是非疑问句（question，简称Q，如Did John hit Mary?）；经过被动化（P），转换为被动句（如John was hit by Mary）。他进一步提出，三个操作的组合搭配，就可以构成八种具有不同复杂度的句式，如John was not hit by Mary就是NP（涉及N和P两次转换），Didn't John hit Mary?就是NQ，而Wasn't John hit by Mary?则为NPQ，等等。具体参见图3.1的句子转换立方体。

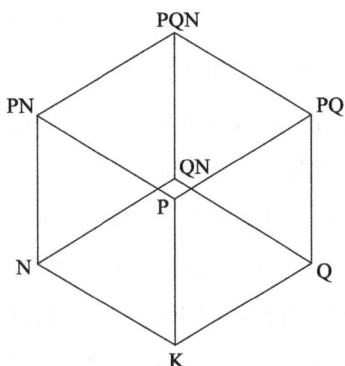

图 3.1　句子转换立方体（改编自 Miller 1962：760，Fig. 12）

注：K为核心（kernal）句，N为否定（negation）句，P为被动（passivization）句，Q为疑问（question）句；以K为底层结构，通过三个转换规则N、P、Q的组合搭配，形成其他句式。

Miller & McKean（1964）让被试阅读各类经过转换后的句子，将其与核心句做配对。通过测量被试成功完成配对所需的时间，他们发现，虽然有证据显示语法转换规则的确与加工所需时间有关，但有些结果与理论的预测并不吻合；句型多了一个转换规则，并不一定意味着其加工难度更大。这表明转换生成规则或许是一种很好的句法理论假说，但其个数及操作与动态的句子加工之间并不存在简单的对应关系。

彼时正值认知心理学家与语言学家合作密切之时，Chomsky的学生Thomas Bever、Jerry Fodor等在麻省理工学院（MIT）开创脑与认知、心理方面的研究。随着实证探索的深入，特别是对超出句子转换立方体的其他句式的考察，涌现出更多的相反证据。学者们逐渐意识到"复杂性派生理论"不无错误。该理论有时表现得太弱，对明显更复杂的句子却束手无措。比如，同属缩略式关系从句，The horse raced past the barn fell（由Thomas Bever 所创）就比The horse ridden past the barn fell更难加工。但有时该理论又表现得太强，无法做出正确的预测。比如，相对于主谓句That Mary left early with Bill surprised John，倒装句It surprised John that Mary left early with Bill涉及的转换操作更多，但却更容易理解。到了20世纪60年代末期，"复杂性派生理论"基本已被摒弃。

Fodor *et al.*（1974）提出，句法可以用于定义人们头脑中对不同层级的表征，但实际的行为表现则有赖于统计上有效的策略。在线句法加工时，人们并非运用句法转换规则，而是基于表层结构，更偏好采用一些简单明了但经济高效的直觉性策略（heuristics），如"感知策略"（perceptual strategies）、"动词复杂性假说"等，即用NVN直接映射到SVO，根据动词其后是否有标句词that来决定是否构建直接宾语结构，看到定冠词the就预期名词短语即将出现，等等。这些早期探索使句法加工研究逐步深入。

进入20世纪70年代后，句子加工领域初具理论化的趋势。Kimball（1973）最早提出了七条分析原则，对后来的句子加工理论有很大影响。Kimball认为，构建句子表层结构受制于心理限制条件，即短时记忆负荷最小化，因此加工器遵循七条原则：

原则1：加工自上而下（top-down）进行，除非碰到连词，如and。这意味着句子加工始于S节点（即早期转化生成句法中的IP，等同于句子

sentence，用大写的首字母表示）。为避免过度回看或倒溯（如先前看到的字词或结构在工作记忆中衰减甚至遗忘），加工器仅提前预测一到两个字词，即前瞻性能力非常有限。比如，看到the，就会预测一个名词，即使出现的是形容词，也仍符合名词短语（noun phrase）这一结构，其中心词为名词。

原则2：随着字词呈现的方向，遵循向右连接的原则。换言之，加工器倾向将新出现的字词纳入已构建好的句法结构，放到最低层相应的节点。如此方可减轻工作记忆的负担。

原则3：新节点。功能词（如定冠词the、介词、标句词that等）的出现，预示将有新的短语结构需要构建。

原则4：加工器一次只能处理两个节点，即两句原则。比如，右分支句（如The man chased the dog［that liked the cat］［that died］）只需加工两个节点（名词短语和动词短语），不断地将新进入的字词纳入向右连接、分支的结构中即可（如the dog that liked the cat、the cat that died）。而对于内嵌句（如The cat［the dog［the man chased］liked］died），单独解析两层内嵌就需要同时激活三个节点，即名词短语（the dog）、内部S节点（S—>the man chased）、外部S节点的动词短语（liked）。换言之，加工器需要将这些节点放在工作记忆里缓存，并保持激活状态。因此，内嵌句相对于右分支句更难加工。

原则5：加工器倾向尽早结束一个短语结构，即"闭合"（closure）原则。

原则6：固定结构（fixed structure）。一旦关闭了短语结构，再度打开、重新组合的话，将会付出较高的计算成本，因此要尽量避免。值得注意的是，该原则可以解释歧义句为何更难加工。

原则7：加工（processing）原则。短语结构一旦闭合，就从短时记忆（short-term memory）中退出，进入下一个阶段的深层语义加工。短时记忆存储有限，句法结构细节会很快忘掉。

总体而言，Kimball所总结的加工原则简洁朴素，不乏洞见，但也有不足。其中，一些原则可以解释另一些原则，或可更加简化。比如第二和第三条原则，可以合二为一。某些原则也不完全正确，比如第三条，功能词在实时加工合法句子中的作用其实可能有限。阅读眼动研究显示，加工者基本不会凝视功能词，而是直接跳过，或者借助旁中央凹区加工（parafoveal processing）提取功能词的信息。当然，在某些非常规情况下，定冠词等功能词有可能会发挥作用。例如，对于使用了假词、无意义的胡诌句，如Lewis Carroll在《爱丽丝漫游仙境》中的一首诗 The Jabberwock, with eyes of flame/Came whiffling through the tulgey wood，功能词可以帮助我们判定假词的词性；又如，对于名词、动词等实词拼写出现字母位置调换的句子，如Aoccdrmig to a rscheearch at Cmabrigde Uinervtisy, it deosn't mttaer in what order the ltteers in a word are ...，我们可以利用拼写正确的功能词来锚定、通达实词，并进而获得句子的意思。但总体而言，对于合法句的加工，功能词作用有限。

Frazier & Fodor（1978）对Kimball的理论加以简化，提出"香肠器"（sausage machine）模型，或称"灌肠器"模型。该冠名较为形象，源自其核心思想，即将言语输入分成类似香肠的固定节段。该模型将句子加工过程分为两个阶段：第一阶段"初步短语组装器"（preliminary phrase packager，PPP），按每六个字一节，进行初步句法结构的组装。运用句法知识或句法策略时，如果得到不止一种分析，那么组装器将会偏好更简单的结构。第二阶段进入"句子结构监视器"（sentence structure supervisor，SSS），将组装包集中起来，形成句子。

"香肠器"模型存在两个特征：1)"初步组装器"视窗偏窄，因此无法处理跨越六个字词的长距离依存关系；2)"监视器"只能接收，不能退回或重新处理。这两个特点与Kimball（1973）的第七条"加工原则"相似，即都受限于短时记忆，在线处理句子的数目或字词数目均颇为有限。之后，Fodor & Frazier（1980）又增加了一条原则，提出当最小附加无法决定某个成分的取向时，可实施"向右连接"这一操作。该模型在其后近十年的演变中，由 Jerry Fodor、Lyn Frazier 等学者最终发展为最有影响力的"花园小径模型"（garden-path model），以下简称为园径模型。

综上所述，早期加工理论基于Chomsky的生成语法，致力于验证其核心思想，即句子理解涉及提取句子的底层结构。当愈来愈多的实证证据显示转换规则无法完全解释在线加工时，心理语言学家开始转向基于表层结构的加工策略。依赖于转换生成语法中关于句法自主性的主张，他们所构建的句子加工理论相对简单。首先，对输入刺激进行感知，完成识别字词，获取字词的语法范畴。然后基于此，构建句法树。只有当每个小句都完全分析好后，才构建与其对应的语义表征。这种加工策略通常被称作"句法提议，语义剔除"。简而言之，句法是独立、自主的一个模块：构建句法树仅仅利用句法信息。短语结构组合成句子后，才进入深层的语义加工。

3.2　早期句子加工研究的句型类别

在介绍重要的句子加工理论(如园径模型)之前，有必要先引入早期研究所关注的具体例子或句型，以让读者了解这些句子为何有趣，以及早期理论构建者如何从中推衍出理论假说。

早期成人句子加工研究多集中于句法歧义（syntactic ambiguity）句，特别是英语中具有暂时结构歧义的句子。其原因有二：1)歧义句具有代表性。人类在日常活动中产出诸多句子，浩如烟海，缤纷多样，不如取其中一类。在句子加工研究者看来，我们平日所听到的句子充满了歧义，无论这些歧义性是否被常人察觉，都会客观地存在，且普遍出现在各种语言中。2)歧义句能凸显加工机制的复杂性。如本书第一章所述，复杂系统在正常运作时，很难看出其内在机制，唯有在出现故障时其内在机制方可得到彰显。歧义会造成加工困难，需及时予以消解，而歧义消解的过程就为研究者提供一个契机，得以观察人类理解能力的边界，即在哪里出现问题，甚至崩溃，进而管窥加工器实时运作的内在机制。

　　早期研究者通过设置貌似不可理解的歧义句，对比歧义词、消歧词等区域加工态势的异同，来分解句子加工系统在理解过程中的各个操作或步骤。受生成句法的影响，早期句子加工学者着重考察母语者头脑里的句子加工器（parser）如何做出最初的解析，以及为何会误析这些歧义句，并据此提出相应的理论解释。

3.2.1　著名的歧义句

　　句子歧义可由字词、短语、功能词缺省等多个来源引发。词汇层面上最为直接的例子就是词性（part of speech）歧义，又称为词类范畴（lexical category）歧义。判断句中字词的词性，有时并非易事，如英语单词patient可做名词、形容词，rose可以是"玫瑰"，也可以是动词"起立"的过去式。汉语也有许多成分兼具名、动两种词性，如"出版"、"分析"。短语结构层面上，挂靠（attachment）歧义最为常见，比如The detective saw the burglar with the magnifying glass中，介词短语with the magnifying glass到底修饰主句动词saw，还是修饰宾语the burglar？同样，汉语中也存在类似的歧义，如"关于鲁迅的书"，介词"关于"既可以修饰"鲁迅"，表示"关于鲁迅的某一本书"，也可以修饰"鲁迅的书"，表示"关于领属人为鲁迅的书（的事情）"。又如"部分锈蚀的仪器"，"部分"既可做副词，表示仪器发生了锈蚀的程度，也可以做形容词，界定锈蚀的仪器的数量范围。而在整句结构层面上，某些语法成分的缺失会引发局部歧义，如I heard the neighbor moved out last night，名词短语the neighbor有可能一开始被看作动词heard的直接宾语，但如果在动词和名词之间出现了that，就不会出现这种局部歧义。

　　早期句子加工学界里最著名的歧义句，当属Thomas Bever于1970年创造的句子The horse raced past the barn fell。几乎所有英语母语者在看到最后一个动词fell时，都无法理解该句，或很难重新构建正确的句意。该句正确的结构应该解析为缩略式关系从句（reduced relative clause，RR），即主句中的主语有一个内嵌的从句，表达两层意思：1）The horse fell（那匹马跌倒了）；2）The horse was raced past the barn （by someone）（那匹马被某人骑着经过了粮仓）。发生理解困难的关键在于，简单主句的结构The horse raced past the barn（那匹马奔过了粮仓）压倒性地导致人们偏好主谓结构。这种偏好如此强烈，以至于很难进行修正，无法以关系化代词缺省的关系从句结构取而代之。

　　句子层面上语义的获得，跟词义提取虽有一定相似性，但亦有不同。句子的含义建立在句内所有字词之间的句法关系上，而并非仅仅依赖于从长期记忆中提取这些字词存储在心理词典中的意思。如果仅靠提取每个词的意思就能理解句子的话，我们将无法理解从未听到过的新颖句子，因为这意味着如果从未听过某个句子，它就不可能被记住并储存在大脑里。只有将各个成分组合为一个合法的结构，才能理解"是谁对谁做了什么"的核心命题。实时理解句子时，大脑构建句法结构的过程，叫作解析（parsing）。心理语言学家通常使用"加工器"（parser）来泛指构建句法结构的机制，该词并不用于指人。加工器花多久才能构建有意义的结构？是否每个词都需要从记忆中提取出来，才能开始句法组合、搭建结构呢？

　　好像并非如此。其实，加工器跟字词识别系统一样，在线表现得很热切、贪心，即使话语流只呈现了部分信息，也会不停地猜测其后可能的意思。句子加工是递增式的，即随着口语流的逐步展开，迅速为现有字词构建意思，而不是延迟到字词输入呈现完毕。语义紧随句子输入接踵而至，这一点可用"重复跟话"（shadowing）任务予以验证。找两个人，请一人随意说话（或念书中一段话），另一人尽可能快地原样重复。研究显示（详见Marslen-Wilson 1985），擅长跟话的人可以在250毫秒内完全跟上。这表明，在字词出现的几百毫秒内，人们不但能够识别出单个字意，而且能将其整合到全句结构中去并获得整句的意思。此外，当说话人的句中夹杂无意义或者生造的字词时，跟话者的速度就会变慢。当说话人发生口误或误读某词时，跟话者会予以纠正。这些结果表明，人们不只是"鹦鹉学舌"那样机械重复句子，而是理解、分析了句意。

但是这种"饥渴式"加工也会有代价。加工器基于句子输入的部分信息所做的猜测，可能最终被证实并不正确。就像加工词汇时，来自视域眼动的证据（Tanenhaus *et al.* 1995）显示，当 Click on the candy（点击那支蜡烛）中的关键词 candy 以听觉方式呈现后，不仅目标词（candy）得到注视，与其共享首音节的竞争词（candle）也会得到注视。因此，递增式加工太过主动的话，也会引起短暂歧义。最终，加工系统会抑制一些可能的备选意思，其对应的备选结构一开始与当前输入相匹配，但最终并不正确。

再回到那个著名的歧义句 The horse raced past the barn fell。歧义句，又称"花园小径句"（garden-path sentences），是指这样一类句子，在加工过程中错误的意思会被激活，只有不被其误导，才是成功的解析；但有时错误的分析会严重偏离正确的分析，引发极大的干扰效应，以至于很难获得正确的意思。而这个歧义句难度太大，几乎到了母语者也认为不合法的地步，属于极端的例子。该句非常特殊，正好融合了多个因素，造成其难以加工：1）动词 race 的过去式与过去完成时的形态一样；2）不及物动词 raced 在主动句出现的频率比及物动词在被动句中的频率更高；3）两种不同的特征在共同作用下具有叠加效果，即过去式＋不及物、过去分词＋及物，并对应于主动 vs. 被动之间的竞争；4）英语母语者更加偏好简单主句结构，而非复杂从句结构。这些多重因素均导致加工器强烈地认定简单主句结构，以至于消歧词 fell 出现后，也很难重新分析。

其实，主动词（main verb，MV）句与缩略关系从句之间的暂时歧义是最常见的一种句法歧义，也是英语句子加工中研究最多的一类句型。该歧义由动词的词汇表征中的句法线索引起。动词在心理词典中的表征在五个水平上存在歧义，分别是：句法结构歧义、时态词素歧义、语态歧义、论元结构歧义、分配题元角色歧义。其中，针对论元结构的使用频率对歧义消解的作用这一议题展开的研究最多。对于英语而言，主动词句可涵盖所有的论元结构，即不及物动词论元结构、及物动词论元结构，后者又包括直接宾语、宾语从句，而缩略关系从句只能采用及物动词论元结构。及物动词论元结构的频率越低，歧义句越不可能被消解为缩略关系从句。及物论元结构为高频时，则缩略关系从句与无歧义的控制句之间无显著差异；而不及物论元结构为高频时，则构建缩略关系从句就会存在困难。时态词素的相对频率，也对缩略关系从句的歧义消解起引导作用。值得注意的是，The horse raced past the barn fell这句话中，raced在这五个水平上的频率都偏向MV的解读。因此，母语者很难另起炉灶，得到RR的解读。

3.2.2　两类歧义句型

早期研究所关注的歧义句型主要分为两类：一类是缩略关系从句，上一小节已做介绍，即关系从句中省去了标示词that或疑问代词who/whom，如The boat sailed down the river was painted red，其对应的完整的关系从句是The boat that was sailed down the river was painted red。该类句型研究很多，因为其结构复杂，可直接对比验证各个句子加工理论针对"结构复杂度"这一因素所作的预测，而且可将无歧义的基线句作为对照。另一类是介词短语作修饰语，如半截句John destroyed the building with ...中，由with引导的介词短语具有歧义性，既可后续为动词destroyed的修饰成分，构成动词短语挂靠（VP-attachment）结构，表明约翰用来破坏建筑的工具（如with his awesome powers），也可以后继为定指名词短语the building的修饰成分，构成名词短语挂靠（NP-attachment），表明被约翰破坏的建筑的具体外观（如with many balconies）。

已有的英语句子加工研究显示，至少有几种信息能快速影响成人对歧义短语的理解。首先，词汇偏向性（lexical bias）或动词偏向性会影响解读（Taraban & McClelland 1988；Trueswell et al. 1993）。比如，就缩略关系从句而言，动词sailed与过去分词的形态相同，而且该动词的次范畴化（subcategorization）规定，它可以作不及物动词，紧跟其后的介词更会加深这种解读，因此，在主句动词was出现之前，加工者会偏向将The boat sailed ...解读为简单主谓句。而就介词短语挂靠歧义而言，动词destroyed倾向后续成分（即名词短语＋介词with）作工具解读，但若换成liked，则偏向将后继成分解读为修饰语，表示喜欢的程度。

该现象可能有三种解释：1）反映了存储在长期记忆中的动词次范畴化（verb subcategorization）知识，即动词倾向于出现在哪种结构类型中，是在心理词典中以词条方式存储在大脑里的。那么，该动词一旦被识别、通达，加工者就从其心理词典中提取该信息，然后传递到句法解析器。2）该现象也可能反映了加工者关于动词论元（verb-argument）的语义知识，即提取词汇时获取该信息，然后传递到语义分析。3）该现象还可能体现了对不同事件可信度（语用加工）的全局性分析（global analysis），而事件可信度可影响对动词论元关系的语义解读，进而限制句法解析。这三种路径中，如果可信度能够影响词汇效应，那么影响句法分析的路径就如Altman & Steedman（1988）所提出的指代语境（具体见本章第3.5.1小节）的路径一样，由语境提供的线索来指导消歧，选择最恰当的句法分析，即从语用到语义，再到句法。

其次，语调或韵律信息可消除挂靠歧义。以介词短语附着歧义为例，如果听到介词短语前的停顿（destroyed the building ... with the tower），我们更倾向于工具解读，即挂靠到动词短语上。如果停顿出现在直接宾语前（destroyed ... the building with the tower），则倾向于名词短语挂靠（Pynte & Prieur 1996；Schafer 1997）。

最后，伴随句子出现的情景也影响歧义解读（Crain & Steedman 1985）。以缩略关系从句The horse raced past the barn fell为例，如果有很多匹马，那么raced past the barn就更有可能作为修饰词，描述其中的一匹马。同样地，以介词附着歧义为例，如果只有一幢楼，那么更可能偏向动词挂靠。如果多幢楼之间作比较或选择，则更可能解读为修饰语，以锚定某个特指的楼（Altmann & Steedman 1988）。此类信息称作指称语境（referential contexts）。句子阅读任务中，通常由一段话给出语境（也包括读者对世界的认识）。而在视域眼动范式研究中，视觉场景中呈现几个物品，可以直观地限制指称语境（如Tanenhaus *et al.* 1995）。

以上这些信息，很可能在成人实时加工句子时被快速整合，并直抵最优分析。因此，即使语言充满了歧义，日常交流却不会受到影响。但解析、整合各种类型信息的过程会涉及诸多细节问题。比如，语境通常被认为是属于自上而下的加工，可以不拘泥自下而上的输入细节，从全局上做出前瞻性预测。那么，如何确定语境信息发挥作用的时间节点？一种可能是，听者或读者一开始基于词汇信息，生成多个可能的分析，然后借助于语用线索，来从中选择一个。另一种可能是，在相关词项呈现之前，即加工者推测到该词，或看到相应的视觉场景前，语用限制条件就对构建句子结构施加了影响。如果该可能性成立，那么加工者所优先考虑的某种解读其实有悖于基于句法规则而构建的解析，此时又如何刻画加工机制呢？

早期句子加工理论不仅致力于回答以上问题，而且围绕歧义结构及消歧进程，在如下几个问题上相持不下：如何消解具有暂时歧义的结构？句法结构的表征是什么？句法分析是如何实时运作的，或者指导句法构建的原则是什么？选择某一结构而非其他结构的依据是什么？结构信息和非结构信息（包括语义、语境、词频等）如何交互，或者各自起作用的时间节点是什么？不同的句子加工理论都基于不同的立场或预设，尝试提出各自的理论假说。

3.3　两大对立理论阵营

本小节为本章的核心，主要介绍早期句子加工领域的两大模型，以及各自的核心主张，并总结导致二者异同的背后成因。

3.3.1　园径模型

　　在前期提出的"香肠器"模型基础上，Lyn Frazier于1987年正式提出"园径模型"。该模型延续了"二阶段"思想，但在具体内容上较早期模型更规范，可操作性更强，也更有解释力。"园径模型"认为，第一阶段仅利用句法信息，句法加工因模块化（Fodor 1983）而占优先、主导地位。当语言输入含有歧义时，加工器受两条句法原则驱动，仅构建一个结构。第二阶段才会利用非句法信息，包括词汇频率、语义、语篇语境等，由另一独立的题元处理器处理。如果第一遍句法加工的结果与题元处理器所生成的结构不匹配，则有必要进行二次加工，修改句法树。"园径模型"中，构建句法结构的机制是线性加工，并有重新分析这一阶段。决定加工偏好的依据是普遍语法（universal grammar）规则，依当前短语结构而定。该模型下的研究假说可归纳为：结构复杂度（structural complexity）和再度分析（reanalysis）导致反应时变长，从而产生加工困难。

　　具体而言，指导、决定初始结构的基本原则有二：一是"最少结点挂靠"（minimal attachment）。引用Frazier（1987：562）的原话，"Do not postulate any potentially unnecessary nodes"（不要投射任何可能不必要的结点），即新进的字词输入应该挂靠到结点最少的结构上去。换言之，就句法树状（syntactic tree）结构而言，加工器倾向构建这样一种分析，其结点最少，结构最简单。比如，对于半截句The student forgot the solution ...，句法加工器可做两种分析：或把the solution当作动词的直接宾语（如The student forgot the solution immediately），或将其分析为宾语从句的主语（如The student forgot the solution was in the book），两种分析都可完结句子。但是，"最少结点挂靠"认为，加工者最初会采取"直接宾语"分析，因为该结构最简单，只需构建由NP、VP组成的句子，而宾语从句结构则内嵌在主句中，更为复杂。该原则的直接支持证据来自Frazier & Rayner（1982），该研究发现，被试加工宾语从句时，会在从句谓词was位置上出现加工困难。这表明在加工伊始阶段，被试的确会构建直接宾语结构，但was呈现后，必须重新分析，建构正确的宾语从句结构。

"园径模型"的第二条原则是"迟后闭合"（late closure）。引用Frazier（1987：562）的原话，"If grammatically permissible, attach new items into the clause or phrase currently being processed（i.e., the phrase or clause postulated most recently）"，即尽量将新成分并入到当前建构的结构中去，而不是与更早（或线性距离更远、层级距离更高）的结构建立联系。该原则最早由Lyn Frazier在其1979年的博士论文中提出，其依据是减轻工作记忆负荷。比如，对于半截句John will brush the dog he washed ...，下一个词如果是yesterday，应该挂靠到从句动词上，满足过去时态一致（...[the dog he washed yesterday]）；但如果是tomorrow，则应该根据动词时态挂靠到主句动词上，满足将来时态一致（John will brush[the dog he washed]tomorrow）。但"延迟闭合原则"认为，加工器最初都会把下一个词挂靠到新近构建的小句（即宾语从句）中去。Altmann *et al.*（1998）发现，英语被试阅读含有tomorrow的句子时间长于含有yesterday句子，表明加工器的确偏好就近挂靠。但注意，该句的倾向性也受制于语境。比如，Carreiras & Clifton（1993，1999）发现，对于介词短语附着歧义句如The spy shot the daughter of the colonel who was standing on the balcony，按照"迟后闭合"原则，应该倾向将从句解读为修饰最近的"上校"，即"上校站在阳台上"，但英语被试并未表现出强烈的倾向。而且，西班牙语被试阅读西语句子时，则表现出清晰的倾向，解读为"女儿站在阳台上"（另见Cuetos & Mitchell 1988）。

如果两条原则相互冲突，"最少结点挂靠"原则优先于"迟后闭合"原则。仍以介词短语挂靠歧义句为例，如John saw the man with the telescope。介词短语with the telescope挂靠到宾语名词上去，可满足"迟后闭合"原则，但作为附加成分的介词短语嫁接到NP上，还需投射一个NP（或DP），即NP→NP PP。而挂靠到动词短语VP上，无需再投射一个

VP，即VP→V NP PP(彼时生成语法允许三分叉结构)，满足"最少结点挂靠"原则。因此，最少结点原则优先于延迟闭合原则，加工器偏好解读为"John用望远镜观看"，而不是"the man有一个望远镜"。

综上所述，"园径模型"下句子加工所表现出的偏好受以下原则指导：1)线性地构建结构；2)如有句法冲突，需重新分析；3)若语义可信度/可能性低，题元角色不相匹配，需重新分析。重新分析都在第二阶段进行。当时Chomsky的生成句法理论在北美如日中天，该模型明显带有语言学理论的印记。其前置预设认为，句法加工具有模块化的特性，以突出句法的核心地位。据此，人类解析器最初构建结构时，仅用到句法信息，不涉及词汇—语义信息。该模型强调句子意义的建构性特征，但忽视了词汇自身所携带的语义信息、语境对句子加工的作用。

3.3.2　限制满足理论

随着实时测量方法的日益精确，以及20世纪70年代认知神经网络观的兴起，越来越多的实证研究显示，在句子加工早期，生命度、频率、可信度、篇章指代语境、视觉语境等信息可与句法构建发生交互作用，表明解决句法歧义需要满足各种限制条件。在加工一个歧义句式时，其最终解读所对应的结构即使比较复杂，但如果多个限制条件均有所偏向地指向该解读，从而提高了建构该复杂结构的概率，那么其理解难度也就减弱很多。比如，英文句子The woman/patient sent the flowers was pleased中主语名词后有一个修饰语，为复杂的缩略关系从句结构。按照"园径模型"，无论主语名词的具体形式是什么，加工者都会一开始误将sent the flowers理解为简单句的述谓部分，直到主句动词was出现。但是该句中的两个主语名词("女人"和"病人")在语义上存在差异："病人"更可能被送鲜花，而"女人"既可以是主动送花者，也可以是接受鲜花者。那么，相对于"女人"，在"病人"条件下的加工器更有可能预期到缩略关系从句的结构。因此，在消歧词was出现时，重新修正句法结构的难度就会减小。

此外，随着人类对大脑神经元(以兴奋或抑制的方式影响相邻神经元活动)认识的推进，在计算机模拟框架下，限制满足(constraint satisfaction)系统、连接主义模型(connectionist model)和竞争激活模型等都强调认知系统的网状联系(一个巨大的信息节点交互网络，各节点与其他节点之间通过大量的毗邻节点相互影响)，并成功拟合人类对语音特征、词汇、句子的加工过程。句子加工领域的研究者——特别是认知心理系出身的语言心理学家——逐渐认识到，各个因素共同进行平行加工(parallel processing)，更符合人类认知。具体影响因素为：

1)动词次范畴(verb subcategorization)或动词论元结构(verb argument structure)，包括及物动词的偏向性(后接直接宾语或宾语从句)、感官动词的次范畴偏向性、与格/介宾替换(dative alternation)、动词时态概率(如过去式vs.过去分词)、介词(如by、with、on、in)做嫁接语或补足语的偏向性、标句词(that)隐现的偏向性。

2)语义偏向性：题元角色(动词分配施事、受事、工具等题元角色的概率)、动词选择名词语法功能的限制(如有生为主语、无生为宾语)、特定动词的选择限制(如吃必须选择可吃的物体)、词义明确的题元关系适切性(sense-specific thematic fit，如mechanic checked对应brakes，而editor checked对应spelling)。

3)口语的声学物理特征(语调、韵律、对比重音、时长)。

4)超句子的语境(指代、语用)，包括视觉语境(语境中可能的指代、视觉场景下描述动作及人物关系)。

因此，自20世纪80年代起学界出现反对语言模块化的趋势，"平行交互说"开始兴起，主要的提倡者包括英国的学者William Marslen-Wilson、Llyod Tyler，美国的学者John Trueswell、Michael Tanenhaus、Susan Garnsey、Maryellen MacDonald、Julie Boland等。这些学者致力于探究各种信息或线索在加工过程中的即时作用(详见第3.4小节)。

交互理论存在不同的版本：1)递增性交互模型(incremental

interactive model，Altmann & Steedman 1988）认 为， 所 有 合 乎 句法的结构都会被激活、生成（generate），而语境线索可以帮助从中选择（select）一个最恰当的句法解析。2）基于限制条件的词汇主义模型（constraint-based lexicalist model，MacDonald 1994；Boland 1997）则认为，基于词汇或句法的备择表征是部分激活，概率大小依其频率、与其他信息的匹配程度而定，即可备选结构的地位并非等同，而是"有序平行"（ranked parallelism）。虽然不同版本的交互模型在具体细节上有所不同，但所达成的一个基本共识是：并没有一个明显、独立的句法加工器，而是加工系统利用各种可能的信息或线索，来尽快消除歧义，完成句意整合。

　　在基于限制条件的词汇主义模型中，词汇信息占据重要地位。句子加工基于词汇加工，这一点在当时属于较为新颖的看法，因此有必要费些笔墨。在限制 — 满足模型正式提出之前，句子加工学界以园径模型为主导，一直认为句法歧义有异于词汇歧义，二者加工机制不同。词汇歧义消解（如，多义词bank有"河岸"、"银行"之义）可以遵循平行加工，通达多重词义。最经典的词汇通达证据当属Swinney（1979）采用跨通道启动范式所做的实验研究。该范式下，被试坐在电脑前，句子以听觉方式呈现，在听到关键词（如bug）的同时，屏幕上出现一个视觉呈现的单词（探测词probe），被试需要完成词汇判断任务，即通过按键，判断该词是否为真词。当实验刺激和探测词的呈现无间隔（即刺激起始异步为0毫秒，stimulus-onset asynchrony=0 ms）时，被试对多重意义的探测词（如解读为"窃听器"的语义相关词spy、解读为"昆虫"的语义相关词ant）反应时间无差异，都比无关词（如sew）要短；但当目标刺激在200毫秒后呈现，或在几个干扰词后呈现，则只有适合前文语境的词义反应时间更短。该研究说明词汇的多重意义在短暂的时间间隔内同时通达，随后才选择与语境相适宜的词义。

　　多义词汇的这种平行加工背后动因，或与字词短小有关。近期的确有研究表明，具有多重意思的单词通常更短（Futrell *et al.* 2015）。而加工句子时，句法歧义消解理应受限于认知资源。园径理论的二阶段模型认为理想模式是线性加工（serial processing，又译为串行加工），以句法表征为基础，首先由句法模块执行句法分析，之后才运用语境、世界知识等信息，对句意进行选择、校正。这是彼时学界的标准看法。

但限制—满足模型的倡议者之一MacDonald（1994）认为，句法、词汇歧义相似，都与词汇限制有关。词汇信息可以制约句法偏向性，句法歧义源于词汇层面的歧义。该版本的限制—满足模型认为，所有的句法、词汇信息都存储在心理词典中，各类信息同时激活，加工器对所有表征进行穷尽式分析、计算，频率对各种信息的激活程度进行限制、约束，最终实现歧义消解。句法消歧跟单词消歧很像，各种信息都平行可及，可激活、也可抑制某种结构分析。对于加工困难，该模型认为，当所有的信息源都指向错误的分析时，加工器就会抑制正确的分析，直到更多的信息明确显示，必须重新排序，激活正确的分析。

此外，平行交互模型与连接主义计算模型关系更密切，比如Maryellen MacDonald和Mark Seidenberg借助连接主义模型，模拟人类大脑加工词汇的过程，并推及更高的句子层面的加工。整体框架为非模块、分散性，各个约束条件之间互动，相互竞争，任何权重更高的相关信息，都可以决定加工器更偏好哪种结构。

限制—满足模型的核心观点认为，加工系统在解析具有暂时歧义的句子时，遵循以下原则：首先，没有一个明显的句法加工器。句法规则或信息只是作为影响加工的诸多因素之一，强烈限制基于(句子)当前输入所构建的潜在解析选项。其次，以词汇为中心。当前输入字词对应心理词典中的词条（lexical entry），借由词频和句法信息(包括词性、次范畴化、论元结构)而丰盈（enrichment），各水平信息相互叠加，为歧义消解共同发挥作用。再次，歧义可以体现在某一表征水平上，也可以体现在某几个表征水平上，如词性(名词还是动词)、词义(多重字面意思、比喻义)、句法结构等。最后，当句法在某一水平上允许多重选择，这些选择在频率上各有不同，其发生的先验概率（prior probability）也不同。

限制满足模型认为，句法歧义最终经由竞争得到消解（MacDonald *et al.* 1994）。受制于各限制条件的强弱不一，各种结构被激活的程度也有所不同，如果有两到三种解析的激活程度都很高，它们之间的竞争就会很激烈，胶着不下，最终导致该句的加工难度很大。Tabor & Tanenhaus（1999）、Tabor *et al.*（1997）提出，竞争最终陷入一个相互吸引的盆状网络。Tabor & Hutchins（2004）发现，人们如果对某个加工分析的投入越多，那么越难从中抽离，该效应又称做"陷入效应"（digging-in effect）。以Ferreira & Henderson（1991）的实验材料为例，见（1a-b）。动词invaded通常做及物动词，因此在没有逗号的情况下，两句中the town一开始均会被误析为直接宾语。但因为（1b）中还多了一个由标句词that所引导的宾语关系从句（that the city bordered）做其修饰成分，这种误析会得到增强，直到消歧词was出现。结果的确显示（1b）句比（1a）句更难加工。这表明，一旦掉入错误分析的陷阱里，其他解析的激活程度就会降低，包括最终正确的分析在内。加工器需要做出更多的努力，重新将其激活。

（1）　a. After the Martians invaded the town was evacuated.

　　　b. After the Martians invaded the town that the city bordered was evacuated.

综上所述，语言加工是一个在词条间、跨层面的各种约束条件得到满足的过程。加工系统中的多重信息相互依赖，部分重叠或冗余（redundant），各方面的信息依据概率权重的大小，共同发挥作用，使得句子在每一水平上得到解释。加工器根据各方面提供的信息，进行计算、综合，最终有效地解决歧义。

3.3.3 两大对立理论的评述

园径理论在句子加工领域长期占据中坚阵地，至今仍有深远的影响力。但该理论有些令人感到困惑的地方在于，非句法信息明显对在线加工很有帮助，但为何加工系统会一开始选择无视这些有用信息？毕竟在现实生活中，人们在加工句子时体验到的困难并不强烈，感知到的迷惑也少许很多，并非像园径理论所刻画的那样，全然不顾其他可能有用的信息。挑战园径理论的一个直接反例就是，即使同属缩略关系从句，但难度各异，如（2a）句明显比（2b）句难：

（2）　a. The dog walked to the park waged its tail happily.

　　　　b. The treasure buried in the sand was never found.

其实，园径理论的诞生与彼时学界所处的整个大背景有关。20世纪70年代也是认知心理学、计算机科学兴起之时。认知科学家积极探索人的大脑奥秘，并将人脑看作计算机。认知心理学界普遍公认的一个事实是，如同高能计算机需要强大的内存，人类处理信息的能力也受制于有限的记忆资源。因此，在解决歧义消解这一复杂问题时，为了避免轻易耗尽资源，不如借助直觉策略法（heuristics），简单明了，迅捷有效，可适用于大部分情形，即使有时会出错。类似地，支持"园径理论"的心理语言学家（Frazier 1985；Ferreira & Clifton 1986；Ferreira & Henderson 1990）也假设人类大脑中存在一个句法模块，专司句法结构的加工，而无需一开始就通盘考虑所有的信息。而句法和语义的相互独立，可以确保将有限的认知资源得到最优化的使用。构建一个句法解析之后，就可直接获得对应的语义。为每一个新进到来的小句构建一个句法树，是获得语义理解的前提。这也是"园径理论"至今仍然盛行不衰的原因之一。

"限制满足模型"也存在一些潜在问题，一个突出的不足就是该模型在现实中可操作性较为含混，很难预测复杂度高、互动性强的行为，特别是各个信息如何交互，各自发挥作用的时间节点，尚需细化。又如，语言知识从何而来？各种线索的概率化激活从何而来？这些也不太明确。Maryellen等学者后来提出的基于语言经验的产出—分布—理解模型（Production-Distribution-Comprehension model，PDC，MacDonald 1999，2013，详见第九章），或许能在一定程度上回答这个问题。

如何看待模块说和交互说？借用Sedivy（2014）的类比说法：高度模块化的系统就像一家等级分明的公司，底层员工只需掌握有限、专门的技能，承担有限的责任，就能完成工作，然后将成品转给高层员工，由高层来做最后决策。交互系统更像一家作风民主的公司，所有员工都参与决策，拥有一定的股权，承担一定的风险，信息可从上层传递到下层，也可从下层回馈到上层，双向往返，渠道畅通。这两种经营模式在商界都可运行良好。类似地，两大句子加工模型也各有优劣：模块说可能快捷廉价，但缺乏一定的灵活度，就像遇到一位柜台销售或客服代表，如果问题在其权责范围之外，就完全不会处理；交互说在某些方面更"聪明"，但从全局看成本可能较高。

3.4　影响歧义消解的因素及争议结果

上一小节概括介绍了早期两大句子加工理论的发展及核心主张。但从理论沿革的历时角度，具体二者在哪些方面存在争议，为何会有这些争议，各自又有何种或何类系列证据，支持彼此长期处于对峙的局面，我们必须深入到具有代表性的研究中去，方能有较好的理解。因此，本小节主要对比"园径模型"和"平行交互理论"在具体的争议点上的实证研究，包括各自针对歧义句加工所做的不同预测、争议焦点以及实证结果。

歧义句研究旨在回答的首要问题是：为何某个分析常比其他分析更有吸引力？面临歧义时，为何我们不采取"不承诺"（non-commitment）策略，直到有更多的信息帮我们决定正确的分析？毕竟，该策略可以规避最终崩溃的情况。是什么让偏好性分析如此有吸引力？

以下我们按照信息或限制条件的类别，对照两大模型的预测，分别呈现现有实证研究的支持证据，并作综合评述。面对纷繁的实证结果，我们要牢记一点：区分自主性"园径模型"和交互性"限制满足模型"的关键，在于加工早期到底发生了什么。

3.4.1　最少结点挂靠

"园径模型"提出的首要加工原则就是"最少结点挂靠"。那么，母语者会更偏向构建结点最少的结构吗？英语中，及物动词的论元结构可以是直接宾语，也可以是由that引导的宾语从句。当that缺省时，宾语从句结构就会具有暂时歧义：一种是直接宾语，构成简单主句结构，另一种是宾语从句的主语，构成复杂主从句结构。Rayner & Frazier（1987）采用阅读眼动范式，设计了如下刺激：

（3）　a. The criminal confessed his sins harmed many people.

b. The criminal confessed that his sins harmed many people.

"最少结点挂靠"预测，理解者看到（3a）中的his sins时，最简单的分析是将其作为动词confessed的直接宾语，而不是宾语从句的主语，因为该结构需要投射更多的短语分支(结点)，更为复杂。但消歧词harmed出现后，必须重新分析。（3b）作为控制句，出现了具有显性形式的标句词that，那么理解者看到that就必须排除直接宾语的解读，构建宾语关系从句。因此，（3a）比（3b）在消歧词区域更难加工。Rayner & Frazier（1987）发现，阅读眼动结果的确符合该预测。

值得注意的是，（3b）没有任何歧义，而（3a）具有暂时的结构歧义。通常而言，歧义句较非歧义句更难加工。无论哪个理论框架，无论采用哪种实验范式，都应该得到这个结果，这一点毋庸置疑。因此，或许更应该思索的是，得到这个结果是否一定意味着"最少结点挂靠"必须成立。或许还存在其他原因，也可以导致这个结果。

此外，是否只要宾语从句缺省了标句词that，就都会在消歧词位置出现加工困难？"限制满足模型"给出的回答是，不一定，因为动词的偏向性会影响难度的大小。具体讨论见本章第3.4.3小节。

3.4.2 语义（题元）信息

两大理论都承认语义信息是影响实时加工的因素之一，不同之处仅在于语义信息施加影响的时间节点。语义信息可分为两类：一类具有普适性，如有生名词倾向充任施事（agent），无生名词倾向为受事（patient）；另一类具有事件特异性（event-specific），即事件的参与者由特定动词指派，如英语中不及物动词仅分配一个参与者即施事。通常而言，句子加工研究者探讨的语义信息是前者，又称题元角色（thematic roles）。

Milne（1982）最早发现，语义因素可以诱发歧义效应。以下三句中，只有（4a）在rocks区域显示出加工困难，说明被试对granite（花岗岩）有语义预期，会将其与紧跟其后的rocks合并解析为一个复合名词短语。的确，后来有研究发现，当两个名词在语义上相关（semantically associated）或相近（related）时，我们会寻找二者相异的关键特征，来作为解读的依据（Wisniewski 1997；Wisniewski & Love 1998）。花岗岩和石头意思相近，关键区别在于前者含有特殊的矿物，所以被试更倾向将该复合名词解读为材料修饰关系（property relation）。做该语义解读的后果是，当下一个词是谓词（系动词，如4b句）时，没有难度，但若是副词during（即4a句），则违反了预期，必须重新分析。

（4）　a. The granite rocks during the earthquake.

　　　　b. The granite rocks were by the seashore.

　　　　c. The table rocks during the earthquake.

语义信息不能在加工早期发挥作用吗？经典的语义信息当属名词的生命度（animacy）。不同理论阵营的研究者先后对此问题进行了考察，均操纵名词论元的生命性。试对比两组半截句：The defendant examined ... 和 The evidence examined ...。二者动词相同，差异仅在首个名词短语，一个是有生命的"辩护人"，一个是无生命的"证据"。"辩护人"很适合作为动词"审核"的施动者，"证据"则不太可能，而是更可能"被（人）审核"。如果加工器能够利用生命度来分配对应的结构关系，那么"辩护人"更可能构建简单主句，而"证据"更可能构建关系从句。

Ferreira & Clifton（1986）最早利用眼动阅读模式，运用上述的逻辑思路，对比考察了以下结构（5a-b）。消歧词为by，该词的出现会明确表明，动词examined必须是表被动态的过去分词形式。此外，他们的材料中还包括两个控制条件（5c-d），都有标句词that，故没有歧义。因此，该实验是个2×2的因素内设计，操纵了歧义性（有歧义vs.无歧义）和生命度（有生vs.无生）。

（5）　a. 有生、缩略关系从句（Animate，Reduced RC）

The defendant examined by the lawyer turned out to be unreliable.

b. 无生、缩略关系从句（inanimate，reduced RC）

The evidence examined by the lawyer turned out to be unreliable.

c. 有生、无缩略关系从句（Animate，Unreduced RC）

The defendant that was examined by the lawyer turned out to be unreliable.

d. 无生、无缩略关系从句（Inanimate，Unreduced RC）

The evidence that was examined by the lawyer turned out to be unreliable.

Ferreira & Clifton（1986）主要考察了两个眼动指标：第一遍阅读时

间，反映第一阶段(早期)加工；第二遍阅读时间，反映第二阶段(晚期)加工。结果显示，在by the lawyer这一区域，只发现了歧义主效应：缩略关系从句比无歧义句更难加工，但没有交互作用。而且，当固定了生命度因素，将歧义句与非歧义句之间相减，得到歧义效应，发现无生命的歧义效应量(5b & d)与有生命的歧义效应量(5a & c)大小相当，即关键的两个条件(5a vs. 5b)没有显著差异。此外，在歧义区动词examined位置，发现了生命度的主效应：主语有生命的(5a)和(5c)条件比无生命的(5b)和(5d)条件的阅读时间更长。这表明被试的确注意到了条件间的名词生命性有所不同，但该因素并未被用于消除结构歧义。Ferreira & Clifton(1986)据此认为，语义信息不能帮助被试消歧，或阻止被试误入园径，因此，理解者不可避免地产生园径效应。该结果符合园径理论的预期，即在加工早期，看到歧义动词examined时，加工器仅能利用"最少结点挂靠"原则，构建简单主句结构(如，The defendant examined the evidence，"辩护人审查了证据")，即使"证据"明显不可能作为施动者，加工器也不会构建更复杂的关系从句结构(即"被律师审查的辩护人……")。该研究成为支持园径理论的重要证据。

但Trueswell *et al.*(1994)认为，Ferreira & Clifton(1986)的刺激没有完全控制好：1)近一半的无生名词或可充任工具(如The car towed ...)，或可做作格动词的主语(如The trash smelled ...)，均能以主句结句，直到消歧动词出现。2)缩略关系从句的关键区域分两行呈现，看上去不够自然。3)非缩略关系从句并不适合作为基线条件，因为人们通常很少注视较短的功能词，而跳读后的落脚点会有异于缩略关系从句。Trueswell *et al.*(1994)针对性地对刺激做了修改，确保所有的无生名词只能充任受事，无法以主句结句；实验刺激的关键区域呈现在一行上；增设动词形态无歧义(即过去分词)的条件，如The poster(that was)drawn by the illustrator was used for a magazine cover。他们重做该眼动实验，进一步考察了论元生命度对消解歧义句的作用。

Trueswell *et al.* (1994) 也主要关注第一遍阅读时间 (反映首次加工) 和第二遍阅读时间 (反映再次加工)。结果发现，在 by the lawyer 歧义消解区域，这两个眼动指标均显示交互作用 (参见图 3.2)：无论是早期还是晚期加工，含有生论元 "被告" 的句子加工最难，而含非生命的 "证据" 的句子与其他两种无歧义的控制句一样容易。据此，Trueswell *et al.* (1994) 认为，当语义信息足够强时，缩略关系从句并不比完整关系从句更难。该结

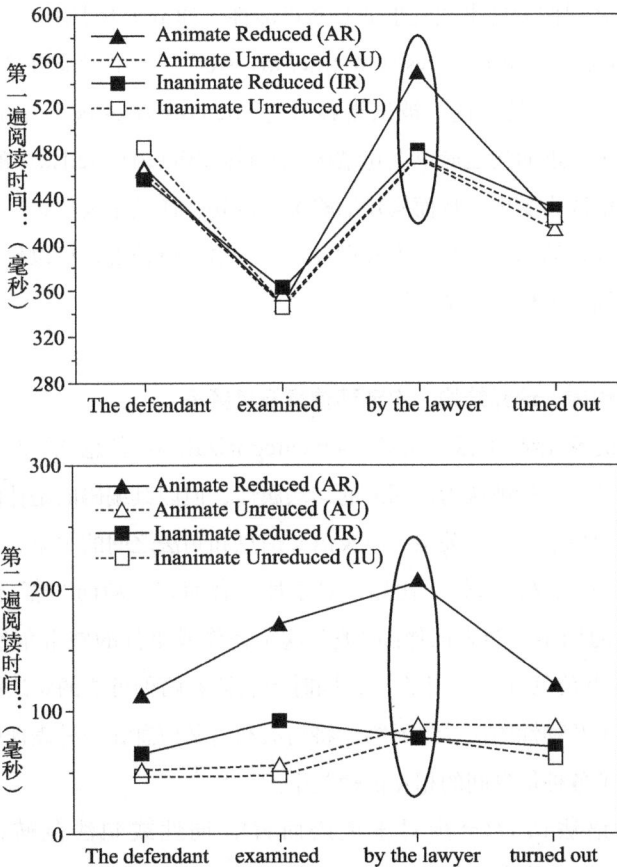

图 3.2　关于生命度线索对即时消歧作用的眼动实验结果 (Trueswell *et al.* 1994)

果符合基于限制满足模型的预期，即语义信息可以用来消除歧义。但是，Clifton *et al.*（2003）考察了更多的实验材料，发现语义信息并不能完全消除缩略关系从句的加工难度。

除了生命度这一语义信息之外，研究者也探究了事件参与者的语义可信度对消歧的影响。当两个论元均为有生名词时，在及物事件中作为参与者的题元适恰度（thematic fit）会有所不同。比如，在现实生活中，警察逮捕小偷更为可信，而小偷更可能被警察抓捕。McRae *et al.*（1998）发现，句首名词作为施事或受事的相对可能性，如arrested中出现的警察与小偷（The cop arrested ... vs. The thief arrested ...），的确能直接影响主句和缩略关系从句的解读。被试更容易将The cop arrested ...中的"警察"解读为施事，进而构建简单主句结构；而The thief arrested ...中的"小偷"则更易被解读为受事，从而构建缩略关系从句。该结果表明，一如限制满足模型所预期的那样，基于现实世界经验的语义可信度，可以作为消歧线索，帮助加工者构建复杂的结构。

3.4.3　（动词）论元结构、次范畴信息及其频率

动词的论元结构（或次范畴，subcategorization）信息能即时发挥作用吗？论元结构一般被认为是词汇的句法属性，但因其编码的是伴随动词出现的名词和短语之间的关系，以及语义信息和句法之间的关系，所以其实兼具句法—语义的属性。比如，对于加工者而言，动词"吃"存储在心理词典中的词条，会表征伴随"吃"这个动作或事件的施事角色（即"谁吃"）和受事角色（即"吃什么"），同时还表征着两种可能的句法结构，即及物性和不及物性用法。论元结构将句法和语义信息在一种表征中结合起来，体现了各种信息间的相互依赖关系。

生成语法认为（至少对于英语而言），词性或句法范畴（part-of-speech）是句法信息，但动词对论元的选择性搭配属于次范畴、语义信息。对于以下两组句子：（6a）中，动词visit作为及物动词，选择内论元

（internal argument）做直接宾语；（6b）中，动词sneeze作为不及物动词，只能选择外论元（external argument）做主语，但不能有内论元宾语。如果加工器可以利用动词次范畴线索，那么就不会把（6b）中的名词the doctor看作前一个动词的宾语，而是尚未出现的主句动词（prescribed）的主语。但是，根据园径理论，作为非句法信息的动词次范畴，在加工早期无法发挥作用，因此最初都会把the doctor看作宾语，直到消歧动词prescribed出现，才必须重新调整、修改结构。只有在第二阶段评估时，动词次范畴才能发挥作用。因此，在消歧动词出现之前，两句都会出现误析，不可避免地误入园径，直到看到动词，产生歧义效应。

（6） a. After the child had visited the doctor prescribed a course of injections.

　　　b. After the child had sneezed the doctor prescribed a course of injections.

Mitchell（1987）采用自控步速阅读范式，操作动词的及物性（及物、非及物）。实验结果显示，在歧义消解区域（prescribed），被试对两组句子的反应时间没有显著差异。Mitchell（1987）据此认为，该结果支持园径理论，说明加工器基本无视动词次范畴这一线索。该结果也被Van Gompel *et al.*（2001）的阅读眼动数据重复验证，即被试在（6b）中看到动词sneeze之后出现困难，说明加工早期未能利用论元结构信息。Ferreira & Henderson（1990）使用阅读眼动和移动视窗自控步速阅读，发现无论是首次阅读时间，还是反应时，两句在歧义区和消歧区都没有显著差异。这些结果表明，动词次范畴信息并未影响最初的分析；但可在第二阶段重新分析时起作用，眼动结果表现为回视时间这一晚期指标上，（6b）句比（6a）更短，自控步结果表现为在消歧区之后区域，（6b）的反应时显著短于（6a）。

Pickering & Traxler（1998）在一项眼动阅读实验中，也操纵了动词的及物性，实验刺激的样例如下。结果显示，被试对歧义消解区域（即动词及之后）的注视时间在（7a）中比在（7b）中长，回视也更多。表明动词的及物性与否的确调节了加工难度。

> （7）　a. As the woman edited the magazine amused all the reporters.
>
> 　　　　b. As the woman sailed the magazine amused all the reporters.

面对不同的结果，研究者逐渐注意到动词论元结构的频率会导致所谓"动词偏向性"（verb bias）。其研究思路如下：动词对于所允准的句法结构，有些更偏向直接宾语，比如visit（访问）、read（阅读）。因此，The woman read the book during the plane journey 比较符合偏向性预期，但 The woman read the book had been burned（被朗读了书的那个女人被烧死了）中的过去分词用法，则比较少见。有些动词更偏向（由that引导的）宾语从句，有些则两者均可，没有偏向。这些频率偏向性也能帮助理解是否出现歧义效应。

Trueswell et al.（1993）率先对比考察了不同动词所带结构的频率：forgot通常后接一个名词作直接宾语，而hoped常常后接宾语从句。眼动结果表明，偏向直接宾语的动词出现在缩略宾语从句结构中，比出现在无歧义（即有标句词that）的宾语从句结构中的阅读时间更长。但是，偏向宾语从句的动词出现在这两种句子中则没有差异。Trueswell及其同事认为，加工者对不同类型动词论元结构（即频率）信息表现敏感。因此，偏向宾语从句的动词不会造成加工困难，但偏向直接宾语的动词则会引发加工困难。偏向宾语从句的动词出现在省略标句词that前的频率越高，被试在理解时越不容易出现加工困难。

另一项系统考察动词次范畴偏向性的研究是Garnsey et al.（1997）。Garnsey及其同事在正式实验之前，先采用句子补全任务，对100个动词的偏向性进行标准化前测。半截句由人名和动词组成，如Debbie remembered _____。根据补全句子的结果，将动词分为三类：1) 偏向直接宾语的动词 (DO-bias verbs)，即动词更倾向后跟一个宾语论元，比如 accept、advocate、discover、confirm、hear、print、write、propose；2) 偏向复合句的动词 (SC-bias verbs)，即动词倾向于后跟一个从句作宾补，如conclude、suspect、realize、indicate、assume、imply；3) 同等偏向的动词 (EQ-bias verbs)，即动词没有偏好，两种都可，如announce、fear、guarantee、know、sense、predict、doubt。Garnsey及其同事从每类中选出16个动词，共计48个动词作为实验关键材料。此外，他们还采用7点量表测试，评定了内嵌名词作为宾语论元的可信度，如The senior senator regretted the decision/the reporter。

该研究运用眼动和自控步反应时两种范式，实验刺激操纵了动词类型 (DO-，SC-，EQ-bias)、可信度 (可信vs.不可信)、歧义性 (标句词that的隐现)，如下 (8a-c)。其中三个无歧义句作基线条件，三种歧义句和基线句相减，得到歧义效应量的大小。

（8）　a. DO-bias 动词

可信：The gossipy neighbor heard (that) the story had never actually been true.

不可信：The gossipy neighbor heard (that) the house had never actually been sold.

b. SC-bias 动词

可信：The proud mother announced (that) the wedding would be a big event.

不可信：The proud mother announced (that) the flowers would be delivered at noon.

c. EQ-bias 动词

可信：The ticket agent admitted (that) the mistake had been careless and stupid.

不可信：The ticket agent admitted (that) the airplane had been late taking off.

实验结果显示，动词次范畴信息与论元可信度能共同影响加工进程。在歧义区（即动词后的名词），只有偏向直接宾语的动词（如 heard）出现可信度效应，表现为可信名词 the story 比不可信名词 the house 的首次阅读时间更短。这表明前者比后者更有可能被诠释为动词的直接宾语，即动词信息可影响初期加工。在消歧区（即 had never），眼动和自控步反应时数据都显示，偏向直接宾语的动词（heard）有歧义效应，即需要重新分析为从句结构时，会增大加工难度。无偏向动词（如 admitted）的可信度效应最大，即不可信名词 the airplane 不可能作为直接宾语，因此相对于可信名词 the mistake，被试更快速、自然地转而选取宾补从句结构。这表明可信度等语义信息快速地发生作用，限制了可能的结构选择，从而支持基于限制满足的句子加工模型。Garnsey et al. (1997) 这项研究非常有影响力，其对动词的划分以及通过评定而来的各类代表性词项，也为后来的研究提供了思路和进一步完善的契机。

但是，学界对这些实证结果及其解读仍不无争议。虽然其后也有研究发现了论元结构频率信息能迅速发挥作用（Snedeker & Trueswell 2004；Staub 2007；Trueswell 1996），但园径理论阵营的学者总认为可以用该理论的预设予以解释，即动词论元结构这一句法信息可以驱动空位（gap）。

比如，Pickering et al. (2000) 发现，即使动词偏向宾语从句，如 realize，读者仍然会显示出加工困难。对于半截句 The young athlete realized her potential …，其后可以续接两种结构，构成合法的句子：或者直接以简单主句完句，"年轻的运动员实现了她的潜力"，或者以宾语从句结句，"年轻的运动员意识到她的潜力或许某天能使她成为世界级选手"。动词realized更偏向宾语从句，那么应该更偏向选取宾语从句结构。但Pickering等的实验结果却显示，被试仍然喜欢选取直接宾语结构。Kennison（2001）同样发现，无论动词偏向性类型，歧义结构都会引发加工困难。据此，Pickering & van Gompel（2006）保守地认为，动词偏向性对句法加工有某些影响，但其影响力不足以帮助我们规避歧义诱发的困难。

3.4.4　语境

语境属于语篇层面，超出小句或句子之外，显然更偏属语义、语用之列。那么，非句法的语境能够帮助消歧吗？如果可以，该信息如何消歧，又在何时发挥作用？许多研究从语篇角度，探索上文语境在句法加工中的作用，且都采用了暂时歧义句。自1995年以来"视域场景"眼动范式得到广泛应用，从事句子加工研究的学者们也开始考察视觉语境对递增式加工的作用。

3.4.4.1　指代语境

Crain & Steedman（1985）认为，即使没有任何语境，也可以达到真正意义上的语义中和（semantic neutrality）。即使没有提供上文语境，参加句子加工实验的被试仍有先验知识和预期。从该意义上讲，所有的偏好性加工都可以从语义上得到解释。Crain & Steedman（1985）进一步提出，语义加工难度受制于预设（presupposition）的信息量：预设越多，越难加工。以著名的歧义句The horse raced past the barn fell为例，在没有上文语境的情况下，母语为英语的读者看到定冠词the会假定只有一匹马，那么就没有必要加上额外的修饰语"被骑着经过粮仓的"；只有出现多马匹时，才有必要使用限制性关系从句，来指称其中一匹马，表达是"此马"，而非彼马，摔倒了（fell）。换言之，如果定冠词＋名词短语在没有语境的情况下出现，人们会假定该名词指称具有唯一性，因此无需冗余的修饰成分。如果上文语境表明存在由一批同类实体组成的集合，却只使用限定词短语(定冠词+名词)，没有任何修饰成分，则会引发加工困难。

在这个思路引导下，Altmann & Steedman (1988) 编制了如下句子：

（9） a. The burglar blew open [the safe [with the new lock]] and made off with the loot.

b. The burglar [blew open [the safe] [with the dynamite]] and made off with the loot.

两句均为介词短语挂靠 (PP-attachment) 歧义句，介词with与名词短语构成一个介词短语 (9a)，既可以做名词的后置修饰语，意为"带着新锁的保险箱"、"内装炸药的保险箱"，也可以充当动词的状语 (9b)，表达方式或工具"用炸药炸开"。Altmann & Steedman (1988) 的独创之处，在于提供了两种上文语境：1) 一种语境引入多个同类的名词指代，如(10a) 中有两个保险箱，一个挂着新锁，一个挂着旧锁；2) 另一种语境则引入不同类别的名词指代，但每类都只有一个，如 (10b) 中有一个挂着新锁的保险箱，一个挂着旧锁的工具箱：

（10） a. A burglar broke into a bank carrying some dynamites. He planned to blow open a safe. Once inside he saw that there was a safe with a new lock and a safe with an old lock.

一个窃贼手提炸药潜入了一家银行。他计划炸开一个保险箱。进到里面后，他看到有一个挂着新锁的保险箱和一个挂着旧锁的保险箱。

b. A burglar broke into a bank carrying some dynamite. He planned to blow open a safe. Once inside he saw that there was a safe with a new lock and a strongbox with an old lock.

一个窃贼手提炸药潜入了一家银行。他计划炸开一个保险箱。进到里面后，他看到有一个挂着新锁的保险箱和一个挂着旧锁的工具箱。

如果语境有两个保险箱（如10a），那么有必要使用修饰语，来限制、确定所指the safe的唯一可辨性。因此，介词短语需要挂靠到NP上，即"挂着新锁的保险箱"比较合适，但挂靠到动词短语上、表方式的"用炸药炸开"，就会不通顺。如果语境只有一个保险箱（如10b），与工具箱迥异，那么下文关键句中再次提及时只需用定冠词the+名词safe来限定该指称即可，无需其他修饰成分，否则显得冗余。因此，介词短语直接挂靠到VP上更契合语境。

对于挂靠NP的目标句（9a），若语境有两个保险箱，则理解目标句没有困难；若语境只有一个保险箱，则目标句中含有冗余信息，将会引起加工困难。相反，对于挂靠VP的目标句（9b），若语境有两个保险箱，则无法确定是哪个，引起加工困难；若语境只有一个保险箱，则理解目标句没有困难。

实验结果显示：当之前的语境有两个相同指代时（即应该消解为挂靠于NP），（通常情况下偏好）挂靠于VP的目标句的反应时，要比挂靠于NP的目标句的反应时长。该结果表明指代的语境可以影响结构歧义的消解。

该研究及后来的相关证据发展为"指代理论"（referential theory of parsing），由Gerry Altmann、Stephen Crain 等学者提出（Crain & Steedman 1985；Altmann & Steedman 1988）。该理论认为，在加工的最初阶段，其他分析平行存在；句法自动地提出所有的分析；受语义—指涉语境所制约，通过弱交互作用，立刻即时选择某一分析。比如，介词短语挂靠歧义句，虽然加工器最初偏好VP挂靠（Frazier 1979），但该偏好因语境而定，语境可以很快地限制句法结构的构建。

Ni *et al.*(1996)聚焦挂靠歧义句(VP挂靠、NP挂靠),并操纵名词前的修饰语(定冠词the、焦点算子only),生成四个条件(如11a-d)。研究者预测,加工器通常更偏好VP挂靠,因此The-NP(11b)会比The-VP(11a)更难加工;但焦点算子only会预设一个对比集合,由与限定域(即其所修饰名词doors with cracks)相对立的成员组成(如doors without cracks),而NP挂靠可直接满足该预设,因此Only-NP(11d)应该与(11c)一样容易加工。结果发现,在消歧区(new brushes/large cracks),反映早期加工的第一遍阅读时间在The-NP(11b)条件下最长,在其他三个条件下都很短。该研究表明,在线加工过程中语义—指代信息能被即刻用于结构消歧。

(11) a. The-VP: The man painted the doors with new brushes before the festival.

b. The-NP: The man painted the doors with large cracks before the festival.

c. Only-VP: The man painted the doors with new brushes before the festival.

d. Only-NP: The man painted the doors with large cracks before the festival.

语境能够迅速地影响结构消歧,但是否能与不被偏好的结构相互抵消,在很大程度上有赖于无语境下倾向性的强度(Britt 1994; MacDonald *et al.* 1994)。而来自视域眼动的研究表明,非语言的(视觉)语境也能迅速帮助消除潜在歧义。

3.4.4.2 视觉语境

语境的作用在视觉呈现的口语理解研究中表现最突出。当我们面对一个视觉展示时，同时听句子，会将眼前的场景与所听的话语联系起来。因此，研究者可以通过追踪眼动轨迹，来推测人们听到输入时会激活哪个字词。

Tanenhaus *et al.*（1995）创立了新的研究范式视域（visual-world paradigm），以1995年发表在*Science*的里程碑式的眼动实验研究为标志，将言语认知的探讨带入了崭新的天地。Tanenhaus *et al.*认为，在阅读任务下，语境无法直观地呈现给被试，而是需要被试从记忆中提取。如果我们通过模拟现实场景，将句子所描绘、提及的核心指称、物件放在被试眼前，那么被试就可以即时提取语境信息。在Tanenhaus及其同事设计的实验中，被试听句子，分别看两种场景，如图3.3所示。视觉场景中都有四个物件，其中两个是关键：一种场景下，有一个苹果放在毛巾上，另有一条毛巾，称为"一个指代语境"（左图）；另一种场景下，有两只苹果，一只在毛巾上，一只在餐巾上，称为"两个指代语境"（右图）。听觉呈现的关键句为Put the apple on the towel in the box。

园径理论认为，对于介词短语on the towel，句法加工器在加工早期总会构建最简单的结构，将其解读为"目的地"，即"把苹果放在毛巾上"。只有在加工后期，听到in the box时，非句法信息的视觉语境才能被利用。

但眼动模式清晰地显示，只有在"一个指代语境"下，被试才将on the towel错误地理解为"目的地"。而在"两个指代语境"下，被试能正确地将其理解为苹果的修饰语。具体而言，当只有一个指代语境时，被试先看苹果，再看毛巾，以为要将苹果放在毛巾上。听到下一个介词短语时，再回看苹果，显示理解了冗余信息（因为只有一只苹果，有无修饰语"在餐巾上"都能确定苹果的存在），最后注视盒子。被试注视毛巾的比率为55％。当有两个指代语境时，被试先看一只苹果，再看正确的苹果，然后直接看盒子。被试几乎根本不看餐巾，因为有两只苹果，"在餐巾上"一定是修饰成分，直接就可将两只苹果区分开来。目标句和控制句的眼动结果无差异。

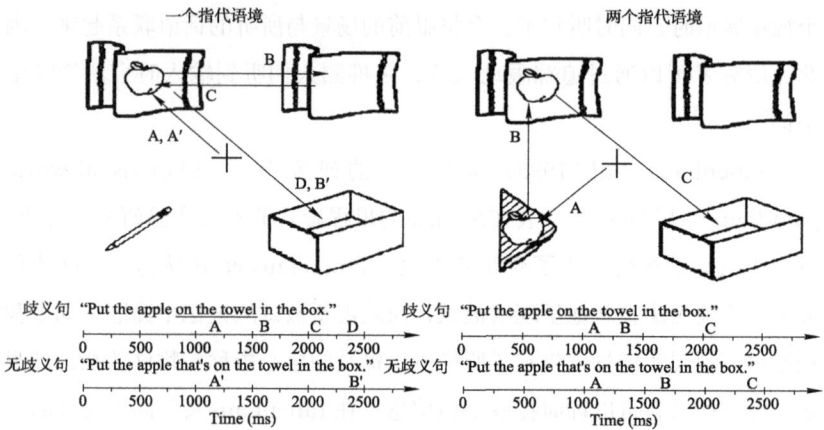

图 3.3　视域眼动范式下指代语境对歧义结构的即时作用（Tanenhaus *et al.* 1995）

注：on the towel 为歧义结构。左图为一个指代语境，被试眼动轨迹显示了歧义效应，即去看毛巾这张图片；右图为两个指代语境，被试没有看毛巾，表明没有歧义效应。

这项设计精巧的实验表明，对于具有暂时歧义的句子，加工器能迅速地利用语境信息，确立所指。因此，该研究直接反驳了"园径理论"的二阶段说，为限制满足理论提供了强有力的证据。

Altmann & Kamide（1999）采用视域场景范式，发现动词的论元结构可以帮助预测受事（theme）。动词drink选择可以喝的液体作直接宾语，而被试眼球运动轨迹的确显示，听到动词后，被试只看可以喝的物体的图片。Kamide *et al.*（2003）发现，即使是复杂动词结构，被试也会提前预测很多信息。在实验中，屏幕上呈现一个男人和一片面包的图片。对于听觉刺激为The woman will spread the butter …的条件，被试听见butter就会看面包，而在听觉刺激为The woman will slide the butter …的条件下，被试会看男人。这些行为数据表明，句子加工器会利用视觉场景信息，来解读言语。

Chambers *et al.*（2004）进一步显示了视觉语境的细微作用。他们模拟了烹饪场景，给被试听歧义句子Pour the egg in the bowl over the flour（把装在碗里的鸡蛋倒在面粉上），或者听非歧义句Pour the egg that's in the bowl over the flour。与句子类型对应，研究者设置了两种视觉语境，都有两个鸡蛋，但场景a中都是打碎的鸡蛋(两个指代)，场景b中(一个指代)有一只已打碎了、呈液态的鸡蛋，而另一只是完好的带壳鸡蛋(即不可能被直接倒在面粉上)。因此，面对b场景的被试，在听到pour the egg时，就可能推测：既然只能对一个鸡蛋施加动作，那么无需其他额外信息来标明是哪只鸡蛋。因此，就可能将in the bowl分析为鸡蛋要倒上去的目标地点。这会导致被试注视空碗的比例提升。但当听到下一个词组over the flour后，被试会意识到空碗是一个错误的"目标"。的确，眼动数据反映了b场景下的这种歧义效应。但是，场景a有两只打碎的鸡蛋，无论被试听到的歧义还是非歧义句，眼动模式都相似。

综上所述，正是因为多种句法备选分析都同时存在，且均被激活，才会出现语境(视觉或场景)快速影响句法消歧。

3.4.4.3　书面语境

对于半截句She saw her duck …，被试会如何解读duck这个词呢？该词为同形异义词(homograph)，既可以作动词，如She saw her duck and run(她看到她弯下身子跑了)，也可以作名词，如She saw her duck and chickens(她看到她的鸭子和小鸡们)。Boland(1997)采用句子补全任务，发现英语母语者被试偏好用动词(54%)而不是名词(33%)来完成句子，即该词作动词的概率更大。如果母语者能利用词汇偏向性来解析句子结构的话，那么后半截句出现动词steer会比名词chicken要更容易加工。但是，如果加入前置语境的话，而语境有偏好动词或名词的解读倾向，那么其与词汇偏向性如何影响最终句法结构的选择呢？

Boland(1997)选取了16个感官动词(如saw、watched、noticed、felt、heard)，均能后接直接宾语(即名词解读)或补语小句(small clause，即动词解读)。她将关键句放入小故事中，并操纵了语境句的偏向性：1)偏向名词的解读，如As they walked round, Agnes looked at all of Margie's pets（当他们散步时，Agnes看到Margie养的所有宠物）；2）偏向动词的解读，如As they walked around, Kate watched everything that Margie did（当他们散步时，Kate跟Margie一样，看到了所有的一切）。然后呈现目标句，也有两种解读：1）作名词解读，如She saw her duck and chickens near the barn；2）作动词解读，如She saw her duck and stumble near the barn。两类目标句中，前三个词完全一样，歧义词始于第三个区域（her），因为女性代词her既可作宾格，也可以作领属格；消歧词为第六个区域，名词条件下（chickens）句子消解为领属语结构（possessive structure，P），即She saw her [NP duck and chickens ...]，动词条件下（stumble），句子消解为补语小句结构（S），即She saw her [VP duck and stumble ...]。歧义区较长，横跨三个字词（her、duck、and）。

如果语境和词汇均可影响消歧的话，那么在具有格歧义的代词位置（her），被试可利用偏向性语境线索，来选择相应的句法结构：偏向名词的语境下，构建领属语结构（P，saw her [NP duck ...]）；偏向动词的语境下，构建小句结构（S，saw her [VP duck ...]）。当下一个同形异义词（duck）具有词性歧义时，被试可利用词性偏向性线索，选择动词解读的结构。因此，该实验关键考察的问题是，两种限制性线索对结构消歧是否具有"决定性"作用：如果语境的作用很强，那么当词性线索指向的结构与语境所选择的结构不符时，就会出现加工困难；如果语境的作用较弱，不被选择的结构仍保持被激活状态，那么词性偏向性就会在第六个区域，即消歧词（chicken/stumble），发挥作用。

Boland（1997）采用自控步反应时范式，结果如图3.4所示。从图中可以看出，在歧义词（her）、消歧词后的三个溢出区（near、the、barn），似乎都有交互作用：相较于目标句最终解读的结构与语境偏向性相符的句子（即PP和SS条件），不相符的句子（即SP和PS条件）的反应时更长，但统计结果仅在三个溢出区达到显著。这说明自上而下的语境预期与自下而上的词汇都能影响结构消歧。在延长的歧义区（duck、and）及消歧区

（stumble/chicken），没有发现任何效应。这有可能是语境效应与词汇偏向性彼此抵消，也可能是词汇偏向动词解读具有压倒性的决定作用，均暗示了语境效应的不确定性。

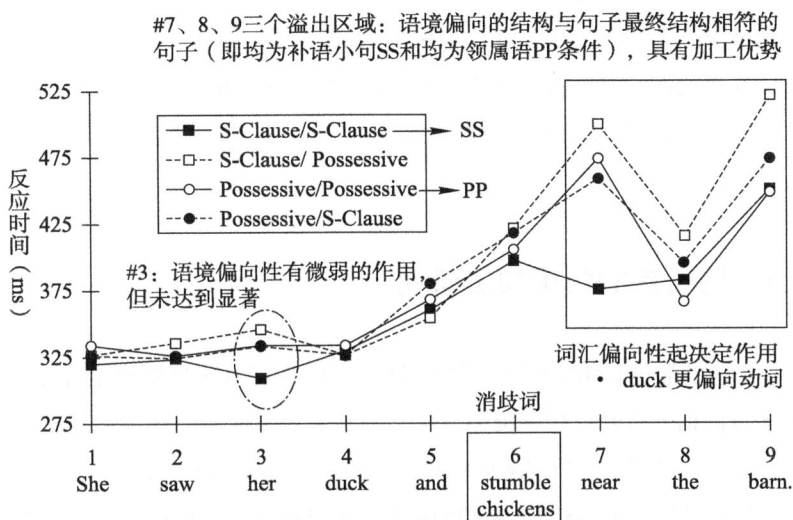

图 3.4 词汇偏向性与语境偏向性对结构消歧的作用

注：改编自 Boland（1997：608，Fig. 5）实验四的自控步反应时结果。

为进一步分离语境偏向性与词汇偏向性在选择最终结构中各自的权重，Boland（1997）针对消歧区及溢出区的反应时建立了回归模型。对于没有局部歧义的句子（即相符条件），词汇偏向性在第七个区域（near，即消歧词之后的第一个溢出区）与反应时之间具有可靠的相关性（$r^2=0.31$），且在第6个区域（即消歧词）与条件间反应时差异（PP vs. SS）具有可靠的相关性（$r^2=0.39$）。对于有局部歧义的句子（即不相符条件），词汇偏向性在第七个区域（near，即消歧词之后的溢出区）与条件间反应时差异（PS vs. SP）之间具有可靠的相关性（$r^2=0.27$）。这些结果表明，无论句子是否有局部歧义，词汇偏向性对加工系统选择最终结构都有决定性的贡献。在歧义消解进程中，语境的贡献相对更弱，虽然在歧义词her的位置上，依据语境偏向性本可以做出最初"选择"，但该抉择是不确定的；而且直到消歧词位置，词汇偏向性的效应才出现。据此，Boland（1997）认为，词汇概率化信息可以即时影响句法结构的"生成"，但语境偏向性并没有"生成"句法结构的作用，其所提供的背景信息只能在晚期指导"选择"合适的结构。

该研究支持强调基于词汇概率作用的限制满足理论：识别单词时，不仅仅通达词性，而且激活其他知识，如不同句法结构的频率信息。但是，（书面）语境有时只能在晚期发挥作用。

3.5　跨语言的句子加工研究

上一节通过具体的研究，对比讨论了两大句子加工理论的异同及各自的支持证据。自园径理论提出以来，其基本原则或前提假设不断受到质疑，除了与其对立的限制满足模型之外，还有来自其他语言的实证研究。

最早挑战"延迟闭合"原则的跨语言关键证据来自Cuetos & Mitchell（1988），他们率先对比考察了该原则在英语、西班牙语中的运用，聚焦于由介词of连接的复杂名词短语，如the daughter of the colonel，类似汉语的"的"字结构（"上校的女儿"），其后嵌套了关系从句，如例句（12a-b）。

（12）　a. El periodista entrevisto a la hija del coronel que tuvo el accidente.

　　　　b. The journalist interviewed the daughter of the colonel who had the accident.

"延迟闭合"原则认为，无论语言类型如何，加工者均倾向将关系从句挂靠到最近的第二个名词短语"上校"上，即"低挂靠"（low-attachment）。研究者首先采用两个离线的纸笔作答任务，分别让西班牙语被试、英语被试阅读24组类似（12a）、（12b）的句子和填充句，然后针对

90

类似"谁出了事故？"的提问，写下答案。结果发现，英语母语者采用低挂靠策略，但西班牙语母语者则倾向将关系从句挂靠到第一个名词短语"女儿"上，即"高挂靠"。在排除了非人名词的刺激后，仅比较两个指人名词短语时，研究者发现西语被试选择"低挂靠"的比率为0.28，而英语被试做如此选择的比率为0.61，二者达到统计显著。这表明西语加工者的确偏好尽早挂靠的策略。

研究者进一步采用自控步反应时范式，将西语刺激分为三部分，如The journalist interviewed the daughter of the colonel/who had the accident/with his soldiers，其中第三部分是增设的消歧尾句，由三个词构成，必须消歧为"低挂靠"解读（即上校）。此外，另设控制条件句，将第一个名词短语删去，从而不含挂靠歧义。结果显示，相对于控制句，实验刺激句的第三部分反应时显著更长，该结果表明，西语被试在线阅读第二部分的歧义结构时，运用了"高挂靠"的加工策略，所以在看到第三部分的语义必须消歧为"低挂靠"解读时，不得不重新分析，导致反应时变长。

Cuetos & Mitchell（1988）的研究结果提供确凿的证据，表明至少针对介词短语挂靠歧义这一结构，西语加工策略有异于英语加工策略。研究者认为，西语中形容词位于名词之后，且N-Adj-RC这一结构非常普遍，因此，西语者遇到类似的领属结构时N1- of N2 -RC，会倾向将of N2看作类似形容词的修饰成分，从而把关系从句RC附着到N1。而英语中形容词位于名词之前，则不允准N-Adj-RC这样的结构，因此适用于"延迟闭合"原则。

此后，研究者们陆续开展了对其他语言的研究，包括法语（Zagar *et al.* 1997）、荷兰语（Brysbaert & Mitchell 1996），结果也显示出对"高挂靠"的偏好。这些结果说明，"延迟闭合"可能并不是一条普适性原则，加工策略的偏好仅仅反映了某特定语言中不同结构的频率差异（Mitchell *et al.* 1995）。Frazier（1987）最早提出"延迟闭合"的理据，主要是基于有效利用认知资源的考虑：如果某个成分必须尽可能长时间地保持开放状态的话，那么与其不停地打开、关上、再打开，还不如延迟闭合，以节省加工成本。但是，跨语言研究证据迫使园径理论的这一条原则做出修正（Frazier & Clifton 1996），也有其他研究者提出跨语言关系从句加工的解释（Gibson *et al.* 1996；Mitchell *et al.* 1995）。从此，也引入关于句子加工策略的边界问题，即所谓的加工原则在多大程度上具有普适性。

此类研究显示，1）延迟闭合可能不是源自加工优势，而是基于语言自身的任意性选择策略。2）延迟闭合可能具有加工优势，也可能是常用的加工策略，但对于某些特定语言而言，一些情况下其他策略也可能占据优势。3）正如限制满足模型所倡导的，加工并不是运用所有的语言学原则，句意的获得是多个限制条件交互的结果。无论最终答案是什么，我们显然不能仅仅关注英语加工，来自其他语种的数据也同等重要，这样才能既见树木，也见森林。

这也引入了限制满足模型的一个重要观点，即被强烈激活的分析依具体情况而有所变化。Mitchell及其同事提出"微调假说"（tuning hypothesis）（Mitchell 1994；Mitchell *et al.* 1995；Brysbaert & Mitchell 1996），强调语言经验的作用。该假说认为采用哪个分析，取决于其他分析候选项的频率。而语言经验也为Maryellen MacDonald等学者所提倡，后来被统称为基于经验的理论（experience-based theory）。人们凭借过往成功消歧的语言使用经验，来最终消歧（Sturt *et al.* 2003）。正因为每个人对句子的使用经验不同，他们采用的挂靠偏好也有所不同。因此，挂靠歧义的偏好性选择，因语言而不同，因人而不同，甚至即使同一个人的选择也会因时间而不同。Brysbaert & Mitchell（1996）对荷兰母语者问卷调查结果显示，个人内部也有差异。

3.6 空位—填充语依存关系加工及策略

如引言所述，心理语言学特别是句子加工领域在早期深受形式句法理论的影响，而与移位这一操作相关的空位（gap）、语迹（trace）等在句法理论中占据重要地位，那么这些句法学理论操作是否具有心理上的现实性（psychological reality）？因此，除了歧义句型，早期句子加工研究还关注英语中涉及因移位而在原位上留下语迹的结构，主要包括特殊疑问句（wh-questions）。

从句子加工角度，当句子间的两个成分并非毗邻，但一个成分的理解有赖于另一个成分时，那么加工此类句子就需要构建二者之间的依存关系。语言中的依存关系很多，其中英语句式中最常被研究者关注的当属填充语—空位依存关系（filler-gap dependency）。英语特殊疑问句中疑问词与原位中语迹之间（如Which book did you buy _ online?），关系从句中核心名词与从句内空位之间（如The book which you bought _ online is interesting），都存在填充语—空位依存关系。以特殊疑问句为例：从句子递增式加工角度，看到疑问词，加工者就会意识到将会有一个与其同指的空位，因此需要将该词作为填充语（filler）存储在工作记忆中。而空位一旦出现或一经识别出来，就需将其从记忆中提取出来，并填入空位。那么，（发生了位移的）填充语与（位于原位的）空位之间的这种依存关系是如何建立的，在何时建立的，都是研究者致力于探究的问题。换言之，相对于无需移位的成分，发生移位的结构是否更难加工？是否有证据显示，即使空位、语迹没有显性形式（无论听觉还是视觉），也会影响加工？如果存在这样的证据，那么这意味着加工器需要识别、确认空位所在的位置，并填入合适的填充语。

现有的研究证据显示，当我们遇到空位时，就会填入填充语，具体表现有三：首先，涉及空位或语迹的结构，会对工作记忆施加负担，因为移位的成分必须存储在记忆里，直到到达空位。其次，脑电研究显示，大脑的确对空位有所加工（Garnsey *et al.* 1989；Kluender & Kutas 1993），虽然很难区分可信度与记忆负担的叠加效应。再次，语言加工器似乎偏好采用"新近填充语策略"（recent filler strategy），即当空位不止一个时，将最新的、可信的填充语填入。比如，动词want允许宾语控制和主语控制两种结构（用PRO和同指下标表示），当其出现在涉及移位的关系从句中时（见例13），加工器如何决定填入哪个词项呢？

(13)　a. This is the girl$_i$ that the teacher$_j$ wanted PRO$_j$ to talk to t$_i$.

　　　b. This is the girl$_i$ that the teacher$_j$ wanted PRO$_i$ to talk.

根据"新近填充语策略"，加工器一旦察觉到空位，就会将新近出现的、激活度最高的填充语（the teacher）填入，该策略适用于（13a）。如果加工器能够运用动词want所编码的语义控制信息，在talk（13b）出现后会将中心名词the girl（关系从句的宾语）填入空位。Frazier *et al.* (1983)逐词呈现句子，之后让被试尽快按键决定能否顺畅理解。结果发现，相对于（13a），（13b）的决定速度显著更慢，且理解率显著更低。说明被试优先使用"新近填充语策略"，出错后才会使用动词的语义信息。

在字词到来之前投射句法结构的这种能力，反映了高效与精准之间的平衡角力。如此可减轻加工机制在之后积累的压力，但前提是所预期的结构正确无误。对于Which book did the students like the teacher to read ___ in class?（学生们喜欢老师在课堂上读哪一本书？），加工者看到填充语which book，就必须将其与空位建立关联，获得语义解读。有充分证据显示，理解者会试图尽快完成填充语—空位依存关系，甚至在自下而上的字词输入发出明显信号之前（即提示空位所在位置）。该现象被称作"积极填充语策略"（active filler strategy，Crain & Fodor 1985；Fodor 1987；Frazier & Flores d'Arcais 1989；Stowe 1986）。在该策略驱使下，理解者在动词like的直接宾语位置，就会预设一个空位。如果预测正确，加工机制会在动词呈现后(因符合预期而)暂时释放压力。但此句中，因直接宾语位置已经被一个名词短语the teacher占据了，理解者不得不修改预期，在下一个位置预设空位。

"积极填充语策略"已被诸多实验方法证实，包括自控步反应时(Crain & Fodor 1985；Frazier & Clifton 1989；Omaki *et al.* 2015；Phillips 2006；Pickering & Traxler 2001，2003；Staub 2007；Traxler & Pickering 1996；Wagers & Phillips 2009，2014)、视域眼动(Sussman & Sedivy 2003)、跨模态启动(Nicol & Swinney 1989)、快速可接受判断(Frazier & Flores d'Arcais 1989)、事件相关电位(Garnsey *et al.* 1989)。该策略也在多个语言中得到了验证，包括英语、荷兰语(Frazier 1987)、德语(Felser *et al.* 2003)、意大利语(de Vincenzi 1991)、日语(Aoshima *et al.* 2004)。

支持"积极填充语策略"的预设是，句子加工受句法驱动。最早的支持证据来自Stowe(1986)。研究者采用自定步反应时范式，对比考察了以下句子，其中(14b-c)两句均涉及句法移位，而疑问词who在(14b)中与主语位置上的语迹同指，但在(14c)句中与介词宾语位置上的语迹同指，(14a)句不涉及句法移位，是控制基线句。

(14)　a. My brother wanted to know if Ruth will bring us home to Mom at Christmas.

　　　b. My brother wanted to know who$_i$ will t$_i$ bring us home to Mom at Christmas.

　　　c. My brother wanted to know who$_i$ Ruth will bring us home to t$_i$ at Christmas.

实验结果显示，在us位置上，(14c)比(14a)、(14b)的反应时显著更长。这表明(14c)条件下，被试采取"积极填充语策略"，将填充语who填入到动词bring之后的直接宾语位置，但us的出现说明该位置已被填充，必须重新分析，继续寻找下一个空位。这种因预期的空位已被占位而必须重做分析带来的加工困难，又被称为"空位已被填充效应"（filled-gap effects）。

支持空位存在的重要证据来自启动范式的研究。这些研究发现，空位可以产生启动效应（priming effects），得以让加工器更快地识别发生移位的成分或与其相关联的先行词。换言之，在空位位置上，填充项语义会再次激活（Nicol 1993；Nicol & Swinney 1989）。例如，由特殊疑问句形成的疑问词空位，可以启动先行词（Nicol & Swinney 1989）。

但也有证据显示，空位在加工中并不重要。McKoon *et al.*（1994）没能重复出 Nicol & Swinney（1989）的结果。据此，他们认为，在启动实验的词汇判定任务中，控制词至关重要。选择一个不同的词，启动效应就有可能不复存在。当控制词与关键词来自同一个集合时，没有启动效应；但当它们来自不同的集合时，则出现启动效应。此外，实验发现在动词之前、之后，都出现启动效应，但语迹理应只能由动词启动，不应该在动词之前就被启动。

另有看法认为（Boland *et al.* 1989），加工器一旦察觉到空位的存在，就会（重新）激活填充语，但这不是由空位所驱动，而是由动词所驱动的。因此，动词一旦呈现，加工器就会填入先前预期到的填充语。验证该假说，最好将动词与空位分开，即不要将空位设在紧接动词之后的位置，如下：

（15）　Which bachelor$_i$ did Bill grant the maternity leave to t$_i$?

例（15）违反了语义，因为单身汉不可能休产假。问题是，加工者何时会意识到该句不可信？如果是动词驱动，那么加工者将名词 maternity leave（产假）解读为动词 grant（同意）的宾语后，就基本能判定 bachelor（单身汉）被赋予产假"接受者"（recipient）的题元角色，因而不可信。如果是空位驱动，那么只能到句子结束后的空位位置，才能断定填充语的不可信。Boland 及其同事采用自控步反应时范式，并结合"不可信就停止"

（stop-making-sense）的任务，即被试如果判定句子语义无法理解，就按NO（否）键，结束阅读。实验结果表明，在动词和动词后名词位置，判断该句不可信的比例显著增高。该结果支持空位由动词驱动这一看法。类似的发现还有Altmann（1999）、Boland *et al.*（1995）、Tanenhaus *et al.*（1993）、Pickering & Barry（1991）、Tanenhaus *et al.*（1993）。

但Traxler & Pickering（1996）认为Boland及其同事所采用的范式很不自然，生态效度较低。他们采用更为自然的阅读眼动范式，结果也发现了动词上的可信度效应，其刺激如下：

（16） That is the very small pistol$_i$ in which the heartless killer shot the hapless man t$_i$ yesterday afternoon.

相对于正确的介词with which，该句明显不可信。结果显示，在动词shot（射杀）位置，第一遍阅读时间显著更长。这似乎暗示，虽然空位位于宾语名词man（男人）之后，但加工机制可以运用动词论元结构及可信度等信息，尽快完成填充语—空位依存关系的构建。

同样地，Tanenhaus *et al.*（1989）给被试呈现如下句子：

（17） a. The businessman knew which customer$_i$ the secretary called t$_i$ at home.

b. The businessman knew which article$_i$ the security called t$_i$ at home.

相对于正常句（17a），（17b）的语义不合法，因为保安不可能给杂志打电话，但可能给客户致电。阅读眼动分析显示，被试在读到（17b）句动词called时，即在空位出现之前，就察觉到句子异常。Garnsey *et al.*（1989）的脑电研究也确认了这一点，即句子异常与动词有关。

对于如何刻画句子理解中支持积极构建依存关系的心理机制，研究者提出了不同的假说。但一些基本问题仍悬而未决，比如，填充语携带何种信息，来引导对依存关系的积极构建？影响该过程的加工原则是否具有普遍适用性？加工器在字词到来之前能预判性投射多少结构？这些问题也吸引着后来的研究者继续予以细化、探究。

3.7　余论及争议

在句子加工学界，园径理论作为最早提出的正式理论，其两条加工策略相对简洁，符合认知经济性原理，也与语言学界倚重句法相契合，因此该理论拥有大批支持者，长期占据统治地位。与园径理论相比，限制满足理论经过三十多年，从最开始提出的"所有的"限制条件都能平行、交互式发挥作用，到目前已确定了"多个"具体的限制条件，缩小了理论的自由度，从而更具可证伪性。研究者试图量化相关因素发挥作用的时间节点，但句法、语义交互的时间节点到底在哪里，这个问题迄今仍很难回答。实验技术不同，实验材料不同，都会导致结果不同。限制满足模型阵营的学者多来自心理认知系、脑与认知科学系院校，比如罗切斯特大学、宾夕法尼亚大学、威斯康星大学、伊利诺伊大学、密歇根大学，他们基本上一致认为，支持园径模型的研究或因使用的技术不够敏感，或因其实验材料中非句法这一限制条件不够强，导致无法察觉到交互效应。但园径模型阵营的学者多来自以生成语法为基础的语言学系院校，比如马里兰大学、马萨诸塞大学，则认为所谓的交互效应其实发生在第二阶段，只不过发生得很快，而很多考察第一阶段的实验其实在考察第二阶段。因此，研究方法有很多缺陷，且无法全方位解释所有的数据（Frazier 1995）。两大阵营各持己见，陷入僵局。

但也有小众学者，因各自的数据结果较为独特，无法被现有两大理论所解释，而提出了其他模型，比如，"无拘束赛跑"模型（unrestricted-race model，Van Gompel *et al.* 2001）。

在园径模型中，没有"概率"信息的地位，加工器仅基于"最少结点挂靠"和"延迟闭合"原则，要么一开始就选择了正确的结构，要么需要重新分析，直到构建正确的结构。而限制满足模型则需在多个变量间做出选择，结构歧义由竞争胜出，当多个可能结构获得的激活大致相当时，竞争特别激烈，耗时持久，故加工更难。那么，歧义到底是通过重新分析，还是通过竞争，得到消解的呢？Van Gompel *et al.*（2001）构建了如下句子：

（18）　a. The hunter killed only the poacher with the rifle not long after sunset.

　　　　b. The hunter killed only the leopard with the rifle not long after sunset.

　　　　c. The hunter killed only the leopard with the scars not long after sunset.

介词短语with the rifle（带着/用猎枪）或with the scars（长着伤疤）有挂靠歧义，或作工具，与动词killed结合，或作修饰语，与名词"猎人"或"豹子"结合。但根据上下文，（18b）只有跟动词结合，句意才可信（"猎人用来复枪杀死偷猎者"，而不是"带着来复枪的豹子"），（18c）只有跟名词结合，句意才可信（"长着伤疤的豹子"），不可能"用伤疤杀死豹子"。只有（18a）有结构歧义，两种挂靠均获允准。

园径理论预测，依据"最少结点挂靠"，加工器最初总会将介词短语与动词killed结合，以构建最简结构（假设三分叉）。因此，（18a）和（18b）难度一样。当该分析得到的句意不可信时，只能重新分析。因此，（18c）最难。

限制满足模型预测，根据语义可信度，（18b）和（18c）都可直接消歧，加工器可以只选择其中一种分析，因此竞争最少，但（18a）两种分析都可以，竞争激烈，因此最难。

但Van Gompel *et al.*（2001）的眼动结果显示，（18a）最容易加工，而（18b-c）两句都难。该结果与两个理论的预测都不一致。Van Gompel 及同事们认为，对于歧义结构，可有两种解释，被试一开始会选择其中一种，各占50%几率。（18a）允准两种解读，可以直到最后也不必修改，而（18b）和（18c）至少一半需要修改之前的分析。基于此，Van Gompel 及其同事们提出变量选择的两阶段模型（Traxler *et al.* 1998；van Gompel *et al.* 2000，2001）。句法、语义等各种信息都可以用于选择多个备择结构，因此是"无拘束的"（unrestricted）。备择结构如同在赛跑，并行生成，谁生成得最快，谁被最终采用。因此，一次只能选择一个分析。如果该分析与后期到来的信息不符，加工器就必须重新分析，从而付出代价。

此外，针对详细的句法分析是否一定先于语义分析这一问题，Bever *et al.*（1998）提出了不同于园径模型的看法，认为语义优先。结合概率化统计信息在句子理解中占据权重这一洞见，Bever 及其同事们进一步提出综合式分析模型（analysis-by-synthesis model，Townsend & Bever 2002），认为加工器可利用基于统计的策略（如NVN典型语序满足"施事—动作—受事"的题元分配模式），形成最初的语义表征（又称假句法，pseudosyntax），然后根据句法规则生成完整详细的句法结构，二者与输入对照、匹配，完成概念整合。换言之，该模型将基于频率和基于句法结构的两类表征相结合，是一种混合（hybrid）模型，将加工器的任务简化为基于语义的最初表征的确符合详细的句法表征。"最少结点挂靠"原则无法解释为何缩略关系从句难以加工，但在混合模型下，出现频率低就可以解释，即仅仅因为此类结构极少出现之故。该看法后来被其他学者所吸收，详见第五章。

3.8 综合评述

在园径理论与限制满足理论长期角力的过程中，句子加工学界逐渐明确认识到，一系列变量均可影响花园小径（或歧义）效应。总体而言，实验证据显示人类加工器更灵活，更聪明，更少犯错误。句子即使存在潜在歧义，也未必会对读者或听者造成理解困难，因为人们能快速整合各种各样的线索，来消除歧义。只有当多重线索都指向错误的解析时，读者或听者才会误入死胡同，被迫逐步返回，再度分析，但这种极端情况在日常交流中鲜有发生。事实上，语言固有地充满歧义，有时可能比心理语言学家所想象得更为严重。比如，在自然语言处理领域，为了让计算机具备像人类那样理解句子的能力，必须通过编程，充分消除语言中的歧义性，这意味着对于某些英语半截句，程序提供的可能分析往往不止一两个，有时可以多达近千个。但对于人类而言，理解上根本不成问题，大脑可以直接滤掉那些合乎语法但不可信或不可能产出的句子。这也凸显了人类具有消除歧义的巨大能力。

总结已有证据，我们可以得到如下初步结论：基于限制条件的理论能解释更多的实验结果，而园径理论更为精简（parsimonious）。园径理论假定在加工伊始阶段仅有两个加工原则在发挥作用，而基于限制条件的理论则有无限多的条件或线索，而每个限制条件相对权重都需要独立决定，如通过分析产出数据的方法，或通过大型语料库来计算每下一个字词对当前可能结构概率及排序的影响。这赋予基于限制条件的理论强大的解释力，但同时在预测性上不够明确精准。因此，很难评价两个理论孰优孰劣，要依据数据涵盖度或经济简洁性而定。

一个可能的解决方案是用计算机建模。建模时，研究者必须对参数、机制的实施方案做出明确的规定，具体包括哪些限制条件进入模型，各自的强度、权重如何，如何将各种限制予以合并等。通过模型模拟可以帮助裁决不同的理论，因为模型结果可以与人类表现相对照，而结果不一定总与研究者的直觉或假说匹配。总之，模型模拟可以提高理论的可证伪性。这也是近年来计算心理语言学逐渐兴起的原因所在。特别是进入21世纪的第一个十年以来，在人工智能、大数据突飞猛进的当下，其势不可挡。

第四章 中期的句子加工理论及对复杂句的理解

早期绝大多数句子加工研究都集中在句法歧义句，同时也有考察涉及填充语—空位依存的疑问句，但进入21世纪以来，学界在继续关注歧义句的同时，也逐渐出现另一研究脉络，聚焦于结构复杂但基本没有歧义的句子，如关系从句、双层嵌套句等。这些句子往往涉及非毗邻，但彼此依存的两个词项或语法成分。以英语关系从句the book that won the Pulitzer award为例，该句式中，关系代词that显性出现，加工者需要构建填充语—空位关系。

一如对歧义句加工的解释存在两大理论阵营，针对非歧义句的解释也存在两大理论：一种是基于记忆的理论，以Gibson（1998，2000）、Lewis et al.（2006）为代表，强调加工器本身固有的局限性，聚焦已经加工过的语言成分的提取与整合，侧重"后溯性"（backward-looking）。另一种是基于经验的理论，以Hale（2003）、Levy（2008）为代表，更突出加工器对即将到来的结构做出预测的倾向，侧重"前瞻性"（forward-looking）。两大理论内部也有各种变体，有的随着研究的发展已被其他学说所取代，有的还在不断修正、完善中。

本章首先介绍基于工作记忆的理论及其支持证据，然后介绍基于经验的概率化理论及支持证据，重点聚焦复杂无歧义句的加工事实及相应理论所做的解释。

4.1 非歧义的复杂句：关系从句

如第四章所述，歧义性是我们在句子理解中常常遇见的拦路虎，但句子也可能出于其他原因而难以理解。以下两个例子的加工难度就不能从句子的"歧义性"得到解释：

（1） a. The mouse the cat chased tripped over a stone.

　　　b. The administrator who the intern who the nurse supervised had accused fudged the medical reports.

这两个句子有一些共同之处，均涉及多个从句或小句，结构上彼此内嵌，编码了多个事件，比如，（1a）描述了两个事件：猫追老鼠、老鼠被石头绊倒了。但多个事件本身无法解释加工难度，因为我们完全可以采用其他句式，来表达与（1a-b）相同的意思。比如（1a）可以改为主从复合句，将从句放在主句之前（When the cat chased the mouse, the mouse tripped over a stone），或将从句放在主句之后（The mouse tripped over a stone when the cat chased it）。有趣的是，如果我们要表达的命题是猫被绊倒了，而不是老鼠被绊倒了，句子就会变得更容易理解，如（2）。

（2） The cat that chased the mouse tripped over a stone.

上述两类英语句型的对比显示，（1a）之所以比（2）更难理解，不是因为（1a）所表达的事件更复杂，或是句义本身固有的难度更大，而是因为在表达"猫追老鼠"这一事件或命题含义时，（1a）使用了比（2）更为复杂的特殊结构，而加工复杂结构更耗费认知、记忆资源。

从记忆资源角度考察复杂句子加工难易问题时，通常会对比如下两组

句子，最早源于King & Just（1991）。两个例句使用的字词相同，但（3a）
比（3b）更容易理解：

（3） a. The reporter who attacked the senator admitted the error.

　　　b. The reporter who the senator attacked admitted the error.

两句都含有关系从句，均修饰主句主语the reporter。关键区别在
于，the reporter 在（3a）中充当从句内动词attacked的主语，而在（3b）
句中，the reporter充当从句内动词attacked的宾语。从生成句法的角度
分析，（3a）的主句主语由从句主语位置提取出来，移位至句首，充当主
语关系从句的中心词，在原位上留下空位（gap），或称语迹（trace），二
者同标（co-index），即the reporter$_i$〔who t$_i$ attacked the senator〕。同理，
（3b）的主句主语源自从句的宾语位置，提取并移至句首，充当宾语关系
从句的中心词，与原位上的空位同标，即the reporter$_i$〔who the senator
attacked t$_i$〕。大量研究显示，英语中主语提取的关系从句比宾语提取的
关系从句更容易理解，该现象被称为"主、宾语加工不对称"（subject-
object processing asymmetry）。那么，为何宾语关系从句比主语关系从
句更难加工呢？或者，从实时理解角度，哪些因素决定递进式在线加工句
子的难易度？

　　目前有两大理论都是基于工作记忆而提出的，且证据都来自英语主、
宾语关系从句加工不对称，都可以解释英语中主语提取的关系从句比宾
语提取的关系从句更容易理解这一现象。换言之，这些理论在解释结构
复杂、不含歧义句式的加工难易度时，都沿用了同一个基本思路，即实
时理解句子受制于有限的工作记忆资源（Nakatani & Gibson 2010）。两
大理论包括：1）依存局域理论；2）基于提取—干扰的理论，或侧重提取，
或侧重干扰，包括基于激活程度的提取理论（activation-based retrieval
model，见Van Dyke & Lewis 2003；Lewis & Vasishth 2005等）、基于相

似度的干扰假说（similarity-based interference hypothesis，如 Gordon *et al.* 2001, 2004）等。这些理论均可看作是旨在模拟加工器（processor）从工作记忆中有效提取相关信息，将当前词自下而上整合到目标结构的过程。

4.2　依存局域理论

依存局域理论由 MIT 教授 Ted Gibson 于 2000 年提出，以大脑工作记忆可承担的负荷为基础。该理论的早期雏形可见于其 1991 年在卡内基梅隆大学完成的博士论文 *A Computational Theory of Human Linguistic Processing: Memory Limitations and Processing Breakdown*，论文的核心思想是以题元角色分配的数目，来衡量复杂度所引发的加工困难。后经其与博士生、同事的多项实验研究检验，发现基于题元角色分配所做的理论预测并未得到证实，再经修改，发表于 *Cognition* 期刊（Gibson 1998）。在该论文中，Gibson 将复杂度理论称为"句法预测局域理论"（Syntactic Prediction Locality Theory，SPLT），通过预计不完全结构所需的中心词数目来衡量复杂度，而且存储成本会随着依存距离递增。后来结合自控步反应时数据，Gibson 又对该版本做了修正，最终于 2000 年正式命名为"依存局域理论"（Dependency Locality Theory，DLT）。

4.2.1　理论主张及对英语关系从句加工不对称的解释

Gibson 认为，句子加工是对输入信息逐步整合的过程，涉及结构整合和记忆储存两方面。他进而假定：1）整合和存储均使用同一资源库；2）资源库存量固定；3）每个预计的句法中心词占用一定量的资源（Gibson 2000：115）。因此，用于存储的资源越多，用于整合的速度会越慢。

Gibson（2000）界定了两种成本，以量化句子加工所需的资源：一是储存成本（storage cost），用于存储为组建目标结构所预计的、当前尚不完全的句法依存关系中每一个中心词，以记忆单位（memory unit/MU）记；二是整合成本（integration cost），用于把当前加工的词整合到现有的结构中去，以能量单位（energy unit/EU）记。

具体而言，计算储存成本时，要以当前词为基础，看构建成目标句结构所需的中心词个数。以句首的定冠词the为例：对于简单句The reporter disliked the editor，加工系统只需投射（project）一个名词、一个动词，就能完成一个规范的句子，其储存成本为两个记忆单位；而对于出现在复杂的关系从句The reporter who$_i$ [the senator attacked e$_i$] admitted the error的定冠词，即加工到The reporter who the 时，则需投射四个句法中心词，即从句内主语名词、从句动词、主句动词、与关系代词who同标的空语类 e$_i$，方能构建成目标结构，其储存成本为四个记忆单位。

整合成本的计算受制于局域性（locality），即从当前词起，到将其整合至目标依存结构之间的线性距离。整合成本同介乎（intervene）线性距离之间的话语指涉（discourse referent）数目呈正相关，每个新的话语指涉占用一个能量单位。指代一个新的话语实体的中心名词，或指代一个新的话语事件的中心动词，均算作一个新的话语指涉（Gibson 1998：12；17-18）。比如，在处理宾语关系从句The reporter who$_i$ [the senator attacked e$_i$] admitted the error时，在填充语和空位之间介入了名词the senator和动词attacked两个话语指涉，因此，整合成本为两个能量单位。

综上所述，依存局域理论通过计算话语指涉的个数，来量化两个依存项之间的距离。储存于工作记忆的中心词越多，计算的难度越大；中心词与其依存成分之间的线性距离越长，介入的话语指涉越多，当前词整合到句子结构的难度越大。存储成本与整合正本的加和，构成最终的加工难度。需要注意的是，依存局域理论中，只有整合成本是随着依存距离的增加而加大的，但存储成本是固定的，不会随着依存距离的增加而递增（Warren & Gibson 2002，fn. 1）。此外，Gibson本人提出，除了已有的影响在线句子加工的因素（如词汇频率、语境可信度、重新分析困难等）之外，存储成本和整合成本这两个因素也可以决定句子中逐字加工的难度（Gibson 1998：119）。

据此，依存局域理论可以在每个词上精确计算出英语主、宾语关系从句的存储成本和整合成本，具体如表4.1：

表4.1　根据依存局域理论逐词计算主、宾语英语关系从句的加工成本对比一览表

主语关系从句							
存储成本	所需的中心词	The N, V, N	reporter V, N	who N, gap, V, V	attacked N, V	the V	senator V	…
	MU	3	2	4	2	1	1	
整合成本	话语指涉	0	1	0	1	0	1	
	结构整合	0	0	0	0	0	0	
	EU	0	1	0	1	0	1	
宾语关系从句							
存储成本	所需的中心词	The N, V, N	reporter V, N	who N, gap, V, V	the N, V, V, gap	senator V, V, gap	attacked V, gap	…
	MU	3	2	4	4	3	2	
整合成本	话语指涉	0	1	0	0	1	1	
	结构整合	0	0	0	0	0	3	
	EU	0	1	0	0	1	4	

如表4.1所示，在从句内首个区域，宾语关系从句（内嵌主语the senator）的存储成本高于主语关系从句（动词attacked）。而且，在第二个区域，宾语关系从句（动词attacked）的整合成本也高于主语关系从句（内嵌宾语the senator）。因此，针对英语中存在的主、宾语关系从句加工不对称问题，依存局域理论的两个测量记忆资源消耗的指标都能成功地予以解释。

4.2.2　对跨语言双层内嵌结构的解释

依存局域理论给出了量化句法复杂度的具体衡量标准，可系统化地

预测人们加工语言时表现出来的差异，包括主语、宾语关系从句的加工难易不对称（processing asymmetry）、双层嵌套式关系从句的复杂难度、双层从句结构的复杂难度等。该理论关于储存成本的解释，已有来自英语（Gibson *et al.* 2005；Chen *et al.* 2005）、日语（Babyonyshev & Gibson 1999；Nakatani & Gibson 2010）、汉语（Hsiao & Gibson 2003）的证据。其理论关于整合成本的解释，亦有来自英语（Warren & Gibson 2002）、西班牙语（Gilboy *et al.* 1995）、德语（Bader *et al.* 1996）、荷兰语（Bach *et al.* 1986）、芬兰语（Hyönä & Hujanen 1997）的支持。

基于日语的支持证据来自Babyonyshev & Gibson（1999）的两项离线实验，发表于*Language*。他们采用5点量表离线判断任务，考察了日语被试对特殊结构的可理解程度（1＝最易理解，5＝最难理解）。实验一重点验证整合成本说，主要对比类似（4a-b）的刺激：

(4) 日语双层内嵌式宾语关系从句

a. Obasan-wa [bebiisitaa-ga   [ani-ga   naita] to itta

    Aunt-TOP   babysitter-NOM older-brother-NOM cried that said

    to   omotteiru.

    that thinks

    'My aunt thinks that the babysitter said that my older brother cried.'

b. Obasan-wa [bebiisitaa-ga   [ani-ga   imooto-o

    Aunt-TOP   babysitter-NOM older-brother-NOM younger-sister-ACC

    ijimeta] to   itta   to   omotteiru.

    bullied that said that thinks

    'My aunt thinks that the babysitter said that my older brother bullied my younger sister.'

（4a-b）均为宾语从句，且都具有双层内嵌结构，差异仅在于最内嵌的从句（4a）使用了不及物结构"我的哥哥哭了"，而（4b）使用了及物结构"我的哥哥欺负了我的小妹"，比（4a）多了一个宾语名词"我的小妹"。根据"整合成本说"，（4b）中多出的宾语名词，意味着增加了一个新的话语指涉，且增大了句末三个动词与各自对应主语之间的距离，因此在每个动词位置都增大了将主语与句末动词整合的难度。其离线判断结果显示，及物的内嵌结构（4b）的确比不及物的内嵌结构（4a）显著更难理解，从而支持"整合成本说"。

实验二对比考察了两种结构共现时的先后顺序带来的理解难度差异，一种是宾语从句（SC）先于关系从句（RC），另一种是关系从句先于宾语从句，如（5a-b）：

（5） a. 日语 SC/RC

Dooryoo-ga　　[kowai joosi-ga　　[[raikyaku-ga pro musisita] hisyo-o]　　　　hihansita to] itta

Coworker-NOM strict boss-NOM visitor-NOM　　ignored secretary-ACC criticized that said

'The coworker said that the strict boss criticized the secretary whom the visitor ignored.'

b. RC/SC

Kootyoo-ga　　[[sensei-ga　　[syoojo-ga pro tunetta to]　itta] otonasii syoonen-o　semeta

Principal-NOM [[teacher-NOM [girl-NOM　pinched that] said] well-behaved boy-ACC]　blamed

'The principal blamed the well-behaved boy whom the teacher said that the girl pinched.'

在两句最内嵌的及物动词V3位置，即（5a）中的musisita "忽视"、（5b）中的tunetta "拧了"，都需要预设五个中心词：与V3构成完整结构的N3或关系从句的中心名词、与N2构成完整结构的V2、与N1构成完整结构的V1、内层结构标句词Comp2、外层结构标句词Comp1。但在将及物动词与关系从句的中心名词整合的路径上，（5b）比（5a）多了一个新的话语指涉（即第二个动词V2，itta "说"），因此整合成本更高。该预测也得到了可接受评定结果的支持。

该研究虽然发表在 *Language* 上，但却并未采用实时的测量手段。这或许是因为双层嵌套结构本身在自然语言中就很少出现。根据Nakatani & Gibson（2010：100）对京都文本语料库的调查，23,788例标有主格-wa的名词中，有6,722例为两个名词紧邻出现（占比28.3%），而其中均有主格标记的仅占0.9%，连续出现三个主格名词的则没有一例。此外，作者也承认，日语的关系从句结构不像英语那样没有歧义，而是富含歧义，需要涉及一开始的错误分析，之后再重新分析等中间步骤，但作者依然假定加工器一开始就能预测到复杂的目标结构。事实上，后来针对日语内嵌句的自控步反应时研究则并不支持"整合成本说"（Nakatani & Gibson 2010）。

4.2.3　名词指代加工对整合成本的影响

除了存储成本和整合成本之外，Gibson和他的学生还进一步拓展了依存局域理论的边界。Warren & Gibson（2002）聚焦双层嵌套的宾语关系从句，就如何界定话语指涉的"新"与"旧"上，提出名词短语不同的外在形式也会影响依存关系的整合成本，调节句子复杂度。

通常情况下，嵌套结构（或中央内嵌）比非嵌套结构更难加工。随着句子内嵌结构的层数增多，人们对其理解的程度也会逼近崩溃的边缘。但Bever（1970，1974）最早注意到，当最内层嵌套的主语为第一人称I或第二人称you时，相对于主语为名词短语或人名时，会降低双层嵌套句的复杂度，如The reporter who everyone that I met trusts said the president won't resign yet.(我遇见过的所有人都信任的那位记者说总统还不会辞职)。从功能语言学角度，第一、二人称代词默认存在于语篇中，即使脱离上下文语境，其解读也因高度可及（highly accessible）而易于理解（Chafe 1987）。Gundel et al.（1993）还提出了"给定性等级"（givenness hierarchy），将限定词按照从焦点到边缘的梯度变化，排序为it < {this, that} < {that N} < {the N} < {a N}。Ariel（1990）则给出指称词语由高到低的可及度等级，其中零形式最高，代词次之，名词最低；此外，人名（first name）比全名的活跃度更高。据此，Warren & Gibson（2002）认为，这些梯度差异会给依存局域理论的"整合成本说"带来加工后果，比如，第一、二人称代词所需的加工成本很低。其原因在于，相对于通达先前构建过的话语结构或已经存在的话语指涉，构建新的话语指涉所需的整合成本更高。为系统地验证这些假说，他们结合问卷和自控步反应时两种实验范式，逐步予以考查。

Warren & Gibson（2002）的两项问卷均采用5点量表离线判断任务（1＝易理解，5＝难理解）。实验一聚焦双层嵌套的宾语关系从句，共20套刺激，为单因素设计，操纵了最内嵌结构的主语名词类型，下设四个条件：第一/二人称（I或you）、第三人称（he或she）、较短的人名（如Jen）、定指描述（多为职业名，如科学家）。具体刺激样例为The student who the professor who {I/they/Jen/the scientist} collaborated with had advised copied the article。

实验二进一步将人名细化，并增设了相对容易理解的右分支结构（即主语关系从句）作为控制条件，成为2 × 6设计，操纵了结构（嵌套、右分支）和主语名词类型（第一/二人称代词、第三人称代词、人名、名人全名、定指描述、不定指描述），产生12个条件，刺激样例见（6a-b）。

（6）a. 嵌套句（只有第三人称代词he条件下，首句增加"According to 人名"，作为先行词）

(According to Brad,)/The old lady who the government assistance program which (he)/{you, the reporter, a reporter, Bill Clinton, Brad} praised had saved did not have enough money to heat her house.

b. 右分支结构（只有第三人称代词he条件下，首句增加"According to 人名"，作为先行词）

(According to Brad,) he/{You, The reporter, A reporter, Bill Clinton, Brad} praised the government assistance program which had saved the old lady who did not have enough money to heat her house.

40位被试参与了实验一，60位被试参与了实验二。两项评定分析结果如图4.1。上图为实验一的评定结果：第一/二人称条件的平均评定分值显著低于其他三个条件，表明其可及程度高，构建其在语篇中的指称性几乎不涉及认知成本。下图为实验二的评定结果：随着名词类型的形式趋向边缘化，其在内嵌句中复杂度的分值也呈上升趋势，但在右分支结构中则无梯度变化。该结果重复验证了前人基于语料库的发现（Ariel 1988；Arnold 1998；Gundel *et al.* 1993），并修正、拓展了依存局域理论的"整合说"，表明名词作为话语指涉，其"新"与"旧"并非二分式对立，而是一个连续统；名词形式与话语地位之间存在相关性，指涉形式的细微差别会影响句子的复杂度：当最内嵌的名词更难提取时，会增加内嵌结构的复杂度。

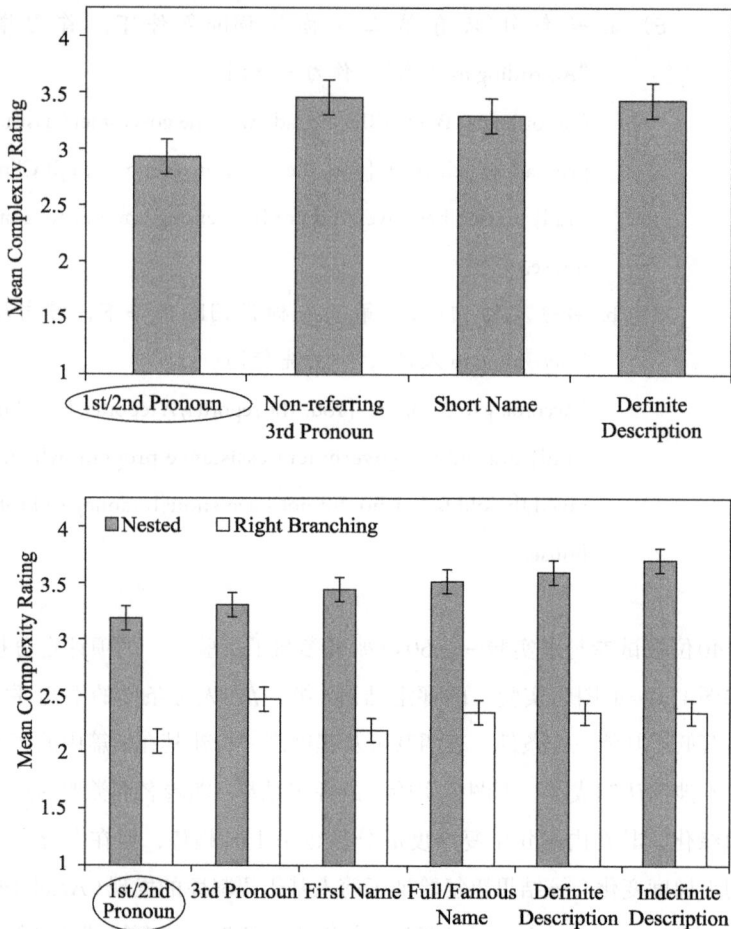

图 4.1　Warren & Gibson（2002）的句子复杂度评定实验结果

注：两项实验的句子复杂度评定结果依据最内嵌结构的名词形式
不同而变化，上图为实验一结果，下图为实验二结果。

Warren & Gibson（2002）进一步采用自控步反应时范式，考察英语被试在线加工复杂句式时是否敏感于名词不同形式对整合成本的调控。第一个在线研究（实验四）共20套刺激，操纵了依存关系跨越的结构（关系从句RC、宾语从句CC）、名词短语类型（第一/二人称代词、定指描述），生成四个条件，如（7a-b）。结果如图4.2所示：

（7） a. 关系从句

The woman who {you/the boy} had accidentally pushed off the sidewalk got upset and decided to report the incident to the policeman standing nearby.

b. 宾语从句

The woman knew that {you/the boy} had accidentally pushed the girl but gave him/you a long lecture anyway.

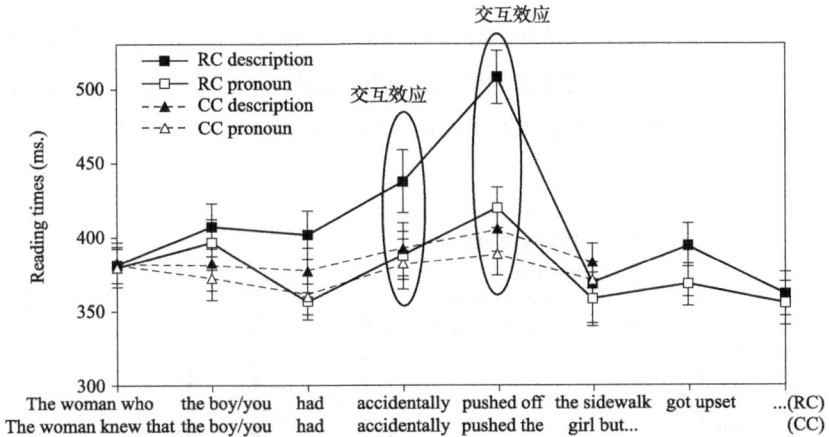

图 4.2　Warren & Gibson（2002：97）实验四自控步反应时结果

在内嵌从句的主语位置，只发现了结构的主效应：关系从句条件比宾语从句条件的反应时间更长，这符合依存局域理论关于存储成本的预期。在副词accidentally位置和从句动词pushed off/the位置，均发现了结构的主效应、名词短语类型的主效应以及二者的交互效应，而交互效应可归因于含有定指描述的关系从句条件反应时显著长于其他条件，这一点符合依存局域理论关于整合成本的预期。

第二项在线研究(实验五)共24套刺激，每套四个条件，均采用修饰主句主语的宾语关系从句结构，操纵了从句内主语的形式：第一/二人称代词we/you、名人人名(如Donald Trump)、定指描述the chairman、不定指描述a chairman，如(8)所示。

（8）　The consultant who {we, Donald Trump, the chairman, a chairman} called advised wealthy companies about tax laws.

自控步反应时的结果如图4.3所示。在关键区从句主语位置，发现了主效应，虽然只有被试分析(by-subject analysis)达到显著。该区域的平均反应时趋势显示，被试对人称代词的反应时最短，而对名人的反应时最长，表明该主效应更可能受到了词频和词长的影响。在从句动词called位置，也发现了被试分析显著的主效应，但项目分析不显著，各条件反应时

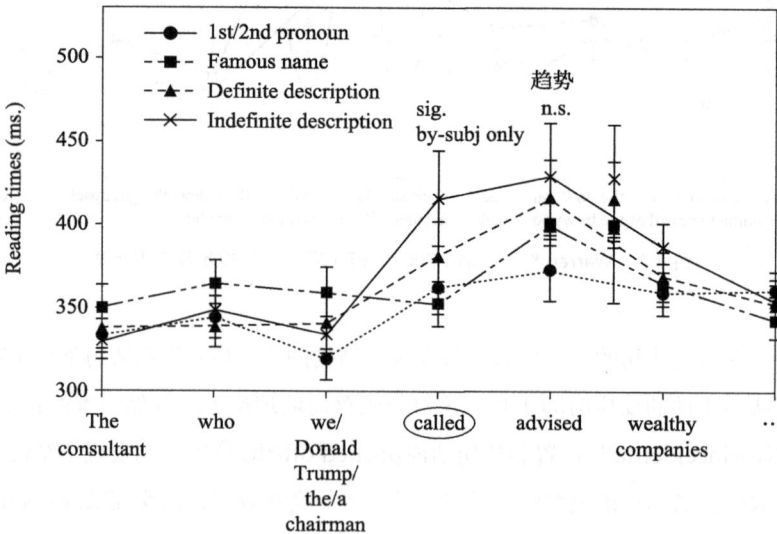

图 4.3　Warren & Gibson（2002：101）实验五自控步反应时结果

注：sig. by-subj only 意为仅被试分析显著，n.s. 意为不显著。

趋势符合DLT的预期：代词和名人的反应时最短，不定描述最长，定指描述介乎中间。在主句动词advised位置，没有显著效应，但各条件的趋势仍符合DLT的预期。

Warren & Gibson（2002）这项研究拓展了依存局域理论关于整合成本的测量，为连续统上的每一个指称形式，根据其可及程度，分配其整合成本。相对于可及度低的指涉，可及度高的指涉的加工成本更低，因此，跨越其进行整合时的成本也就更低。

4.2.4 支持依存局域理论的神经基础

除了行为研究的证据之外，Gibson及其同事还采用了事件相关电位（ERP）研究等方法，考察了长距离句法依存关系整合与认知负荷的关系。研究显示，储存不完全句法中心词、增加记忆负荷时，可引发LAN效应（Kluender & Kutas 1993；King & Kutas 1995）；而加工长距离依存关系对记忆提出较高要求，会诱发标志着句法整合难度的P600（Patel *et al.* 1998；Kaan *et al.* 2000；Yang *et al.* 2010）。这些为Gibson理论的存储说和整合说提供了直接证据。以下具体介绍Kann *et al.*（2000）的研究。

Kann *et al.*（2000）设计了两个脑电实验，首次向句子加工学界表明，P600效应并非仅仅局限于"重新加工"这一传统解释，而是也反映了句法整合而带来的认知努力。实验一考察了涉及不同疑问词的复杂宾语从句（who、whether、which+NP），如（9 a-c）：

(9) a.关键句"who"，非指称性

Emily wondered who the performer in the concert had imitated for the audience's amusement.

b.控制句"whether"

Emily wondered whether the performer in the concert had imitated a pop star for the audience's amusement.

c. 指称性 "which+NP"

Emily wondered which pop star the performer in the concert had imitated for the audience's amusement.

三句都是合法的英文句子，因此没必要进行"重新分析"。当被试看到三句中的关键动词imitated时，都需将施事这一题元角色分配给宾语从句中的主语the performer，但对于（9a）和（9c）句，还需为关系代词who/which+NP分配受事角色，而（9b）句的whether则不需要这一步骤。（9a）中的关系代词who不具有指称性，而（9c）中的which+NP则具有语篇指称性，即预设了一个具有共同特征（如由多名摇滚明星组成）的集合（Pesetsky 1987）。脑电结果显示，在动词imitated出现后400—500毫秒，（9a）和（9c）均比（9b）的P600效应更大，且在脑区后部比前部更明显；在500—700毫秒，（9c）比（9a）的P600效应更大，说明二者的确存在语言学意义上的不同。

实验二旨在探究由填充语—空位依存整合所诱发的P600效应的性质，是否跟经典的由句法违反所诱发的P600类似。据此，Kaan *et al.* (2000)操纵了合法性（合法、不合法）与疑问词形式（who、whether），共生成四个条件。具体而言，除了聚焦who和whether复杂句，将（9a-b）中的动词时态改为一般现在时，还增加了对应的不合法句，均违反了主谓一致（10a-b）：

（10）a. 句法违反，who

*Emily wonders who the performers in the concert imitates a pop star for the audience's amusement.

b. 句法违反，whether

*Emily wonders whether the performers in the concert imitates a pop star for the audience's amusement.

脑电结果显示，在关键词imitates出现后500—700毫秒，who句诱发的P 600显著大于whether句，不合法句诱发的P 600效应显著大于合法句。在关键词imitates出现后700—900毫秒，有微弱的合法性与疑问词之间的交互作用，但不合法的who句与不合法的whether句各自与合法的who句之间没有显著差异，表明合法性与疑问词形式带来的效应不是叠加的。研究者认为，同为含有who的句子，加工填充语—空位依存整合与加工违反主谓一致的不合法之间的神经溯源有部分重合，说明二者有相似的认知加工过程，共享同一有限的认知资源。综合两项实验结果，表明非歧义的复杂句式涉及整合这一重要步骤，可由P 600这一脑电指标体现。

此外，脑成像方面的研究也显示，由动词移位造成距离延长（Fiebach *et al.* 2005），或从句内歧义消解区延迟出现（Fiebach *et al.* 2004），或在记忆中存储言语信息（Wagner & Smith 2003），均会增加记忆负荷，而负责句法加工的左半球额下回（inferior-frontal gyrus，IFG）的激活程度也随之增强；该趋势在工作记忆广度低的被试中表现得更为明显。这表明句法复杂度在大脑解剖学上与负责工作记忆、认知决策的脑区相关，即复杂任务需要认知系统通过努力方能完成。

4.3 局域性与反局域性

依存局域理论中的"整合说"可以用局域性来概括。局域性是指整合中心词的难易度由其依存成分（dependent）与中心词之间的线性距离决定，距离越长，则中间相隔的不完全成分数目越多，保存在记忆中的时间越长，最终整合时提取的难度就越大，因此加工器偏好局域性，以使记忆成本最小化。试看以下三类句子，其中（11 a）为简单主句，（11 b）中主语被一个介词短语所修饰，（11 c）则用一个关系从句来修饰主语：

（11） a. The nurse supervised the administrator while …

b. The nurse from the clinic supervised the administrator while …

c. The nurse who was from the clinic supervised the administrator while …

Grodner & Gibson（2005，实验二）采用自控步反应时范式，对比考察了三个句子在关键动词supervised上的加工态势。如前所述，依存局域理论下，整合成本的计算把介乎主语nurse和动词之间的新的话语指涉计入，在（11a）句没有，在（11b）句中有一个（名词the clinic），在（11c）句有两个（动词was、名词the clinic）。这就是"局域性效应"（locality effect）。结果的确发现，主语nurse距动词supervised越远，则动词上的反应时间越长，整合成本越高（见图4.4）。

从句法角度，Chomsky（1965：13-14）最早提出，句中内嵌的成分越长，其结构越复杂，那么其记忆表征越容易衰减，其可接受程度就会越低。从心理认知角度，Just & Carpenter（1980，1992）给出的解释认为，消解依存关系的难易度与从记忆中提取的难易度有关。当两个语法成分彼此相关时，二者相距越远，激活程度就会越低，那么在整合过程中的耗时越长，出错的几率也越大。整合涉及所整合成分在记忆中激活衰减的程度，而影响加工难度的重要因素之一是激活程度。但Gibson（2000）依存局域理论则结合线性距离与语言学定义下的话语指涉，认为介乎依存成分和中心词之间的话语指代数目直接影响整合成本，因为构建话语指代涉及的计算代价很高。

Van Dyke & Lewis（2003）的研究显示，当实验控制了溢出效应这一混淆变量后，"局域效应"依然存在。该研究采用自控步反应时2×2因素内设计，操纵了歧义性（有无标句词that）和论元（如名词the student）与动词（was standing）的距离，实验刺激如例（12）：

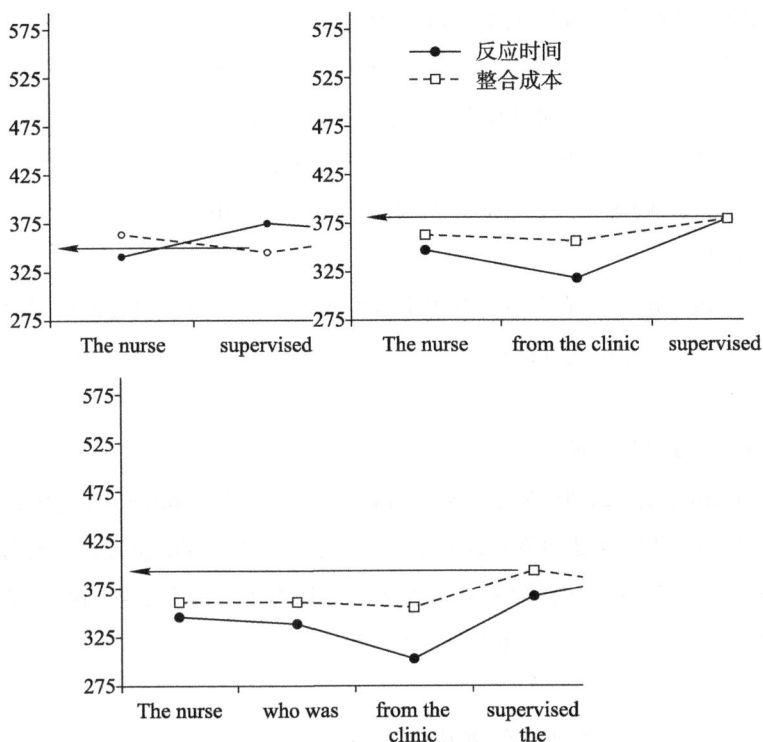

图 4.4 Grodner & Gibson（2005）实验结果显示局域性效应
注：线条指向整合成本所对应的反应时间。

（12） a/(b).The assistant forgot (that) the student was standing in the hallway.

c/(d).The assistant forgot (that) the student who knew that the exam was important was standing in the hallway.

对歧义的操纵（12a和12c与12b和12d的对比），旨在考察在消歧词（was standing）位置上是否出现重新分析效应，即被试看到该词后必须将student重新分析为宾语从句内主语，而不是主句动词的直接宾语。对距离的操纵（12c与12a比），旨在考察重新挂靠（reattachment）的难度是否受制于"局域性",即条件12c和12d(宾语从句中的主语与动词依存关系)介入的中间成分比12a和12c更多。因此,如果有局域性效应,则重新分析的难度就会更大,而且在排除了来自关键动词之前不同区域的"溢出效应"混淆因素的影响后,"局域性效应"应该依然存在。正如所预期的那样,Van Dyke & Lewis(2003)的确发现了交互作用,表明局域性的确可以影响加工难度。

局域性虽然在英语中有较为丰富的支持证据,但在中心词后置语言中,则缺少充足的实证证据。

4.3.1 反局域性证据

Konieczny(2000)最早对局域性假说提出反例。Konieczny采用自控步反应时,考察了德语嵌套式关系从句。他操纵了动词的位置,或放句末(13a),或与中心词毗邻(13b)。此外,还操纵了修饰中心名词的关系从句长度(3—5个字、6—8个字、9—11个字)。

（13）　a. *动词置尾（非局域）*

Er hat die Rose, [die wunderschön war/die auffällig

He has the rose [that beautiful   was/that remarkably

schön   und farbenprächtig war/die auffällig   schön

beautiful and colorful was/that remarkably beautifully

gewachsen und ganz besonders

grown   and in   particular

farbenprähtig war], hingelegt.

colorful   was] laid.down

'He has laid down the rose that was beautiful/was remarkably

beautiful and colorful/was remarkably beautifully grown and

especially colorful.'

b. 动词与中心词毗邻（局域）

Er hat die Rose hingelegt, [die wunderschön war/die auffällig

He has the book laid.down [that beautiful   was/that

schön   und farbenprächtig war/die auffällig   schön

remarkably beautiful and colorful   was/that remarkably

gewachsen und ganz besonders farbenprähtig war].

beautifully grown   and in   particular colorful   was]

'He has laid down the rose that was beautiful/was remarkably

beautiful and colorful/was remarkably beautifully grown and

especially colorful.'

　　句子可接受程度结果表明（图4.5，上图），德语被试对a类句子的接受度比b类句子更高；自控步反应时结果发现（图4.5，下图），名词论元与中心词之间的距离越长，在句末动词位置的反应时间越短。该结果与局域性的预测正好相反。Konieczny据此提出"反局域性假说"：当依存成分与中心词之间有更多的成分介入时，这些中间成分联合起来更具限制性，都共同指向某一个动词，使得加工器更有可能预测到即将到来的动词的具体形式，即出现"反局域效应"（anti-locality effects）。

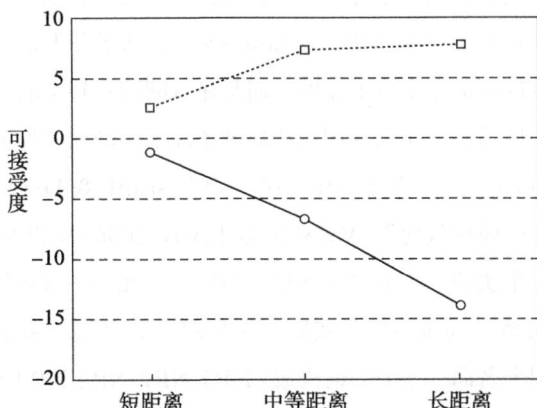

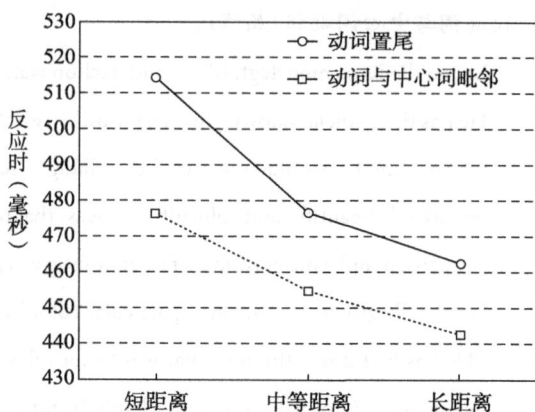

图 4.5　Konieczny（2000）实验发现的"反局域效应"

注：上图为句子可接受度结果，下图为自控步反应时结果。

　　但是，德语中句末动词的"反局域性"效应或许存在其他解释。一个解释是句末溢出效应。根据Mitchell & Green（1978：632），被试有可能采取"等一等再看"的策略，把部分或全部的加工延迟到句末才执行，因此在句末位置反应时不仅包括当前词的加工时间，而且有动词前区域的加工缓冲环节的积累。另一个解释是自控步速范式带来的自适性加快。在Konieczny的实验刺激中，关键动词在两个条件（即局域、非局域）下的位置有所不同，其中非局域条件下动词距离其依存宾语更远。被试从左到右阅读时，通常速度会越来越快，而Konieczny的结果并未显示出被试随着阅读进程的推进而恒定变快了速度，而是显示阅读长句子的平均时间加快了，导致非局域条件下句末动词会比局域条件下的动词读得更快。

　　继Konieczny之后，Vasishth（2003）和Vasishth & Lewis（2006）又发现印地语的"反局域效应"。Vasishth & Lewis（2006）发表在 *Language* 上的研究共有三个实验，均通过系统地逐步增大论元——中心词之间的距离，来考察是否会诱发局域效应。实验一聚焦双层嵌套句，采用类似例（14）的模板，由四个名词、三个动词构成（NP 1 NP 2 NP 3 NP 4 V 3 V 2 V 1），其中在最内嵌名词NP4 kitaab-ko（书—宾格）与最内嵌动词V3 khariid-neko（买—不定式）之间，通过设置三种句法成分：副词jitnii. jaldii. ho. sake（尽快）、介词短语ek barhiya dukaan-se（从一家好商店）、关系从句jo mez-par thii（在桌上的），操纵了介入成分的话语指涉个数。按照依存局域理论，副词没有新的话语指涉，而介词和关系从句则涉及一个新话语指涉（即名词）。实验二聚焦关系从句，如宾语关系从句（15b），同样操纵了介乎主句主语（即关系从句的中心词）与动词之间的新的话语指涉个数，一种为0个，另一种为2个。

（14） 印地语双层嵌套句的模板

sita-ne　Hari-ko　Ravi-ko　kitaab-ko khariid-neko [...] bol-neko
Sita-ERG Hari-DAT Ravi-DAT book-ACC buy-INF　　　tell-INF
kahaa.

told

'Sita told Hari to tell Ravi to buy the book.'

（15） 印地语宾语关系从句样例

a. 无新的话语指涉介入

Vo kaagaz jisko　us　　larke-ne dekhaa bahut puraanaa thaa.
that paper which that boy-ERG saw　very old　　was

'That paper which that boy saw was very old.'

b. 两个介入的话语指涉

Vo kaagaz jisko us larke-ne mez-ke piiche gire.hue dekhaa bahut
That paper which that boy-ERG table-GEN behind fallen saw

puraanaa thaa.

very old was

'That paper which that boy saw fallen behind a/the table was very old.'

Vasishth & Lewis（2006）的实验结果显示，无论是双层嵌套句（见图4.6上图），还是关系从句（见图4.6下图），句末动词的反应时间反而变得更短；而且即使把动词之前区域的阅读时间（即"溢出效应"）作为一个协变量放入统计分析中，"反局域效应"依然显著。

有趣的是，Gibson本人的实验室后来也在日语的内嵌结构中发现了反局域效应。Nakatani & Gibson（2010）采用自控步反应时范式，利用日语中特有的乱序句，即借助格标记分配题元角色，从而可以打乱论元的顺

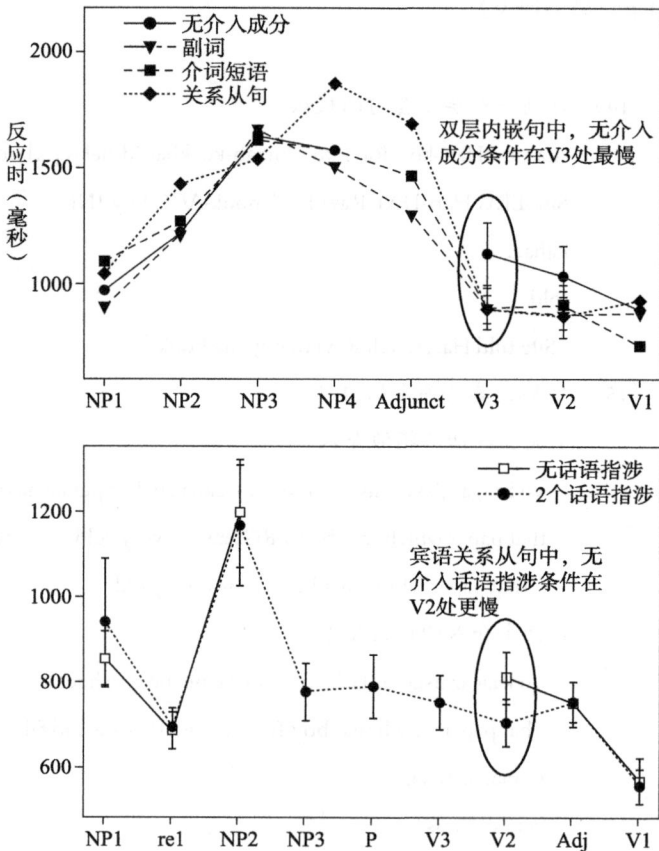

图4.6　印地语反局域效应

注：取自 Vasishth & Lewis（2006）的实验结果，上图为双层内嵌句，下图为宾语关系从句。

序，设置了四种条件：

1）无内嵌结构（[NP 3 V 3 comp] [NP 2 V 2 comp] [NP 1 V 1]）

2）一层内嵌结构（[NP 2 [NP 3 V 3 comp] V 2 comp] [NP 1 V 1]）

3）一层内嵌、乱序结构（[NP 1 [NP 3 V 3 comp] [NP 2 V 2 comp] V 1]）

4）两层内嵌结构（[NP 1 [NP 2 [NP 3 V 3 comp] [V 2 comp] V 1]）

数据分析结果完全没有发现局域效应；相反，日语被试随着主格标记的名词论元个数的增加而放慢阅读速度，但在动词位置则加快了阅读速度，即"反局域效应"。

4.3.2 冲突的解决：语言特异性

本节前两小节重点讨论了依存局域理论中关于整合成本所揭示的"局域效应"，继而列举了与该理论预测相反的"反局域效应"。已有实证研究的事实表明，"局域效应"真实存在，而"反局域效应"也不容忽视。一个好的句子加工模型必须能够解释这两种看似冲突的效应。

值得注意的是，出现"反局域效应"的德语、印地语、日语都是中心词后置语言。那么，语种间语序不同，是否会导致加工策略各异？Vasishth et al. (2010)发现，英语、德语之间的局域性效应存在不对称模式。他们采用自控步反应时和阅读眼动两种范式，针对双层嵌套结构，对比验证DLT的预测。Gibson & Thomas (1999)最早发现，两类英语句子均涉及双层嵌套结构，其中一类缺失中间的动词，句子虽不合法，但却易于加工，如*The apartment that the maid who the service had sent over was well decorated；而另一类结构完整，句子合法，却难以加工，如The apartment that the maid who the service had sent over was cleaning every week was well decorated。经Vasishth et al. (2010)重复验证，发现英语数据的确如此，似乎符合DLT理论中"整合说"的解释，即距离越长，整合成本越大，因此加工器会"忘记"跟第二个动词所对应的中心词。但是，Vasishth *et al.*（2010）得到的德语数据模式则与DLT的预期相反：缺失中间动词使得加工更难。考虑到德语关系从句需要使用逗号，而英语无需出现逗号，为排除因没有逗号来标界这一潜在因素而造成英语母语者难以理解合法句的可能，Vasishth *et al.*（2010）又做了标有逗号的英语实验，结果发现英语被试仍然会"忘记"中间的动词。

据此，Vasishth及其同事提出"语言特异性"假说：因为德语为动词置尾语言，而英语中心词前置，所以德国人对高频出现的动词置尾结构很熟悉，在预测动词方面就会好于英美人。Engelmann & Vasishth（2009）用连接模型（connectionist model）成功模拟了英、德的在线加工差异。如果基于语言属性差异的解释成立，"局域效应"就不会独立于语言本身。

但是，也有证据明显不支持"语言特异性"假说或"加工策略"说。Jaeger *et al.*（2008）的一项CUNY海报研究显示，即使是中心词前置的英语，也会出现"反局域效应"。他们使用的句式框架为The player［that the coach met ...］bought the house ...，并操纵了介于主语the player和动词bought之间区域的介词短语数目：一个（如at 8 o'clock），两个（如by the river at 8 o'clock），三个（如near the gym by the river at 8 o'clock）。分析结果时，将关键动词之前区域的反应时间计入回归模型，以控制"溢出效应"。结果显示，局域效应消失了；而且，随着介词短语数目的增加，动词bought的反应时间反而逐渐变短，出现了"反局域效应"。

但另一点值得注意的是，已有证据中支持"局域效应"的研究，大多聚焦关系从句中的填充语—空位关系。而在中心词置尾语言中没有发现"局域效应"或发现"反局域效应"，所涉及的结构多是谓词与论元或附接语之间的依存关系。或许，所谓的"反局域效应"仅限于某种句型或依存关系类型。未来研究可以继续探索中心词置尾语言的填充语—空位依存加工，或者中心词前置语言的其他类型的依存关系加工。

4.4 基于提取—干扰的理论

本小节介绍另一派基于记忆的加工理论阵营，可笼统概括为"基于提取—干扰的理论"。该理论内部存在不同派别，但有时彼此差别细微，不易区分，名称也互有重合，散见于不同时期发表物中的叫法不一，且都基本离不开"提取"、"干扰"、"激活"等关键词。各派别的倡导人大多出身于认知心理系或认知计算学系，都与认知科学领域对记忆的研究有千丝万缕的联系，或者一脉相承。

4.4.1 句法性干扰及拓展

与局域性假说相反，Lewis（1996：15）认为，长距离依存关系的加工难度至少可归因于句法性质的干扰（syntactic interference）。在某种非毗邻依存关系中，如果两个依存项之间存在多个空位位置，可供填充项填入，则会有整合该依存关系的困难。Lewis以句法孤岛（Ross 1967）限制条件为例，比如英语疑问句 *Who does John know a boy who hates the man who saw _?属于复杂名词短语孤岛。从纯句法角度，按照生成语法的解释，该句将疑问词从嵌套的关系从句内移到句首，在路径上一次性跨越了两个语障（DP/CP和TP），所以不合法。Lewis（1996）从加工角度，认为加工器在抵达位于句末的目标空位之前，存在多个可充当疑问词空位的相似填充项（如John、a boy、the man），数目超过了上限，因此不合法。Lewis将该句法性干扰作为一条普适原则，概括为"基于相似性的干扰"（similarity-based interference）。

在Lewis（1996）所模拟的计算模型中，记忆加工机制的容量非常有限，只能表征不超过两到三个同类语法成分。对于很难处理的嵌套句式如The man that the woman that the child hugged kissed laughed，暂时放置在记忆缓冲器中的同一类型的句法成分（比如主语名词the man、the woman、the child）不得超过三个，而加工可接受的句子如The man that the woman kissed laughed，则必须只能在缓冲器中放置两个名词短语（Lewis 1999：106）。很明显，Lewis（1996）的理论出发点与依存距离的长短无关，仅关注在有限的记忆存量下，随着时间进程而呈现的同类干扰项对加工的调节作用。这一点有异于Gibson的依存局域理论，该理论更强调线性距离。

Lewis（1996）模型可以解释某些跨语言现象，比如日语内嵌句John-wa Bill-ni Mary-ga Sue-ni Bob-o syookai sita to it-ta（John-TOP Bill-DAT Mary-NOM Sue-DAT Bob-ACC introduced say），意思是"John对Bill说Mary介绍Bob给Sue"。该句貌似一下子排列了五个人名，如果英语母语者看到一连五个名词序列，很可能会基本不知所云而出现理解崩溃，但对于日语母语者而言，该句并不难加工，至少不像英语内嵌句那么难以理解。究其原因，Lewis认为是日语中的名词序列分别涉及两个主语、一个直接宾语、两个间接宾语，同一类型的句法成分均不超过两个，而且都有迥异的格标记加以区分，而形态格历来被认为是句法信息。因此，干扰效应会大大减弱或基本消失。从这个意义上讲，Lewis模型中更强调相似的句法成分带来的"句法干扰"，类似早期的句法模块说，只不过这里是从工作记忆或记忆资源角度解释句子加工。

之后学界陆续拓展、探索干扰效应，包括Lewis和他指导过的、后来成为独立研究者的博士生，如Julie Van Dyke、Shravan Vasishth等。他们所做的系列工作显示，"干扰"不止源于句法结构的复杂度，还可能来自任何语义特征或属性的相似性，包括人称、性别、数、生命度等。一项针对朝鲜语的研究甚至还发现，形态格标记的语音相似性也会带来干扰效应（Lee et al. 2005）。这些都帮助研究者意识到，之前从记忆角度诠释复杂句加工难度的思路，偏重于关注介入成分的数目到底要达到多少，才会促发记忆容量到达极限，以至于无法通达关键的目标项（Miller & Chomsky 1963；Frazier 1979；Gibson 1998，

2000），但这一思路或许并不准确。实际上不仅仅是介入成分数目或依存距离的增加会导致"衰减"（decay）或遗忘，"干扰"这一因素的作用更应该得到重视。因此，有必要进一步探究基于记忆的加工动因，即从"记忆资源可以保存的信息量"上，转移到探究该信息的具体内容、能否被成功提取、依据什么线索或特征而被提取。而从"容量"到"提取"的转变，也促使研究句子加工的学者不再纠结于记忆资源可以容纳多少个介入成分的问题，而是专注于事关提取线索可靠性的因素，以帮助加工器成功地将目标项与干扰项区分出来，并提取、通达正确的目标项。

目前基于干扰而提出的模型，除了Lewis（1996）最早的版本，还有三种版本：1）Gordon *et al.*的"名词短语相似特征干扰"（Gordon *et al.* 2001，2002，2004，2006）；2）Van Dyke（2002）在其博士论文中基于关联记忆搜寻（Search of Associative Memory，SAM）而提出的"提取干扰"模型；3）Lewis & Vasishth（2005）"基于时间的线索—提取"模型，后简称为LV 05模型。LV 05模型是在Lewis（1996）基础上所做的拓展版，历经十多年后，又经Vasishth及其学生共同修正并辅以贝叶斯计算拟合，目前该模型很有影响力，已有取代"依存局域理论"的地位的势头（Jäger *et al.* 2017）。

4.4.2　基于相似性的干扰

在句子加工过程中，当目标成分与非目标成分之间在某些参项上具有相似性时，对目标成分的提取、整合就会受到来自非目标成分的竞争和干扰，产生干扰效应。有一系列的研究证据支持基于相似性的干扰，并据此形成了至少两个理论，包括基于相似性的理论（Gordon *et al.* 2001，2002，2004，2006；Lee *et al.* 2005）和"提取—干扰理论"（Lewis 1996；Van Dyke 2007；Van Dyke & Lewis 2003；Van Dyke & McElree 2006）。

Gordon *et al.*（2001，2002，2004）的干扰理论认为，当目标名词在动词位置上被提取时，名词短语的一些语义特征属性会影响其在记忆表征形式的质量(或凸显程度)，进而会造成干扰。研究者针对英语中经典的主、宾语关系从句加工不对称现象，系统地操控了从句内名词的指称性地位(referential status)，以测量其对加工难度是否具有调节作用。具体如(16a-b)所示，两种关系从句内的名词有三种情况：1) 定指名词，如the barber；2) 专有人称名词(proper name)，如Ben；3) 代词，如you。

（16） a. 英语宾语关系从句，从句内名词形式不同

The banker that the barber/Ben/you praised climbed the mountain just outside of town.

b. 英语主语关系从句，从句内名词形式不同

The banker that praised the barber/Ben/you climbed the mountain just outside of town.

Gordon及其同事提出，当从句内名词为the barber时，其与主句主语the banker一样，都具有完整的定指名词短语形式，指称地位通过描述语而间接地获得，且都属于"职业"这一类语义范畴，二者的记忆痕迹在特征上区分度不高；而专有人称名词(如Ben)和代词的指称地位可以直接获得，加工者能在当前的话语表征中将对应的某个特定实体提取出来，因此与充任主句主语的职业名the banker分属不同的范畴，彼此之间的区分更加鲜明。按照这个思路，虽然英语宾语关系从句较主语关系从句更难加工，但相对于来自同一范畴的the barber，来自不同范畴的人称名词或代词会更容易与主句动词climbed整合，从而会降低宾语关系从句的加工难度。

Gordon *et al.*（2001）采用自控步反应时范式，通过一系列实验

研究，发现结果的确如此（见图4.7）：在关系从句区域内第一个关键区（praised vs. barber/you/Ben），当从句内名词与主句名词分属不同指代范畴时，主语关系从句的加工优势显著降低或消失。考虑到该区域的词性不同，研究者进而将从句内两个词（如the barber/you/Ben praised vs. praised the barber/you/Ben）合并后分析，仍然发现了交互作用，虽然宾语关系从句的加工难度降低这个结果只在you与the barber对比中（实验二）达到显著，在Ben与the barber对比中（实验三）仅显示数值上的趋势。第二个关键区即主句动词climbed上，仅有名词形式的主效应，即代词或人名都比定指名词的反应时更短，但未发现关系从句类型的主效应，也没有发现交互作用。Gordon *et al.*（2001）据此认为，类型相似（type-similarity）是提取过程中引发干扰的来源之一。

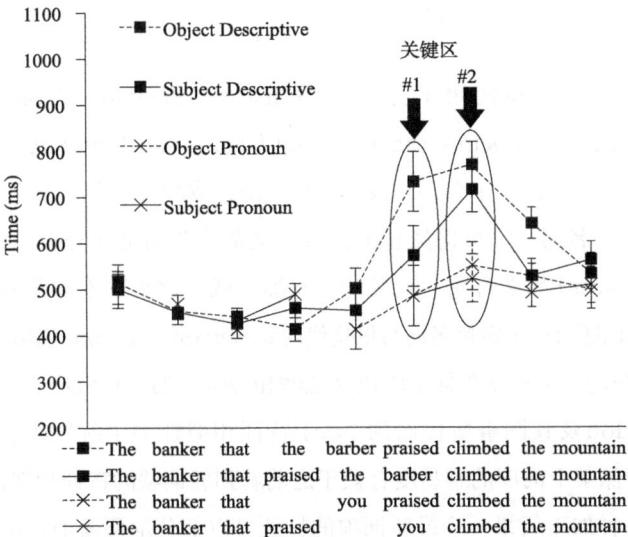

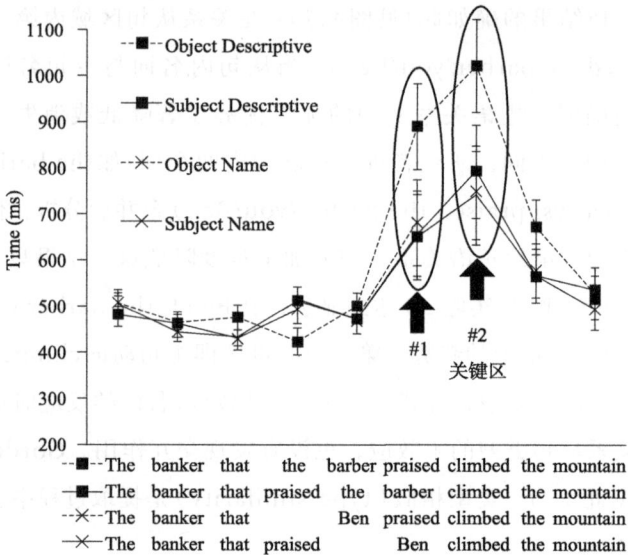

图4.7 Gordon *et al.*（2001）的一系列自控步反应时实验结果

注：该实验考察从句内名词形式对英语主、宾语关系从句加工不对称影响。上图取自实验二，对比了描述语与代词，下图取自实验三，对比了描述语与人名。关键区均为从句内动词和主句动词两个区域。

之后，他们还使用了分裂句型如It was the dancer/Tony that the fireman/Joey liked before the argument began（Gordon *et al.* 2002），并让被试一开始记忆三个名词，或均为描述语，或均为人名，读完句子后再回忆这三个名词。结果仍然显示，当记忆负荷名词组和分裂句中的名词（如the dancer）都来自同一范畴时，其加工就会比来自不同范畴的更难。此外，他们还对比了定指名词与量化代词如everyone、no one（Gordon *et al.* 2004），均进一步重复验证了因语义范畴相似带来的干扰效应。

Gordon及其同事所提出的"基于特征相似性的干扰"理论意味着，编码、存储某个词项的难易度有赖于之前看到的词项的特征相似性。但这会产生两种加工后果：1）最新词项的特征可以部分地覆盖旧词项的特征，因此旧词项在记忆中更难保存；或者2）新词项与旧词项共享某些特征，可相互竞争，因此新词项在记忆中更难编码（Jonides *et al.* 2008；Lewis *et al.* 2006）。反观 Gordon *et al.* 在第二个名词（即从句内名词）上所发现的干扰效应，其实先于动词，应该不是动词提取带来的干扰效应，或许应是发生在名词编码阶段，即编码干扰效应。而 Gordon *et al.*（2004，2006）仅分析了整个关系从句区域的阅读时间，因此无法区分干扰效应到底来自名词还是动词。但这些问题在后来的基于线索的提取理论中得到了进一步回答（Lewis & Vasishth 2005）

Gordon 及其同事的系列实时加工工作比 Warren & Gibson（2002）更加精细地刻画了名词的哪些语义特征会调节因句法复杂性带来的加工难度。但问题是，名词短语的特征和动词位置上的提取，二者之间到底是什么关系？为何名词之间的特征相似会导致提取上的加工难度？如何发生的？对此，Gordon 及其同事并没有做出明确回答，而仅仅默认假定了（名词的语义）类型相似会与（动词）提取发生联系。这个假定是区分该干扰理论与其他的干扰理论（如基于提取的干扰）的关键之处。

4.4.3　基于提取对干扰的解释

另一类干扰理论（Van Dyke 2007；Van Dyke & Lewis 2003；Van Dyke & McElree 2006；Van Dyke & Johns 2012）认为每个新呈现的字词都会引起从记忆中提取的过程，以将该词整合到先前构建的结构中去，提取/整合受限于衰减（decay）和提取干扰（retrieval interference）。衰减通常与遗忘（forgetting）相关，即受限于记忆资源容量有限，对已出现的字词不再注意。提取则正好相反，是对无关词项的注意，而使目标项不再可及。在 Van Dyke 的体系下，衰减并不重要，而提取更为重要，其解释力更强（Van Dyke & Johns 2012）。

提取是基于内容可寻址（content-addressable）的检索，通过关联而通达（associative access）。在构建句法依存关系时，对目标依存项的搜索、提取不是，也不必在句法树图上一步步地按步骤进行，而是并行地直接与所有备选项予以对照、匹配。在一个句法依存关系中，中心词可以提供提取线索（retrieval cues），来确认其依存项。特征集合对特征的表达主要沿袭生成句法的描述传统，但没有一套固定的、特定的区别性特征。提取这一操作的关键是：1）提取线索所规定的特征与存储在记忆中的特征之间相互匹配；2）匹配的强度。记忆通达（memory access）本身是一个快速建立关联的过程，将提取线索所规定的各种特征与保存在记忆中的候选词项进行平行式匹配。当提取线索没有歧义时，加工就相对容易；但当提取线索无法辨别、排除竞争候选项时，正确的目标依存项获得提取的几率就会很低，干扰效应就会较强。

比如，动词是动词短语的中心词，在句子加工中是一个典型的提取线索词，提供与其相关联的词项的特征。加工器在动词位置会提取与动词相关的事件（event）及参与者等信息，触发干扰效应。提取线索既包括与当前词相关的句法语义特征，如动词的次范畴规定（subcategorization requirements）、题元角色（thematic role）信息、语法格（case），也包括与语言经验相关的信息，如语境、动词与论元之间建立某种语法关联的可信度（plausibility of a particular grammatical association）。这些所有的信息或特征组合起来，构成一个提取探测项（probe）。以二价及物动词kissed为例，该词会选择指人的施事，那么加工器看到动词后就需将其与主语名词整合，进而在工作记忆中搜寻一个指人的施事名词短语。因此，动词作为一个提取线索（retrieval cue），在完成其与论元（比如有生主语）的整合过程中，其他有生命的指人名词短语就可能引起干扰效应。

Van Dyke（2007，又见 Van Dyke & Johns 2012）的提取干扰理论认为，提取线索与提取探测项结合，决定每个探测线索与记忆痕迹之间相联系的强度。在给定的探测线索范围里（Q1 ~ Qm），提取一个词项 Ii 的概率是每个探测线索与实际记忆痕迹的特征之间联系强度（即不同线索的相对凸显度的权重加权）的函数。该理论用提取概率来定义干扰。当提取线索与记忆中的多个词项有关联时，该线索就负载过重了（overloaded），具体分为两种情况：当相似词项先于目标词呈现时，会

引起前瞻性干扰（proactive interference）；当相似词项位于目标词之
后时，会引起后溯性干扰（retroactive interference）。我们可以借用
Van Dyke & Johns（2012：198）的图来形象地表征这两种提取时的干
扰效应（见图4.8）。

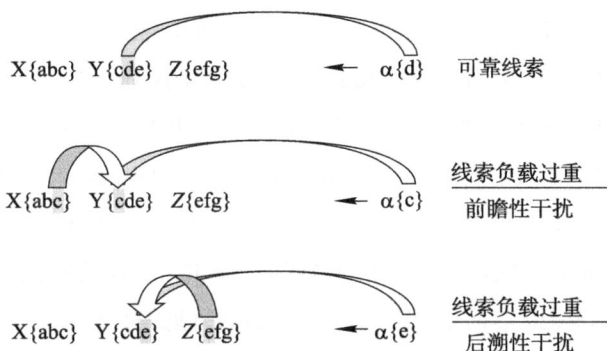

图 4.8   Van Dyke & Johns（2012：198）的提取干扰理论示意图

假定探测词alpha意欲从工作记忆中提取目标词Y，那么与alpha相关
联的特征集合的内容将规定用来提取Y的提取线索。当alpha只有一个特
定的特征d相关联时，这唯一的提取线索就会很可靠，因为记忆中没有与
该特征匹配的其他词项。但是，如果alpha与特征c或e也有关联时，它就
成为一个负载过重的线索词。当特征c同时与Y和X相关联时，X就构成
在提取目标项Y时的前瞻性干扰，因为X先于目标项Y出现。当特征e同
时与Y和Z相关联时，Z就构成在提取目标项Y时的后溯性干扰，因为Z
晚于目标项Y出现。

前瞻性干扰

以Van Dyke & McElree（2006）的一项自控步阅读为例，该研究结合
了记忆负荷任务。彼时的句子加工学界对于工作记忆资源的性质尚存争
议，即语言加工所需的记忆资源究竟是否独立于用于其他涉及认知努力

的任务，如回忆一组字词（详见第六章）。因此，研究者采用双重任务，被试需要先记住一组由三个名词组成的序列，如table、sink、truck，然后阅读句子，实验目标刺激使用了分裂强调句型如It was the boat that the guy who lived by the sea fixed/sailed in two sunny days，最后回忆说出最开始记住的三个名词。Van Dyke & McElree假定，被试在读到动词fixed/fixed时，需要从工作记忆中提取出句首的名词boat，将其整合为该动词的宾语。因此，动词作为提取线索，其与充作干扰项的那组记忆负荷名词之间具有语义关系。他们通过变换目标句中动词的词项，来操纵语义干扰强弱度：1）强语义干扰条件下，动词（如fixed）可以跟记忆组序列中的任何一个名词搭配，也可以跟目标句中的名词boat搭配；2）弱语义干扰条件下，动词（如sailed）只能跟目标句中的名词搭配。此外，还设置了两组基线条件，均不涉及记忆名词序列这一步骤。具体设计见表4.2。

表 4.2　Van Dyke & McElree（2006）的实验刺激

	条件	记忆词串	实验刺激句（按区域呈现，由斜线表示；下划线为关键区）	句末问题
1	有记忆负荷，无语义干扰	table-sink-truck	It was the boat/ that the guys /who lived /by the sea/ sailed /in two sunny days.	Did the guy live by the sea?
2	有记忆负荷，有语义干扰	table-sink-truck	It was the boat /that the guys/ who lived /by the sea/ fixed /in two sunny days.	Did the guy live by the sea?
3	无记忆负荷，无语义干扰	无	It was the boat/ that the guys /who lived /by the sea/ sailed /in two sunny days.	Did the guy live by the sea?
4	无记忆负荷，有语义干扰	无	It was the boat /that the guys/ who lived /by the sea /fixed /in two sunny days.	Did the guy live by the sea?

　　Van Dyke & McElree在动词位置上发现了语义干扰与记忆负荷的交互作用，即在记忆负荷条件下，强语义干扰条件fixed的反应时间显著长

于弱语义干扰条件sailed，但这种语义干扰效应在基线条件下会消失。该结果为"前瞻性干扰"（proactive interference）提供了证据，因为干扰词项出现在目标词项之前。表明保存在记忆中的词项一旦与动词提取线索相契合，加工者就会很难从刚读过的句子里所出现的词项中辨认、提取出唯一正确的目标词。

后溯性干扰

Van Dyke & Lewis（2003）的一项自控步反应时实验，为后溯性干扰效应提供了证据。刺激如（17a-c）所示：

> （17）　a. 长，低干扰
>
> The frightened/boy understood that the man/who was swimming near the dock/was paranoid/about dying.
>
> b. 长，高干扰
>
> The frightened/boy understood that the man/who said the townspeople were dangerous/was paranoid/about dying.
>
> c. 短，无干扰
>
> The frightened/boy understood that the man/was paranoid/about dying.

动词was paranoid作为提取线索，来确认一个与其关联的合法主语the man。（17b）和（17a）的长度相当，在目标词the man和动词was paranoid之间都只有六个单词。但（17b）中的主语名词the townspeople与提取线索的特征相匹配，因此是潜在的竞争项，干扰效应大。而（17a）中的名词the dock是嫁接语介词短语中的宾语，其干扰效应较小。而（17c）中动词与主语之间没有任何介入成分，可以作为基线，来评估距离的效应。自控步反应时结果显示，在动词短语区was paranoid，高干扰条件的反应时显著长于低干扰和无干扰两个条件，表明the townspeople 作为匹配干扰项，产生了后溯性干扰效应；而低干扰与无干扰之间则无差异，说明没有距离效应。这些结果证伪了依存局域理论中的"存储说"，影响主语论元整合到动词的难度的因素不是依存距离，而是介乎依存距离之间的干扰项与目标项的相似程度。

Van Dyke所做的一系列工作显示，提取线索既包括句法信息，也包括语义信息，且都与词汇本身息息相关。这与基于限制满足的加工理论中关于词汇、句法统一说（MacDonald 1994）的理念相契合。

4.4.4 "基于线索的提取"LV05 模型

LV 05模型这一名称由Shravan Vasishth命名，源自Lewis & Vasishth (2005) 这篇重要论文的两位作者姓氏的首字母缩写。该理论深受"理性思维的适应性控制"模型（Adaptive Control of Thought-Rational, ACT-R）的影响。ACT-R模型是认知心理学的一个经典模型，最早由美国卡内基梅隆大学心理学家John Anderson于1976年提出，历经近三十多年的发展，逐渐完善，已到ACT-R 5.0版（Anderson & Lebiere 1998; Anderson *et al.* 2004）。"理性思维的适应性控制"模型旨在模拟人类认知的整合过程，从认知心理学实验和神经科学两个角度来构造模型，且借助计算机模拟人类认知行为，对提取速度、准确率具有良好的预测力。ACT-R 5.0的具体主张为：1）将人类心智分为四大独立的模块：意图性、陈述性、视觉、运动，各模块可对应专门的脑区。比如，对外部世界的感知由动作模块（对应运动皮层和小脑）、视觉模块（对应视觉皮层）完成。2）各模块内部高度专门化，但各模块之间并行运行，同时处理模块内部的事情。3）为避免因平行处理的信息发生拥堵而出现"瓶颈"效应，各模块都将当前正在处理的任务放在"缓冲器"里，来引起认知系统的注意。换言之，模块与中央产出体系（central production system）的沟通，需经"缓冲器"这一中介集中处理有限的、获得注意的信息。该运行机制类似于Baddeley（1986，详见第六章）的工作记忆模型。4）中央产出体系作为中枢，对这些有限的信息输入依次（即单向箭头）进行匹配、选择、执行这三个步骤的处理，不断更新、循环。5）各模块/缓冲器与中央产出体系之间相互作用（见双向箭头）、进行整合，产出各种认知活动。ACT-R 5.0系统的内部构造及大致流程如图4.9所示。

Vasishth & Lewis（2006）借助于ACT-R模型的认知机制（Anderson *et al.* 2004），特别是基于工作记忆的遗忘（forgetting）、激活衰退（decay）和重新激活（reactivation）效应，尝试为"局域性"和"反局域性"效应做出统一解释，后来将其进一步发展为基于线索的提取理论（cue-based retrieval model）。

在该模型下，他们对提取的定义有异于局域依存理论。局域依存理

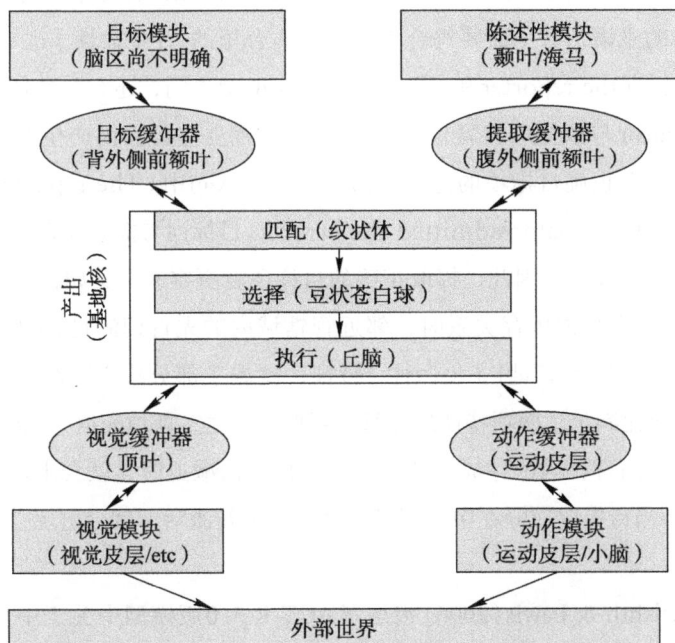

图 4.9　ACT-R 5.0 模型的信息组织方式以及相应脑区（Anderson *et al.* 2004: 1037）

论将提取定义为在论元—中心词之间所介入的新的话语指代数目，而Vasishth & Lewis认为依存成分的提取有赖于基于内容的线索（cues）的提取，线索可以表达为明确的特征值，如有生命的人与无生命的实体，二者在［± 有生性］这一特征上对立区别。线索被加工器正确提取的概率大小以及提取的难易程度受制于各个限制条件间的动态交互，包括衰退、重新激活、干扰、部分线索匹配、概率化噪音等。

　　LV05作为根植于工作记忆的句子加工模型，其核心观点认为递增性加工器依赖于相互关联的提取项，而对线索的提取受制于两个因素：1）激活度衰减；2）基于相似性的干扰。

　　比如，LV05模型下针对经典的英语主/宾语关系从句加工不对称问题可做出如下解释：宾语关系从句中（The reporter who the senator attacked admitted the error），主句动词admitted出现后，需要检索到与其整合的主语，该主语要符合提取特征集合里的［＋生命性］这一规定，而在目标词the reporter和提取线索词admitted之间，还有一个名词短语the senator与该提取特征匹配，它被激活后会与目标词产生竞争，从而影响提取正确目标项的速度。而主语关系从句中（The reporter who attacked the senator admitted the error），目标词与提取线索词之间没有任何介入成分，因此，提取正确的目标项就更容易。又如，在构建反身代词—先行词依存关系时，邻近管辖域内的先行词满足［＋局域性］这个特征，但不满足［＋生命性］特征，就属于部分线索匹配，其激活程度就会比满足了两项特征的先行词要低。总之，就填充语—空位依存关系加工而言，当依存成分随着时间的推进而减退时，就会出现"局域效应"；当待提取成分在中心词呈现之前被重新激活，就会出现"反局域效应"。

　　Vasishth & Lewis（2006）汲取了ACT-R 5.0版模型中关于中央产出体系的"选择"机制这一核心思想，引入了"重新激活"（reactivation）这一因素，在LV05体系里纳入了重新激活这一元素，认为某个成分在记忆中的表征虽然会随着时间的推移而逐渐衰减，但也能被重新使用，或被重新激活。某成分被重新激活的次数越频繁，其活跃度越高，而活跃度存在一个提取阈值（retrieval threshold），超过阈值就可被提取。关于重新激活可促进加工这一点，已有不少支持证据。比如 Hofmeister（2009）采用自控步反应时，考察英语分裂强调句，如 It was John who bought a book。结果显示，相对于常规句 John bought a book，被试在强调倒置句中对名词 a book 的反应时更短。这表明分裂结构（It was John who ...）增强了名词的激活程度，因此在加工动词时被试就能更快地提取名词。正因为引入这种由再次使用带来的"重新激活"，LA 05 模型得以成功解释"反局域性效应"。

4.5 两种记忆模型的异同

DLT 和 LV 05 都基于工作记忆系统，都专注于句子加工领域。但二者也有区别。

首先，DLT 通过计算话语指代的个数，来量化两个依存项之间的距离，强调因距离增大而带来的局域成本（locality cost）。LV 05 模型并不计算提取项与依存项的距离，只强调时间对记忆的影响，激活程度随着时间的推移而波动：既可以因衰减而遗忘，也可以随着其他提取项的次数增加而增强。换言之，虽然长距离意味着时间更长，但时间长并不总是意味着激活的衰减。

其次，LV 05 模型里纳入了重新激活这一元素，由再次使用带来"重新激活"，得以成功解释"反局域性效应"。但 DLT 理论中没有重新激活这一元素，而且"反局域性效应"无法在 DLT 理论下得到合理解释。

最后，LV 05 模型里纳入了干扰这一元素，而 DLT 对干扰效应没有解释力。

LV 05模型与McElree（1998）同属记忆理论，二者非常相似，都强调工作记忆的注意焦点非常有限，也强调平行的关联式提取。但McElree假定新近效应，即最新呈现的词项就处于注意焦点中，但LV 05则认为要视该词项的加工程度而定。

Logačev & Vasishth（2010）指出，现有的干扰理论都无法解释这样一个现象：当两个名词在两个维度上相匹配时，由相似性带来的干扰可以是促进性（facilitatory），而不总是抑制性（inhibitory）。Logačev & Vasishth（2010）认为，如果记忆表征允许冲突性结合（conflicting binding，Hommel 1998），那么在此前提下，它既可解释基于相似性的干扰，也可解释基于相似性的促进。该思路在Jäjer *er al.*（2015）中得到进一步细化和论证。

与局域性和干扰这两个议题相关的是工作记忆机制。McElree及其同事采用速度—准确抵消（speed-accuracy tradeoff）和眼动追踪实验，论证他们的看法，即依存成分—中心词之间的距离增大，不会影响其可及性（accessibility，即消解依存关系的速度），但会影响其可利用性（availability，即依存成分被提取的概率）。换言之，他们认为局域效应和干扰效应可归因于可利用性，而不是可及性。但区分可及性和可利用性会带来怎样的加工后果，迄今为止句子加工模型都未能进一步予以澄清或揭示。事实上，给LV 05模型提供灵感的ACT-R理论虽然也假定基于内容可寻址的机制，但对可及性和可利用性并不做区分，而是认为提取概率和提取潜伏期呈负相关关系：如果某个词项较另一词项的可提取概率较低，则其激活程度也会更低；而提取潜伏期有赖于激活程度，因此，词项的激活度越低，提取它所花时间就越长，即其提取潜伏期更长。

McElree及其同事的理论无法预期局域效应、反局域效应，虽然可以把局域效应解释为因距离增长而降低可利用性（McElree *et al.* 2003）。但因为无法直接测量可及性和可利用性，所以很难用反应时间或眼动来检验他们的理论（Foraker & McElree 2007）。

那么，局域性和干扰性是两个独立的解释，还是两个独立发生作用的因素？已有研究显示，局域性和干扰性都属于递增式加工过程中不可或缺的一部分。人类句子加工具有高度递增性，这一点在英语等中心词前置语言中得到很多支持证据。在中心词前置语言中，主语论元和动词优先出现，加工器往往无需等到句尾，就能根据已知的直接组构成分，预测即将到来的词或句意。递增性对于中心词后置语言也格外重要，比如日语、德语中，关乎事件表达的核心动词置于句尾，出现在（多个）名词论元之后。虽然日语、德语的名词都有格标记，但格标记有时可以缺省，有时具有歧义。因此，加工器必须将这些名词存储在工作记忆中，同时预测性地为这些论元指派题元角色，构建可能性高的句法结构，直到关键词动词出现。但也有学者基于日语、德语的加工数据（Pritchett 1992），提出中心词驱动的加工策略，认为加工器不太具有递增性或预测性，因此会延迟决定如何构建短语结构，直到看到中心词。

至此，局域性和反局域性都有一定的证据，但同时也存在彼此无法解释的特定实证结果。那么，应该如何解释这一矛盾呢？从逻辑上看，人类句子加工机制存在三种可能性：第一种，无论语言类型是中心词前置还是中心词后置，都受制于共同的普适性机制。从事句子加工的主流研究者，特别是受生成句法影响较深的研究者，通常会持这种看法。但该假说未必正确。第二种，依据语言类型的不同，人类加工机制也会有根本上的差异。但这似乎是另一个极端，毕竟不同语言之间也存在诸多加工策略上的相似之处。第三种可能性是，介乎二者之间，存在一个普遍适用的硬核体系，但各种加工限制条件，如中心词取向如何、形态标记丰富与否等，由具体语言的内在特征决定。如此，局域性和反局域性的证据矛盾似可迎刃而解：当两种语言的语序各异，类型学上分属不同的语种，那么二者在实时加工时，各个环节就会有所不同。近十几年来，句子加工学界持第三种看法的研究者数量似乎渐长。

4.6　基于经验的概率化理论及支持证据

前几小节中，我们集中介绍了基于工作记忆的几个理论。本小节将聚焦基于预期的理论，其下也有不同的模型或假说，包括预期假说（anticipation hypothesis，如Konieczny 2000）、基于概率性预期模型（probabilistic expectation-based parser，如Hale 2001；Levy 2008）、基于典型语序的经验假说（Bever 1970；MacDonald & Christiansen 2002）。这些模型可看作是高度渐进的加工器根据当前输入自上而下预计目标结构的过程：输入词给加工者增加了新的预期，或（和）输入词不符合加工者先前的预期，从而造成理解困难。基于预期的理论也能解释结构复杂的句子加工难易问题。

4.6.1　基于概率性预期的模型

惊异度理论（surprisal theory，Hale 2001；Levy 2008）认为，加工器会不断预测下一个词及各种可能的结构分析，并按照各结构出现的条件概率（conditional probability，即某个事件或结果出现与否的概率，依据先前事件或结果而定，这里是指根据当前已呈现的字词，来预判其后可能出现结构概率的高低），予以排序，分配注意资源。当下一个词出现时，或许需要重新排序，而注意资源量的重新分配会导致加工困难。某目标结构越不被预测到，越有可能对现有分析予以重新排序，就会需要更多的注意资源，因此，加工该词也就需要花费更多的时间。

惊异度理论可以解释歧义句和复杂句为何难以加工。仍以本章一开始出现的结构复杂的关系从句（18a-b）为例。

（18）　a. The reporter who attacked the senator admitted the error.

b. The reporter who the senator attacked admitted the error.

Hale（2001）从宾州树库的布朗语料库提取了所有的关系从句，并估算了主语关系从句和宾语关系从句的比例，发现宾语关系从句（18b）较主语关系从句（18a）的出现频率更低。因此，当标示关系从句结构的关系代词who出现后，加工者更可能预期看到主语关系从句，那么当下一个词是名词短语the senator时，其可预测性就会低于动词attacked。这意味着该词的惊异度更高，所以（3b）句更难加工。

Hale（2001）采用计算语言学建模方法，首次提出"惊异度"这个术语，来模拟当前词的加工难度。Hale用概率对数函数表达当前字词的信息结构值。假设一个句子由n个字词（w）组成，w=w1…wn，概率化语法（G）由一个集合组成，集合内的成员包括为某一给定字符序列所分配的所有可能分析（derivations，简称 D）的概率总和。如果把该词之前出现的所有字词看作前缀（prefix），构成一个字符序列（w1w2…wn-1），那么该词之前的概率，或称为前缀概率（prefix probability），就等于为该词的前缀字符序列所分配的所有可能分析的概率。第n个字词的惊异度就是该词出现之前的概率除以看到该词之后的概率比率的对数值，即Surprisal（n）=$\log_2(\frac{\partial n-1}{\partial n})$。根据数学上的对数律，该公式可以改写为$\log_2(n-1)-\log_2(n)$。假定某个字词出现之前，其前缀概率很高，即加工器构建了一个高概率结构；但该字出现后，加工器需要构建一个低概率结构，那么该词的惊异度就会很高。换言之，当加工器需要构建一个低概率结构时，惊异度就会增大。这符合我们的直觉。该算法的一个重要洞见是，基于现有字词所构建的可能相关结构体量并不是固定不变的，会因下一个新词的出现而发生急转。这与马可夫模型（Markov Model）的预设相符，即在给定已知当前/现在的条件（如n）下，其未来（n+1）的演变不依赖于其过去（n-1）的演变，而仅依赖于其之前（n）的那一个状态。这一点也是惊异度模型与DLT理论的一个重要差别。

在Hale所做的开创性工作的基础上，Levy（2008）计算"惊异度"的基本思想与Hale（2001）一致，只是将取值变为负对数概率值。Levy借用概率化无语境语法（probabilistic context-free grammar，PCFG），从标注过的大型语料库中提取字词间转换概率（transitional probability），需要包含以下特征：1）句法形态属性，如格标记、一致、句法依存关系（如关系化句型），从句法范畴中获得；2）某一范畴的内部结构，在很大程度上依赖于其统领者（governor，如动词）的词汇、语义内容；3）在一个局部句法树内部，其姊妹结点也得到表征，无论是否是中心词成分；4）独立事件的领域无需拘泥于局部句法树内，如一个名词短语带有关系从句的概率，可以由该名词短语的母结点和姊妹结点来决定。Levy（2008）还进一步提出，惊异度可看作是以新的分布代替旧的分布带来的难度，而一个词的惊异度也可看作是其可被预期到的测量值。但也不是始终不停地计算即将到来的字词，并不断处于更新字词和/或结构的状态中，毕竟记忆资源有限，这样做会付出很高的认知成本。Levy（2008）澄清道，无需刻意地对句中即将到来的字词做出预期，而是我们在解析不完全输入的同时就隐含、自带了这些预期。据此，Levy（2008）提出了基于预期的句子加工理论（expectation-based theory）。

Levy（2008）这篇发表于*Cognition*期刊上的论文，主要基于Levy（2005）的博士论文研究，集中解决英语中的"局域效应"和德语、印地语的"反局域效应"的矛盾现象。Levy假定在非邻近的依存关系中，介乎依存成分和中心词之间的字词不仅仅是拉长了距离，还另有一项功能，可通过排除其他可能的分析，缩小即将到来的中心词的搜索范围，从而有助于更加明确地预期置尾动词。他以Konieczny（2000）的研究结果为例，具体见例（19）和图4.10。

（19）　a. Er hat Abgeordneten begleitet, und ...

　　　　　He has the delegate　escorted, and ...

　　　　　'He escorted the delegate, and ...'

b. Er hat den Abgeordneten ans Rednerpult begleitet, und ...

He has the delegate   to the lectern escorted, and ...

'He escorted the delegate to the lectern, and ...'

c. Er hat den Abgeordneten an das große Rednerpult begleitet, und ...

He has the delegate   to the big   lectern   escorted, and ...

'He escorted the delegate to the large lectern, and ...'

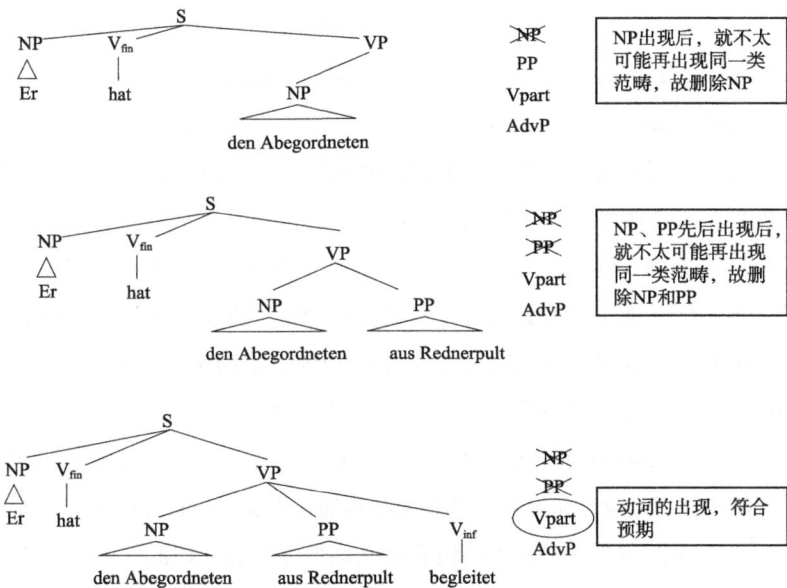

图 4.10　基于预期的理论对德语反局域效应的预测（改编自 Levy 2008：1147，Fig. 2）

根据Levy（2008）的基于预期的理论假说，英语应该也会有"反局域效应"。该预期的确被Jaeger *et al.*（2008）这项针对英语的研究结果所证实。该研究操纵依存成分与中心词之间的距离，同时将动词之前的区域恒定，以排除由动词前"溢出效应"带来的条件间差异对"反局域效应"的影响。虽然假定溢出效应仅发生在从n-1到n个单词未必正确，但相比先前的工作算是一大进步或创新。

但是，基于预期的理论假说也面临一个窘境，即它无法解释英语句子加工中的"局域效应"（Grodner & Gibson 2005）。或许"局域效应"可能来自"溢出效应"，但如此解释就会陷入循环论证。迄今为止，学界还没有关于溢出效应的理论。当前的共识是，在线加工句子时，溢出效应的确会发生。刺激项目不同，被试不同，都会影响溢出效应的程度。因此，在线性混合效应统计建模中，通常将二者当作协变量。具体可参见Vasishth & Lewis（2006）的做法，另见Florian Jaeger在其实验室博客上的做法（http://hlplab.wordpress.com/2008/01/23/modeling-self-paced-reading-data-effects-of-word-length-word-position-spill-over-etc/）。

此外，Levy（2008）基于预期的理论受制于语料库的可及性，不太容易根据字词的动态变化，做出具体的预测。虽然Levy自己认为预期与Hale的惊异度相关，但其实两个理论所做的预测不尽相同，比如2017年在MIT举办的CUNY句子加工大会上就有不少就此议题的口头报告。惊异度预测句子加工难度如同可测量的计算理论，近十年来出现几项研究（Boston *et al.* 2008；Demberg & Keller 2008），借助宾州树库（treebank-based）来估算惊异度。基于预期的理论对预期则有不同的推导方法，如Jaeger *et al.*（2008）基于内省数据，而非从概率化无语境语法中做计算推导。值得注意的是，研究者所考察的结构通常很少在语料库中出现，而罕见结构出现频率太低，就无法做有意义的概率计算。因此，Levy的理论很难予以实施，或通过客观的途径实现理论预测的推衍。

4.6.2　产出—分布—理解模型

迄今为止，本章所介绍的理论模型，都是从有限的记忆角度，来解释英语宾语关系从句的加工难度。但并非所有的研究者都持这一看法。以Maryellen MacDonald为代表的一些学者认为，加工者倾向根据语言的先验经验，来预测可能结构，因此加工难度是这种预测性加工的一个副产品。换言之，我们依据经验，对不同结构的统计概率做出估计，当实际出现的字词有所偏差时，就会出现加工困难。从这一点看主、宾语关系从句加工不对称，简而言之是一种短暂的花园小径（歧义）结构。举个例子，如果让一群英语母语者给半截句 The beauty queen who ... 结尾，然后统计一下多少人产出了宾语关系从句结构，多少人产出了主语关系结构。根据基于英语句子的统计概率模式，多数被试为半截句提供的下一个词很可能是动词，而不是名词，即以主语关系从句结句的频率更高。因此，根据基于经验的理论，这些被试在读到宾语关系从句时（如 The beauty queen who the judge disqualified broke into tears）会遇到加工困难，但这不是因为有限的加工资源已被耗尽，而是因为他们对可能的结构做了预判或推测，但是该预期没有得到证实，实际出现了一个更少见的结构。

　　造成宾语关系从句加工困难的另一个原因是，当中心名词为有生命的指称时，英语母语者更倾向使用被动关系从句（如 The boy that was splashed by the girl was dripping wet），而很少或几乎不会产出宾语关系从句（即 The boy that the girl splashed was dripping wet）。只有当中心名词为无生命的实体时，英语母语者才会普遍使用宾语关系从句去加以描述（如 The toy that the girl splashed was dripping wet）。事实上，这种偏好性产出模式不仅仅限于英语。MacDonald 及其同事采用图片诱导产出任务，考察了英语（Gennari & MacDonald 2009）、西班牙语、塞尔维亚语（Gennari *et al.* 2012）、日语、朝鲜语（Montag *et al.* 2017）、汉语（Hsiao & MacDonald 2016）在内的六种语言的关系从句在线产出情况，发现的一个共性结果是：相对于描述无生命的实体，描述有生命的指称时母语者均更少产出宾语关系从句（如图4.11所示）。鉴于已有研究大部分都采用了有生论元名词，这些发现再次说明，宾语关系从句的歧义性导致其难以理解。综上所述，在实时理解（中心词有生的）宾语关系从句时，被试会预判更为常用的被动关系从句，当发现该解读与实际呈现的主动态不同时，必须"重新分析"。因此，宾语关系从句较主语关系从句的加工难度大，是因为被试依赖经验而误入了"花园小径"，而并非句法结构更为复杂。

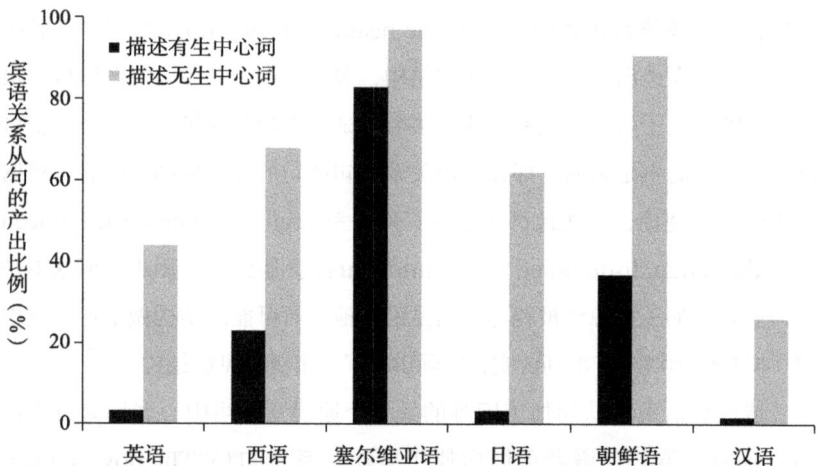

图 4.11　图片描述任务下，六种语言母语者在描述有生命和无生命名词时，所产出的宾语关系从句的频率（改编自 MacDonald 2013: 12）

　　MacDonald 及其同事的这些工作，暗示了学界长期以来默认的看法并不正确：关系从句并非纯粹的不含歧义的结构，主、宾语关系从句的加工差异并不能仅仅反映句法表征的差异。这也直接挑战了基于工作记忆的理论。

　　后来，MacDonald（2013）还进一步提出了产出—分布—理解模型，将句子产出、语料库分布、句子理解三者之间形成闭环，结合在一个模型之下，相关内容将在第九章予以介绍。

4.7　综合评述

　　本章聚焦非歧义的复杂句加工，在记忆和经验两大理论框架下，回顾了各种理论或模型。这些理论边界其实也未必清晰，比如，DLT理论既涉及基于记忆理论的提取干扰，也涉及基于经验的预期思想。从基于提取的角度，可以包括的理论有DLT的整合说、基于线索的提取理论（Van Dyke & Lewis 2003；Van Dyke & McElree 2006）、干扰假说（Gordon et al. 2001，2004）、基于时间的活跃衰减模型（Lewis & Vasishth 2005；Vasishth & Lewis 2006）。它们的共性是加工即将到来的某个词（如动词），迫使加工器从工作记忆中提取与其相关的当前结构的部分信息，以使该词能够整合到该结构中去。实施提取这一操作的难度与几个因素相关，如有待提取的成分在句子输入中需要回溯多远的距离、该成分与提取点（如动词）线索特征的匹配程度等。主要的证据来自动词位置上的反应时，动词距其依存成份越远，反应时越长。但Van Dyke & McElree（2006）的提取——干扰模型认为，无论目标项与提取项之间距离多远、介入成分的结构多么复杂，提取速度都是恒定的。这一点与Vasishth的提取——干扰模型不同。

从基于预期的角度，可以包括的理论有DLT的存储说、预期说（Konieczny & Döring 2003）、概率说（惊异度说，Hale 2001；Levy 2005，2008）。这些假说认为当一个新的句法预期（如新的中心词）需要加入到工作记忆中，或当输入不符合理解者的预期时，或二者都存在时，就会诱发加工难度。

基于记忆和基于经验/预期的两大理论解释框架都有合理的假设，而且各自都有独立的支持证据。因此，如何区分、证伪不同理论的方法，是当前研究的热点之一。比如，两大理论都能解释英语主/宾语关系从句加工不对称现象，但针对宾语关系从句的哪个位置会出现加工困难，二者做出的具体预测迥异。以The beauty queen who the judge disqualified broke into tears为例。基于经验/预期的理论认为，在第二个名词短语the judge位置，理解者意识到对主语关系从句的预期不正确，因此会出现加工困难。而基于工作记忆的理论则认为，困难应该出现在从句动词

disqualified上，因为在该位置上名词the beauty queen需要与其整合，而跨过一个介乎其间的名词短语the judge会带来提取、整合成本。虽然这些都是细微差别，但是已有的数据显示，宾语关系从句的这两个区域的确显示了加工难度，暗示两个理论都正确。最近，Staub *et al.*(2017)采用阅读眼动，集中对比考察了加工困难出现的位置，实验的结果更支持基于经验的理论。

对于复杂句子加工所涉及的影响因素，即存储（storage）、整合（integration）、干扰（interference）、惊异度（surprisal），目前已有的证据似乎暗示这四个因素都能影响加工难度（Levy *et al.* 2013），但对于两大理论阵营以及内部的各分支模型的预测，则没有提供压倒性的支持证据。

英语既有局域效应，也有反局域效应。而反局域效应主要在德语、印地语发现。可以解释局域效应的理论有DLT和基于线索的提取模型（早期ACT-R）。而解释非局域效应的有ACT-R模型和惊异度模型。但已有的实证结果总有与这四个模型的预期不相一致之处：DLT无法解释"反局域效应"，ACT-R模型无法解释英语中的"反局域效应"，而三个理论都无法解释因动词消失而带来的英语、德语加工不对称现象，而该现象似乎与结构频率有关系。

如何区分上述不同的理论呢？第一，需要设计精巧的实验，操纵局域性的同时，控制好混淆因素，如字词位置、溢出效应等。这些混淆因素必须通过严密的实验设计来予以控制，不能仅靠统计模型来排除它们的影响。

第二，目前研究只聚焦少数语言，仅考察了有限的句法结构，如关系从句、双层内嵌句，且多采用自控步阅读、眼动这两种行为范式。句子加工学界需要拓展语种边界，考察德语、印地语以外的中心词后置语言以及混合语序的汉语，并考虑使用速度——准确率抵消、脑电等研究方法。

第三，比较DLT、ACT-R、惊异度模型的理论预期时，要注意细微差异。前两个模型是"后溯性"（backward-looking）理论，通过从工作记忆中提取之前加工过或编码过的材料，来定义限制条件。而惊异度模型是"前瞻性"（forward-looking）理论，通过预测即将到来的材料来定义加工难度（Demberg & Keller 2008；Levy 2008）。从理论上看，二类解释并非相互竞争，而是相互独立的正交关系（orthogonal），对加工难度做不同层面的解释（Sommerfeld *et al.* 2007；Jaeger *et al.* 2008；Bartek *et al.* 2011）。这意味着，这些理论各自所量化的因素或参数的相对贡献可以被实际评估出来，比如，提取成本、惊异度都可解释加工难度（Boston *et al.* 2011）。

近期前沿研究：重新审视句法表征

本书的第三、四两章主要介绍了句子加工研究领域早期、中期的几个重要理论。歧义句加工的两大理论——花园小径模型、平行交互/限制满足理论，对句子加工领域的影响至深。到目前为止，仍有很多研究继续探究一些传统的议题，比如影响加工初期的具体因素、重新分析的时间节点、结构复杂度等。近二十年来，句子加工领域的研究者们开始关注语言处理中出现的一些全新现象，如再分析时的(句法、语义)表征、初始分析的残留表征、局部连贯结构的干扰等议题。这些研究在挑战早期经典理论的核心假设的同时，也逐步开始提出不乏新意的加工模型，从而将理论探讨推向更深、更广的前沿地带。

本章拟就这些前沿发展做出概括介绍和评述，并对未来研究的发展进行展望。

5.1 "足够好"模型

园径理论的核心思想是以句法为中心的模块说，强调一开始仅能利用句法信息构建一个最简单的结构。初看园径理论，它所构建的加工系统可能会表现得相当拙劣，总会无视有用的语义、语境信息，犯一些原本可以规避的错误。那么，研究者为什么会做这样的设计呢？这与学界历史背景有关。心理学家最开始试图解释歧义句时，强调结合认知心理学界所发现的事实，即人类信息加工能力相当有限，但聪明细巧的分析要耗费大量的加工资源，且费时间。因此，受限于资源容量这一固有问题，这种加工的确看上去有些愚笨。打个比方，这就像一般的个人微机无法处理海量数据，而超级计算机能够胜任多项任务，存储容量超大，能耗也巨大。在20世纪70—80年代，计算机科学、认知科学等领域的发展帮助心理学家认识到，正因为我们自身的局限，去解决难度高的认知问题，会轻易耗尽资源。不如采取一个折中的办法，依赖于快速、简单的认知过程，不用全盘考虑所有的信息。认知心理学家通常将加工分为两类：一种快速、自动，但易出错，另一种缓慢、费劲，但结果更正确。人类认知很大一部分都基于更快、更常规的加工，只将余下很有限的资源用于更"智慧"、更花费时间和精力的加工上。

园径理论正与这种思维方式契合。加工系统通过借助一套快速简单的直觉性策略（heuristics）或惯性倾向，来猜测句法结构，这样就能保持和积蓄加工资源。不可否认，快速便捷的解决方案往往是最优策略，即使也会出错；发觉错误后才会付出更多的努力，去做更深层的分析。对于秉承园径理论思路的研究者而言，句法知识与语义知识的分野，就相当于快速自动与缓慢深思（多虑）的心理活动的分野。

但是，无论是二阶段的"花园小径模型"，还是一阶段的平行交互理论，作为传统的句子理解理论，它们都预设了以下共识或核心前提：首先，句子的理解建立在对该句结构的正确表征之上。而大脑对句子结构的表征，如同生成语法的句法树状图，形如一棵倒置的树，每个字词位于最底端，按照线性顺序，从左到右地对应某个槽位，向上投射到各自所属的短语上去，不断两两合并，直到最终抵达树顶，构成一个句子，称为标示词短语（complementizer phrase，CP）或时态短语（tense phrase，TP），与其他短语（如名词短语、动词短语）具有层级支配关系。换言之，语义是由一个完整的句法表征推衍而来（参见第八章8.1小节）。

其次，语言输入无论是以听觉还是以视觉方式呈现，都遵循时间或空间上的线性顺序，而人类语言解析器的处理方式是高度递增式的，将依次呈现的字词合并为合乎语法的组构成分，并将新近出现的字词整合到当前的句法结构中去；如果该词无法与现有结构相契合，则重新解析——即园径理论的做法，或者按多个备选结构的激活程度重新排序——即限制满足理论的做法，直到最终构建一个完整、明确的句法结构。这意味着对于具有短暂歧义的句子，加工器必须对该局部歧义予以充分消解，并重新构建合法的结构之后，才能得到整句的意思。如果无法构建一个明晰完整的句法结构，那么只能生成粗略大概的语义。换言之，对歧义句的重新分析，要么成功，即完成上述所有的步骤；要么崩溃，即无法获得整句的句意。针对这一点，园径理论的提出者Frazier & Clifton（1996：3）曾明确指出："我们认为重要的一点是，读者或听者所获得的句意不会违反语法知识，会排除错误的理解。"平行交互理论的代表学者MacDonald *et al.*（1994：686）也认为，"听者只需部分解析句子即可实现交流目的"的情况虽有可能出现，但"我们将此类情景看作是偏离标准的例子（degenerated cases）。"

但加工器是否能够表现得如此理性，对错误的解析保持敏锐，并能积极地摒弃误析或歧义解读呢？以英语歧义句The singer saw the audience member with the binoculars为例。该句中的介词短语with the binoculars既可以低挂靠（low-attachment）到紧邻的名词短语上，理解为"歌手看见了那个观众拿着望远镜"，也可以高挂靠（high-attachment）到更高一层的动词短语上，理解为"歌手拿着望远镜看见了那个观众"。句法优先的园径理论和平行交互理论都假定，加工器最终会利用句法、语义、语用等所有信息，得到句意明确的唯一解读：现实经验告诉我们，站在舞台上的歌手很少会手拿望远镜，而坐在台下的观众通常会手持望远镜，以更清楚地观看表演。因此，这句话最终的解读应该基于"低附着"

结构，即"歌手看见了那个观众拿着望远镜"。但是，除了这种颇为理想、完美的理性加工之外，是否会出现另一种可能性：加工器并不积极、主动地消歧，而是保持两种解读呢？

近年来正式提出的"足够好"加工模型认为，这种可能性的确存在（Christianson *et al.* 2001；Ferreira *et al.* 2002；Sanford & Sturt 2002）。该模型的核心思想是，语言加工并不透彻，有时只是部分性的，句法表征或许并不精确，而语义表征则往往更不完全。理解者的目的不是基于语言输入生成一个完整精确的表征，或像句法树图所刻画的那样每个字对应一个槽位，而是快速有效地构建一个大致可以理解的意思，该表征的精细程度差强人意，错误的分析未必被抹除干净，可以与正确的表征共存，只要能应付当前的任务即可。

这种粗略描画句法语义的看法，似乎也大致符合我们日常的人际交流经验。在二人对话中，言者说完一段话后，听者通常会接话，以使谈话继续，但也可能仅仅礼貌地倾听，并适时点头。对方所说的某句话或提到的具体细节，听者可能并不很留意，也很少需要证明自己完全听懂了。这显然有异于实验室特殊环境下的理解过程。在针对歧义句加工的心理语言学实验中，被试通常需要完成某项实验任务，如按键回答针对句子内容的提问。有些被试出于好奇心会去猜测实验的真实目的，会自我总结、归纳所看到的句子类型，个别被试甚至会表现出配合（"是不是想让我这样理解？"）或故意不配合（"我偏不这样理解！"）。总之，被试会比平时表现得更积极，努力去消除歧义，以得到一个明确的解读。但在日常生活中，人们即便不去消解会话中隐含的歧义，交流也无关大碍，更何况对话往来瞬息发生，我们并没时间充分考虑所有相关信息，把每句话都处理成具体、明确的唯一结构。相反，我们仅做肤浅的加工；除非很有必要，不会做进一步精细分析。

"足够好"加工模型最早提出（Ferreira *et al.* 2002；Ferreira 2003；Ferreira & Patson 2007）时，试图将制约加工器浅尝辄止行为背后的机制

与认知记忆资源的有限性之间建立联系。认知系统在句子加工伊始阶段，使用"最省力"的原则，依赖少量的、快速简易的直觉式策略，来完成信息加工任务。因此，从这个角度看，该理论在雏形阶段仍延续了线性加工的思路，可以看作"句法主导说"的一种变异。(具体内容及支持证据，参见本章第5.3节)。

但是，后来陆续出现的一些证据显示(Christianson *et al.* 2001；Staub 2007；Slattery *et al.* 2013)，加工器可同时考虑两种结构分析，因此至少是部分平行式。当最初的分析被后来的语言输入证明有误时，加工器必须重新分析，但误析的结构并未完全清除。(具体内容参见本章第5.5节)。

5.2　句子语义表征的肤浅性

基于生成语法的传统句子加工理论大多假定"组合说"(compositionality)，即句子各个组构成分(constituents)的语义经过组合后，形成整句的意思(参见第八章8.1小节)。加工器在处理句子时，需先将各个字词或组构成分合并、组合，对结构做全面、彻底的分析，以构建一个明确详细的句法层级结构，然后方可获得与该结构对应的语义表征。

但理解者是否总会致力于构建准确、详细的语义表征？早期心理语言学的一些零星证据显示，人们常常满足于大概含义，并不深究语言学意义上的命题真假。Wason & Reich(1979)记录了"言语幻觉"(verbal illusions)的情况，对于"没有一例头部受伤因太过轻微而不被忽视"(No head injury is too trivial to be ignored)，理解者会将其正解为"无论看上去多么轻微，头部受伤一定会被救治"(No matter how trivial it might appear, a head injury should be treated)，虽然该解读其实无法通过语义组合原则(详见8.1.1小节)推衍出来。对于句义奇怪、非正常或不正确之处，人们通常不仅漠然无视，还会不自觉地将其正常化。以著名的"摩斯幻觉"为例：当英语本族语者被问到"摩西带到方舟上的每种动物有多少只？（How many animals of each sort did Moses put on the ark?）"时，他们大多会回答，"两个（Two）"。即使他们都熟读圣经，知道是诺亚建造并启航了方舟，但也不去质疑提问背后所隐藏的错误预设[1]，做出正确的回答"没有一个：(因为带动物的)是诺亚"。

Erickson & Mattson（1981）做了三项实验，结果均发现稳定的"摩西幻觉"效应。实验任务要求被试大声朗读问题，并尽快做出回答。为确保被试准确理解任务，研究者在指导语中明确说明某些提问本身有误，并提供了人名误用的例子，比如"为何杰拉尔德·福特总统被迫辞职？"指导语指出，该问题是错的，因为福特总统并没有被迫辞职，此时被试只需回答，"错误"。但被试依然出现"摩西幻觉"。此外，研究者还将疑问句改为陈述句，如"摩西带了动物到方舟上，每种各两只"，让被试在没有时间压力的情况下判断正误，被试仍会产生错觉。只有当人名改为非圣经人物的近代名人如尼克松（Nixon）时，该幻觉才消失。

Erickson & Mattson（1981）认为，两个人名共享的语义特征越多，越容易被混淆，如圣经里的著名人物诺亚、摩西、亚当、亚伯拉罕等。而尼克松是美国第37任总统，在语义特征上，与圣经人物迥异，因此被试不再出现"摩西幻觉"效应。这说明句子加工器提取词义时并不做穷尽式分析，仅对字词的部分语义敏感，从而忽视某些明显的错误。

Barton & Sanford（1993）进一步探讨了导致加工器对词义仅作浅层加工的限制性因素。他们通过考察被试对于类似"当飞机坠毁时，幸存者应该埋葬在哪里？（When an airplane crashes, where should the survivors be buried?）"的作答情况，发现无论研究者是否提供一大段描述飞机失事

1　根据圣经《旧约》，在洪水到来之前，是诺亚保留了动物的物种，而不是摩西。摩西是带领被奴役的希伯来人走出埃及的先知，得到了神所颁布的《十诫》，被后人归纳为"摩西十诫"。

过程的语境句[1]，或是否用修饰性形容词"幸存的死者"（surviving dead）取代"幸存者"（survivors），英语为本族语的大学生被试都很少注意到句子的语义异常，而是各自给出埋葬地点，作答的平均正确率仅为30%左右。Barton & Sanford（1993）分析认为，飞机失事的场景会自动激活加工器对死亡的预期，进而降低了其对survivor一词具体词义提取的努力程度；当关键词（如dead）与整句语义（飞机失事）契合时，加工器就不再对该词进行深度分析，基本无视修饰词surviving的语义。据此，他们提出，阅读时人们对某些词的加工可能相当肤浅，如果预留的槽位与即将填入的词在整体语义上相匹配，加工器就无需再做进一步分析。Barton & Sanford（1993）的这种解释意味着加工机制具有选择性，毕竟复杂运算需要耗费成本。与无限度地深度加工相比，选择性地部分加工无疑更有效率。因此，浅层加工不无道理。

还有一项早期离线研究（Duffy *et al.* 1989）也显示，加工器并未给句子建立完整的层级结构，对语义表征仅做肤浅的计算，就足以应付当前任务。Duffy *et al.*（1989）让被试阅读三类句子后，大声说出位于句末的单词。相对于语境中立句（The boy saw that the person liked the cocktails），被试在语境偏向句（The boy watched the bartender serve the cocktails）下能更快说出句末词。这说明相对于语义模糊的"某人"（the person），语境中出现bartender、serve的确能预先激活目标词"鸡尾酒"（cocktail）。此外，被试在面对复杂句（The boy who watched the bartender served the cocktails）与语境偏向句时的表现没有差异。值得注意的是，复杂句中"酒吧服务员"（bartender）属于修饰主句主语的关系小句中的宾语，与主句的宾语"鸡尾酒"不在同一句法层级上。但显然，语义相关词"酒吧服务员"依然激活了目标词"鸡尾酒"。这说明语义/句法表征虽差强人

1　语境句为："有一架载着旅游者的飞机从维埃纳飞往巴塞罗那。在旅途最后一段，飞机出现了发动机故障。在越过比利牛斯山时，飞行开始失控。最终，飞机撞向国界边上。残骸均匀地散落在法国和西班牙。当局不得不决定埋葬幸存者的地点。"

意（即二者都是宾语），但足以激发启动效应，无需细化如何恰当分配题元角色（谁对谁做了什么）。

5.3　歧义句误析的表征

上一小节主要从非歧义句语义理解角度，介绍了支持"足够好"模型的早期研究证据。本小节聚焦关于歧义句的"足够好"理解。对于歧义句加工，传统的句子加工理论长期以来一直认为，只有在充分消解了局部歧义之后，才能获得整句的意思。但是，自21世纪初起，Ferreira及其同事针对歧义句的理解所进行的一系列实验表明，实际加工可能并非如此，解析歧义句也表现出一定程度的浅层加工。

最经典的一项研究当属Christianson *et al.*（2001）。他们做了一系列实验，均采用语义判断任务，探测英语本族语者对暂时歧义句的最终理解程度。具体流程为，被试在电脑屏幕上阅读整个句子，如例（1），阅毕后自行按键，屏幕上呈现针对该句内容的提问。

（1）　While the man hunted the deer ran into the woods.

对于英语本族语者而言，该句很难加工，因为一开始总是将the deer分析为hunted的宾语，错误地理解为"在男人狩猎了那只鹿的期间……"[1]。但主句动词ran出现之后，他们必须把the deer重新分析为主句的主语，并且将状语从句中的动词hunted重新解读为不及物动词，即

1　无论哪种加工理论，对此误析都能做出解释：根据"花园小径模型"，"延迟闭合"原则规定，the deer不能在状语从句之外解读，否则就提前关闭了动词hunted的论元结构，而the deer恰恰可以充当其宾语。而根据"限制满足"模型，hunted作为及物动词的使用频率更高，且句中没有逗号消歧，因此the deer更容易被误析为hunted的宾语。

整句命题的意思应该是"当男人狩猎时，那只鹿奔入了森林"。

　　之前的研究多止步于在消歧词ran上出现的花园小径效应及其动因，但Christianson *et al.* (2001) 另辟新径，进一步考察了被试对消歧后的句子理解程度。他们设置了两类提问：一类如"那只鹿奔入了森林吗？（Did the deer run into the woods?）"，考察是否启动了重新分析；另一类如"男人狩猎了那只鹿吗？（Did the man hunt the deer?）"，考察最初的误析是否已被清除。结果发现，对于第一类问题，被试都能正确地回答"是"，正确率近90%；但关键是对第二类问题，多数被试都错误地回答了"是"。Christianson *et al.* (2001) 认为，这类问题的误判率受两个因素的影响：1）歧义中心词出现的位置先后：当歧义名词之后紧跟一个修饰语时，如While the man hunted the deer that was brown and furry ran into the woods，增加的修饰成分（that was brown and furry）会延长误析在记忆表征中存留的时间，加工器转换到新的分析就会更为不易，或施行重新分析这一操作会更不彻底（又见Ferreira & Henderson 1991）。2）语义可信度：相对于不可信条件（While the man hunted the deer paced in the zoo），可信条件下（... ran into the woods）被试更可能回答"是"。

　　Christianson *et al.* (2001) 进一步考察了语用解释的可能性。该解释认为，hunted the deer蕴含了hunted something，被试很可能通过语用可信度做出推论，自然而然地将两种意思做了合并。据此，他们将及物动词（如hunt）更换为"绝对自指及物动词"（Reflexive Absolute Transitive, RAT）（Trask 1993），如dress。该类动词通常指与个人卫生有关的动作，如wash、bathe、shave、scratch、groom等。在句法上，"绝对自指及物动词"有别于通常意义上的及物动词：当其后接直接宾语时，如Anna dressed the baby，"婴儿"必须解读为动词dress的受事宾语；当直接宾语不出现时，如Anna dressed，则必须解读为自指，即有一个隐性的反身空语类宾语，此时该句可与Anna dressed herself互用。试对比Bill bathed all day和Bill hunted all day，前者意为Bill bathed himself all day，后者却不能理解为Bill hunted himself all day。因此，"绝对自指及物动词"不允许直接宾语的解读，无论其后是否出现名词。

但即使Christianson *et al.*（2001）将刺激中的从句改为"绝对自指及物动词"，在呈现了句子如While Anna bathed the baby played in the crib之后，提问被试"安娜给婴儿穿衣服了吗？（Did Anna dressed the baby）"，多数被试仍错误地回答"是"。这就排除了可信度的语用解释：对于bathed the baby，一旦加工器需将the baby重新分析为主句主语，空缺论元的"绝对自指动词"（bathed _）理应会排斥基于语用的推论，只能得到自指义，即状语从句中的施事Anna自己在洗澡（bathed herself）。因此，不正确的肯定回答只能说明重新分析是非理想化的，歧义消解是不完全的。而且，即使是延长了歧义词，意在给加工器充足的时间重析，如对于句子While Anna dressed the baby that was small and cute spit up on the bed，错误分析也持续存留。换言之，增加的后置关系小句非但没有帮助加工器去重新分析，反而促使其对误析更为执着。这一结果也再次证实了所谓的"中心词位置效应"（head position effect，HPE），最早由Ferreira & Henderson（1991）发现，即在歧义中心词与消歧词之间增加介入成分，如修饰语的句子（While the man hunted the brown and furry deer ran through the woods），相对于没有额外修饰语的句子（如While the man hunted the deer ran through the woods），重新进行分析将会更加困难。

Christianson *et al.*（2001）的研究首次表明，最终分析的可信度和引起最初错误分析的词项长度，均会影响加工器对错误解读的承诺程度，以及保存、持续表征该误析结构的概率可能性。这也为日后句子加工领域提出的"非理性"（irrational）加工器、嘈杂模型（levy *et al.* 2009；Gibson *et al.* 2013）等，奠定了实证基础。

之后，Christianson *et al.*（2006）对比考察了老龄和年轻被试两组群体对歧义句（While Anna dressed the baby played in the crib）的理解。

结果进一步发现了年龄的主效应：老年被试更愿意接受不正确的解读，且被试回答问题的正确率与其工作记忆容量有关（关于工作记忆，可参见第六章内容）。这或许暗示，随着年龄的增长和记忆的减退，老年人运用足够好的加工策略可以补偿记忆容量的不足。换言之，全面完整的再分析需要更多的认知努力，而工作记忆较低的被试更愿意浅尝辄止，只需大概了解句意即可。

Lau & Ferreira（2005）采用口语中的不流利，以听觉方式呈现具有暂时歧义的句子，如The little girl picked-uh selected the right answer, so her teacher gave her a prize，并让被试判断句子是否合法。她们操纵了关键动词的形式，或有歧义（picked），或无歧义（chosen），之后出现一个表不流利的uh，然后替换为另一动词。结果发现，对于不流利的句子，当原动词为歧义形式（如picked）、再被替换为selected时，96.4％的被试认为句子合法；而原动词为无歧义的过去分词形式（如chosen）、再被替换为歧义形式selected时，仅有84％的被试认为句子合法。二者之间的差异（1.4％）达到统计显著。这说明在chosen-uh selected …条件下，在修正之前的句法分析（即缩略关系从句）已被激活，且未被完全摒弃，造成该分析与最终正确的（简单主句）分析之间的冲突，导致合法度判断下降。

这一系列实验表明，被试无法完全摒弃最初的错误分析。但这些研究都采用了离线提问方式，被试必须调动元语言学知识，对句子意思或合法度做"事后性"判断。或许被试原本已将误析摒弃，但提问本身又将其重新激活。换言之，在线加工时最初的误析可能并未存留在记忆中，但被试一经提问，触发了内省反思，反而把原先的错误分析又恢复、提取出来了。因此，到底是被试仅仅浅尝辄止，从未完全地进行深入全面的再分析，还是被试的确彻底地完成了再分析步骤，只是最初的分析表征仍有持续影响力呢？这两种解释似乎无法完全剥离开来。

不过，Patson et al.（2009）更改了实验任务，不再让被试回答问题，而是要求被试读完句子后即刻回忆，或者延迟回忆并复述句子。结果显示，被试仍然会产生"玛丽给婴儿洗澡"的幻觉句义。这再次表明，先前的误析仍保持一定的激活程度。

基于以上这些研究，"足够好"加工模型已具雏形。但对于其背后的机制及驱动原因，尚需更多的在线证据，或采用更自然的实验范式。

5.4　不合法语义表征的持续效应

对于暂时歧义句进行了再分析后，其表征"足够好"的程度，存在两种可能性：1)"句法不完全"说(即句法表征足够好)：加工器试图重新进行句法分析时，无法构建一个合乎语法的明晰结构，仅得到一个质量不太高，表征不够完全，甚至是错误的结构，造成由该结构而得到的语义含混不清。2)"语义持续影响"说(即语义表征足够好)：语言理解系统认识到必须要做重新分析时，能够成功地构建新的结构表征，完全且详细，但由于还未能清除最初的错误分析，就继续处理其他新到来的字词了，尚且存留的误析会导致语义含混不清。

Slattery *et al.* (2013)通过两个阅读眼动实验，对这个问题做出了明确回答，结果支持后者，即句法表征完全，但语义表征足够好的假说，将先前误析带来的效应归因于加工器无法清除其残留的语义表征。

该研究在歧义句的基础上，借助生成语法中的"管辖约束原则"(Chomsky 1981)，设计了实验刺激。以领属结构为例，领属语的中心词(如David's father)可以作为同一管辖域内反身代词(himself)的先行词，但领属语(David)则不能。此外，如果句法可及的中心词与反身代词的性别不匹配(如David's mother)，也不能作为合法的先行词。从加工角度来讲，如果加工器在反身代词呈现后开始在工作记忆中寻找合适的先行词，那么相对于性别匹配条件David's father，性别不匹配条件David's mother会出现加工难度，即诱发性别不匹配效应。

Slattery *et al.*(2013)在实验一中操纵了歧义与否(逗号的有、无)和反身代词与先行词的性别匹配(匹配、不匹配),产生如下四个条件(2a-d),其中David's father/mother为歧义区,grew为消歧区。其中,最关键的是考察(2b)条件是否最难加工。

(2)　a.有歧义、性别匹配

After the bank manager telephoned David's father grew worried and gave himself approximately five days to reply.

b.有歧义、性别不匹配

After the bank manager telephoned David's mother grew worried and gave himself approximately five days to reply.

c.无歧义、性别匹配

After the bank manager telephoned, David's father grew worried and gave himself approximately five days to reply.

d.无歧义、性别不匹配

After the bank manager telephoned, David's mother grew worried and gave himself approximately five days to reply.

如果加工器在意识到初始误析之后,能够成功构建一个详细全面的句法表征,则应该只有主效应:无论句子有无歧义,在himself区域,性别不匹配(2b & 2d)比匹配(2a & 2c)更难加工。如果加工器无法成功构建详细全面的句法表征,则会有交互作用:性别不匹配效应仅在无歧义句(2d)出现,在歧义句(2b)中没有出现或消失。原因有二:1)David's father/mother没有被重新解析为主句的主语,因此反身代词himself缺乏可及的先行词,在没有逗号的歧义句条件下更难加工。2)语法上,David's father/mother不可能充当反身代词himself的先行词,无逗号的歧义条件下性别不匹配效应更弱,或消失。

结果发现，在歧义区（telephoned David's father）、消歧区（grew）、溢出区（worried and gave），均发现歧义主效应。在反身代词区域（himself）和句尾区域（approximately five days to reply），早期指标的首次阅读时间、晚期指标的回视路径时间和总阅读时间（total reading time）都仅发现了显著的性别不匹配效应（但没有歧义主效应，说明此时歧义已经消解）。该结果符合"语义足够好/语义持续说"的预期，说明加工器成功地构建了详细的句法层级结构，而且试图将反身代词与作为可及先行词的主句主语father/mother建立依存关系，所以，不匹配条件会产生加工难度。这就呼应、解释了之前Christianson *et al.*（2006）的研究结果：老龄被试比年轻被试更容易犯语义误析的错误，其原因在于，老龄被试的工作记忆广度大大降低，平行保持多个表征的能力也有所下降，即使能够构建正确的句法表征，也无法抑制先前错误的句法表征。

但再分析涉及两个步骤：1）构建正确的句法分析，2）剔除错误的分析。因此，还存在另一种解释，即最初不正确的结构已经完全改写，被正确的新结构所替代，如此也能构建正确的层级关系，产生性别不匹配的主效应。为检验上述两种解释，Slattery *et al.*（2013）在第二个眼动实验中增加了一个后续句，目的是进一步考察消歧区之后的阅读模式，以决定最初的误析是否被成功抑制，或在多大程度上对新的输入产生持续性干扰。除了歧义性（有无逗号）外，该实验操纵了歧义名词短语的可信度（可信，如truck；不可信，如grass）（3 a-d），看可信度能否阻止被试误将the dog作为直接宾语，能否清除将其误读为受事的记忆残存。实验二一律使用"绝对反身及物"动词（如dress、dry off、scratch）或"互指"动词（如hug、kiss、meet）。"互指"动词与"绝对自指及物"动词相似，其后宾语可以显性出现，也可以不出现。当无显性形式时，只能被解读为相互义，如The young couple hugged，意思是The young couple hugged each other。

（3）a.无歧义、可信

While Frank dried off, the truck that was dark green was peed on by a stray dog. Frank quickly finished drying himself off then yelled out the window at the dog.

b.歧义、可信

While Frank dried off the truck that was dark green was peed on by a stray dog. Frank quickly finished drying himself off then yelled out the window at the dog.

c.无歧义、不可信

While Frank dried off, the grass that was dark green was peed on by a stray dog. Frank quickly finished drying himself off then yelled out the window at the dog.

d.歧义、不可信

While Frank dried off the grass that was dark green was peed on by a stray dog. Frank quickly finished drying himself off then yelled out the window at the dog.

在第一个句子中，预期会出现经典的"花园小径效应"与可信度的交互效应，即不可信名词the grass对整体的阅读干扰减小，特别是在歧义条件下。在关键的第二句中，如果有完全的句法、语义再分析，则先前的误析不会产生干扰；如果重新分析在误析被完全覆盖或取代之前就结束了，则可信、歧义条件（3b）存留的误析会继续与正确分析竞争，导致更长的阅读时间。

Slattery *et al.*（2013）发现，在歧义名词区（While Frank dried off [,] the truck/grass that was dark green），不可信名词比可信名词的首次阅读时间更长，说明被试不太确定将不可信名词整合为动词的宾语论元。在消歧区（was peed on by a stray dog），作为再分析指标的回视路径时间显示出显著的交互作用：可信、错误的直接宾语分析（3b）诱发了更强的再分析成本，即加工器更抗拒对已有分析进行再分析。这些都符合已有句子加工理论的预期。

在关键的第二句，反身代词（himself off）区域出现显著的交互作用：可信的歧义句（3b）的首次阅读时间最长。这为"语义持续影响说"提供了强有力证据，即语义误析（动词dried off分配的受事题元，由可信宾语名词the truck承接）继续残存，与第二句的照应语消解（Frank ... dried off himself ...）产生竞争，导致加工困难。这说明一旦句法（无逗号）和语义（可信性）共同放大了"花园小径效应"，那么加工器想要彻底、充分地进行消歧，难度很大，因此最初解析的句法和语义有可能都会继续存留。但通常而言，语义较句法的持续性影响更大（Sachs 1967；Fodor *et al.* 1974；Christianson *et al.* 2010），而且实验一的结果也表明理解者的确能快速地完成句法再分析（因此会有性别不匹配效应）。据此，Slattery *et al.*（2013）认为，最终是语义解析，而不是句法结构，决定了第二句的加工难度，即语义持续地影响后面的加工。

该论文可谓是"足够好"模型的创始者与拥护者为进一步完善该假说的重要力作。首先，其实验手段更加精确，首次实时揭示了最初误析的语义在认知系统中的遗留影响。相对于早期阶段采用离线提问的单一形式，阅读眼动无疑能够提供精准、丰富的在线数据，由不同的眼动指标来反映首次分析与再次分析的时间进程，用以区别、证伪不同的解释。显然，其结果与结论更令人信服。

其次，两个眼动实验的逻辑关系较强，相互支持，互为补充，实验一为实验二得出"语义持续影响"说提供了基石，实验二在实验一的基础上更进一步。

最后，两项实验结果帮助完善了"足够好"模型，使其定义更加清晰：即使加工器进行了再分析，并生成了新的语义解析，但先前的错误解析尚有存留，仍有持续影响。具体而言，加工器意识到早先的解析与目前输入不匹配时，没能将其完全抹去，或无法成功地抑制其激活，并继续解析新的语言输入。此外，该文明确提出，不是句法表征有误(即已无句法槽位)，而是语义的误读(即题元角色依然残留)，造成持续的影响。值得一提的是，Slattery *et al.*(2013)创新性地提出了"足够好"加工所对应的具体表征形式(如图5.1)：

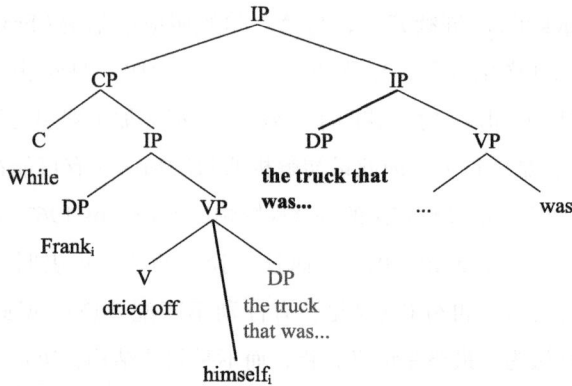

图 5.1 "足够好"加工模型对暂时歧义句的句法、语义表征的刻画（Slattery *et al.* 2013：116）

遇到消歧区域（was peed on by a stray dog）的首词 was 之后，新构建的句法树状图直接覆盖在当前已构建好的直接宾语结构之上。原先的误析，即具有暂时歧义名词短语结构 the truck that was ...，最初作为动词的直接宾语，在重新分析之后，其激活程度开始消减，因此用灰色代表在记忆中的留痕。新的解析用黑色加粗表示，覆盖在当前树状图上的结构。同时平行激活的多重表征：一个是激活逐步消减的起始分析的表征，一个是再分析的表征。

5.5　局部连贯结构的表征对整句的干扰

传统的句子加工理论都假定，语言加工器的首要目标是优先建立合乎语法的句法表征。句子加工无论是否有第一或第二阶段之分，结构分析一旦建立，其自身一定是合法的。"结构的合法性"是默认的表征前提。Slattery et al.(2013)也表明重新分析的结构本身是合法的，只是语义尚有持续影响。但是，现有一些证据显示，人们可能会投射不合法的表征，并对之加以运算。本小节集中讨论这种现象。

最早 Gibson & Thomas(1999)针对中央内嵌句(center embedding)的研究发现，相对于合法的内嵌句，被试更偏好缺失了一个动词的不合法内嵌句 The antient manuscript that the graduate student who the new card catalog had confused a great deal was missing a page。这似乎表明，当句子复杂到对工作记忆的要求高到濒临崩溃时，人类语言处理系统会将句子合法性排在次位，忽略难以整合的字词，以使加工变得容易些，进而产生"幻觉式合法"(illusionary grammaticality)。不合法句比合法句更容易加工的这种现象，也出现在印地语的先行词—反身代词依存(Kush & Phillips 2014)、主谓一致(Bock & Miller 1991；Wagers et al. 2009；Dillion et al. 2013)、否定极项允准(Drenhaus et al. 2005；Vasishth et al. 2008；Xiang et al. 2009)等句式加工中。在一定程度上，Christianson et al.(2001)针对歧义句的重新分析所做的研究也显示，错误的分析并未被完全摒弃。也就是说，不合法分析很可能得以保留。或者，在有信号明确显示分析有误之前，加工器仍保留了该误析的记忆余迹(Kaschak & Glenberg 2004)。当然，这些都是不同学者就各自所考察的复杂歧义句所给出的解释。那么，对于局部合法，但整句不合法的分析，加工器会在工作记忆中加以表征，并保持其激活状态吗？

对这一问题首次明确做出肯定回答的，是 Tabor et al.(2004)。该研究由三个自控步阅读反应时实验以及三个标准化判断测试组成，逻辑严密，推理细致，以下做重点介绍。Tabor *et al.*(2004)重点对比了缩略关系从句(歧义)与完整关系从句(非歧义)的加工难易，同时对从句内动词的不同方面做了参数调整，看该参项是否会调节司空见惯的"花园小径"效应。换言之，所有实验都是2×2被试内设计，其中一个因素总是句型歧义(有、无)，另一个则有所变化。

实验一操纵的参项是关系从句内动词的分词形式是否具有歧义。过去式与过去分词拼写一样的，为歧义动词，如tossed；不同的，则为非歧义动词，如thrown。共有如下四个条件：

(4)　a.缩略关系从句、动词歧义

The coach smiled at the player tossed a Frisbee by the opposing team.

b.完整关系从句、动词歧义

The coach smiled at the player who was tossed a Frisbee by the opposing team.

c.缩略关系从句、动词非歧义

The coach smiled at the player thrown a Frisbee by the opposing team.

d.完整关系从句、动词非歧义

The coach smiled at the player who was thrown a Frisbee by the opposing team.

大多数句子加工理论都会预测从句类型的主效应，即缩略关系从句(4a、4c)比完整关系从句(4b、4d)更难加工。对于前者，加工器会强烈偏好构建一个简单主句，将the player分析为动词smiled at的宾语。但动词tossed出现后，加工器必须，也只能将其分析为缩略关系从句内的动词，即tossed a frisbee是个小句，修饰主句宾语the player。再分析会带来加工困难。

但是，Tabor *et al.*（2004）提出更进一步的新颖观点，认为（4a）比（4b）更难，即使二者都有句型歧义。（4a）的加工难度很大，根本原因不仅仅在于其结构具有暂时歧义，更是因为"局部连贯结构"会带来额外干扰。"局部连贯结构"是指类似the player tossed a frisbee的一串语符，虽然整句的语境强烈偏好将"队员"分析为"微笑"的宾语，但这串语符可以自行组成一个主动句"队员投掷了一个飞盘"，该句不仅句法上符合典型的"主谓宾"规则，而且语义上连贯，与语用原则相适。但局部合法的主动态结构会干扰对主句的分析，毕竟主句的意思是"队员被对方球员投来了一个飞盘"，因此在歧义动词tossed位置，前者比后者更难加工。

此外，因为（4c）的动词thrown采用了过去分词形式，能够帮助加工器确定将thrown a frisbee分析为缩略关系从句，而（4a）的动词tossed有字形歧义，既可作为主动态的过去式，也可作为被动态的过去分词，也会增大加工难度，导致其比无字形歧义的（4c）和（4d）更难。

综上所述，"局部连贯干扰说"预期在动词位置上会出现交互作用。

"局部连贯干扰说"得到了自控步阅读数据的支持。如图5.2所示，从歧义动词（tossed）起，至消歧词by，都有显著的交互作用，即含歧义动词的缩略关系从句（4a）最难加工。这说明，除了缩略关系从句本身难度较大之外，由局部连贯的结构带来的干扰，也增加了分析tossed the frisbee作为关系从句结构的加工难度。

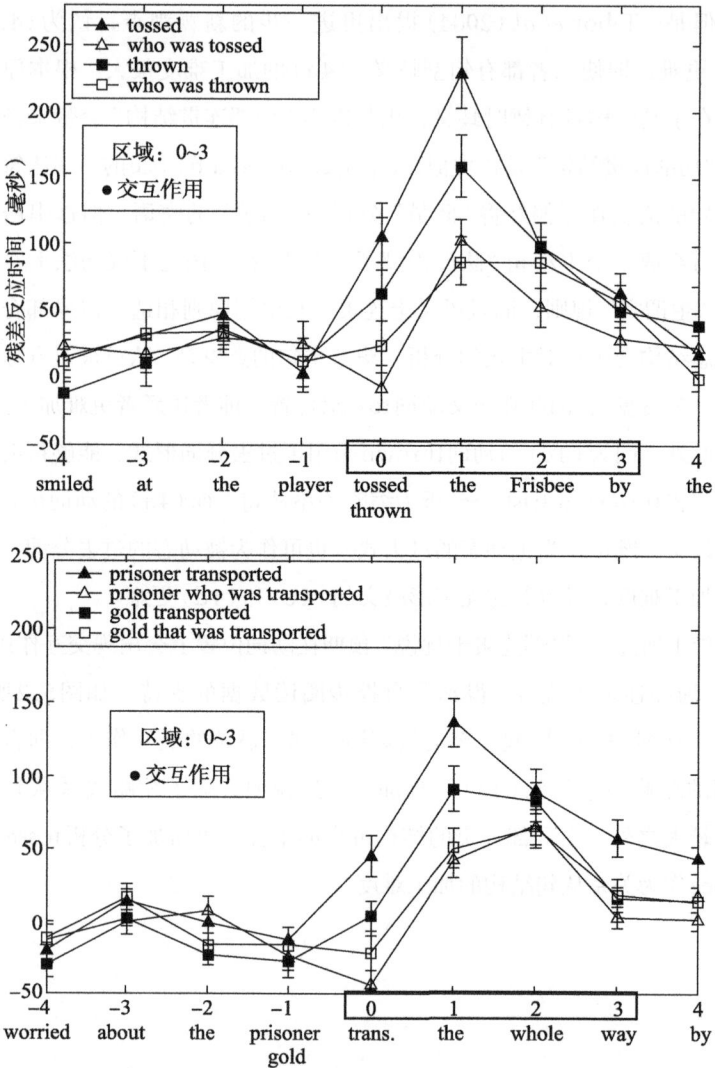

图 5.2　Tabor *et al.*（2004）发现的因局部连贯但与整句冲突而带来的干扰效应

注：该效应表现为自消歧词起至其后溢出区的交互作用。上图为实验一结果，下图为实验二结果。

　　为排除其他一些可能的解释，Tabor *et al.*（2004）又做了一系列后继实验。首先，对于动词形式的典型程度，tossed 和 threw 被放在主动语态的陈述句中（如Someone tossed a frisbee to the player/Someone threw a Frisbee to the player），让被试判断典型程度。结果显示，二者没有显著不同，排除了该因素的影响。

其次，对于被动转换的可接受度，Tabor *et al.* (2004) 将动词tossed和thrown分别做提取"与事"（recipient，如The player was tossed/thrown a frisbee by the opposing team）和提取"受事"（theme，如A frisbee was tossed/thrown to the player by the opposing team）的被动态转换，让被试做可接受程度的判断。结果发现，提取受事的接受度显著高于提取与事的接受度。但将该因素放入实验一的回归模型之后，仍得到（4a）句是最难加工的结构。因此，也排除了将结果归因为该因素的可能。

再次，对于语境与词汇的句法—形态形式之间的不和谐有可能导致（4a）句处理速度变慢这一解释，（即tossed a frisbee更倾向主动态解读，而thrown a frisbee更倾向被动态解读），Tabor *et al.* (2004) 又做了实验二，在控制了动词形式的前提下，操纵了语义可信性（有生、无生）与关系从句类型（缩略、完整）：

（5） a.有生、缩略关系从句

The bandit worried about the prisoner transported the whole way by the capricious guards.

b.有生、完整关系从句

The bandit worried about the prisoner who was transported the whole way by the capricious guards.

c.无生、缩略关系从句

The bandit worried about the gold transported the whole way by the capricious guards.

d.无生、完整关系从句

The bandit worried about the gold that was transported the whole way by the capricious guards.

在两个歧义句（5a、5c）中，动词transported均隶属于缩略关系从句内的成分。如果处理器仅构建合法分析的话，那么不应该考虑将该动词分析为主句动词的可能性。但是，如图5.2所示，从transported到之后第三个词way的区域，依然发现了显著的交互作用：（5a）比（5b）更难加工。该结果再次显示，虽然同为不合法的主句分析，但是"犯人运输东西"（5a）相对于"黄金运输东西"（5b）更为可信，因此也更容易构建局部合法的主动态分析，进而使得将transported重新分析为被动的分词形式的难度增大。换言之，语义可信的局部连贯，但不合法的分析，会干扰处理器做出正确分析的抉择。加工器似乎自下而上地构建分析，将transported与之前出现的名词短语构建联系，即使该分析从整句的结构而言是不合法的。

至此，Tabor *et al.*（2004）确立了令人信服的结论，加工器会短暂地构建局部合法、但整句结构不合法的句子。即使是被句法禁止的分析，如果得到词汇、统计概率的支持，也能影响加工过程。显然，该结果无法纳入传统的句子加工理论或模型的解释思路中去，挑战学界去重新思考一些常规的预设，因此是另一个里程碑似的研究。

值得注意的是，这个研究结果可以在"足够好"模型下得到自洽解释。加工器允许局部合法和全局合法两种彼此冲突的解析共存，所以在消歧词区二者的竞争必须以一个最终正确的解析胜出来解决，因而导致加工非常困难。

5.6　短暂激活又被摒弃的结构对再分析的影响

前五节的内容针对歧义区的句法结构，探讨了再分析时非理想化的加工过程、表征以及可能致因。我们所回顾的一些研究显示，早期误析能够继续对后期加工施加影响，其致因或许是加工器尚未完成再分析的所有步骤。但是否也存在另一种可能，即加工器的确完成了所有的再分析步骤，但早期误析仍能够有所影响呢？

Staub（2007）所做的两个阅读眼动实验显示，这种可能性存在。他采用的关键句如下：

（6）　Either the boys will use the skis or the sled will make the deliveries.

对于从左到右、渐进式的加工器而言，句（6）的处理涉及三个步骤。第一步，决定如何附着析取连词or。英语语法规定，当句首出现either时，or可以连接三类句法成分：小句、动词短语、名词短语。但实际上，英语本族语者更偏好连接两个小句，即 Either [$_{IP}$ the boys will use the skis] or [$_{IP}$ ...]。

第二步，决定如何附着the sled。英语本族语者更偏好将其与之前出现的名词短语合并，即 Either the boys will use [$_{NP}$ the skis] or [$_{NP}$ the sled]。因此，需要修正第一步所投射的小句合并结构。

第三步，当动词will出现时，必须摒弃将两个名词短语合并的分析，并构建将两个小句予以合并的重新分析，即 Either [$_{IP}$ the boys will use the skis] or [$_{IP}$ the sled will make the deliveries]。此时，应该出现加工困难。

Staub（2007）所关注的问题是，由于最终投射的小句合并结构曾经在加工的第一步构建过，那么相对于没有either的控制句，重新分析（即从名词短语合并的结构修改为小句合并的结构）是否相对更容易呢？如果的确更容易，那么就为本小节一开始提出的观点提供了证据：在完成了两次再分析步骤后，已被摒弃的结构仍对后期加工有影响。以下做具体阐述。

Staub（2007）操纵了两个因素：句首连接词either出现与否、起消歧作用的逗号出现与否，得到四个条件（7a-d）。

（7） a.有either、无逗号

Either the boys will use the skis or the sled will make the deliveries.

b.有either、有逗号

Either the boys will use the skis, or the sled will make the deliveries.

c.无either、无逗号

The boys will use the skis or the sled will make the deliveries.

d.无either、有逗号

The boys will use the skis, or the sled will make the deliveries.

结果显示，在歧义区（or the sled），回视路径时间显示无歧义的（7b）条件最快，即句首有either时，没有逗号的（7a）比有逗号的（7b）更难加工。这说明被试在读到the sled时，的确选择了名词短语合并的分析。

在消歧区（will make），第一遍阅读时间和回视路径时间这两个指标均显示，无逗号句（7a、7c）比有逗号句（7b、7d）更难加工。说明无论句首是否出现either，读者的确在前一个歧义区the sled位置上有强烈的倾向，选择了名词短语合并的分析，但紧接其后出现的字词迫使他们必须放弃该分析。

在最后一个区域（the deliveries），反映再分析过程的后期眼动指标——向左回视路径的数据，显示了显著的交互效应：当句首无either时，无逗号条件（7c）的阅读时间几乎是有逗号条件（7b、7d）的两倍，而句首有either的两个条件之间（7a vs. 7b）则无任何差异。该数据清晰地表明，句首出现的either使得再分析这一步骤相对更加容易。而选择小句合并这一最终正确的分析之所以变得容易，正是因为该分析在最早的时候曾被选择（然后被摒弃），将其再次激活的难度也就不大。

但还存在一种可能的解释。句首出现的either存储在记忆中，会凸显小句合并结构，再加上因其迥异于加工器之后所构建的名词短语合并结构，也会有利于最终结构的构建。为排除这种解释，Staub（2007）又做了实验二，句首一律出现让步条件连词though，仍然操纵逗号（有、无）与连接词and（有、无），产生四个条件（8a-d）。

（8）　a.无逗号、有and

Though the maid arrived and mopped the floor would not get clean.

b.有逗号、有and

Though the maid arrived and mopped, the floor would not get clean.

c.无逗号、无and

Though the maid mopped the floor would not get clean.

d.有逗号、无and

Though the maid mopped, the floor would not get clean.

关键刺激句（8a）的处理仍需经历三个步骤：第一步，看到and时，会倾向构建不及物动词合并的结构，即Though the maid[VP[V arrived] and[V mopped]]…。

第二步，看到the floor时，会有轻微的结构再分析，更倾向将其作为直接宾语附着到之前的动词上，即Though the maid[VP[V arrived] and[VP[V mopped[DP the floor]]]]。

第三步，看到动词would时，必须重新分析，即再回到将mopped作为不及物动词的分析，并把the floor解析为新的小句的主语，即 Though the maid[VP[V arrived] and[V mopped]][IP the floor would…]。

该实验关键在于两个无逗号的歧义条件（8a）与（8c）之间的比较。结果仍然重复了实验一的效应：在结尾区，向左回视的数据发现了两个主效应和交互作用。没有and时，有逗号的(8d)显著快于无逗号的(8c)；但有and时，无论有无逗号，(8a)和(8b)之间没有差异。该结果排除了将效应归因于句首出现线索词either的解释，再次表明：最初激活的解析，无论多么短暂，或即使被摒弃过，依然会保存在认知系统里。当有必要重新将其作为最终正确的解析而激活时，会更容易被加工器利用。

至此，Staub(2007)的两个实验清晰地演示了，对于需经历三重阶段的句子(偏好小句合并，再修改为名词短语合并，最后再修改为小句合并)，早先的分析仍可存留在(记忆)系统里，即使当前的主导分析与该分析无法相容。此外，再分析机制能够重新提取、利用该最初的分析。值得注意的是，这项研究结果或许可以从基于记忆的加工模型得到解释，如基于线索的提取模型(见第四章)。

5.7　综合评述

本章重点介绍了近二十年来句子加工领域的一些重要前沿研究。这些研究或以显性提问的方式，或以时间精度好的在线测量手段，从不同角度对简单句以及包括各种类型的歧义句(复杂句、主从句、复合句等)的理解过程做了深入、细致的考察，在一定程度上弥补了被传统句子加工理论所忽视或认为理所当然的研究缺口，揭示了再分析具体的表征形式，以及初始误析对后期加工的持续影响。几个重要的新观点总结如下：

一、递增性加工过程中，语言加工者所投射、构建的某个抽象的句法结构，即使非常短暂地产生、激活，或即使曾被摒弃，也会保留在记忆表征中，并影响后期再分析(Christisenson *et al.* 2001；Slattery *et al.* 2013；Staub 2007)。

二、再分析时的表征允许一定程度的模糊性，最终的句法表征可能是明确、完全的，但起初建构的误析结构有可能依然在一定程度上被激活，特别是原先的题元角色分配依然残存。

三、加工器会遵循语法规则的指导，但也并不仅拘泥于此，也不会全力投入，做穷尽式加工，而是会借助于直觉式的NVN策略，聪明省力地，有时又不失贪婪地构建局部连贯的结构，即使该分析并未获得句法允准。如果有很强的词汇—统计支持，局部合法的权重也会大于全局结构的合法，只要不出大的问题，完成句意理解即可。

四、语言理解和加工模型需要纳入抑制机制（即抑制也影响加工的质量）。认知抑制既保留正确的解析，也抑制不恰当的解析（详见第六章6.4.3小节）。

综上所述，句子加工器并不像以往句子加工理论所想象的那么理想化、理性化、纯粹化。传统的加工理论总是假定句子理解系统能够产出完整、全面的表征，但实际上并非如此。其所产出的表征不必完全与输入相匹配，允许不正确的分析与新生成的分析共存。这些新的认识至少暗示了一定程度的平行加工，即加工器可以同时考虑不止一个句法结构。显然二阶段加工理论无法与该结论兼容，除非引入激活程度这个概念。

其实，虽然"足够好"模型对于心理语言学句子加工领域而言颇为新颖，但在认知科学界，特别是视觉加工领域，其核心观点并不新奇。跟"足够好"模型下的句子加工系统的工作机制相似，认知系统所产出的表征也不必与输入刺激完全匹配。比如，在视觉认知领域，视觉系统并不能真实地构建一个视觉场景的全局形象。被试常常对一个场景中较大的变动并不敏感，如果这些变动发生在眼跳或视觉干扰的情况下，或者被试被分配了其他认知任务时。该现象被称作"变化眼盲"（change blindness）。阐释视觉盲区的一个经典例子是"看不见的大猩猩"视频。短片中有身穿黑色、白色球衣的两对球员，始终在不断移动，抛接一只篮球。观看短片的被试需要计算白衣球员的传球次数。最后，当被问到是否看到舞台上走过一只黑猩猩时，大部分人都回答否。反观句子加工系统，或许，正因为NVN能直接构成主谓宾的简单句义，加工系统不可避免地偏好局部合法连贯的，给予高于全局合法的权重，并分配更高的注意力。

　　此外，近期的一些事件相关电位研究（详见第七章内容），也为"足够好加工"模型提供了一些证据，显示加工器会考虑不合法的分析。Kim & Osterhout（2005）让被试阅读句子the hearty meal was devouring the kids。如果被试仅构建合乎语法的句子的话，应该将the hearty meal解析为devouring的施事，进而意识到语义违例，从而诱发N 400效应。但是，devouring诱发了P 600效应，而该效应通常与句法违例相关。这暗示被试将the hearty meal分析为devouring的受事，即被吞食的对象，然后再重新分析动词，比如将其作为devoured的误写。相反，同为不合法的句子如the dusty tabletops were devouring thoroughly，则诱发了N 400效应，暗示the dusty tabletops被分析为devouring的施事，虽然这并不可信。换言之，句法误析仅在不合法分析高度可信的情况下才会发生。

　　在另一项研究中，Van Herten *et al.*（2005）让被试阅读荷兰语句子"猎杀偷猎者的狐狸"（De vos die op de stroper joeg 'the fox that at the poacher hunted'），发现了P 600效应，而不是预期中的N 400效应。研究者认为，因为加工器在分析句法结构的同时，将两个名词短语（de vos、de stoper）与动词（joeg）合并，即类似英语中的NVN策略（Bever 1970），得到最可信的语义分析，两种并行分析相互冲突，故产生了P 600。

　　这些脑电结果均显示，被试会考虑语义上可信度高，但语法上不合法的分析。但这些证据是否意味着加工理论的全盘改写，目前尚不明朗。

　　虽然近期的这些前沿工作说明加工器会考虑不合法的分析，但是也有理由相信加工器更擅长配合语法，能准确考虑合法的分析。总体来说，句子加工研究是基于句子的某些语法特征，而非完整的语法特征，来做出句法结构的预测的，如果加工器经常考虑的是不合法分析，那么许多预测就无法成立。但事实上，花园小径效应发生的节点就如"园径模型"所预测的那样精准。此外，孤岛限制句的在线处理也有力佐证了语法—加工的对应关系。而且，已有大量证据显示，加工器考虑的是合法的分析，而不是明显不合法的分析（McElree & Griffith 1998；Phillips 2003；Stowe 1986；Traxler & Pickering 1996）。如果说加工器惯例性地误析相对简单、高频句式，那么就有违已有的实证结果或事实。

第六章 句子加工与工作记忆及个体差异

本书第三至五章所谈及的句子，无论有无歧义，均涉及复杂的结构。复杂结构会对认知资源的分配提出挑战，特别是从长期记忆中提取信息到工作记忆中并与当前信息快速整合时，加工主体的高效处理能力，也会因人而异。因此，句子加工需要认知基础的支持。本章探讨工作记忆与句子加工的关系，呈现对此持不同看法的代表性学者所做的相关研究。

Miller & Chomsky（1963）在谈及语言能力和语言表现之间的差异时指出，语言规则虽然具有递归性，构成长度无限的句子，但人们在理解句子时，却受制于记忆的上限。在句子加工理论演变过程中，一直存在着工作记忆与句子加工之间关系的探讨。自Miller & Chomsky（1963）以来，几乎所有的理论在解释加工难度时都默认工作记忆容量有限这一前提。但工作记忆在人类处理语言的能力中到底发挥怎样的角色，其实存在两种可能性：一种是语言理解有赖于工作记忆，加工难易度与记忆容量之间存在因果关系；另一种则认为工作记忆体系仅为语言学习提供支持，但并非语言加工本身，不是导致加工后果的内因。前者是学界主流观点，学者们据此也提出了不少基于工作记忆的句子加工理论，后者目前尚属少数人持有的边缘看法，代表人物是Maryellen MacDonald。而认为句子加工的难易程度受制于记忆资源的学者中，针对工作记忆如何组织这一问题，也存在两种看法。本章将逐一介绍。

6.1 工作记忆的定义

认知科学关注的议题很广，比如，美国认知心理学家、计算机学家诺曼曾提出"认知科学的12个课题"，其中包括语言、学习和记忆（Norman 1980）。那么，语言、学习和记忆三者之间存在怎样的关系呢？在句子加工领域中，也有这方面的讨论，特别是关于工作记忆（working memory, WM）与句子加工之间的联系，工作记忆系统的性质，其功能性组织的构成方式，等等。那么，工作记忆到底是什么？

工作记忆是一种认知系统，可以让我们在较短的时间内（大概几秒）对有限的信息保持鲜活，而人类所能加工的信息量限度大概在 7 ± 2 的范围内（Miller 1956）。在20世纪50年代，工作记忆曾被叫作短时记忆（short-term memory），与长期记忆（long-term memory）相对。学界当时认为，长期记忆存储的是陈述性知识（declarative knowledge，如词汇）和程序性知识（procedural knowledge，如产出），而短时记忆主要用于存储信息，可转化为长期记忆（Atkinson & Shiffrin 1968）。但之后的研究发现，短时记忆还有一个缓冲功能（Baddeley 1986）。举个最直观的例子，我们在做两位数字（如 14×27）的乘法心算时，通常会将计算中间步骤（如 $4 \times 7 = 28$）所得的结果暂时存储起来，然后在此基础上，做进一步的计算，之后再将中间结果删去。严格地说，这个缓冲区才是工作记忆。工作记忆是指对外界输入信息进行暂时性地存储、操作、提取的过程或认知系统。因此，工作记忆既强调存储，又强调加工；短时记忆只强调存储。但一般而言，短时记忆又被称为工作记忆，二者常被混用。从事工作记忆研究的学者通常认为，记忆过程有三个阶段：编码（encoding）、维持（maintenance）、提取（retrieval）。已有初步证据显示，在提取阶段存在前瞻性干扰。而在句子加工中，根据干扰项相对于提取线索的位置，也会有前瞻性干扰和后溯性干扰两种效应（见第四章第4.4.3小节）。

Baddeley(1986, 1990)提出, 工作记忆由三个部分组成: 1)中央执行系统(central executive), 相当于电脑的中央处理器(central processing unit, CPU), 负责信息的提取、计算和检查, 控制注意力的分配, 协调其下两个从属系统的活动, 即言语工作记忆(verbal WM)、空间工作记忆(spatial WM); 2)发声/语音回路(articulatory/phonological loop), 专司听觉或语音信息的暂时存储和加工, 对应言语工作记忆(该术语泛指各种形式的语言记忆, 以听觉或视觉感知到语言, 包括口语、书面语); 3)视觉空间画板(visual-spatial scratch pad), 专司视觉、空间信息(visuo-spatial information)的暂时存储和加工, 对应空间工作记忆(该术语定义为物体位置和自我定位的信息存储)。换言之, 该假说认为工作记忆资源至少分为两个部门, 一个加工感官(即空间)信息, 另一个加工语言信息, 两个部门各自独立。

Baddeley(1986, 1990)的工作记忆模型在认知科学领域堪称经典, 也常被从事语言加工的研究者所用。但也有证据表明, 隶属于言语工作记忆部门之下的语音存储(phonological store)及发音复述(articulatory rehearsal)在句子加工中的作用非常有限(Caplan & Waters 2002; Lewis 1996)。句子加工层面, 研究者关注的问题包括: 如何从言语工作记忆中提取目标信息? 提取这一操作的本质到底是什么? 与信息编码和信息提取相关的效应是否可以分离? 这些问题正逐渐成为研究热点(Sternberg 1966; Lewis *et al.* 2006, 具体见第五章关于基于线索的提取模型的讨论)。以下侧重从认知心理角度, 探讨涉及言语信息的工作记忆资源。

6.2 与句子加工相关的记忆资源理论

在进行语言、理解、学习、推理等复杂任务时, 工作记忆可以存储信息, 保持信息处于活跃状态, 并对这些信息加以操作。那么, 句子加工与工作记忆之间，到底是怎样的一种关系呢？

　　从事心理语言学研究的学者聚焦于考察言语工作记忆的性质。在回顾这方面研究之前，有必要提及认知神经科学界对大脑功能性组织构成的相关探索。句子加工理论曾深受Fodor（1983）所提出的"句法模块说"影响，该看法沿袭生理学家Michael Gazzaniga最早基于裂脑人的系列研究所主张的"模块说"（Gazzaniga & Sperry 1976）。"模块说"认为人脑由多个认知模块组成，各自相对独立，高度专门化，有特殊的认知神经基础，专司某种特定的认知功能，包括语言知识表征、面孔识别（Kanwisher *et al.* 1997）、音乐加工（Peretz & Hyde 2003；McDermott & Hauser 2007），等等。支持"模块说"的有力证据当属面孔识别研究，最早由麻省理工学院脑与认知系教授Nancy Kanwisher发现，人类大脑的确存在一块特定区域，叫梭状回面孔区（fusiform face area），只对面孔识别敏感。近年来随着认知神经科学的发展和技术手段的更新，有很多学者认为，人脑的多重认知功能都共享同样的神经/认知资源。而对于语言加工，"句法模块说"也正面临越来越多的挑战。

　　句子加工学界大多数认为，句子复杂度受制于工作记忆。对于语言加工与工作记忆的关系，学界目前存在三种看法。第一种是"独立言语资源理论"（separate verbal resource theory）（"独立说"），以认知神经科学研究者Caplan & Waters（1999）为代表。该理论将言语工作记忆下分两块，一块用于语言的解释性加工（interpretive processing），即专司句子理解，通过句法、韵律、语义等多个侧面的特征，包括句法构建、语义特征分配、题元角色指派等，来提取句子意思，这些认知操作具有自动化、强制性的特点；另一块用于非语言性，但需要言语作为中介的认知任务，如语言推理、搜索某特定语义信息等，人们需要挖掘句子背后的深意及所蕴含的命题主旨，才能完成理解任务，这属于解释后加工（post-interpretive processing），更具可控性的特点。这两块言语记忆资源各自独立，高度专门化（Caplan & Waters 1995，1999）。很明显，这种看法与生成语法理论密切相关，特别是与"句法模块说"（Fodor 1983；Frazier 1987）一脉相承。该理论的思路也与神经心理学密切相关，都假定存在多个脑区，各自分管语言的子部门，因此也常被用于解释具有模块化语言损伤的病人症状。

第二种看法为"单一言语资源理论"（single verbal resource theory）（"单一说"），以 Just & Carpenter（1992，又见King & Just 1991）为代表。该理论认为无论是加工语言，还是完成以言语作为中介，但非语言性的认知任务，都有赖于一个共同的言语工作记忆资源。"单一说"反对"模块说"，认为语言与其他认知活动一样，并无特异之处，提倡语言加工非专门化（Just & Carpenter 1992；MacDonald *et al.* 1992；King & Just 1991）。"单一说"理论根植于各种认知处理过程中的交互效应。陈述性知识和程序性知识都存储在长期记忆中，而短时记忆或工作记忆另外独立存在，用于处理、存储当前输入以及正在运算的中间步骤所得到的部分结果，允许来自不同渠道的信息同时并行。

第三种看法以 MacDonald 为代表，认为我们对语言的加工能力（processing capacity）从大脑网络机制和语言经验中浮现而生，并非一个可以独立变化的元素。我们在句子理解中所表现出来的个体差异，无需归因于所谓"独立的工作记忆"容量的大小，因为所谓的工作记忆效应只是伴随语言经验不断积累的过程而生，是一个衍生品；若单独设置的话，就只能是冗余。因该看法并非主流，本章将在最后一节里单独另论，以下先着重表述前两种相互对立的理论。

6.3 言语记忆资源的两大对立理论

"独立说"和"单一说"这两种理论都把工作记忆看作一个空间或加工场域，用于暂时存储信息，实施运算、加工、推理等操作，其功能类似

Baddeley(1986)的"中央执行系统",但并没有涉及类似Baddeley(1986)"语音回路"这样的专用模块来作为缓冲器。二者都认为语言知识和工作记忆各自独立。区分两种理论关键在于,"独立说"认为有两种工作记忆,分别处理语言、非语言(或以言语作为中介的)认知任务;而"单一说"认为只存在一个工作记忆系统,既可用于语言理解,也可用于其他认知活动,即句子加工与其他认知活动一样,都共用同一个记忆资源,因此会有此消彼长的关系。

"独立说"和"单一说"这两派对立理论的提出,均旨在回答言语工作记忆资源的组织方式问题,主要通过两种研究方法予以考察。第一种是个体差异(individual differences)法。在个体差异法中,研究者给被试分配一项言语工作记忆任务,通常是阅读广度(reading span)测试。该方法由Daneman & Carpenter(1980:460)设计,其典型做法是给被试呈现一组句子,复杂度各异,彼此之间没有逻辑关联。被试任务是大声朗读句子,理解句意,并记住每句的末尾词,最后回忆并说出所有尾词。如果被试表现良好,则继续增加下一组句子的个数(通常从2个逐渐增至6个),直到被试最终记不住句尾词为止。这个点就是阅读广度。比如,被试先后看到两个句子,一个是When at last his eyes opened, there was no gleam of triumph, no shade of anger;另一个是The taxi turned up Michigan Avenue where they had a clear view of the lake。之后,被试需要回忆出anger和lake。根据被试记住的尾词个数(该值通常在2—5.5之间变化),将被试分为两组,即高记忆广度(通常>=4)、低记忆广度(通常<=3)。该方法的理据在于,大声朗读反映的是工作记忆的加工功能,记忆尾词则反映工作记忆的存储功能。假定工作记忆的容量有限,那么高记忆广度者用于句子加工所消耗的资源越少,就会有越多的资源用于信息存储。该方法已成为评估阅读中工作记忆广度的标准工具。此外,Daneman & Carpenter(1980)还认为"阅读广度测试"能较好地测量被试对于文本的理解力,表现在阅读广度和一系列指标有正相关关系,包括回答阅读理解问题的能力、消解代词的正确率、标准化考试(如美国高中生升入大学的

SAT）中语文部分的成绩等。

第二种研究方法是双重任务（dual task）法。在双重任务中，被试同时完成两项任务：一个是在线句子加工，比如可采用自控步反应时范式，被试读完句子后，就会出现理解问题，被试需要根据句意做出判断；另一个是以言语作为中介的认知/记忆任务，比如在开始在线加工句子之前，被试需要先记住一串数字或一组名词短语，读完句子并完成句子理解任务之后，被试需回忆并说出该串数字或该组名词（如Gordon *et al.* 2002），或者将数字加和说出总值（如Fedorenko *et al.* 2006）。

值得注意的是，倡导"独立说"的研究者采用经典的阅读广度测试结果，来评估被试理解句子所需的工作记忆容量。但是如果在实验中采用双重任务法的话，"独立说"派别的学者则又会认为，阅读广度测试衡量的是被试有意识地进行抑制性加工所需的工作记忆容量。

以上两种任务背后均有一个逻辑预设：当且仅当语言、（非言语）认知/记忆两个任务共享同一个言语工作记忆资源时，才会出现句法复杂度与被试组或次要任务之间的交互作用。换言之，两个理论都认为，句法复杂度与加工难度相关，但"独立说"只预期有复杂性的主效应，即句子越复杂，越难加工，但句子加工难度不受记忆负荷（load）、记忆广度（span）的影响。"单一说"则预期除了主效应以外，还有句子复杂性与工作记忆的交互作用，即工作记忆负荷越高，加工会越困难，这种困难对于记忆广度低的被试，更为明显。

6.3.1　支持独立言语资源理论的证据

支持"独立说"的证据来自其倡导者Waters & Caplan所做的系列研究。Waters & Caplan（1996a）根据记忆广度的高（high span）、中（medium span）、低（low span）将被试分为三组，让他们阅读句子，并判断句子的可接受度（是/否，迫选任务）。关键刺激有三类，此处我们仅关注其中最复杂的一类，即缩略关系从句，具有暂时歧义。控制句是完整的关系从句(句中出现关系代词),不含歧义。试对比The experienced soldiers warned about the dangers conducted the midnight raid和The experienced soldiers who were warned about the dangers conducted the midnight raid(被警告存在危险的老兵们发动了午夜突袭)。他们采用了两种呈现范式,一种是整句呈现,另一种是按每字250毫秒的速率快速呈现。被试随机分配到某一范式,并另择他日,参加另一范式的测试。结果显示如图6.1:无论采用哪种呈现范式,歧义句的错误率高于非歧义句(复杂性主效应),且三组被试之间无差异(无交互作用)。该结果符合"独立说"的预测,为该理论提供了支持证据。

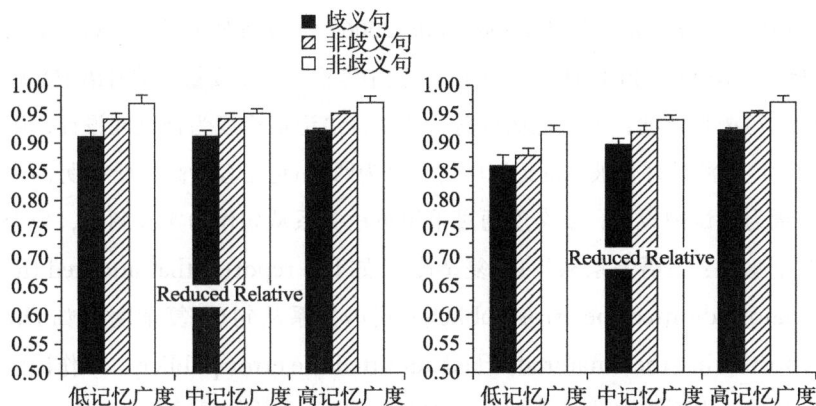

图 6.1　Waters & Caplan(1996a)句子可接受度评定结果

注:y轴是被试选择"可接受"的百分比。左图是整句呈现范式,右图是快速呈现范式。

除了正常成人被试,"独立说"还有来自脑损伤病人的支持证据。Rochon *et al.*(1994)用老年失智症患者(dementia of the Alzheimer Type,DAT)作为被试,通过句图匹配(sentence-picture matching)任务,考察他们对复杂关系从句的理解。结果发现,老年病患者组虽比控制组(正常人)表现差,体现在反应时间更长,正确率更低,但对复杂度高的句子的理解并不比控制组差。即使在有着高记忆负荷的双重任务下,也是如此（Waters *et al.* 1995）。这些结果表明，虽然复杂度增大会增加记忆负荷，但老年病患组并未因记忆负荷的增加而降低理解能力。有趣的是，因中风而患失语症的病人，虽然加工复杂句式的能力下降，但在加工复杂句时对数字的记忆表现却不比控制组差，且该结果后经改进方法后仍得到了重复验证（Caplan & Waters 1994）。这些不同脑损伤患者截然相反的临床表现模式，暗示有专门的工作记忆系统用于句法加工，独立于用于其他认知任务的工作记忆资源。

6.3.2 支持单一言语资源理论的证据

支持"单一说"的证据主要来自三项行为实验（King & Just 1991；Gorden *et al.* 2002；Fedorenko *et al.* 2006）和一项脑电研究（Vos *et al.* 2001）。King & Just（1991）在同一实验中考察了三个变量，即言语记忆广度、句法复杂度、工作记忆负荷，其中言语记忆广度为被试间设计，用阅读广度测试评估被试的记忆广度，分为两组（记忆容量高、低）。另两个变量为被试内设计，复杂度通过采用英语关系从句作为实验刺激，分为两个水平：主语关系从句（低复杂度），如 The reporter that attacked the senator admitted the error publicly；宾语关系从句（高复杂度），如 The reporter that the senator attacked admitted the error publicly。工作记忆负荷任务则要求被试朗读句子，并尽量记住所有的句尾词，共三个水平：一个、两个、三个。结果不仅发现了记忆负荷的主效应、句子复杂性的主效应（二者均影响阅读时间和准确率），而且还发现了工作记忆广度分别与句法复杂性、记忆负荷均有交互作用，即记忆容量低的被试更难理解句法复杂性大的宾语关系从句，且记忆负荷更高时表现更差。但Waters & Caplan（1996b：765，767）指出，King & Just（1991）的数据并没有显示统计意义上的"交互"，其实是对边缘显著的过度解读。Caplan & Waters（1999：85）另外指出，因为句子是成组呈现，组内涉及两个任务（阅读每个句子与记住尾词）之间的切换，所以交互作用或可归因为被试转换注意或控制能力的差异，而非两个任务共用同一资源而导致的记忆能力的差异。

Gordon *et al.*（2002）聚焦于句法复杂性和记忆负荷两个变量，句子仍然采用主、宾语关系从句，但使用了分裂式句型（如It was Tony that ［liked Joey/Joey liked］before the argument began）。在记忆负荷任务中，首先呈现三个名词（如Joel-Greg-Andy），要求被试记住，然后自定步速，逐词阅读句子，回答问题，最后回忆最开始记住的三个词。Gordon *et al.*（2002）操纵了记忆负荷中的名词是否与句中出现的名词来自同一范畴，包括匹配组如职业名称（诗人—漫画家—投票者 vs.句中名词"舞者"）和不匹配组如人名（Joel-Grey-Andy vs. 句中名词"消防员"）。结果如图6.2，句子理解的错误率（上图）显示两个变量之间的交互作用：当句中名词与记忆中的名词来自同一范畴时，因相似性高而造成在提取时的干扰，句法复杂性效应就会更大，即宾语关系从句更难加工，错误率更高。这种交互作用虽然在反应时数据上（下图）没有达到统计上的显著，但仍显示了数量上的趋势。这些结果表明，记忆负荷组的具体语义内容对记忆表征有直接影响，进而影响了句子理解的加工过程（另见第四章4.2.2小节）。

Fedorenko *et al.*（2006）同样采用自控步速反应时范式，考察了三个变量：句法复杂性（主、宾语关系从句）、记忆负荷（记住1—3个名词）、记住的名词类型（与句中名词范畴相同、不同），结果发现了三重交互作用：当记住的名词与句中名词来自同一范畴时，句法复杂性与记忆负荷之间存在交互，即记忆负荷越大，句法复杂性效应越大。但当名词来自不同范畴时，交互作用消失。该研究表明，句子加工使用同一记忆资源，并不具有领域特异性，支持"单一说"。

Vos *et al.*（2001）采用了脑电范式，使用了形态、句法违反句，考察了句法复杂度、记忆负荷、记忆广度三个变量。结果发现，记忆广度低的被试，记忆负荷越大，P600的潜伏期更长。

本小节重点探讨了关于句子加工与工作记忆资源关系的两大对立学

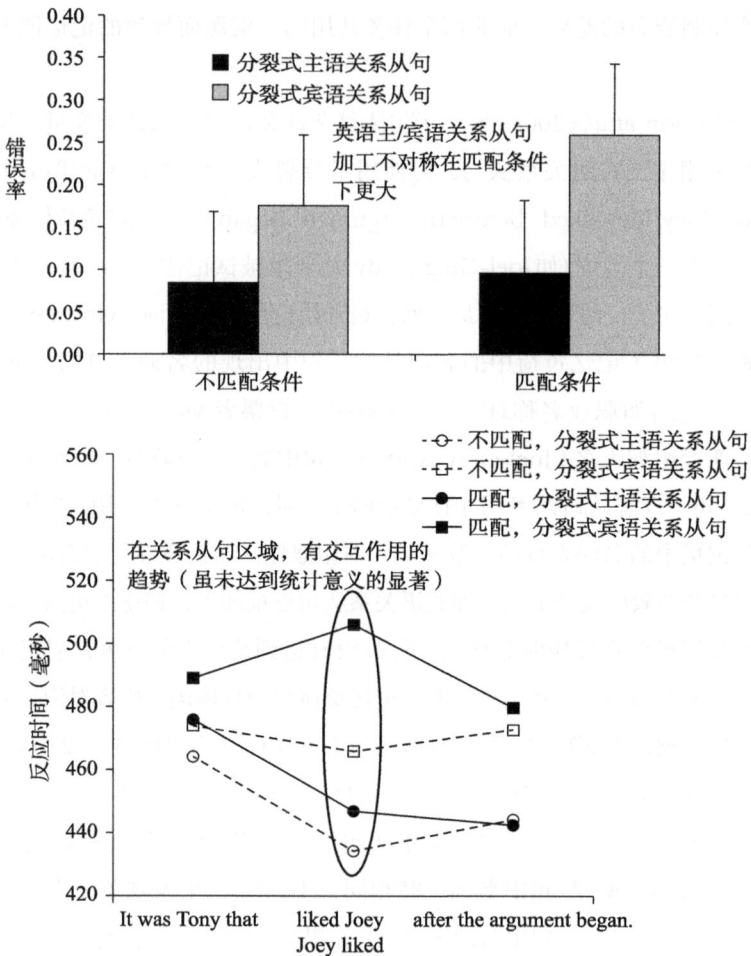

图 6.2　Gordon *et al.*（2002）实验结果

说，各有支持证据。两种理论都认为句法加工有不同的子过程，包括句法结构的保存或维持、句法结构的操作、可加利用的工作记忆资源。从现有研究结果来看，"单一说"较"独立说"有更多的实时加工证据，而"独立说"仅有离线判断(无论正常人还是脑损伤患者)的数据支持。毕竟，对于复杂歧义结构，被试是否会因记忆容量不同，而表现出不同的加工策略，只能通过对时间进程敏感的实时手段，来考察早期加工表现。而且，"独立说"认为影响句子加工难度的是句子所含的命题个数，强调将工作记忆进一步细化为"解释性加工"和"解释后加工"。但"解释后加工"记忆是否具有可验证性，如何设计实验来剥离二者，尚待探索。或许，将记忆系统继续细化的同时，更要注意具普遍性的认知加工原则。

6.4 个体差异与句子加工

本小节聚焦句子加工研究中的个体差异这一议题，从记忆容量角度，介绍学界对个体在线理解句子的表现所提出的不同，甚至是对立的解释。

认知心理学家很早就注意到，个体之间明显存在认知差异。有些人天生记忆力强大，过目不忘，而有些人则不擅长记忆。有些人擅长分析，心思缜密，有些人则富有创意，灵感无限。有的人智商很高，情商很低，而有些人则正好相反。这些差别界定了我们作为独立个体的同时，也会对句子加工产生影响。有时，个体之间的差异表现得颇为稳定，并非统计学上所说的稍纵即逝的变异，也非时隐时现的随机"噪音"。据此，认知心理学家开发了各种多维度的认知量表，用于诊断依据和临床评估。比如，通过字母省略、混合等任务，来测试个体对音位的敏感性（Wagner et al. 1999）；在听、读等接受性言语活动中，评估个体所能理解的词汇，即接受性词汇（receptive vocabulary，Dunn & Dunn 1997）技能；让被试从混杂了假名字的名单中找出美国境内出版的报纸杂志的专栏作家或畅销小说作者名，来测试个体平时接触书面文字的体量（print exposure；Stanovich & Cunningham 1993）；让被试通过触屏式按键选择，顺次重构不规则图案，来评估对序列顺序的记忆能力（Berch et al. 1998），等等。

在句子加工方面，也存在个体差异，包括经验积累（比如阅读量大小）、处理信息的方式（比如偏好某种解析或加工策略）等，都可能调节加工的结果。自20世纪90年代起，很多心理系出身的句子加工学者开始认识到，个人的认知情况不同，或许也会影响人们组织、加工语言信息的模式。个体差异逐渐成为语言加工研究的一部分内容，主要从言语工作记忆容量的角度切入，考察句子加工的难易问题。

6.4.1　记忆广度的个体差异

心理语言学常用的一些术语，比如解析器（parser）、语言加工系统（language processing system），乍听上去像是句子理解会涉及计算机编程软件，每个人的大脑中都安装了同样的拷贝。其实这些用语在很大程度上与心理语言学的交叉学科——认知心理学及其理论假设有关。认知心理学通常将人脑看作计算机，将人类加工信息的过程，模拟为计算机从接受信息输入到执行每一步操作程序，最后得到输出结果。但多数从事句子加工的研究者都有这样的经历：当仔细审读被试数据时，很可能会发现每个人的反应都不尽相同。对于某些歧义句，虽然有些被试表现出强烈的花园小径效应，但是有些被试则仅有轻微变慢，与非歧义句相比，这些被试在加工速度上并没有差异。如果将被试按照某个认知指标(如记忆广度)分组，则会发现组间差异。这些个体差异（individual differences）曾被认为是未成体系的实验"噪音"，而不是构建语言理解理论的有机部分，因为提出或验证某个理论，通常集中在跨语言的共性上，而非差异上。直到最近二十年里，学界的这种看法才有所改变。

个人认知情况与语言加工有关的这个论断，主要是建立在工作记忆研究的基础上。研究者从记忆角度，解释为何某些句子难以加工。通过"阅读广度测试"等标准化测试，可以将被试按记忆容量分组。如果某类句子因为超出了记忆容量而难以理解，那么可以预测，低记忆广度组的被试在理解此类句子时更容易崩溃，而高记忆广度组的被试则表现不同。

英语关系从句加工的研究结果均显示，宾语关系从句比主语关系从句更难理解(具体见第四章)，这暗示宾语关系从句对记忆要求更高。Just &

Carpenter（1992）根据被试在"阅读广度测试"的表现，将被试按记忆广度分为高、低两组。结果发现，对于低记忆广度的英语被试，阅读宾语关系从句的确较主语关系从句更慢；但对于高记忆广度被试而言，加工宾语关系从句仅有微弱难度，说明他们的认知资源容量较高，可以容纳该结构。

但也可能存在另一种情况，即低广度被试与高广度被试对消歧的加工方式不同。之前第三章提到，影响消歧的因素很多。Just & Carpenter（1992）认为，在歧义消解过程中，高记忆广度被试更善于同时利用各种不同信息，而低记忆广度被试则只能考虑到有限的信息量。比如，对于低广度被试而言，他们不能及时利用语义可信度，也无法长时间记住多个可能的分析，因此在加工伊始，会基于非常有限的信息，认定或仅考虑某一个解析，从而表现出"花园小径模型"所描述的加工模式。因此，在 Just & Carpenter（1992）的记忆广度假说中，园径理论可以得到合理解释：因资源有限，加工器不会全面地考虑所有信息，而是构建一个简单的结构；对于心有余力的人，则可以将认知资源用于考虑更多信息上。但 Just & Carpenter（1992）并没有将该解释上升到加工机制的层面，而只是把句子理解看作认知资源的一个副产品，即用狭窄的记忆广度去尝试理解句子。

但并不是所有的研究者都同意 Just & Carpenter（1992）的这一观点，即宾语关系从句之所以难以加工，是因为对工作记忆资源要求太高。比如以 MacDonald 为代表（参见本章第五小节内容），基于经验这一理论阵营的学者提出，宾语关系从句的加工难度大，是因其出现频率低，日常接触、听到、看到的机会少，因此对该句式的熟悉度更低，理解难度更大。

对于记忆广度与加工难度之间的相关性及其证据，基于经验理论阵营的研究者逐一进行了反驳。首先，他们质疑阅读广度测试能否作为一种可信手段，用来测量记忆能力。MacDonald & Christiansen（2002）认为，有些人在记忆测试上表现好，不是因为其记忆容量更大，而是因为他们更擅长阅读。优秀的阅读者不仅能更有效地理解句子，而且能做到消耗更少的认知资源，尽管这看上去像是他们的记忆力更强，记忆容量更大。其实，善于阅读的人平时比同龄人花更多时间浸淫在文字中，日积月累，就变成了更好的读者。打个比方，阅读如同跑马拉松。通常的看法是，日常训练可以增强运动员的耐力，从而跑完全程。但换个角度看，运动员通过科学训练，可以学会更有效地迈步，合理调整节奏，从而高效完成长跑。又如，常走山路的农民，与久居平原的常人相比，爬山步伐会更轻快。MacDonald & Christiansen（2002）据此提出，被试的阅读广度测试得分高，仅表明他们无需费劲就能理解句子，而不是说明他们的记忆容量高。因此，这种测试只是反映了被测人多年积累所获得的阅读训练量。对于为何阅读经验丰富的人不太费劲就能理解类似宾语关系从句这样的不寻常结构，MacDonald 及其同事认为，很可能是因为他们在日常阅读中就常常看到这些句子，特别是在书面语中更可能遇到不寻常的结构。这一观点至少在英语中不无道理，因为英语的复杂长句或嵌套句型，往往在正式、庄重的书面语体中更为常见。

综上所述，关于个体差异与工作记忆的争论，最终归结于两个至关重要的问题：1）阅读广度测试在多大程度上体现了记忆容量？其他可能更"纯粹"的记忆测试，是否也与复杂句法加工难度之间存在正相关？2）语言经验在多大程度上同时影响记忆测试和语言加工测试？在这场关于记忆与加工难易度的学术争辩中，个体差异已经由统计学的"噪音"变成一个颇有分量的影响因素，这对人类句子加工的性质不无启示。具体而言，如果我们通过测量个人的记忆广度，就能系统性地预测加工宾语关系从句的差异表现，那么这就提供了强有力的证据，表明此类句子的确对记忆资源要求很高。换言之，被试个体不同，其加工结果就有所不同，这在一定程度上帮助我们更加了解语言加工系统。

6.4.2 工作记忆与歧义结构消解

对于"模块说"（花园小径效应）和"限制满足理论"的争议，关键在于其背后驱动力是否是"高效省力"原则。"模块说"以及"足够好模型"的核心观点为，加工者偏好最简单的结构，以最优、有效地利用认知资源。如果该结构表征与接下来的字词输入契合，被确认无误的话，那么句子分析可继续进行；只有在该表征有误的情况下，才有必要对其进行重新分析。因此，总体上句子加工效率很高。而"限制满足理论"则认为，加工器一开始就能同时、平行地表征各种可能的结构。具体如何表征多个结构，内部看法不一，但主流观点认为，这些可能的结构分析受出现频率等因素制约，被赋予不同的权重，因而排序不同。当排序最高、激活程度最高的分析被证明有误时，位居第二的分析会即刻获得提取，无需再花费时间或认知资源，进行重新分析。这两种加工理论貌似迥异，但背后均隐含一个假设，即被试基于工作记忆能力的差异，采用不同的策略去分配认知资源，选取不同的加工路径。这直接导致他们的加工表现不尽一致，或支持"模块说"，或支持"限制满足理论"。

那么，根据阅读广度测试法的评定结果，如果将被试分为高、低两组记忆广度，当他们面对具有暂时歧义的句子，到底会采用哪种加工策略？线性还是并行？对这一问题，Just & Carpenter（1992）发现，阅读广度高的被试，会采取并行加工策略，保持两种表征，类似"限制满足理论"的加工方式。阅读广度低的被试，则采取序列加工策略，偏好一种表征，类似"园径理论"的加工方式。据此，他们提出了"记忆容量限制分析模型"（capacity constrained parsing model），认为记忆容量的大小会限制歧义句的加工。具体而言，对于句法歧义句，加工者一开始会构建多种句法表征。但接下来的分析过程中，工作记忆能力差的人更易放弃多种表征，并选择激活程度最强的一种表征，而工作记忆能力强的人则更可能较长时间保持表征多种结构分析，直到依据各种线索最终做出正确选择。

但是，后来的研究显示，阅读广度高的被试在线表现并非如此。行为实验研究发现（Ferreira & Henderson 1991），当歧义区持续延长时，加工者对误析的承诺程度越高，重新进行分析就会越难。从早期误析转换到非偏好的分析，需要更多的认知记忆资源。如果高、低阅读广度被试采用不同的加工策略，那么两组被试的歧义效应大小会有所不同。Friederici及其同事们按照这个思路，使用德语主、宾语关系从句，做了一系列脑电研究。跟英语关系从句类似，德语的主、宾语关系从句也具有加工不对称现象，即宾语关系从句更难。Friederici et al.（1998）操控了具有消歧作用的形态格标记在句中的位置，分为三种：即刻消歧（格标记在关系代词上）、早期消歧（格标记在名词短语上）、晚期消歧（格标记在句尾词助动词上）。以德语宾语关系从句为例：

（1）　即时消歧

　　Das ist der　　　　Direktor, *den*　　　die Sekretären gesucht haben.

　　This is the-NOM/sg director that-ACC/sg the secretary sought have

　　早期消歧

　　Das sind die Sekretre, die *der*　　　*Direktor* gesucht hat.

　　These are the secretaries that the-NOM/sg director sought has

　　晚期消歧

　　Das ist die Direktorin, die die Sekretärinnen gesucht *haben*.

　　This is the director that the secretaries sought have

结果发现：1）当消歧词在句中即刻或较早出现时，被试无论阅读广度的高低，都在更难加工的宾语关系从句上出现了P600。说明他们都能很快利用明确的形态线索（在即时消歧条件下该线索是关系代词；在早期消歧条件下名词短语上的形态标记并不明确，所以效应出现在明确消歧的句末助动词上)，对最初构建的主语关系从句结构予以修正。2) 只有在句末出现消歧词这个条件下，高、低广度者才会有不同的消歧策略。在句末助动词上，高阅读广度被试加工宾语关系从句较主语关系从句的 P 600 效应更大，而低阅读广度被试则没有任何效应。迥异的脑波模式表明，高阅读广度被试较早就把宾语从句分析为一个主语关系从句，所以在句末消歧词出现后，需要进行句法的再分析；而低阅读广度被试较长的时间里都对两个解析持续保持激活状态，没能尽早致力于一个更简单的主语关系从句的解析。

据此，Friederici *et al.* (1998) 认为，只有当歧义持续较久时，工作记忆这个因素才对句子加工产生效应，高阅读广度被试比低阅读广度被试的加工策略更灵活，会只致力于主语关系从句的解析。

显然，Friederici *et al.* (1998) 的研究不支持 "记忆容量说"。相反，该研究暗示，高阅读广度者采用的是类似 "园径理论" 的线性加工策略，及早地致力于最简单的一种解析，这样做的好处是一旦误析，仍留有足够的记忆资源去做重新分析；而低阅读广度者采取的是类似 "限制满足理论" 所倡导的平行加工策略，两种解析同时激活，结果是占用较多的记忆资源，很难成功地做重新分析。那么，如果增加偏向某种解析的语境信息，是否能使低阅读广度者也能表现得像高阅读广度者那样，尽早地采取最简单解析的加工策略呢？

Vos & Friederici (2003) 采用了 Friederici *et al.* (1998) 的晚期消歧刺激，在关键刺激之前加入了语境句，或偏向主语关系从句 (如 The spectator asked himself who the producers distracted has?)，或偏向宾语关系从句 (The spectator asked himself who (m) the producers distracted?)，之后出现的目标句都以 He found out that it was ... 开始。该实验结果基本重复验证了 Friederici *et al.* (1998) 的发现：在句末消歧的助动词上，无论语境的偏向性如何，高阅读广度的被试在宾语关系从句条件下较主语关系从句条件出现更大的 P 600；而阅读广度低的被试没有任何效应。Vos &

Friederici（2003）认为，晚期正成分是记忆负荷的指标。当消歧词很晚出现时，阅读广度高的被试选择与输入相符的最简单结构，而阅读广度低的被试则对所有表征都进行保守型分析，从而增加记忆负荷，因此没有P 600。只有当消歧词出现在早期时，阅读广度低的被试才会出现P 600再分析波（Friederici *et al.* 1998）。

Bornkessel *et al.*（2004）进一步提出，之前的两项脑电研究均未在句末消歧区发现低阅读广度被试的P 600效应，暗示他们无法只选择一种更简单的解析，或者说，他们更易受无关信息的干扰。Bornkessel *et al.*（2004）仍采用晚期消歧的德语主、宾语关系从句结构（2a-b），并增加了对应的无歧义句（2c-d），每句都以一个主句开始Udo asks himself（Udo在想……）。在（2a-b）中，疑问代词welche Gärtner（哪一位女园艺师）具有歧义，它既可以充任主语，也可以充任宾语，最终解读需要借助第二个名词短语的格标记den Jäger来消歧，将（2a）解析为主语关系从句，（2b）为宾语关系从句。此外，不含歧义的主语关系从句（2c）较宾语关系从句（2d）具有加工优势，同时（2c-d）可以作为基线，便于考察歧义效应是否因被试记忆容量的大小而有所不同。

（2）　a.主语先于宾语语序，有歧义

　　　welche Gärtner　　　|am | Sonntag nachmittag |hinter | der
　　　[which　gardener] _SUBJ/OBJ_ on　Sunday　afternoon　behind　the
　　　Kirche | den Jäger　| gesehen |hat
　　　church [the hunter] _OBJ_ seen　　has
　　　'...which gardener saw the hunter behind the church on Sunday
　　　afternoon'.

　　　b.宾语先于主语语序，有歧义

　　　welche Gärtner　　　|am | Sonntag nachmittag | hinter | der
　　　[which　gardener] _SUBJ/OBJ_ on Sunday　afternoon　　behind　the

Kirche | den Jäger　　 | gesehen |hat

church [the hunter] _{SUBJ} seen　 has

'...which gardener the hunter saw behind the church on Sunday afternoon.'

c. 主语先于宾语语序，无歧义

welcher Gärtner　　　　 |am | Sonntag nachmittag |hinter | der

[which　 gardener] _{SUBJ} on　 Sunday afternoon　　 behind　 the

Kirche | den Jäger　　 | gesehen |hat

church [the hunter] _{OBJ} seen　　 has

'...which gardener saw the hunter behind the church on Sunday afternoon'.

d. 宾语先于主语语序，无歧义

welchen Gärtner　　　　 |am | Sonntag nachmittag | hinter | der

[which　 gardener] _{OBJ} on　 Sunday afternoon　　 behind the

Kirche | den Jäger　　 | gesehen |hat

church [the hunter] _{SUBJ} seen　 has

'...which gardener the hunter saw behind the church on Sunday afternoon.'

　　Bornkessel *et al.*(2004)发现，在消歧区，当句子结构应解析为非偏好的宾语关系从句时，高阅读广度的被试出现P 600（句子再分析），而低阅读广度的被试则出现N 400。同样的脑电模式也出现在两组被试对非歧义句的加工上，即结构复杂度效应。但是，低阅读广度被试的歧义效应强于复杂度效应，暗示歧义带来更多的认知努力；而高阅读广度被试则相反，其复杂度效应强于歧义效应，暗示复杂性带来更多的认知努力。Bornkessel *et al.*(2004)认为，抑制假说能更好地解释总体模式，低阅读广度被试无法抑制同时保持两种结构的激活，因此，无法在消歧区腾出足够的记忆资源重新解析正确的结构。

综上所述，来自德语的歧义复杂句加工的系列脑电研究显示，记忆容量本身可能不是一个决定个体加工难易差异的因素，它更多地体现了个体抑制能力的差异。这一点从根本上与基于线索的提取模型（见第四章）相似，它们都强调干扰性对目标项的干扰。此处是从被试个体差异而言，更侧重抗干扰的能力。

6.4.3　认知控制的个体差异

个体差异不仅体现在工作记忆上，而且体现在认知控制能力上，即无视、抑制无关信息干扰的能力。近年来，句子加工研究者也开始考察控制能力的个体差异对语言加工的影响。通常而言，句子加工的最终目的是成功获取句子的意思，而不是对句义的理解似是而非。区分句义充分理解与认知混乱的关键，在于被试能否具备只关注正确表征、无视其余表征的能力。这是"认知控制"（cognitive control）能力的一部分，也称为"执行功能"（executive function）。

对于句子加工研究，我们可以将认知控制视作对认知资源进行管理的能力，即根据理解句义这一特定目标，来分配注意力，用于监控、应对递增式输入的字词。事实上，应对任何一种复杂任务或环境也同样需要这种能力，比如边开车边与人交谈，在拥挤嘈杂的餐厅酒吧里跟人对话，做英汉交替翻译或同声传译，等等。这些都需要我们专注于既定目标，抑制随机而生的冲动，无视或滤掉混杂其中的干扰信息。不可否认，常人认知控制系统能力的个体差异很大，有些人能有效排除干扰信息，有些人则更容易被冲动所占据。

该控制理论在解释个体加工差异方面具有一定的优势。非语言加工（如视觉）研究表明，阅读广度低的被试比阅读广度高的被试更易受到无关信息的干扰。歧义词识别的研究也表明，阅读广度高的被试更倾向选择歧义词的常用含义，并能快速完成句法语义的整合；但对于阅读广度低的被试，两种词义的表征处于激活状态的时间更长（Gernsbacher *et al.* 1990；Gernsbacher & Robertson 1995；Miyake *et al.* 1994；Gadsby *et al.* 2008；Homas *et al.* 2003）。以 Gunter *et al.*（2003）的一项德语同音多义词的研究为例，该研究采用脑电范式，在句子中呈现歧义名词（如，Ton 在德语可以做 tone "曲子"、clay "陶土" 两种解读），其后出现的名词作为消歧线索（如 sanger "歌手"、Topfer "陶艺师"），以及动词作为最终消歧线索（如"演唱"、"烧制"），分别构成四个条件：

（3）　a.消歧线索指向主要词义、主要词义条件

　　　　Der Ton wurde vom Sänger　gesungen, als，

　　　　The tone was　by　the singer sung，　when ...

　　　b.消歧线索指向次要语义、次要语义条件

　　　　Der Ton wurde vom Töpfer gebrannt, weil ...

　　　　The clay was　by the potter baked，　because ...

　　　c.消歧线索指向主要词义、次要词义条件

　　　　Der Ton wurde vom Sänger　gebrannt, obwobl ...

　　　　The clay was　by　the singer baked，　although ...

　　　d.消歧线索指向次要语义、主要语义条件

　　　　Der Ton wurde vom Töpfer　gesungen, wäbrend ...

　　　　The tone was　by　the potter sung，　while ...

Gunter *et al.*（2003）发现，对于高记忆广度被试，当消歧线索名词指向次要词义时，会比指向主要词义诱发更大的 N 400；对于低记忆广度被试，消歧线索词无论指向主要词义还是次要词义，都诱发了同样振幅的 N 400。即使在消歧名词和消歧动词之间加入人名（如 Harry，实验二），或时间状语（如 when the sun shined，实验三），目的旨在给予被试充分的时间转换加工模式，但仍然重复了同样的结果。两组被试的脑波模式支持

抑制说，说明高记忆广度被试能快速选择句中歧义词的主导意思，而低记忆广度被试则长时间激活两种意思。

在句子加工层面，上一小节里介绍的几项德语研究都可以从"抑制/控制"得到解释。比如，Friederici *et al.*（1998）对德语主语、宾语歧义句的考察发现，只有阅读广度高的被试才出现 P 600（句法再分析），暗示他们只选择了一种句法表征。而阅读广度低的被试没有 P 600，暗示他们以并行的方式保留了多种表征，不能有效地抑制无关信息的干扰。Friederici 认为，个体对加工资源利用的有效性不同。阅读广度低的被试不能致力于唯一一种分析，导致加工负荷增大。类似地，Bornkessel *et al.*（2004）也认为，阅读广度低的被试不能有效抑制干扰信息，同时激活、建构了多种可能表征。阅读广度高的被试只建构了一种主要的句法表征。因此，工作记忆能力的差异，源于能否对所获得信息进行有效利用，而不是因个体所能获得的信息量大小。

认知神经科学研究表明，大脑的额叶区域专门负责认知控制能力。有些人因中风或外创事故造成额叶明显受损，其认知控制能力就会表现得较为极端。左下额叶（left inferior frontal gyrus）损伤的病人，通常在解决不同表征之间的竞争性冲突时，会表现出困难。最直观的例子来自词汇方面的研究，即色词测试（stroop test）。在色词测试中，被试看到呈现的字词后，需要忽略单词的意思，尽快说出字词所印刷的颜色。比如 red 这个词，印成红色时，常人很容易说出"红色"；但印成黄色时，常人通常会速度放慢，甚至出错。这是因为单词一旦通达，就会自动提取词义。当词义与词色一致时，无需抑制词义即可完成任务；但当词义与词色不一致时，需要抑制自动激活的词义（"红色"）干扰，才能正确说出"黄色"。换言之，我们需要付出额外的认知努力，才能仅关注字词印刷体的颜色。因此，对于左下额叶受损的病人，完成色词测试任务的速度更慢，更易出错。

句子层面的歧义句加工通常跟色词测试很像。在常人理解歧义句时，如 She decided not to attend the ball（她决定不去参加舞会），即使歧义词ball出现在有语境的句子里，其无关义在加工伊始也会被激活，因该义出现频率更高，但很快就会只提取虽低频但适恰的词义（参见Swinney 1979）。核磁共振扫描脑成像研究显示，正常人在加工此类歧义句子时，如果一开始强烈偏向某种分析，但后来发现该分析有误、必须予以放弃时，左下额叶区域特别活跃。对于左下额叶损伤病人而言，他们通常很难选择（或提取）低频但符合语境的正确词义，甚至不能从错误提取的意思中恢复过来。这也表明歧义句加工与认知控制能力有关。

在某种程度上，我们的认知控制能力与语言经验（如阅读）有关。双语者、多语者熟练掌握至少两门语言，能够自如地在语言间切换语码，那么，他们是否具有良好的认知控制能力呢？对于同声译员而言，他们如何做到在接收一种语码信号的同时，不断以另一种语码形式输出与其对应的意思？这些与认知控制能力相关的问题，在近年已成为研究热点。已有证据表明，双语者、多语者比单语者的执行控制技能更好（如Costa & Sebastian-Galles 2014；Colzato *et al.* 2008）。此外，也有跟踪研究表明，经过训练的同声译员，其认知控制能力会有显著提高。本书在此不做展开讨论，但感兴趣的读者可参考相关的双语及二语加工研究（如董燕萍、陈小聪2020）。

6.5　反对句子加工有赖于工作记忆

但是，学界仍存在另一种看法（MacDonald & Christiansen 2002），认为虽然保持句法结构的活跃性与进行句法操作是不同性质的两个过程，但都发生在同一个体系里，即工作记忆中。工作记忆并非影响句子加工难易度的因子，而只是一种技能（WM as a skill），因个体积累了大量的阅读经验而熟能生巧。这种看法并非主流，以Maryellen MacDonald为主要代表。

MacDonald最早以2002年发表在*Psychological Review*上的一篇论

文（MacDonald & Christiansen 2002），鲜明地亮出其观点，是有别于 Just & Carpenter（1992）和 Waters & Caplan（1996b）的第三种关于语言加工的解释。在 MacDonald 看来，语言加工包括对输入刺激的编码、保存、回忆（提取）等过程，而言语工作记忆就在这些加工过程中自然涌现而出（emergent from language processes），是伴随语言加工而生的衍生品，是从属于语言加工的一部分。因此，该技能会随着阅读经验的增长而日趋熟练。虽然她承认正常人群在完成工作记忆任务时会有个体差异，也同意句子加工表现通常与工作记忆任务的表现相关，但是她坚定地认为，所谓的"语言加工"任务和"言语工作记忆"任务本身就是人为的一种区分，而这些任务，简而言之，只是测量语言加工技能的不同手段。因此，MacDonald 从源头上就质疑"工作记忆"这一传统概念的有用性。她还借助于联结主义（connectionist）建模，论证了工作记忆就是大脑/神经连接网络自身衍生出来的，或者是从语言加工过程中自然浮现而出的。

正如本章一开始所提及的那样，认知心理学通常将人类的心理活动看作类似于大脑，将认知过程类比为计算机的运算过程。联结主义也秉承了这一点，通过模仿人类大脑神经元结构，来模拟建构人工神经网络，并尝试解释人类大脑的认知活动。联结主义网络一般有三层：输入层、内隐层、输出层。输入层接受语言输入，如单词或简单句。输出层提供应有的或符合预期的表征，内隐层对网络所学习到的各种表征（如语序、结构等）进行加工处理。联结主义神经网络由类似神经元的基本单元（units）或节点（nodes）构成，各个节点相互联结，但联结强度或权重（weight）有所不同，可通过人工设置参项值，来调整、改变单元间的权重。以平行分布加工（parallel distributed processing）的方式，实现自主学习。每个单元都有不同的激活阈限值（activation value），受到其他单元的激活或抑制。对语言输入的加工，是通过在多层网络之间的传递激活实现的，模型的加工能力与传递激活的效率密切相关。

MacDonald 以识别视觉呈现的字词这一加工过程为例，阐明联结主义模型可以成功模拟语言经验(形一音映射)的各种复杂效应。字词识别研究表明，对于熟练读者，非规则词并不比规则词更难，除非频率极低，这是因为熟练者阅读量大，掌握了更多的高频不规则词，因此可以快速将其发音计算出来；阅读水平低下读者，对非规则词的反应比对规则词更慢，除非非规则词的出现频率极高。在联结网络中，字形层与音系层之间通过介乎中间的内隐单元，传递激活。激活程度依据先前输入的字形单元以及联结各单元的权重而定。权重由先前习得的经验而定，经验越丰富，输入与输出之间的对应更可靠。因此，识别高频词更快也更准。识别规则词受益于该词的先验以及符合音一形映射的其他词的先验，而不规则词不符合音一形正字法，其识别主要仅由该词的先验而定，因此，不规则字词受语言经验(频率)的影响更大。通过字词识别这个例证，MacDonald论证了语言加工的个体差异背后的原因，不是源于工作记忆容量差异，而是源于频率与规则性两因素之间交互而生出的各种表现模式。归根结底，是个体对语言的熟悉程度的不同。

在句子层面，她以句法歧义句为例，来阐述其观点。MacDonald *et al.*(1992)发现，在阅读歧义句时，当句子消解为简单主句时，即The experienced soldiers warned about the dangers before the midnight raid，记忆广度高的被试在消歧区的阅读时间比无歧义的控制句更长，但记忆广度低的被试没有表现出这种歧义性效应。彼时，与其同期的学者Just & Carpenter(1992)从工作记忆容量角度，对该结果做出解释：记忆广度高的被试能在工作记忆中同时保留、加工两种结构，但记忆广度低的被试做不到同时加工，所以仅快速地决定选择一个简单主句结构(见6.4.2小节)。MacDonald则认为，记忆广度高的被试比记忆广度低的被试的阅读经验更丰富，知晓句子加工受制于多个限制条件，对各种概率性信息更敏感，能更快地进行概率性计算，更高效地综合利用、整合这些信息。比如，看到The experienced soldiers warned about后，大脑需要计算名词一动词之间搭配的多个信息，涉及谓词的次范畴化选择及频率，论元的语义选择及偏向性，论元、谓词的共现频率等，来权衡判定名词是做过去式动词的施事，还是过去分词的受事。那么，对优秀的阅读者而言，他们能够敏感、高效地整合信息，相对自如地重新排序，选择正确的解析。

MacDonald认为，联结主义模型能成功模拟出人类加工语言时所表现出来的个体差异。这些差异在多层网络中以多种方式体现出来：用来学习、加工信息的内隐单元个数的多寡，各个单元节点间传递信息效率的高低，随刺激输入一同进入网络的信息噪音量的大小，等等。因此，加工机制上的任何细微变化，都会对整个联结主义网络产生影响，造成（语言）加工能力不同、句子结构表征发生质变，等等。据此，MacDonald将语言加工能力的个体差异归因于语言经验。同时，她进一步提出，生理或生物机能上的差异并不源于独立的工作记忆能力，但生理差异能影响加工准确度，二者不能混为一谈。比如，个体对精准表征语音的能力天生不同，有的人听力敏锐，有的人则辨音吃力，而这种能力的差异不仅会影响他们对人类语音表征的准确程度，还会影响个人语言经验的发展。

针对老年人在工作记忆任务中表现不佳的现象，Just & Carpenter（1992）用记忆资源容量的缩小来解释，MacDonald则将其归因于随着年龄的增长而变慢的加工速度。她发现将加工速度放入回归模型中后，年龄这个因素对工作记忆任务的变异解释力很小或几乎为零。而且，老年人在不涉及记忆的感知任务上表现力也会下降，这也说明不是记忆容量缩小的问题，而是加工速度变慢的原因。更主要的是，联结网络计算模型没有加入工作记忆这一参项，仍能成功模拟年轻、年老两组人群在两个任务下（在线、离线）的不同表现。

MacDonald的观点与提出"独立说"的Waters & Caplan（1996b）存在三方面的对立：1）Waters & Caplan将阅读广度测试用于测量工作记忆容量，MacDonald则全然否定这种做法，认为阅读广度只是测量语言加工技能的一种手段，如同词汇决定潜伏期、反应时间等指标一样，并没有优于其他手段的独特地位。2）Waters & Caplan依据加工是否有意识，划分了两种工作记忆，即长期记忆（内化为无意识的语言知识）和工作记忆（用于有意识的语言实时加工）。但MacDonald认为语言加工本身就是一个连续统，两端分别是"有意识"和"无意识"，很难做出严格区分。长时记忆（即语言知识）跟短时加工在功能上相似，无需做出区分，都属于语言经验。3）Waters & Caplan认为语言加工能力（即工作记忆）独立于"知识"产生作用，加工能力或记忆容量有个体差异，但MacDonald认为，工作记忆作为一种语言技能，并不独立于内化为知识的长期记忆。语言技能不是人类或大脑联结网络的独立、原始属性，而是直接从神经元联结机制（模拟语言经验）衍生而来的。因此，在操纵联结网络内隐层单元的同时，就一定会影响到内植于网络的知识。能力本质上就是"熟练度"。作为限制满足模型的倡导者之一，MacDonald强调一旦各个限制条件在联结主义机制下获得满足并实现后，网络就会完成表征和加工的整合，无需另外诉诸一个独立的工作记忆。

自从MacDonald & Chrisiansen（2002）提出对工作记忆的迥异看法后，虽然在心理语言学领域很少有深入讨论，但心理认知领域开始重新思考工作记忆与语言的关系。Jones & Macken（2015）通过三个实验和语料库考察，认为数字记忆广度测量的是长期关联学习的能力。Klem et al. （2015）提出，句子重复任务测量的是儿童语言技能，而不是工作记忆的大小。Fuchs et al. （2014）跟踪美国一年级学生在接受高强度工作记忆训练之前、期间、之后的表现，结果发现他们的阅读理解能力基本相似，即使孩子们的工作记忆表现有了显著提升。Van Dyke et al. （2014）采用与Van Dyke & McElree （2006）一样的双重任务范式，考察来自社区的成人英语被试（年龄与大学生匹配，16—24岁）对英语分裂式主、宾语关系从句的实时理解，并用24个认知量表，测量与被试阅读能力相关的多个指标，包括阅读技巧、口语表达、记忆广度、智商等。Van Dyke et al. （2014）将每个因素放入回归模型后发现，在剔除了智商后，决定句子理解的唯一因素是接受性词汇量，而不是工作记忆容量。这些都佐证了MacDonald的观点，即工作记忆容量不是影响句子加工难易的因素之一，根本原因是经验的差异。

在语言经验论者看来，因为言语工作记忆属于语言理解和产出的过程，所以它会随语言经验多少而变化：经验越丰富，就越有能力来编码、维持熟悉度高的信息。正因为人们会学习、使用语言中的统计信息，而且言语工作记忆是从语言系统中浮现而来，所以跟语言经验相关的统计信息也会影响人们在言语工作记忆任务中排序、回忆的表现。而这些统计信息也会影响记忆任务、理解任务的表现。

随着时间的推进，这些思想也最终汇总在MacDonald于2013年正式提出的"产出—分布—理解"理论（production-distribution-comprehension）中。本书将在最后一章对此做具体阐述。

6.6　综合评述

本章从句子加工的认知基础角度，概述了两大对立理论即"单一说"和"独立说"。随着学界对"句法模块说"这一传统认识的摒弃，认为语言具有特异性的认知资源"独立说"也面临挑战。现有证据更多地支持认知资源"单一说"，即句子加工与一般认知过程一样，都受制于容量有限的中央执行系统。来自歧义句加工的个体差异的跨语言行为及脑电证据显示，相对于记忆容量，加工难易度（或消解歧义的难度）更受制于执行控制能力，即与被试个体抑制无关信息的能力相关。而执行控制能力或与个体的阅读经验有关。因此，在研究结构复杂句式的实时理解过程时，有必要控制或操纵被试的认知控制能力，而不只是被试的工作记忆容量。

第七章 基于认知神经的句子加工及理论模型

　　句子加工领域除了采用行为研究方法之外，也利用认知、神经科学的研究手段，探测大脑加工句子的生物基础及功能机制。本章集中讨论事件相关电位（event-related potential，ERP）研究，简称脑电研究。如果以十年为段，迄今为止关于语言加工的脑电研究已走过近四十年的历程。早期研究（1980—1991）以 Matha Kutas 等研究者为代表，采用句法或语义违反范式，开创了在脑电成分与认知加工过程之间建立关联的先河。之后的十年（1991—2002）该领域以 Matha Kutas、Lee Osterhout、Angela Friederici 等学者的研究工作为代表，不仅单独考察句法或语义单违反，还进一步将句法、语义违反整合到一个句子里，创建了双违反的经典范式。进入21世纪以来，脑电研究开始涌现新的证据，对ERP成分的传统解读提出挑战。与此同时，该研究领域进入理论构建阶段，并结合脑成像结果，不断加深学界对语言与认知之间关系的认识。

7.1　早期脑电研究的几个指标及传统解读

　　现代脑电研究始于20世纪60年代中期，早期多应用于视听觉感官通道，以感知实验为主。比如，Sutton *et al.*（1965）采用 oddball 范式，即给被试随机呈现（听觉或视觉）刺激，刺激类型通常为两种或两种以上，各自出现的概率差别很大，出现概率大的（如 80%）为标准刺激（standard stimuli），也称非目标刺激；出现概率低的（如 20%）为偏差刺激（deviant stimuli），也称目标刺激，并让被试对偏差刺激做出按键反应。结果发现，相对于标准刺激，出现概率低、可预期性低的偏差刺激诱发了一个正波，并在刺激呈现后 300 毫秒左右达到峰值，即 P300（又称为 P3b）。P300 成分仅出现在出乎意料的、与任务相关（task-relevant）的刺激上，其效应大小与偏差刺激出现的概率成反比关系：越不可能发生，P3b 越大（Donchin 1979, 1981; Hillard & Kutas 1983）。

随后开展的脑电研究拓展到更高级的语言认知领域，而以实验心理语言学为中心的脑电研究聚焦于所谓的"内生成分"（endogenous components），即对物理刺激参数上的变化（如大小、强度等）并不敏感，但对某一刺激事件带来的认知加工后果则高度敏感。如果操纵语言或言语刺激诱发了某一"内生成分"在振幅或潜伏期发生变化，那么我们就可以据此作出一些推论，将该脑电成分与大脑的某种认知功能建立一种关系，从而得以窥探大脑认知加工的内在机制。遵循这种思路，在早期脑电研究的二十年间，先后发现了 N400（Kutas & Hillyard 1980）和 P600（Osterhout & Holcomb 1992; Hagoort *et al.* 1993），二者相互独立，功能各有不同（Osterhout & Nicol 1999）。

7.1.1 早期关于 N400 效应的研究

Kutas & Hillyard 于 1980 年在 *Science* 上刊文，首次宣布 N400 效应与语义加工相关。他们采用了彼时惯用的 oddball 范式，让被试阅读 160 个句子，每句都由七个单词组成，以五个 X 形符号开始，逐词呈现，字形均为大写。这些句子大多数都是正常句，占 75%，但少数占25％的句子中，末尾词在语义上与上文语境不符（如HE SPREAD THE WARM BREAD WITH SOCKS），或者在字体上更大（如SHE PUT ON HER HIGH HEELED SHOES）。结果如图7.1所示：相对于正常句，字形上出乎预期的末尾词诱发了类似P300的脑波，而语义上违反预期的末尾词诱发了更大的负波，在关键词呈现后300—500毫秒达到峰值。

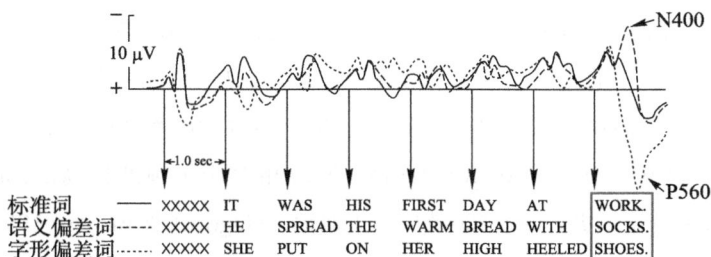

每句七个单词，均以五个X开始，关键区为句末第七个词

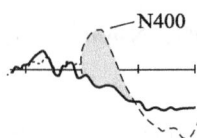

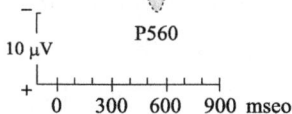

图7.1　首项脑电研究发现的N400效应（Kutas & Hillyard 1980: 203）

注：在oddball范式下，相对于标准词，语义偏差词诱发了N400效应，字形物理偏差诱发了类似P3b的晚期正波。

严格地说，Kutas & Hillyard（1980）在设计上存在一些不足。比如，实验刺激条件间句式不一，词汇不同，且关键词出现在句末，会与句末整合效应（sentence wrap-up effects）相混淆。此外，该实验被试人数很少，仅12名。但瑕不掩瑜，N400作为一个新成分，其效应依然明显。

这项研究开辟了将电生理脑电技术应用于语言加工的新天地，表明同是低概率出现的词，但语义违反与物理形式异常所诱发的脑波迥异，二者在极性上相反。

Kutas & Hillyard（1984）进一步发现，N400并不局限于语义违反；即使是没有违反语义的合法词，随着可预期性的降低，N400波幅也会加大。他们通过完型可能性或完句概率（cloze probability）这个指标，来评估字词的可预期性。评估采用纸笔测试，给出半截句，让被试在空格部分填入自己最先想到的、最恰当的词。在给定语境中填入某个单词的被试在所有被试中的比例，就是该词的完型概率。某个单词的完型概率越大，其可预期性越高。Kutas & Hillyard（1984）通过对比考察句子He mailed the letter without a thought/stamp，发现相对于可预期性高的stamp，thought诱发了更大的N400效应。类似地，Hagoort & Brown（1994）采用荷兰语句子Jenny stopte het snoepje in haar mond/zak na afloop van de les（Jenny put the sweet in her mouth/pocket after the lesson），发现完型概率低（均值为0.07）的pocket比完型概率高（均值为0.58）的mouth诱发了更大的N400。这些实验结果表明，N400与字词的语义相关，无关乎语言刺激的外在形式。

自Kutas & Hillyard（1984）的研究起，十五年期间涌现的大量研究均显示，无论关键字词在句中是居中还是置尾，该词所诱发的N400振幅大小，与其在句子语境中的完型概率呈负相关，如图7.2的（a-b）所示。据此，学界倾向认为N400反映了词汇—语义整合的难易程度，当关键词通达后所获取的语义无法顺利整合到句子的语义背景中时，其波幅会明显大于易于整合的词汇（Brown & Hagoort 1993；Holcomb 1993）。

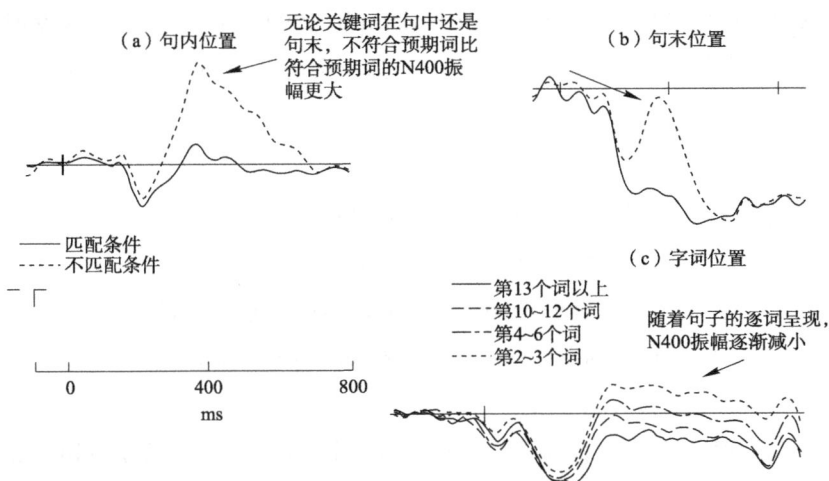

图 7.2　N400 振幅的大小受制于关键字词的可预期性影响

（改编自 Kutas & Federmeier 2000：465）

注：图中纵坐标为振幅，负值在上，横坐标为时间，以毫秒计。（a-b）两图显示，相对于与语
境匹配的字词，与语境不匹配的字词会诱发更大的 N400，无论该词出现在句中还是句末；
（c）图显示，随着合法句的逐词呈现，N400 振幅也会逐渐减小。

　　此外，对于一个合法句，随着字词逐个展开，高度递增式加工者在大脑中不断更新、整合句子的语义内容，句意的最终解释会愈发具有限制性，并更明朗化。因此，将新呈现的字词融入，整体句意会变得愈加容易，其 N400 振幅也相应地逐渐变小，如图 7.2 的（c）所示。

7.1.2　早期针对 P600 效应的研究

　　虽然 N400 与语义加工相关这一发现及支持证据相对较为清晰，但是在寻找与句法相关或对应的脑电指标上，学界却一直存在争议。Kutas & Hillyard（1983）最早开始探索对句法错误敏感的脑波，但直到 20 世纪 90 年代初期，才真正确定了 P600 这一成分的独立地位。

　　P600 是指在关键词呈现后 600—900 毫秒出现的正走向脑波，通常在顶叶中央电极最为显著。相对于语义整合，P600 对句法加工更为敏感。

该脑电指标最早由Osterhout & Holcomb（1992）刊文宣告，正式发现动词的次范畴化（subcategorization）违反会诱发P600。他们采用如下句子：

（1）　a. The broker hoped to sell the stock.

　　　　b. *The broker persuaded to sell the stock.

　　　　c. *The broker hoped to sell the stock was sent to jail.

　　　　d. The broker persuaded to sell the stock was sent to jail.

动词hoped的次范畴化规定其后为一个不定式小句，即The broker hoped to（do something ...），因此英语母语者会将to与动词hoped组构为一个动词短语（VP）。而动词persuaded的次范畴化规定里并没有一个以to开始的成分，即不允许其后为不定式小句或介词短语，因此母语者看到to后应该无法将其整合到正在构建的简单句结构中去。所以，在to这个位置上，不合乎语法的（1b）和（1d）两句应该比合法的（1a）和（1c）更难加工。此外，hoped是不及物动词，不能进行被动化操作出现在缩略关系从句中（*The broker（who was）hoped to sell the stock ...），而persuaded作为及物动词，可以构建一个更复杂、但合法的缩略关系从句结构，即The broker（who was）persuaded to sell the stock ...。因此，当句子并没有在the stock位置结束时，（1d）能够以缩略关系从句的短语结构继续完句，但（1c）只能构建最简结构，而无法继续构建一个合法的短语结构。

Osterhout & Holcomb（1992）设计了120套句子，其中及物、不及物这两类动词各15个，多数出现了八遍。被试阅读逐词呈现的句子，并在句末通过按键，对句子合法性做出判断。主要结果如图7.3所示：在to上发现，相对于合法的（1a）和（1c），不合法的（1b）和（1d）诱发了更大的P600（左图）。此外，在was位置上，不合法的（1c）较合法的（1d）诱发了更大的 P600（右图）。据此，Osterhout & Holcomb（1992）认为，前者与动词次范畴化违反有关，而后者与短语结构违反有关。

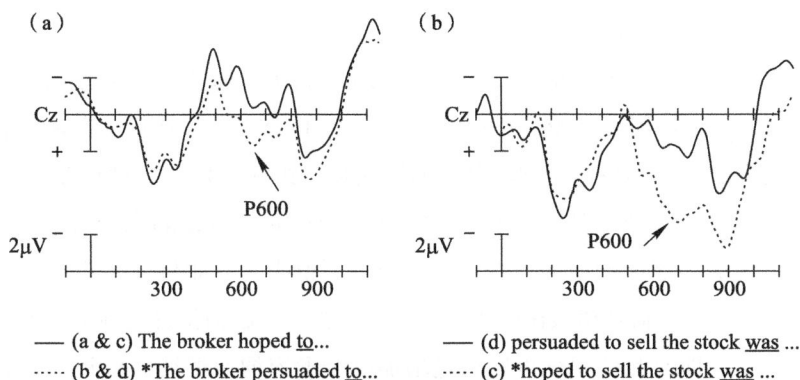

（a）　　　　　　　　　　　　　　（b）

Cz
+

P600

2μV

300　　600　　900

Cz
+

2μV

P600

300　　600　　900

—— (a & c) The broker hoped <u>to</u>...
····· (b & d) *The broker persuaded <u>to</u>...

—— (d) persuaded to sell the stock <u>was</u> ...
····· (c) *hoped to sell the stock <u>was</u> ...

图 7.3　视觉呈现刺激结果显示的 Cz 电极上出现的 P600
效应（Osterhout & Holcomb 1992）

注：纵坐标为振幅，负值在上，横坐标为时间，以毫秒计。左图为不定式标记词 to 呈现后，
　　句法违反条件（动词 persuaded）相对于合法句条件（动词 hoped）诱发了 P600 效应，
　　右图为 was 呈现后，短语结构违反条件诱发了 P600 效应。

之后，Osterhout & Holcomb（1993）使用同样的设计，但刺激采用听觉方式呈现，仍然得到了相似的结果。这两项研究表明，无论是书面语还是口语，P600 都是一个对句法违反敏感的脑电指标。

几乎在同一时期，欧洲马普心理语言学研究所的 Hagoort *et al.* (1993) 也在荷兰语中确认了 P600 与句法加工相关。他们设计了 180 套句子，操纵了三种类型的句法违反：1）主谓不一致，如 *The spoiled child throw the toys on the floor，正确句的动词屈折形式应为 throws；2）短语结构（语序）违反，具体为修饰名词的形容词与副词的语序颠倒，如 * ... the emotional rather response ...，正确句的语序应为 rather emotional；3）动词次范畴化违反，具体为能否后接宾语论元，如 *The son of the rich industrialist boasts the car of his father，正确句应为及物动词，如 borrows（该条件下关键词是名词论元 the car）。考虑到显性的语法判断任

务会影响脑电结果，Hagoort *et al.*(1993)仅让被试阅读句子，没有给被试分配其他任务。脑电结果显示，在关键词位置上，相对于各自所对应的合法句，三类违反句都诱发了P600，而且主谓不一致违反和语序结构违反都达到了统计上的显著。

在该论文里，Hagoort *et al.*(1993) 将P600称为"句法正漂移"（syntactic positive shift，SPS），原因有三：1)涉及句法违反会出现一个正走向脑波，其极性与彼时公认的语义加工指标N400完全相反；2)该正走向脑波在语序违反条件下（* ... the emotional rather response ...），在关键名词之前的副词位置上就已出现，说明其并非仅仅由违反所诱发，而是因为荷兰语被试强烈偏好某种结构，在副词位置就判定句子难以加工，即使此处完全可以通过增加一个形容词而继续保持句子合法（如the emotional rather aggressive response）；3) 即使没有显性的语法判断任务也会出现P600，说明句法违反的反预期性与任务无关；4)无论是Hagoort *et al.*(1993) 所集中考察的开放词类(名词、动词)，还是Osterhout & Holcomb(1993) 所关注的闭合功能词类，只要涉及了句法结构违反，就会诱发P600效应。

但值得注意的是，动词次范畴化违反没有出现显著的P600，但在关键动词之后的名词位置诱发了N400，而出现P600效应的另外两种句法违反条件也在紧邻关键词之后的位置出现了N400。这似乎暗示，句法、语义之间有交互作用。而且，当P600和N400的潜伏期大致相当时，两种成分有可能因极性相反，会相互抵消。但还存在另一种解释是，该实验刺激并没有将句法结构与语义完全剥离，特别是动词—论元结构，毕竟在某些语法理论下，如Bresnan(1979，1982)的词汇功能语法、Jackendoff(1978，1987)的概念语义理论，动词的语义信息也编码在次范畴化框架里(Bresnan 1979; Jackendoff 1978; Fisher *et al.* 1991)。

为了剥离语义的潜在影响，Hagoort & Brown(1994)进行了一项后继研究，所采用的实验刺激在结构上与Hagoort *et al.*(1993)一样，但在语义上无法获得任何释义，即"句法胡诌句"（syntactic prose），具体如例（2）所示（三类涉及句法违反的词用下划线标出，关键词用斜体标示）：

(2)　a. 主谓一致违反

De gekookte gieter　　　　　roken/rookt　de telefoon　in de poes.

The boiled　watering-can　*__smoke__/smokes　the telephone　in the cat

b. 短语结构违反

De　hiel valt　　　over de　bewoonde nogal /nogal bewoonde poes op zijn broekzak.

The heel tripped over the *__inhabited　rather__/rather inhabited _cat_　on his pocket

c. 动词次范畴化违反

De haargrens in de gewassen boterham　pocht /leent　de wortel van zijin krant

The hair-line in the washed　bread　　　*__boasts__/borrows _the root_ of his newspaper

在这些"句法胡诌句"中，语义/语用信息或线索被完全移除，句子本身毫无意义，因此能很好地将句法和语义各自对P600的贡献分离开来。结果如图7.4所示，基本重复了Hagoort _et al._（1993）的核心结果：1）相对于正常的"句法胡诌句"，主谓一致错误和短语结构违反的"句法胡诌句"诱发了更大的P600，而且还有一个新颖发现是，在关键词之后没有出现N400（只有正常的"句法胡诌句"出现了N400）。2）短语结构违反所诱发的P600效应出现在名词cat上，表明当被试所偏好的句式为不正确的解析时，出现句法整合困难。3）动词次范畴化违反没有出现P600效应，这或许说明荷兰语中动词次范畴化不属于纯粹的句法编码。但来自英语的研究显示，动词次范畴违反会出现P600效应（Osterhout *et al.* 1994；Ainsworth-Darnell *et al.* 1998）。

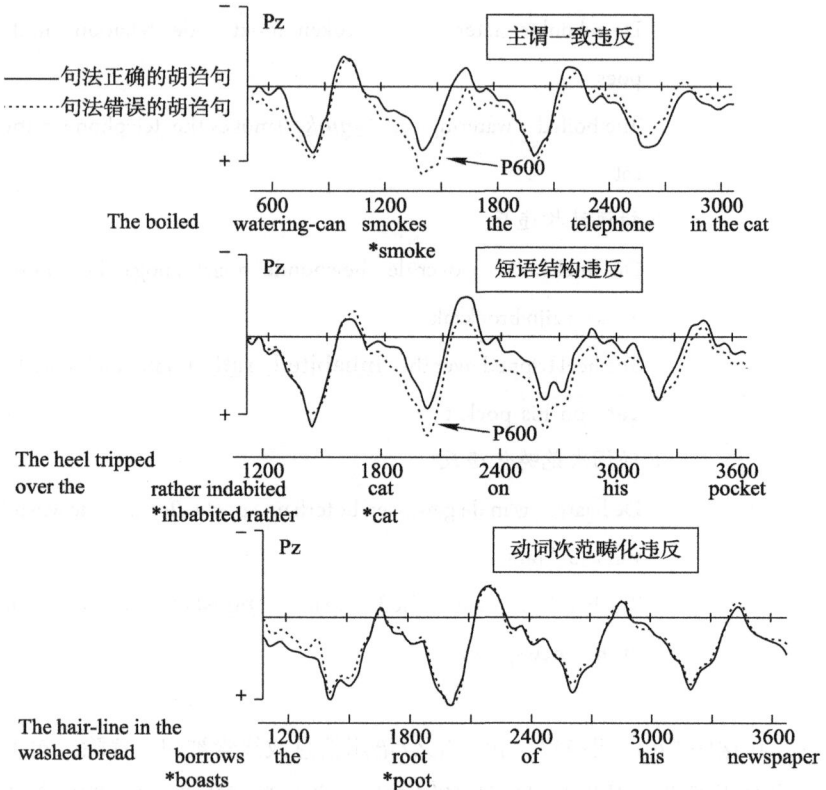

图 7.4　采用句法胡诌句所诱发的标准 P600 效应（Hagoort & Brown 1994）

注：取自中央顶叶电极 Pz。相对于合乎语法的胡诌句，主谓一致和短语结构这两种句法违反条件诱发更大的 P600，与 Hagoort *et al.*（1993）的主要结果一致。

之后的研究都陆续探索多种类型的句法违反，发现均可诱发类似 P600 的效应，包括短语结构（Friderici *et al.* 1996；Neville *et al.* 1991；Osterhout & Holcomb 1992）、数量一致（Osterhout & Mobley 1995）、

动词次范畴化（Osterhout & Holcomb 1992；Osterhout *et al.* 1994；Osterhout 1997）、数/性/格一致（Osterhout & Mobley 1995；Münte *et al.* 1997；Osterhout 1997；Coulson *et al.* 1998）等。P 600常与左前负波（LAN，详见7.1.4小节）相伴出现，跟明显的句法违反有关（Friederici *et al.* 1996；Osterhout & Holcomb 1992，1993；Osterhout *et al.* 1994）。

进入21世纪后，也有学者提出，P 600常常反映了重新分析的加工过程，无论是否有可能在给定的句子语境下进行重新分析。此外，句法整合困难的递增（Kann *et al.* 2000；Fiebach *et al.* 2002）、句法复杂度的增大（Friederici *et al.* 2002；Frisch *et al.* 2002），也会诱发P 600。概括而言，P 600反映了句法加工的成本，以及句法整合的难度。

7.1.3　句法、语义加工独立的证据

早期这些脑电研究表明，句法、语义违法会诱发性质迥异的脑波。那么，句法加工和语义加工是否如"模块说"（Fodor 1983）所宣称的那样是各自独立的呢？目前我们已经知道，越来越多的实证研究显示"模块说"过于强势，很可能并不正确，而句子加工也存在另外一种可能，即句法、语义可以是"领域特异"（domain-specific），同时也各自平行加工。但在早期电生理语言研究尚处于探索阶段时，学界致力于回答的一个重要问题就是句法与语义是否各自独立。

在脑电研究中通过实验操控违反条件，有时很难达到完美。首先，句法与语义很难完全剥离，特别是句法违反的操控往往会不可避免地顺带了语义违反。其次，早期研究通常把关键词放置于句末，Kutas就此还提出了"尾词违反"（final word anomaly）效应，简称尾词效应，但该范式也有问题。整句结束后，加工者会将句法分析与语义分析进行整合，看是否一致，是否会出现句末整合效应，而关键词作为研究者所操纵的因素理应引起实验效应。因此，当句末词之后没有其他成分时，关键词居尾会将句末整合效应与由该词引起的效应发生混淆。再次，早期研究思路通常是聚

焦单一侧面或某种词类，考察语义违反时，关键词常常是名词或动词，属于实词或开放词类；考察句法违反时，关键词往往是助动词、不定式标记词，属于虚词或闭合词类。这在一定程度上限制了二者的可比性。

20世纪90年代到21世纪初的十年间（1991—2002），以Marta Kutas、Lee Osterhout、Angela Friederici等学者为代表的研究工作，不仅单独考察句法或语义单违反，还进一步将句法、语义违反整合到一个句子里，构成双违反（double anomaly）条件。根据Helmholtz的叠加原理（Helmholtz's Principle of Superposition），电磁场中不同的波相遇处的振动是各列波振动的叠加。如果N 400和P 600效应各自独立，那么双违反条件会出现叠加效应，即所诱发的脑波大致接近于单一条件下所各自诱发的脑波之和。将此思路应用到脑电实验上，就构成设计双违反条件的逻辑：如果实验操纵的因素X（如句法违反）和因素Y（如语义违反）所对应的效应各自独立，那么实验同时操纵两个因素X+Y所对应的效应等于两个因素独立效应的叠加，即Ex+y=Ex+Ey。Osterhout & Nicol（1999）就属于该经典设计。此外，针对尾词效应的弊端，Friederici *et al.*（1993）提出"中间词效应"研究范式，并认为动词对论元配置、句子结构构建等有至关重要的作用，应更多地研究动词。这也引发了脑电研究的新动向，即通过操纵中间（动）词的句法、语义形态，而创造出句法—语义双违反的经典实验材料的范式。

Ainsworth *et al.*（1998）最早尝试双违反的设计，并且巧妙地将关键词设为不可交替与格动词（如entrust），得以在同一词类中实现句法和语义违反。不可交替与格动词的次范畴化规定，其后只允许一种构式NP PP，即间接宾语由介词引出，出现在直接宾语之后（如Ann entrusted the book to Betty），不允许双宾结构（NP NP，如*Ann entrusted Betty the book）。因此，省去介词to就属于句法违反。此外，通过操纵间接宾语的生命性，用无生命的名词platforms来替换合法句（3a）中有生命的名词friends，构成语义违反条件（3c）。最为关键的创新是Ainsworth *et al.*

（1998）设置了双违反条件（3d），借以考察是否会诱发与单一违反条件下类似的脑波。

（3）　a.合法控制句

Jill entrusted the recipe to friends before she suddenly disappeared.

b.句法违反句（与格介宾结构介词缺失）

*Jill entrusted the recipe friends before she suddenly disappeared.

c.语义违反句（题元角色失匹配）

*Jill entrusted the recipe to platforms before she suddenly disappeared.

d.双违反句

*Jill entrusted the recipe platforms before she suddenly disappeared.

Ainsworth *et al.*（1998）设计了40套实验刺激，其中不可交替与格动词有20个，重复使用。被试任务是阅读句子，其中1/3的刺激需要按键回答阅读理解问题。结果取自大脑中央额叶、中部、顶叶三个代表性电极，如图7.5所示。相对于合法句，语义违反诱发了N400，句法违反诱发了P600，双违反诱发了N400—P600。此外，从右下图的振幅量上可以看到，双违反条件与语义单违反条件的N400效应相当，但P600效应较句法单违反条件更小。总体来看，双违反条件的脑电结果暗示了句法、语义加工相对独立。

但是，该脑电研究也有不足之处。首先，实验刺激数量较少，每个条件仅有20个次数。其次，虽然恒定了关键词，但在关键词之前的各条件间词类范畴各异，或为名词（如the recipe），或为介词（to），这对选取基线不利。根据惯例，假定关键词呈现之前100毫秒内的脑电活动大致相

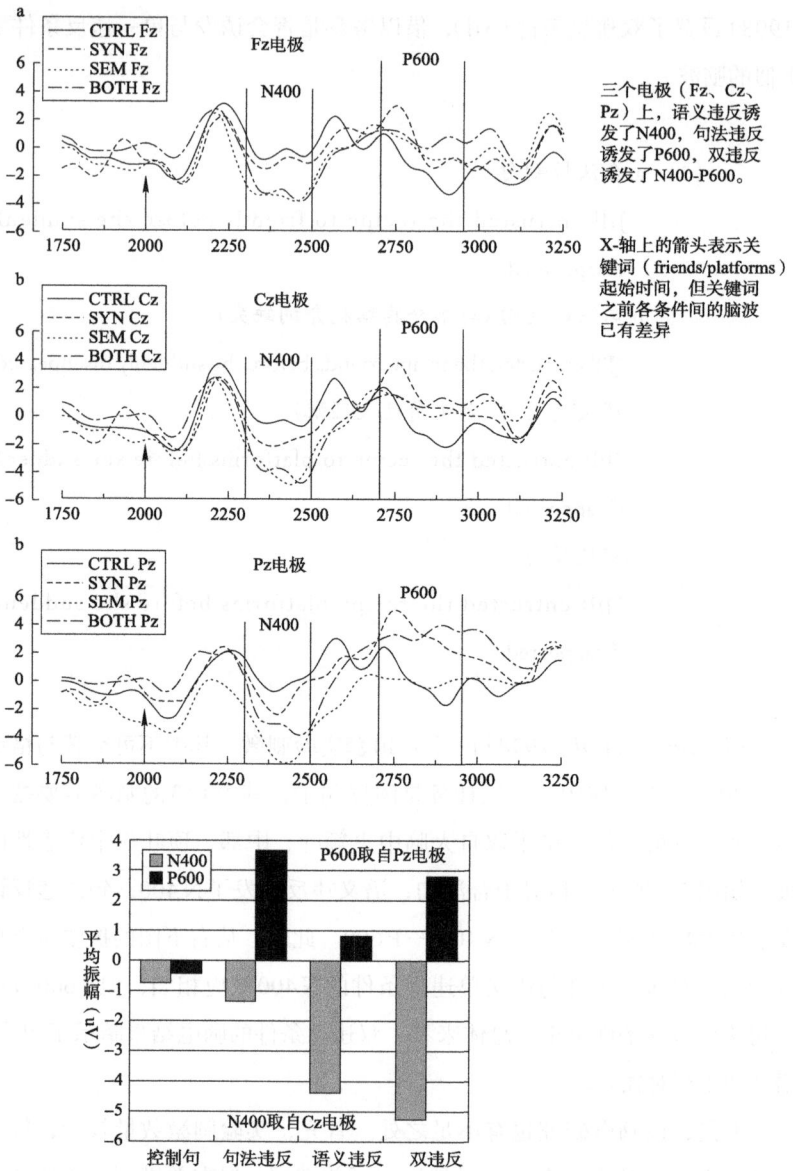

图 7.5　Ainsworth *et al.*（1998）的句法违反效应

注：上三图显示句法单违反、语义单违反、双违反条件相对于合法控制条件在三个电极
上所诱发的效应；第四个图显示四个条件下 N400 和 P600 效应的平均振幅量。

当，而词类范畴不同会诱发不同的脑波（Neville *et al.* 1991），而且该差异会持续到下一个关键词。因此，即使Ainsworth *et al.*（1998）选取了关键词之前的名词（the recipe）最后100毫秒作为基线，其脑波数据的噪音仍比较明显，从图7.5上边三个电极的条件间波形图可以看到，在关键词出现之前就已经有清晰的脑波差异。

以上这些不足在Osterhout & Nicol（1999）的ERP实验中得到了改善：1）关键词都是动词，确保词类范畴一致；2）关键词之前的语境一致，以方便设置基线；3）被试任务一致，每句后都完成句子可接受判断（可接受或不可接受）；4）刺激量大，共设计了120套实验材料。具体而言，在句法违反中，动词一律使用表示现在进行时的屈折形态（-ing），但这与位于动词之前的情态动词或将来时助动词构成句法冲突，如（4b）中的won't baking；在语义违反中，与主语题元角色搭配的动词无法满足语义选择限制（s-selection），如（4c）中的"猫"不能作为"烘焙"的施事，除非在童话世界里。Osterhout & Nicol（1999）操纵句法、语义两个因素合法与否，得到四个条件（4a-d）。

（4） a. 合法控制句

The cats won't eat the food that Mary leaves them.

b. 句法违反句（动词时态）

The cats won't eating the food that Mary leaves them.

c. 语义违反句（选择限制）

The cats won't bake the food that Mary leaves them.

d. 双违反句

The cats won't baking the food that Mary leaves them.

研究者预测，语义违例（4b）应该诱发N400，句法违例（4c）应该诱发P600。如果句法和语义加工是分开、独立的，则双违例（4d）将诱发

N400和P600，且波幅相当，即与语义违例或句法违例单独呈现的情况一致。实验结果验证了预测。

图7.6中，最左边为双违反句与合法控制句的平均脑波图。相对于合法控制句（4a），双违反句（4d）在关键动词位置出现了N400和P600效应。中间的图为语义违反的差异波，由语义可信条件（4a & 4b）与语义不可信条件（4c & 4d）所诱发的脑波相减而得。最右边的图为句法违反差异波，由句法合法条件（4a & 4c）与句法不合法条件（4b & 4d）所诱发的脑波相减而得。经对比可清楚地看到，最左边图中双违反句两种效应的振幅都分别与中间和最右边图中单一违反句所诱发的效应相当，即N400对应（4c）的振幅、P600对应（4b）的振幅。该研究结果表明，对于注重语序但没有格标记的英语而言，句法违反所诱发的P600和语义违反所诱发的N400是各自独立的，二者有着质性的不同。相对于其他类似研究，该研

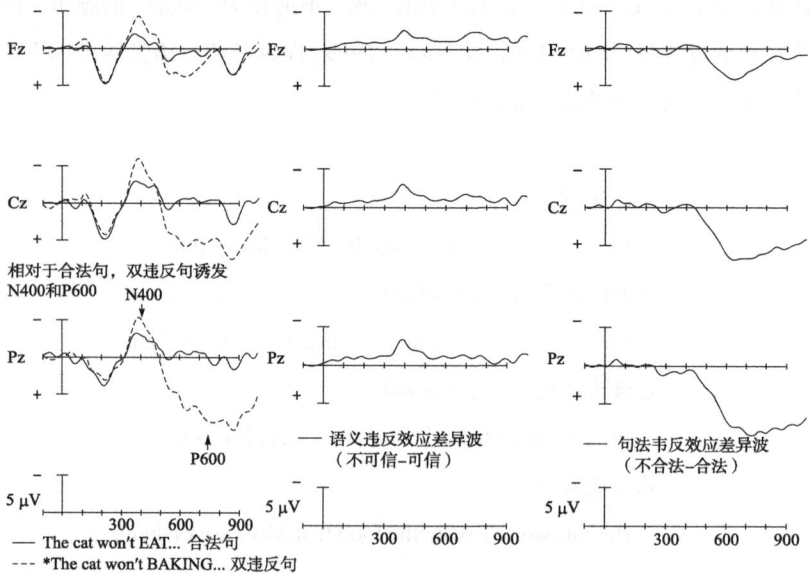

图 7.6 Osterhout & Nicol（1999）的脑电结果

注：最左边为双违反句相对于合法句所诱发的 N400 和 P600 效应，中间为语义违反效应差异波图，最右边为句法违反效应差异波图。

究较好地控制了可潜在影响句法、语义的一些变量，因此其实验结果较为可信，也确立了考察句法、语义的脑电实验的经典设计。

从时间窗口上看，这项研究似乎暗示，大脑对于语义违反做出的反应略早于对于句法违反做出反应。这与模块说或园径理论所主张的"句法优先说"不符。但是，该结果又与彼时某些行为实验研究的发现相吻合，即语义、语用信息可以发挥即时作用（Altmann 1998；Marslen-Wilson & Tyler 1987；Tanenhaus *et al.* 1995），甚至有时被试察觉语义违反的时间先于察觉句法违反（Ni *et al.* 1998）的时间。而且，也有临床个案研究显示，失语症患者可以构建语义表征，而不是句法表征，且比正常人更依赖于语用信息（Tyler 1985）。

不过，还存在另一种可能，即这些结果或许是由语言类型的差异带来的，毕竟较其他印欧语系而言，英语的形态屈折变化并不算丰富，而其他形态——句法效应未必能在基于英语的脑电研究中体现出来。随着针对不同类型的句法违法研究的深入，来自德语句子的一系列研究似乎为相关研究提供了新的视角。

7.1.4 德语模式中的（E）LAN 效应

因为句法 P 600 在时间进程上发生在语义 N 400 之后，并且有证据显示句法 P 600 并非句法违反所特有的成分（详见 8.2.4 小节），在某些情况下可能是句法和语义的交互作用（Hagoort & Brown 1994；Münte *et al.* 1998；Patel *et al.* 1998），所以（E）LAN 的发现就成为支持句法模块说的重要基石。

7.1.4.1 ELAN

最早关于 ELAN 的发现源于 Neville *et al.*（1991）。该研究基于英语句子，对比考察了语义违反和三种句法违反所诱发的脑波差异及其在脑区分布异同。语义违反句（如 The scientist criticized Max's *event of the

theorem）较控制句（5a）诱发了经典的N400效应，句法违反中属于强
违反的主语孤岛句（*What was a picture of printed by the newspaper?）
相对于合法疑问句（What did the newspaper print a picture of?）诱发了
P600效应。但此处我们将重点关注另两种句法违法，即（5b-c），它们所
诱发的新脑电成分是该研究的新颖发现所在。以（5b）为例，对于英语本
族语者而言，在看到位于领属语的人名（如Max's）后，会产生很强的预
期，预测下一个词是领属结构的中心名词（如Max's proof）。而（5b）中
的介词of显然不符合短语规则。Neville *et al.*（1991）发现，涉及短语结构
违反（5b）和复杂名词孤岛句（5c）都诱发了很早就出现的左前负波（文中
称为N125，近六年之后才被正式命名为ELAN）和稍后300毫秒出现的负
波，均在前额叶最为显著。结果见图7.7。

（5）　a.控制句

　　　The scientist criticized Max's proof of the theorem.

　　　b.短语结构违反

　　　The scientist criticized Max's *of proof of the theorem.

　　　c.复杂名词孤岛

　　　*What did the scientist criticize Max's proof of?

　　　（合法句：What did the scientist criticize a proof of?）

违反短语结构的句子会诱发 ELAN这一现象，主要出现在有形态
格标记的语言中，如德语。基于德语的一系列研究主要由欧洲马普所的
Angela D. Friederici及其同事完成，他们创造的短语结构违反句类型多
样，但特点鲜明：1）都与介词有关；2）关键动词为过去分词形态，涉及
不同的前缀如ge-/be-。结果大多在关键动词位置发现ELAN（Friederici
et al. 1993；Hahne & Friederici 1999，2002；Sabisch *et al.* 2006），因此
可被称为"德语模式"。比如，相对于（6a）中三种合法的控制句，违反句

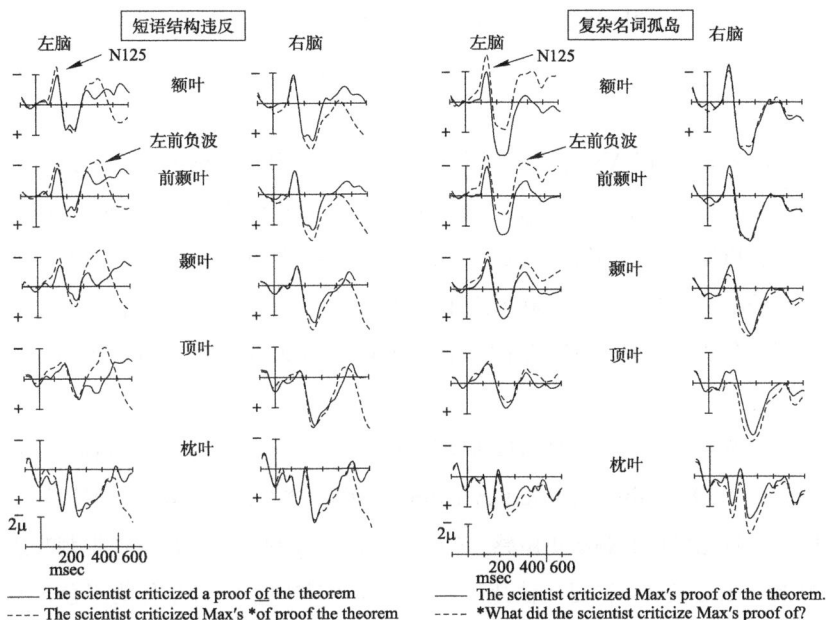

图 7.7　在两种句法违反条件下不合法词（用下划线标出）相对于合法词诱发早期的左前负波（Neville *et al.* 1991）

（6b）中的介词短语缺失了名词。对于德语母语者而言，根据短语规则，看到介词（am）之后应该预期到一个名词，但动词（gebügelt）的出现与该预期产生冲突，因此诱发左前负波（Hahne & Friederici 2002）。

（6）　a.控制句（共三种，括号表示可有可无，斜杠表示不同句子中的成分）

Die Bluse wurde (am Montag 　/oft /) gebügelt.

The blouse was 　(on-the Monday/often/) ironed.

'The blouse was (often) ironed (on Monday).'

b.违反句

Die Bluse wurde am 　*gebügelt.

The blouse was   on-the   ironed

* 'The blouse was ironed on the'.

能够诱发 ELAN 的短语规则违反句不仅仅限于规则词，还包括具有形态标记的假词，如，以 ge- 为前缀的假词（Hahne & Jescheniak 2001）。据此，Friederici 及其同事认为，ELAN 这一早期负成分是加工词类范畴信息的脑电指标。但是，在形态丰富的语言中，有时性、数、格、时态不匹配也会诱发类似 ELAN 的早期负波（Münte *et al.* 1993；Münte & Heinze 1994）。

虽然无论实验刺激是通过听觉呈现还是通过视觉呈现（Friederici *et al.* 1993，1999；Hahne & Friederici 1999），都能诱发 ELAN 效应，但该效应似乎对听觉呈现的刺激更敏感。Gunter *et al.*（1999）通过操纵视觉刺激的视觉对比度发现，同是句法违反句，只有强对比度下（即字体为黑色，背景为高亮浅灰色）才会诱发 ELAN，而低对比度下（即黑色字体呈现在几乎黑色的背景上）诱发的是 LAN。Friederici & Weissenborn（2007：52，脚注 1）据此提出，ELAN 是反映加工器构建短语结构的成分，属于高度自动化的句法加工，更易在听觉呈现的涉及违反的口语句子中观测到，而视觉呈现刺激时，仅限于视觉对比度很强的白底黑字。当"单个呈现的字词之间间隔为 300 毫秒或以上时"，或者当"视觉刺激被视觉对比度所阻碍时"（如，背景是深灰色），则不易发现 ELAN。但是，很多采用阅读任务的脑电研究即使采用了更快的呈现速率和白底黑字，也均未发现 ELAN，而是发现了 300 毫秒之后才出现的晚期前部负波（[L]AN）（如 Friderici *et al.* 1996；Friederici & Meyer 2004；Hagoort 2003；Hinojosa *et al.* 2003；Newman *et al.* 2007）、N400（Federmeier *et al.* 2000；Gunter & Friederici 1999），或者在 300~500 毫秒左右发现了相对于基线条件的正走向脑波（Frisch *et al.* 2004）。

对此，Friederici（2002）认为，这些研究所使用的刺激是合法但罕见的结构，仍然可以继续完结为一个合法的句子；但只有涉及彻底的句法违反，即局部短语规则一旦违反，就全然排除了合法后继句的可能性，才能发现ELAN。但是，正如Steinhauer & Connolly（2008）所指出的，在Friederici及其同事所做的系列研究中，属于词类范畴违反的德语模式句子其实也能后继为一个合法的结构，如Die Bluse wurde am gebügelt noch festlicher wirkenden Jackett mit Nadeln befestigt（The blouse was to-the ironed even more festive seeming jacket with pins fixed，意思为"衬衣被针钉在外套上，外套被熨烫过后，看上去更有节日的喜气"），或者Die Bluse wurde am gebügelten Jackett mit Nadeln befestigt（The blouse was to-the ironed jacket with needles pinned，意思为"衬衣被针钉在熨烫好的外套上"）。而且，词类违反或短语规则违反的定义其实未必清晰，有时也可以看作形态——句法一致性违反，比如给动词gebügelt加上屈折形态词缀en后，就构成修饰名词的形容词（与动词一样具有过去分词的形态），从而可后继为一个合法、高频的德语句子。

此外，在德语口语句子中发现ELAN的研究中，语音刺激多采用交叉剪接技术（cross splicing），但会造成声学韵律方面的差异，包括重音、时长、音高曲拱（pitch contour）、协同发音干扰等（Sabishch *et al.* 2006；Mueller *et al.* 2005：1234）。而且，类似（6a-b）德语模式的刺激设计中，关键动词虽然保持了恒定，但该词之前字词的词类范畴（即语境）则各有不同，如（6a）中的介词am分别与控制句中的助词wurde、名词Montag、副词oft相对比。正如Steinhauer & Drury（2012：141）所指出的那样，实义词（Montag、oft）较虚词am在300—500毫秒区段内可能会诱发更大的N400效应，考虑到大多数脑电研究逐词呈现的间隔恒定在500毫秒，且选择、设置基线纠正（baseline correction）的标准通常是在关键动词呈现之前100毫秒的区间（[-100,0]），那么因词汇间差异所带来的N400就会正好反映在关键动词上。换言之，在关键动词（gebügelt）上发现条件之间的差异与动词加工本身并无关系，该效应更可能反映的是伪迹（artifact）。

Steinhauer & Drury（2012）对ELAN效应的已有研究做了细致的梳理、归类，发现所有这些研究无一例外，均操纵了关键词之前的语境，因此都存在"伪迹"作用。若要发现真正的ELAN效应，必须排除来自基线区间的混淆作用，即需要看基线之前各条件间的表现。但大多数ELAN研究所提供的脑波图中并不呈现这一信息，仅显示目标词起始后的脑波走向。这些都为ELAN这一成分的信度、效度提出了挑战。

7.1.4.2　LAN

LAN为左侧额叶负波，在极性、头皮分布方面与ELAN相似，但潜伏期更长，大约在关键词呈现后300~500毫秒才能观察到。Kutas & Hillyard（1983）最早记录了LAN（以及很小的P 600），由名词的数不一致（如six *apple*）、动词的数不一致（如we *knows* that ...）、动词时态不一致（如ice begins to *grew*）诱发。

之后的研究也相继发现，LAN与功能信息失匹配有关，包括性、数不一致（Coulson *et al.* 1998；Gunter *et al.* 1997；Kutas & Hillard 1983；Osterhout & Mobley 1995）、动词屈折的形态错误等（Gunter *et al.* 1999，2000；Coulson *et al.* 1998；Penke *et al.* 1997）。比如，德语句子*Sie bereist den Land auf einem Kräftigen Kamel.（*She travels the_{masc} land_{neuter} on a strong camel）中，宾语论元中的定冠词与名词在性信息上不相匹配，因此相对于性信息匹配的控制句，就会诱发LAN（Gunter *et al.* 2000）。

LAN通常与P 600以双相（bi-phasic）形式，共同出现（Friederici *et al.* 1993，2004；Gunter *et al.* 2000；Hinojosa *et al.* 2003；Martin-Loeches *et al.* 2005）。

鉴于一些研究使用了同类型的句法—形态错误句却没有诱发LAN（如Coulson *et al.* 1998；Gunter & Friderici 1999；Münte & Heinze 1994），也有学者将LAN解释为工作记忆负荷（Fiebach *et al.* 2001，2002；Kluender & Kutas 1993；King & Kutas 1995；Kaan & Swaab 2003；

Phillips *et al.* 2005），此时涉及的句式为非毗邻的填充语 — 空位依存关系的加工，如关系从句。

在某些情况下，当句子以听觉呈现时，LAN会出现得更早，约在100到300毫秒之间（Neville *et al.* 1991；Friederici *et al.* 1993；Friederici 2002），表现为左前负波（ELAN）。相反，有时涉及词类违反句子也会诱发LAN，比如Hagoort *et al.*（2003）将荷兰语中的名词用动词取代，结果发现，在300到500毫秒之间，相对于控制句 De houthakker ontweek de ijdele schroef op dinsdag（The lumberjack dodged the vain propeller on Tuesday，意为"伐木工在周二躲开了无用的螺旋桨"），词类违反句 De houthakker ontweek de ijdele *schroeft op dinsdag（The lumberjack dodged the vain propelled on Tuesday）诱发了LAN。

Steinhauer & Drury（2012：152）认为，视觉脑电研究在规避了因操纵语境而导致关键词之前的字词不一这一问题后，均未重复出ELAN效应，而更普遍的是发现了LAN效应。事实上，视觉呈现的短语规则违反句和其他句法违反（如形态 — 句法一致性违反）类似，往往会诱发在300到500毫秒的LAN效应，而早期ELAN效应极为罕见。同样地（Steinhauer & Drury 2012：153），听觉脑电研究中短语规则违反句普遍会诱发持续的负波（late negativity，LN）和P600，但这些效应未必可归因到短语规则违反，有些情况下只是伪迹，而有些情况下也会在形态 — 句法违反下出现。

7.1.4.3 持续负波

既然ELAN作为稍纵即逝的效应缺乏可信度及有效性，那么存在一种可能，即它实际上是一种持续的负波（sustained negativity），只不过其早期部分被当作ELAN，而晚期部分与P600有着相似的潜伏期，但因二者极性相反而相互抵消。Hastings & Kotz（2008）通过设计最具可比性的不同类型的句法违反条件，为这一说法做了背书。

Hastings & Kotz（2008）采用听觉ERPs范式，探究了与句法违反相关的两个脑电成分（即ELAN和P 600）在时间进程与功能成因上的异同。他们设计了50套德语刺激，均为由双词构成的词对形式，通过操纵第二个词的屈折形态，构成两种类型的句法违反：1）短语结构违反；2）一致性违反。该设计的精巧之处在于，第二个词的词干具有词类范畴歧义，或为动词，如kegeln（to bowl "打保龄球"），或为名词，如kegel（cone "圆锥体"），因为发音相似，所以被试必须在整词呈现完毕后方可确定到底是哪种违反。

具体而言（见表7.1），在一致性违反词对中，第一个词为人称代词，采用两种形式：第二人称du "你"、第三人称er "他"；第二个动词也采用两种屈折形式：第二人称单数kegelst[bowl]、第三人称单数kegelt[bowls]）。两两组合为主语+动词，构成四个条件。在短语结构违反词对中，第一个词也有两种形式：第三人称代词er[he]、不定冠词ein[a]；第二个词或为第三人称单数动词kegelt[bowls]，或名词Kegel。两两组合也构成四个条件。

表 7.1　Hastings & Kotz（2008）实验刺激设计

	人称代词	词干形态	条件	词对刺激
一致性	第三人称er	第三人称单数kegelt	正确	er kegelt　（he bowls "他打保龄球"）
			违反	*er kegelst（*he bowl）
	第二人称du	第二人称单数kegelst	正确	du kegelst（you bowl "你打保龄球"）
			违反	*du kegelt（*you bowls）
短语结构	第三人称er	第三人称单数kegelt	正确	er kegelt　（he bowls "他打保龄球"）
			违反	*er Kegel（*he cone）
	不定冠词ein	名词Kegel	正确	ein Kegel　（a cone "一个圆锥体"）
			违反	*ein kegelt（*a bowls）

Hastings & Kotz（2008）完成了两项实验，实验刺激完全一样，区别仅在于被试任务是否涉及对听觉刺激的注意：实验一要求被试对句子做语法判断任务，实验二则让被试忽略听觉刺激，集中精力看动画默片。结果如图7.8所示。当被试有语法判断任务时，两类句法违反条件都诱发了始于100毫秒的ELAN。此外，一致性违反条件还诱发了P600效应。考虑到主谓一致条件下双词（名词+动词）足以构成一个句子，因此被试在察觉到形态句法违反后会积极地试图对错误做出修改。而短语结构条件下双词则更不足以成句，因此被试不会试图对非完整句进行修正。有趣的是，当被试将注意力放在默片上，不去注意听觉刺激时，两种句法违反条件都只引发了负走向的脑波，类似ELAN，始于100毫秒，且持续到700毫秒左右，集中于头皮前部，但都没有P600。

综合考虑Hastings & Kotz（2008）的两项实验结果，可以总结三点：1）无论句法违反是何种类型，也无论被试注意力是否分配给听觉刺激，都诱发了始于100毫秒的负波。这似乎表明ELAN反映的是自动加工。2）只有当被试为听觉刺激分配了注意力，并做语法判断时，不合法的完整句子才会出现P600。这暗示P600反映的是一种策略性控制下的句法重新分析。3）当被试没有把注意力集中在听觉输入的语言刺激时，句法违反句诱发的是一种负波，起始很早，且持续到很晚，自始至终集中于头皮前部。这一现象与第二点（注意条件下）P600在两类句法违反条件下的隐/现形成互补式对照，可为整个结果提供了一个更合理的解释，即所谓的ELAN更可能是持续负波的前半部分，只不过在被试注意的情况下，负波的后半部分被时窗相近、同时引发的P600叠加后相互抵消（如，短语规则条件下的非完整句），或因P600胜出而被掩盖（如，主谓不一致条件下的完整句）。换言之，持续负波才是句法违反的脑波指标。

Steinhauer & Drury（2012：153）进一步提出，出现在头皮左前区域的持续负走向漂移波与语言加工时所运用的工作记忆直接相关。这将句法加工的脑电成分拓展到更具普遍认知性的工作记忆效应，只要在加工句

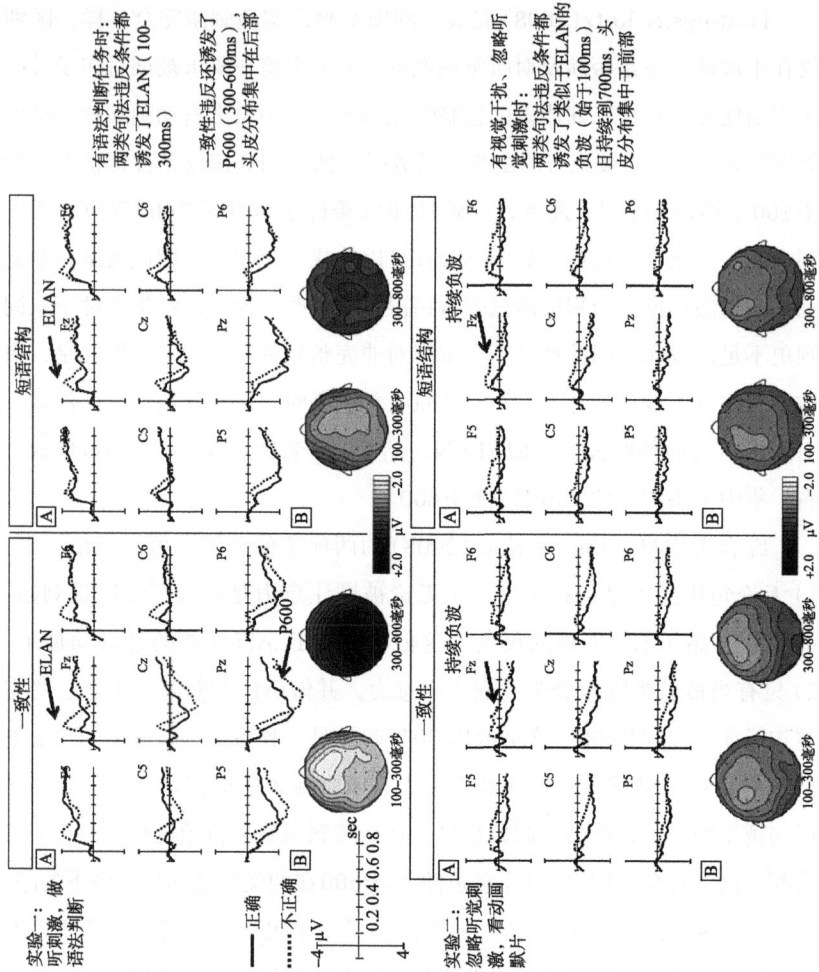

图 7.8　Hastings & Kotz（2008）实验一（语法判断任务）、实验二（忽略听觉刺激、看动画默片）两类句法违反条件下不正确句相对于正确句所诱发的 ERP 反应

注：（A）为 9 个代表电极的脑波图，（B）为在［100—300 毫秒］、［300—800 毫秒］两个时间窗下条件之间的大脑分布差异图（不正确—正确）。

子时需要把即将到来、尚未整合的成分保持在工作记忆中，那么就会增加对记忆认知资源的需求。的确，一些涉及句法违反的脑电研究对工作记忆负荷有较高要求时，也发现了持续负波，包括填充语 — 空位依存关系

（Fiebach *et al.* 2001，2002；Kluender & Kutas 1993；Phillips *et al.* 2005），涉及时序关系、情绪、模态的语义违反（Dwivedi *et al.* 2006；Münte *et al.* 1998），默读复述（Ruchkin *et al.* 1992），构建逻辑语义与语篇表征之间的映射关系（Steinhauer *et al.* 2010；van Berkum *et al.* 2007）。而且，晚期负波也不一定总是先于 P 600 或 N 400 出现，比如，当句子涉及逻辑语义/语用异常用法时，会诱发 P 600 和类似晚期 LAN 的负波（Steinhauer *et al.* 2010）。这也从侧面印证了推理过程有赖于工作记忆保持活跃。

7.2 对传统看法的挑战及证据

上一节主要介绍了早期脑电研究成果，通过考察句法违反与语义违反的时间进程，以期阐明句子理解的动态化过程，而对这两大类违反的句子加工模式的阐释，有助于验证句子加工机制中是否的确存在句法、语义这两种不同的加工程序，进而揭示语言的建构体系。本小节重点在于呈现新的证据，对 N 400、P 600 的传统解读提出质疑。

7.2.1 N400 与意义加工的领域一般性

自从 Kutas & Hillyard（1980）发现 N 400 后，在语言加工之外的领域里，也陆续发现了 N 400 效应，可由多种类、多模态的刺激诱发，不受输入形态的限制，包括线条画（Federmeier & Kutas 2001；Nigam *et al.* 1992；Ganis *et al.* 1996）、图片（Cohn *et al.* 2012；McPherson & Holcomb 1999）、手势（参见 Kutuas & Van Petten 1994 的评述）、面孔（Barrett & Rugg 1989；Jemel *et al.* 1999）、动作（Sitnikova *et al.* 2003，2008；Amoruso *et al.* 2013）、气味（Grigor *et al.* 1999；Sarfarazi *et al.* 1999）。这些证据暗示，N 400 效应不仅仅是大脑对语义不可信或语义违反所做出的反应，而是对任何输入刺激在语义信息上获得通达的一个指标。换言之，

从最根本上说，N400是加工意义的指标，有无意义比是否与语言相关
更重要。

7.2.2　N400 与词义的可预期性

在句子理解领域，研究者进一步发现N400也对词义之间的关联和
世界性知识敏感。首先，N400波幅大小会受到上文语境与关键词相关
程度的影响。Federmeier & Kutas（1999）设计了132组实验刺激，每
组由两个句子组成：第一句提供某个语境或具体场景，旨在帮助被试
对于尚未出现的(第二句末尾关键词)词项形式及语义范畴有所预期。例
如，语境句为"他们想让宾馆看上去更像热带度假地"（They wanted to
make the hotel look more like a tropical resort），目标句为"所以，沿着
大道他们种上了一排排的棕榈树/松树/郁金香"（So along the driveway
they planted rows of palms/pines/tulips）。此处，研究者通过操纵句末关
键词，构成三个条件：1) 与语篇一致、符合预期，如"棕榈树"（palms）；
2)语义违反，但与目标词共属同类范畴，如"松树"（pines）；3)语义违
反，同时也与目标词分属异类范畴，如"郁金香"（tulips），因为郁金香
属于花科，适宜生长在中高纬度地区。根据事先进行的一个句子补全测试
结果，符合预期词的完型概率均值为0.74，后两种的语义违反词的完型
概率均值都低于0.05。

结果发现(见图7.9左图)，相对于高预期词palms，后两个语义
违反词都引发了N400效应，而且tulips比pines的N400波幅更大。
Federmeier & Kutas（1999）认为，当被试读到文中出现的"热带"、"度
假"、"宾馆"、"种植"等具象性强的字眼时，会预先激活长期记忆(心理
词典)中与上文所描绘的场景相契合的高预期词palms。虽然实际呈现的
pines和tulips不符合预期，但同tulips相比，pines与palms共享更多
的语义特征，因此语义整合的难度更小，其N400振幅也就减小。该结
果暗示N400效应与语义记忆的组织方式有关，储存在长期记忆的字词

或事件按照语义特征建立关联，彼此的相似性、关联性越强，其提取、整合就越容易。语义记忆对句子加工有直接影响（Kutas & Federmeier 2000），尤其是在缺乏相应语义背景时更是如此（Federmeier & Kutas 1999）。

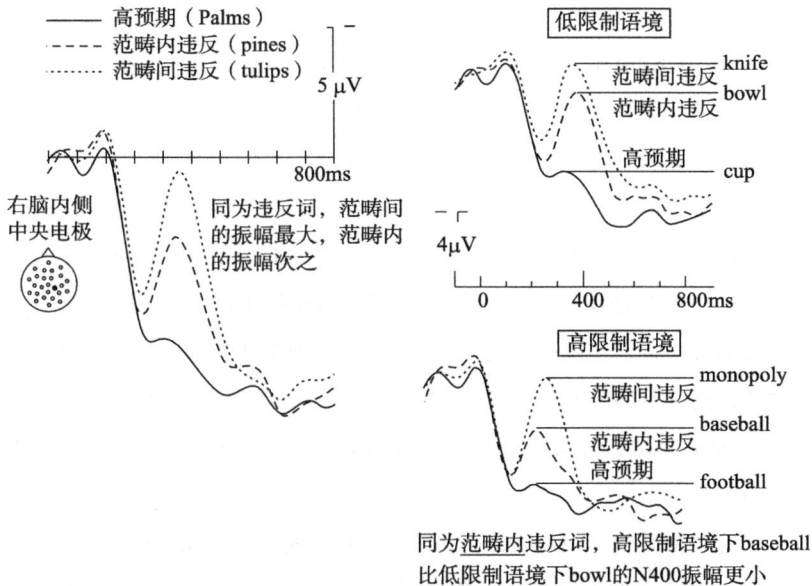

图 7.9　N400 振幅受特定语境下字词的可预期性以及语境限制性的影响

注：左图改编自 Federmeier & Kutas（1999：481）的脑电结果，右图改编自 Kutas & Federmeier（2000：467）的脑电结果

Kutas & Federmeier（2000）进一步考察了语境限制性和词项的可预期性如何共同影响句子的加工进程。她们依据高预期性词的完型概率结果，以中线值75％为界，将句子语境按限制性的强弱分为两类：1) 低限制语境句（low constraint sentence），是指随着句子逐词展开，可结句的词项不止一个，通常会有多个都可相容，比如在读到"艾琳诺想给访客备点儿咖啡。然后她发现没有一个干净的……"（Eleanor wanted to fix her visitor some coffee. Then she realized she didn't have a clean ...），读者可能设想一个在厨房里以茶点待客的场景，契合该语境的词可以是"(咖啡)杯子"（cup），也可以是与研制咖啡相关的其他用具。2) 高限制语境句（high constraint sentence），是指上文语境高度偏向性地指向唯一一个(结句)词，比如在读到"他接住了传球，并达阵触地得分。没有比打一场好的 …… 比赛更让他享受的事了"（He caught the pass and scored another touchdown. There was nothing he enjoyed more than a good game of ...），几乎所有北美读者都能预期到下一个最契合的词是"橄榄球"（football），因为"达阵"（touchdown）是橄榄球赛事计分方式的术语。

在两种语境限制条件下，又下分三类情况：1) 高预期；2) 同类范畴违反；3) 异类范畴违反。这里仅就高限制语境条件下的三个词项，备注一下相关的文娱背景知识："棒球"（baseball）之所以与橄榄球归为同类，是因为两种赛事有很多共同的特征，包括棒球也有计分的专门术语如"全垒打"（home run），等等；"寡头"（monopoly）是一种桌游游戏，故为异类范畴。

脑电结果有两个主要发现，如图7.9右图所示：1) 无论语境限制性的强弱，异类范畴的语义违反词相对于高预期词的N400振幅更大（即，右图中最上部点线与最下部实线之间差异波最大）；2) 同类范畴的语义违反词在低限制性语境下（bowl）比高限制性语境下（baseball）诱发的N400振幅更大（即，右图中对应中间曲线与最下部实线之间的差异波为N400效应，右下图比右上图的差异波更小）。这些结果再次印证了Kutas及其同事对N400的看法，表明N400对词项语义之间的联系敏感：正因为上文语境预先激活了"橄榄球"及其相关语义特征，而实际出现的词"棒球"与这些特征有诸多重叠，所以是个可以理解的"错误"。

7.2.3 N400 与语用及世界知识

此外，Hagoort *et al.*(2004)进一步发现，N400对语用方面的世界知识也很敏感。Hagoort *et al.*(2004)使用了荷兰语句子，如"荷兰火车是黄色的/白色的/酸的，还很拥挤"(Dutch trains are yellow/white/sour and very crowded.)。在荷兰定居或生活过的人都知道，那里的火车都是黄色的。因此，对于荷兰被试而言，yellow符合事实，white不符合事实但符合语义，sour属于味觉词，显然不符合语义。脑电结果如下图7.10所示：相对于正确的关键词yellow，违反语义的sour和违反现实的white都诱发了显著的N400效应，而且至为关键的一点是，二者在N400的起始时间、峰值潜伏期都相同，在振幅大小、头皮分布方面也很相似。

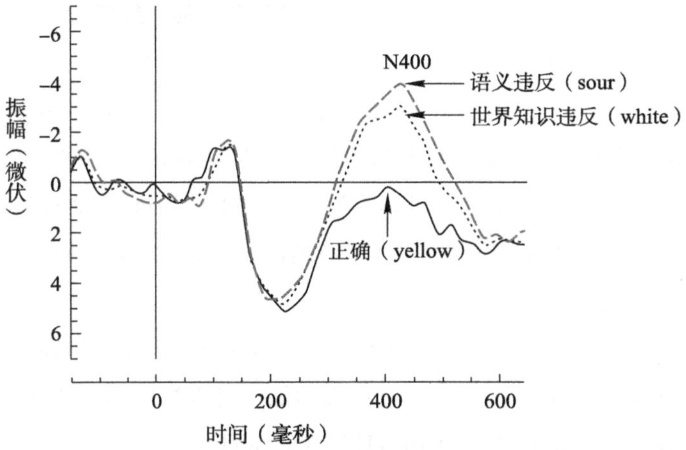

图 7.10　Hagoort *et al.*（2004：439）的脑电实验结果，锁定于关键词起始位置

注：相对于正确词，语用违反词和语义违反词所诱发 N400 效应在潜伏期、振幅上均很相似。

该研究表明，语义信息和语用知识几乎同时影响句子理解的进程。这一发现直接挑战了某些关于释义程序的理论，比如Forster(1989)认为句子理解分两步进行，首先基于词汇的语义提取、组合，确定句子的意思，然后基于语用和世界知识，判断命题的真伪。但Hagoort *et al.*(2004)以

N400的数据结果清晰地阐明，句意的运算和命题的确认可以同时进行；判定句子命题为假与察觉到语义异常，二者所花费时间相差无几。

N400波幅对语篇、语用层面的含义也很敏感。Van Berkum *et al.* (1999) 发现，在语篇理解时，当一个词的语义与整个段落的语境不匹配时，即使该词与其所在的整句意思相匹配，也会诱发N400。又如，给出的一段文本中，局部句子意思连贯，而整个段落的意思模糊。但加了一个信息量大的标题后，就足以减弱原文本中所有实义词诱发的N400波幅。另如，脱离语境的语用违反句会诱发波幅很大的N400，如peanuts falling in love（"恋爱中的花生"），但一旦给出童话这个语境，N400就会完全消失。此外，相对于非隐喻的控制句（如He knows that whisky is a strong intoxicant "威士忌是强麻醉饮品"），含隐喻用法的句子（如He knows that power is a strong intoxicant "权利是强麻醉剂"）会诱发更大的N400，说明隐喻涉及不同域之间的概念映射、转换及整合，因此会比字面理解更费力。但二者相对于纯字面意的句子（He used cough syrup as an intoxicant "他用止咳糖浆做饮料"），其波幅都处于中间，暗示加工隐喻和字面意思所需的时间进程大致相当（见Coulson 2012的综述）。鉴于模块化理论认为加工非字面意义固有地比加工字面意义更晚，来自脑电的结果直接批驳了这一观点。

综上所述，加工系统能快速利用、整合字词、句子、语篇信息，包括世界知识和共有认知，而且对语义的加工可以推广到其他认知领域，N400本身似乎无需对应一个语言特异性的模型。

7.2.4 语义 P600

进入21世纪以来，欧美学者相继发现新的脑电证据，不断挑战P600成分对应于句法加工这一早期看法。在2003—2005年间，至少有四个研究团队刊发论文，指出同一现象，即本应出现N400的语义违反句子却诱发了P600，被称为"语义P600"。

7.2.4.1 语义 P600 的跨语言证据

诱发语义P600的句子通常具有如下特点：关键动词合乎语法，但句中名词短语所被赋予的题元角色却出现错配，即依据动词—论元结构（verb-argument structure）为主语、宾语指派的施事、受事角色在现实世界里并不合理，通常需要反转后才符合现实。Kuperberg *et al.*（2003）最早发现类似现象。他们以英语简单句（For breakfast the boys would only eat toast and jam）为基线，通过改变主语名词或关键动词，构建了两种违反句：1）题元角色违反（For breakfast the eggs would only eat toast and jam），因无生命性的"鸡蛋"不能充任"吃"（eat）的施事，但符合上文中"早餐"的语境，所以预期应诱发N400；2）语用违反（For breakfast the boys would only bury toast and jam），虽然有生名词"男孩"作为施事无碍，但动词"埋葬"不符合上文语境，因此预期会诱发N400。

在关键动词位置上，两种违反条件相对于基线出现迥异的脑电模式：1）题元角色违反句并没有诱发N400，但出现了显著的P600，该发现完全出乎意料；2）语用违反句诱发了显著的N400，这基本符合预期。之后，Kuperberg的团队通过微调语境句（如，更具限制性的Every morning at breakfast ...）、更换关键动词（如，与名词论元毫无语义关联的plant），开展一系列的后继研究，也都得到类似的结果（Kuperberg *et al.* 2006, 2007），具体参见图7.11A图结果。此外，Kim & Osterhout（2005）采用题元角色反转句（The hearty meal was devouring the kid），以合法句为基线（The hearty meal was devoured by the kid），也发现动词devouring诱发了显著的P600效应（见图7.11B图结果）。有趣的是，当Kim & Osterhout（2005）在实验二中更换了句首名词后（The dusty tabletops were devouring the kid），就只有显著的N400效应，没有P600效应。

与此同时，在北美洲大西洋的另一端，荷兰奈梅亨大学和格罗宁根大学的两个科研团队也在以荷兰语为对象的研究上发现了类似现象。Kolk *et al.*(2003)使用了结构复杂的关系从句，以主语关系从句为基线(The mice that from the cat fled ran across the room "逃离猫的老鼠穿过了房间")，考察了语义违反句(De kat die voor de muizen vluchtte rende door de kamer/The cat that from the mice fled ran across the room "逃离老鼠的猫穿过了房间")。结果在关键词vluchtte/fled位置，发现语义违反句出现显著的P600，而非N400(见图7.11C图结果)。

Hoeks *et al.*(2004)则使用了简单主谓宾结构，对比考察了基线句(The javelin was by the athletes thrown "标枪被运动员投射了了")和语义违反句(De speer heft de atleten geworpen/The javelin has the athletes thrown "标枪投射了运动员")。如图7.11D图结果所示：在关键词geworpen/thrown位置，语义违反句出现了明显的P600效应，但没有N400效应。

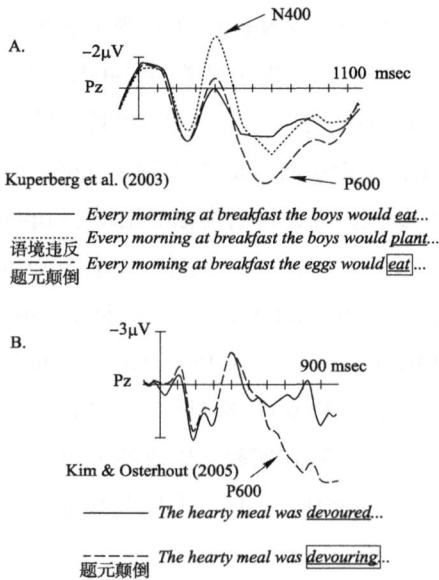

A. −2μV

Pz 1100 msec

N400

P600

Kuperberg et al. (2003)

————— *Every morning at breakfast the boys would eat...*

·········· *Every morning at breakfast the boys would plant...*

语境违反

题元颠倒 *Every morning at breakfast the eggs would eat ...*

B. −3μV

Pz 900 msec

Kim & Osterhout (2005)

P600

————— *The hearty meal was devoured...*

— — — — — *The hearty meal was devouring...*

题元颠倒

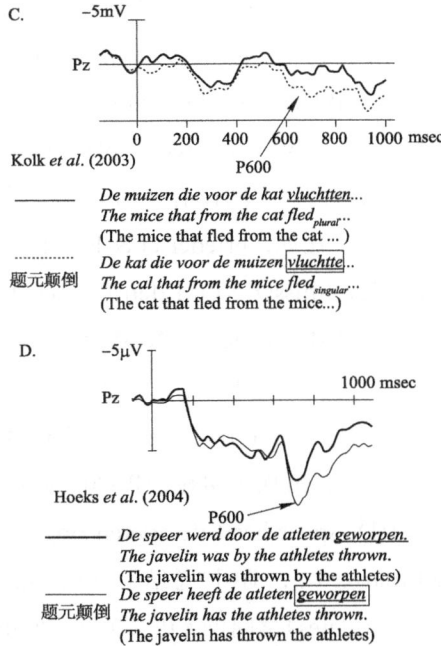

C.
−5mV

Pz

0 200 400 600 800 1000 msec

Kolk *et al.* (2003)
P600

——— *De muizen die voor de kat* <u>*vluchtten*</u>...
*The mice that from the cat fled*_{plural}..
(The mice that fled from the cat ...)

....
题元颠倒 *De kat die voor de muizen* <u>*vluchtte*</u>.
*The cal that from the mice fled*_{singular}..
(The cat that fled from the mice...)

D.
−5μV

Pz

1000 msec

Hoeks *et al.* (2004)
P600

——— *De speer werd door de atleten* <u>*geworpen*</u>.
The javelin was by the athletes thrown.
(The javelin was thrown by the athletes)

———
题元颠倒 *De speer heeft de atleten* <u>*geworpen*</u>
The javelin has the athletes thrown.
(The javelin has thrown the athletes)

图 7.11　因题元角色颠倒而诱发的语义 P600 效应，均取自 Pz 电极

注：A 和 B 图为英语示例，C 和 D 图为荷兰语示例，改编自 Kuperberg（2007：27）。

7.2.4.2　影响语义 P600 的潜在因素

上述四项研究都使用了与题元角色有关的语义违反句，但它们既无句法违反也无结构歧义，却也都出现了 P600 效应。如何解释这个令人困惑的发现呢？学者们先后提出了不少假说，试图找出潜在的影响因素，比如语义关联性。Kim & Osterhout（2005）认为，诱发语义 P600 的主要原因有二：1）动词和论元（主语、宾语）之间是否有语义关联；2）关联的紧密程度。该看法在上述四个研究中都能得到验证：如 egg 和 eat 之间（Kuperberg *et al.* 2003），meal 和 devour（Kim & Osterhout 2005）之间，fled、cat、mice 之间（Kolk *et al.* 2003），javeline、athlete、throw 之间（Hoeks *et al.* 2004），均有很强的语义关联性。

249

但是也存在两种反例情况。第一种反例是，动词与论元之间并没有很强的语义关联性，题元颠倒句也会在关键动词位置诱发P600。比如，Kolk *et al.*（2003）的荷兰语刺激句De bomen die in het park speelden.../The trees that in the park played ...，trees和played之间关联不大。第二种反例是，即使动词与论元之间没有任何语义关联，题元颠倒句也会在动词位置诱发P600。比如，Friederici & Frisch（2000）的德语句子Anna weiβ, dass der Kommissar-NOM den Banker-ACC abbeizte und wegging/Anna knows that the inspector-NOM the banker-ACC stained and left，动词"弄脏了"（stained）与主语"检察官"（inspector）、宾语"银行家"（banker）之间并不存在语义关联性，但相对于有语义关联的动词"监督"（monitored），出现了明显的P600。同样的，Hoeks *et al.*（2004）的荷兰语句子De speer heeft de atleten opgesomd.../The javelin has the athletes summarized ...，动词"总结了"（summarized）与"标枪"（javelin）、"运动员"（athletes）之间也无语义关联，但相对于有语义关联的"投掷了"（thrown），也出现了P600。显然，语义关联强度本身不足以解释语义P600效应。另外，值得注意的是，上述这些"反例"个案研究都不仅发现了P600，也同时发现了N400。

Kuperberg *et al.*（2006）认为，动词—论元之间的语义关联、动词的句法选择限制、题元角色与生命性之间的关联、外显的可接受度判断任务、上文语境的连贯丰富程度等因素，各自都有可能引起被试对题元角色的注意力，进而对语义P600的产生有所影响。当这些因素彼此结合，共同发生作用时，将会大大增加动词—论元语义违反所诱发P600的概率。但是，在哪些因素的共同作用下一定会诱发语义P600？各因素的交互作用是否有阈限临界点？这些问题尚需更多的证据予以澄清。

7.2.4.3　对语义P600的三种解释

已有文献中提出不少假说，试图分析、解释语义P600的本质。按照各自观点，可大致归为三类：1) 由语义/可信度主导的修复，2) 对冲突性释义进行持续分析，3) 对冲突性表征进行纠错性再分析。

第一种解释认为语义 P600 反映了由语义 (题元关系、现实可信度) 所主导的修复过程。Kim & Osterhout (2005) 提出，对于句法正确的句子 the hearty meal was devouring ...，依据句法线索可得到主语论元 "美餐" 为施事的释义，但依据语义组合原则可以将动词、名词诠释为 "(某人) 大快朵颐"，即无生命的 "美餐" 更可能被赋予受事的释义，也更符合现实世界的情况。这种强烈的 "语义吸引" (semantic attraction) 促使被试忽略当前的句法线索，将动词的屈折形态 ing 修改为过去分词 ed 形式，即 the hearty meal was devoured ...，从而将句首名词的题元角色从施事换为受事，使句子意思符合真实性评估。"语义吸引说" (Kim & Osterhout 2005) 的核心在于将 P600 效应归因于题元角色重新分配，此类解释还有不少，包括 Kuperberg *et al.* (2003) 的动词—论元语义违反说、Hoeks *et al.* (2004) 的语义错觉说 (semantic illusion)。

但是，Kuperberg *et al.* (2006) 在一项后继研究中将主动句改为被动句，并对比了 To make good documentaries cameras must be interviewed ... 和 Every morning at breakfast the eggs would be eaten ...，结果前者仍然发现了 P600，而且效应比后者更大。该结果表明，可修复性并不令人信服，因为 eggs 在早餐时可以被吃，而 camera 则不可能作为被采访对象，其语义—题元的适恰性不具有可修正性。显然，不可修复的语义关系不是诱发 P600 的唯一因素，应该还存在其他因素。

第二种解释由 Kuperberg (2007) 提出，他认为加工有两条线路：一条是基于词汇语义的加工路径，计算逐个输入的实词 (即名词、动词) 之间的语义特征、关联，并与预先存储在长期记忆的语义关系表征相比较。N400 成分对这种计算很敏感 (Federmeier & Kutas 1999；Kutas & Federmeier 2000)。第二条是基于 (与语言学有关的) 多个限制条件、由句法决定的组合 (combinatorial) 加工路径，将多个原则、句法规则组合起来进行运算操作，对形态句法、题元语义、生命度等制约性信息均很敏感，但该路径首次运算很可能失败。两条加工路径平行进行，但各自所得到的句意诠释有可能彼此冲突，特别是当基于词汇语义的加工路径所输出的结果更连贯合理时，就会与组合加工路径第一遍诠释的输出结果相冲突。此时，组合加工路径将会持续进行计算，以至于超出400—500毫秒的时间窗口，P600就反映了这种由基于句法结构的组合加工路径所做的持续计算。

这种解释与基于词汇的限制满足加工模型（MacDonald *et al.* 1994）较为相似，"词汇语义（即动词论元关系）加工可以挑战句法加工"这一观点也与非句法中心的加工理论（如Jackendoff 2002）不谋而合。该解释具有一定的说服力，但还有一些存留问题有待回答。比如，两条加工路径在时间进程上能否有足够精细的刻画，在多大程度上是并行共进的？N400与P600之间是否是此消彼长的关系？组合加工路径在做第二遍持续计算分析时，本质上是句法性的，还是句法、语义兼有的？此外，该解释也面临某些跨语言数据的挑战。Bornkessel-Schlesewsky & Schlesewsky（2008）指出，无论是可修复性解释，还是非句法为中心的动态语义加工解释，都默认以动词为中心，来分配题元角色。但对于荷兰语、德语、日语等动词置尾语言而言，两个名词论元先于居尾的动词出现，而且根据已有研究证据，即使是动词置尾的语言，加工系统也仍然会高度递增性地进行预测式加工（Aoshima *et al.* 2004; Bader & Lasser 1994; Kamide & Mitchell 1999），因此有理由认为加工系统在动词出现之前就能利用格标记、助动词等信息，初步构建句意的解读，察觉到两种加工路径所得到的释义冲突。那么，理应在题元颠倒句中第二个名词论元位置，就会出现语义P600。但是，已有的跨语言脑电证据显示，无生命施事—有生受事的论元格局只会诱发N400，而不是P600（Frisch & Schlesewsky 2001; Roehm *et al.* 2004; Philipp *et al.* 2008）。

第三种解释也假定P600起源于两种不同表征之间的冲突，但从更具一般性的认知控制角度，认为语义P600并非语言加工所特有，而是错误监控（error monitoring）作为认知控制系统的一部分，在面临预期性表征（如依据语言刺激所预测的事件）与实际表征（如字词输入）相冲突时，引发重新分析（reanalysis），旨在检查是否对输入信息做出了正确的加工，而P600振幅的大小就反映了这种再分析过程（Kolk *et al.* 2003；Van de Meerendonk *et al.* 2009 ）。

该解释顺应了近年来对预测性加工的研究趋势，将加工器的主动预期与理解过程中的感知错误结合起来，其涵盖的数据面更广，明确了P600并非像先前所认为的那样仅由句法违反而引发，而是拓展到多种可诱发P600效应的现象，包括某些语义违反、拼写违反、图片—描述语不匹配等，以及非语言领域（见下一小节）。因此，该解释正日益受到支持。

7.2.5　P600与结构加工的一般性

P600效应在非语言领域也相继得到观测，涵盖了音乐（如走调的音符，Besson & Macar 1987；Janata 1995；Patel *et al.* 1998）、抽象序列（如乱序的英文字母，Lelekov *et al.* 2000；Lelekov-Boissard & Dominey 2002）、动作视频（如用擀面杖刮胡子，Sitnikova *et al.* 2003，2008）等。以音乐为例，平时听现场音乐会时，如果台上的演奏者弹错了某个音，我们通常都能察觉得到，无论自己是否会弹奏乐器。这种感知能力涉及对音符之间关系的理解，只有当一个音符与其他音符相和谐时，才会听上去悦耳，否则会跑调，或很刺耳。这就像语言中的句法：一个词与周围字词的组合恰当与否，也决定了其语法"合理"或"不合法"的程度。即使是音乐门外汉，没有接受过完整系统的学习，只需倾听有规律可循的音乐，就会有这些"音感"或"语感"。正因为音乐与语言有相通之处，所以当我们听到一段旋律中出现走调的音符时，也跟阅读句子时察觉到句法违例一样，都会诱发P600效应。

语言和音乐有诸多相同之处：1）都将声音或符号结合成新的复杂方式，依赖底层结构知识来限制可能的结合方式；2）音乐和言语都需要高度熟练的技巧，能够察觉各个声音之间的微妙差异，并具备将各成分序列排好的能力。但跨领域共现P600这一脑电指标，是否意味着音乐和语言加工涉及相同的心理过程？不一定，因为P600到底反映的是什么，学界尚莫衷一是。很有可能二者在某个时间节点都需要共通的认知过程，即使许多具体的运算截然不同。

来自非语言领域的脑电研究结果暗示，依赖于结构性的组合原则一旦违反，就会诱发P600效应。或许，P600这一脑电成分并非语言加工所特有，而是与结构加工相关的指标。

7.3　句子加工的认知神经理论模型

进入21世纪以来，脑电研究进入理论构建阶段。以下具体阐述。

7.3.1　三阶段神经认知模型

早期神经认知理论的代表人物为德国马普所教授Angela Friederici。基于大量的电生理及脑成像实验数据，她于2002年提出了著名的三阶段模型，具有很大影响力。该模型根植于句法优先的"模块说"，核心主张有三：1）句法加工和语义加工各自独立表征，2）构建句法结构先于语义加工，3）句法、语义的交互只能发生在后期阶段。

Friederici（2002）认为，在（以听觉方式呈现的）言语加工中，大脑的额叶和颞叶（即颞叶 — 额叶网络）有着重要的作用。大脑最初对口语声学信号进行感知加工，之后开始出现偏侧化。左颞页主要支持词类和词义的辨认，左额叶专司句法结构和语义关系的构建，包括动词次范畴、动词选择限制等信息的利用。右半脑主要负责辨析、确认韵律信息。

该模型将言语加工分为三个阶段（phases）。第一阶段的时间窗为100 — 300毫秒，加工者基于词类范畴信息，识别出名词、动词、形容词等，初步形成句法结构。第二阶段的时间窗为300—500毫秒，专注于词汇—语义、形态—句法加工，进一步分析句子成分的句法、语义关系，旨在为名词论元分配题元角色，即施事、受事等。该阶段假定有两条加工路径：一条用于加工与句法相关的功能信息，如主谓一致、形态标记等，另一条用于加工语义信息，如生命性等。第三阶段的时间窗为500—1000毫秒，不同类型的信息得以整合，如有必要，特别是当第二阶段所得到的功能、语义的两个独立表征相互冲突，无法成功完成彼此对应的映射时，需进行重新分析或修正。

从时间窗口角度，Friederici(2002)主要用脑电的三个主要成分，为其三阶段论提供佐证。语义加工涉及的脑电成分为N400，对应第二阶段。句法加工则与两个脑电成分相关，以500毫秒为界，前500毫秒为早期时窗，600—1000毫秒为晚期时窗，分别对应第一和第三阶段。早期时窗(100—500毫秒)的脑电成分为左前部负波(LAN)，当其出现非常早时(时窗约在150—200毫秒)，又称为早期左前部负波(ELAN)，由快速察觉到词类范畴错误所诱发，比如德语句子*Das Eis wurde im gegessen(the ice cream was in-the eaten)，短语结构规则要求介词之后应该为名词，因此动词gegessen违反了短语结构规则(Hahne & Friederici 2002)[1]。晚期时窗(600—1000毫秒)的脑电成分为中央顶部正波(P600)，出现在晚期时窗600—1000毫秒期间。诱发P600的句子通常明显违背句法，或采用不为加工者所优先偏好选择的分析，比如具有暂时歧义的园径句，涉及句法重新分析。此外，句法结构复杂的句子也会诱发P600。

为三阶段提供证据的还有双违反句，即关键词既有悖句法规则，也有违上文语义。英语中双违反条件通常会出现N400-P600双相脑波，说明了句法、语义的相互独立。但Friederici及其同事对德语句子的脑电研究发现，双违反或仅诱发ELAN，或出现LAN-P600，却没有N400

---

1 该句动词位置除了早期ELAN之外，还诱发了晚期顶叶正波即P600。这也进一步佐证了三阶段模型。

（Hahne & Friederici 2002；Friederici *et al.* 2004）。比如，Hahne & Friederici（2002）设计了词类违反句（Die bluse wurde am gebügelt/The blouse was on ironed "*上衣被在熨烫"），会诱发ELAN，出现在第一阶段；还设计了语义违反句，会诱发N400，出现在第二阶段。但相对于常规句（Das Hemd wurde bebügelt./The shirt was ironed. "衬衫被熨烫了"），双违反句（Das Gewitter wurde im gebügelt/The thunderstorm was in ironed. "*暴雨被在熨烫"）仅诱发了ELAN，没有N400。Friederici据此认为句法先于语义：当关键词未能被句法所允准时，该词就无法进行语义整合。Gunter *et al.*（2000）操纵了形态句法违反（即性别不一致）和语义可预期性（高、低），发现无论语义预期性高低，性别违反句都诱发了LAN-P600，但语义可预期性低的性别违反句中（Sie befahrt den Land mit einem alten Warburg./She drives the$_{masc}$ land$_{neuter}$ with an old Wartburg car. "她在田野$_{中性}$上开着一辆$_{阳性}$老旧的瓦特堡轿车"），P600的波幅变小。Friederici据此认为在晚期加工即第三阶段出现了句法、语义的交互。

一些研究采用了句法违反的刺激，但没有发现ELAN，只出现了P600（详见Steinhauer & Drury 2012：156-159）。Friederici（2002）认为，这与刺激材料有关，当采用的是合法但少见的结构，而不是明显的句法违背句时，就没有ELAN。这也符合其三阶段模型，说明大脑依据违反语法的程度而有不同的反应。

Friederici（2002：82）综合了心理语言学界两种对立的观点（即句法自主说及交互说，见第三章），认为句法、语义会有交互，但强调在加工早期句法先于语义，不会发生即时，甚至是预先性的交互。虽然第二阶段就涉及了句法、语义关系的加工，但此时二者彼此独立，句法解析和语义分析平行进行交互，只发生在第三阶段。但是，近期研究表明，语义加工的时间时窗可以先于N400（如N1、P2），也可以晚于N400（如语义P600）。而且，近期来自荷兰语（van den Brink & Hagoort 2004）、汉语（Ye *et al.* 2006；Zhang *et al.* 2010，2013；Yang *et al.* 2015）的研究显示，短语结构与语义的双违反句引发了N400效应，说明句法违反并没有阻断语义加工。此外，关于第一阶段反映自动化构建短语结构的ELAN成分，许多致力于探测ELAN的研究都未发现（参见7.1.4小节内容）。其中，Gunter & Friederici（1999）使用了由德语介词vom（意为by-the）所构建的短语规则违反句，仅发现N400。对此，他们给出的解释是，该介词较为特殊，总是用于分配题元角色，可能触发了对施事的语义预期，而不是对名词这一语类范畴的句法预期。但这一解释本身就与三阶段模型有矛盾，因为语类范畴违反应该在第一阶段就阻止题元角色的分配，而发现N400、未发现ELAN这一结果则暗示，第二阶段的加工阻止了本应在第一阶段自动发生的加工（即构建短语结构）。这些都给三阶段加工模型提出了挑战。

7.3.2 扩展的论元依存（eADM）模型

扩展的论元依存模型（extended Argument Dependency Model，eADM），由Ina Bornkessel-Schlesewsky和Matthias Schlesewsky于2006年共同提出，后经几次修改（2008，2009）。"论元依存模型"（ADM）这一名称源于Ina Bornkessel-Schlesewsky（2002）在马普所撰写的博士论文，顾名思义，eADM是在原版基础上的拓展。扩展的论元依存模型主要基于电生理数据，旨在从句子加工的神经认知角度，解释跨语言的共性与相异之处，近期又尝试寻求人类句子加工背后共有的神经生理基础（Bornkessel-Schlesewsky & Schlesewsky 2013，2016）。

扩展的论元依存模型的核心要旨，在于解决如何加工动词与论元之间的关系问题。该问题提出的理据是，虽然英语中首个名词往往对应主语或施事，但许多东亚、南亚语言并不存在结构位置与语法功能或题元角色的一一映射关系，即使是同属印欧语的德语，句首名词往往并非主格，而且动词置尾，确立语义依存关系颇为棘手。

该模型延续了Friederici的三阶段模型，也将句子加工分为三大阶段，但不同之处有三：1）不是严格的线性序列、阶段模型，而是融入了级联式

（cascaded）；2）不再强调句法、语义的相互独立，也不严格区分句法、语义线索，认为分配题元角色是句法、语义因素相互作用的结果；3）更加强调"施事者策略"在跨语言句子加工中的核心作用。

第一阶段与Friederici（2002）的第一阶段类似，根据语言输入的词类范畴，从大脑中激活、选择、提取相应的句法模板。该句法模板仅编码论元的个数，形成不及物结构、及物结构、双宾结构。该阶段输出的结果（output）只是一个短语结构框架，不涉及任何句法、语义关系的解读（如，一致、格、题元角色）。这一点有异于Hagoort（2005）、Townsend & Bever（2001），但这样处理的好处在于，将题元角色分配与论元位置脱钩，放到第二阶段独立进行。

第二阶段集中处理动词与论元之间的关系，运用一套跨语言普适的信息类型限制，为论元分配在层级关系中的位置和题元角色。句法、语义两条通路相互独立：突出了题元加工优先于句法加工。该阶段下设两个分阶段：

1）阶段a，根据输入的字词，激活相关的句法、语义特征。如，输入为名词时，激活"凸显性等级"（prominence hierarchy）；输入为动词时，则提取一致、语态（voice）、逻辑结构（logical structure，如轻动词中的致使结构CAUSE、成为结构BECOME）等信息。"凸显性"信息是一个集合，其成员严格受限，具有跨语言普适性，包括生命度、有定性、格标记、语序，但不包括可信度（plausibility）。施事比经历者的排序更高。

2）阶段b，对名词论元进行运算凸显性（compute prominence）、分配一致性（assign agreement）的操作，对动词进行建立一致（establish agreement）、运算关联（compute linking）的操作，以完成题元角色的指派，确定哪个是施事、哪个是受事。具体操作依语言类型而定，比如汉语缺乏形态标记，没有主谓一致的要求，那么建立一致这个步骤就可省去。

第三阶段对第二阶段得到的结果进行匹配、整合、评估，此时将整合各种信息，特别是非核心的外部信息，包括韵律、可信度或世界性知识、出现频率、话语语境等,经"综合映射"(generalized mapping)后,形成合乎规范的最终诠释(well-formedness),否则,需要进行修正(repair)。

这三个阶段是以瀑布级联式建立联系的,即有高有低,中间有重合部分,层级上相互依存。因此,如果第一阶段出现冲突,则会阻碍流向下一层。但每个阶段内部则是平行交互的,即各个步骤不一定严格遵循线性顺序。

Bornkessel-Schlesewsky & Schlesewsky(2006:794)主要采用跨语言脑电研究所发现的ERP成分出现的时间节点,为扩展的论元依存模型的三个阶段提供佐证,具体参见表7.2。

表7.2 扩展的论元依存模型三大阶段各加工步骤及其对应的脑电成分

	加工步骤	ERP 成分	语言
第一阶段	激活模板、选择模板	ELAN	英语、德语、荷兰语
第二阶段	运算凸显性(与凸显性信息失匹配)	N400	英语、德语、俄语
	分配一致性特征	LAN	英语、芬兰语
	确立一致性(与语法关系失匹配)	LAN	英语、荷兰语、意大利语
	运算关联(主谓一致失匹配)	N400/P600	德语
	运算关联(层级关系失匹配)	LAN	德语
第三阶段	泛化映射	晚期正波	荷兰语、英语、德语
	合乎规范/修复	晚期正波	英语、德语

扩展的论元依存模型综合了现有研究的最新成果,透过跨语言这一广角视角,提出不少令人耳目一新的看法,也挑战了传统的认知。比如,对于电生理研究,传统看法认为N400反映语义加工,LAN和P600反映句法加工,对此扩展的论元依存模型并不认同。eADM认为,LAN和N400

这样的负走向脑波都反映了预期性错误，脑波的潜伏期和大脑溯源地形图分布会随着错误性预期发生的位置而变化。对于P 600或更早的正走向脑波，eADM认为都是领域非特异的P 3成分的变异体现，或反映了工作记忆的表征更新，或由句法、语义双违反的刺激所诱发，但不仅仅是句法加工或重新分析。这一点与Leckey & Federmeier（2020）的看法相似。

此外，三阶段模型假定，论元的语义解释与句法结构有直接的对应表征关系（如主语与宾语的对比；施事与经历者的对比）。在建立动词与论元之间的"论元层级"时，eADM模型减弱了"句法"解释力的重负，并不诉诸或借助于句法（短语）结构，而是仅靠（i）运算显赫度和（ii）论元关联（argument linking）这两个语义操作。值得注意的是，该操作方案与生成句法理论迥异，但符合Jackendoff的"语义中心说"以及其他理论（Culicover & Jackendoff 2005；Fanselow 2001；Van Valin 2005）。

7.4 综合评述

本章集中回顾了针对句子加工的脑电研究，包括主要脑电成分的发现及其历史沿革，以及基于英语、德语、荷兰语等印欧语系语言的脑电研究而提出的神经认知模型。未来的研究可以扩大语言覆盖面，尽可能从跨语言角度，并结合脑电证据与基于脑成像定位证据，进一步拓展可解释人类语言共性的普适性神经认知模型。

值得关注的一个议题是近期对两个经典的脑电成分即N 400和P 600所引发的讨论。长期以来，学界认为二者之间有基本差异：从记忆中提取出来并整合到之前出现的信息中去，会出现N 400效应；而当语言单位合并有困难时，会出现P 600效应。二者似乎反映了语言使用的两种基本侧面。但近期证据显示，二者在多领域、多模态下都有出现，很难说它们跟特定的语言操作有关。那么，二者是否是大脑加工的语言指标？

　　研究者对此问题的回答很可能不一，依据个人是否持强烈态度，认为语言加工由高度排外的一系列心理操作构成，专司句法或语义。但是，毕竟与N400和P600相似的脑波也在非语言学领域被发现，而且相对P600而言，N400更为混杂，在多个广阔领域都有发现。如此多样的N400性质，很难得到一个明确答案，回答其背后的心理操作到底是什么。或许语言操作与其他认知过程相似，所以都会发现N400。

　　总之，自N400首次发现以来，三十多年已经过去了，近千篇研究论文也已经发表了，但我们仍不能确定N400和P600到底反映了大脑的什么活动。但脑电仍然不失为一个非常有用的研究手段，验证具体的理论关于各种语言加工过程的发生顺序。

第八章 语义加工

句子加工研究偏重对句法结构的实时构建，以及与非句法因素之间交互的实时进程。但实时理解句子的目的在于获得语义。因此，本章聚焦语义加工及相关议题。形式语言学家把一个句子核心意思称为"命题"（proposition），是由每个字词的意思通过句子的结构组合而成，在现实世界里（而非假想中的世界）得以让句子所描述的事件（event）为真的情况。在语义学里，命题常常写为逻辑表达式，遵循一套特定的标记规则。比如，英语句子John hit Mary的逻辑语义可以表达为：hit（j，m），解读为hit这个二元述谓（two-place predicate）事件涉及两个参与者，即作为施事的John和作为受事的Mary。一些基于生成语法理论的心理语言学家致力于探索构建语义的实时过程。

但是，我们在理解句子时，提取的远不止一个抽象的、纯语言学意义上的命题；对于有可能被该句所激发的特定事件或情形，我们也会进行编码，进而构建一个较为详细的心理表征，与现实场景相对应。这种心理表征通常叫作"心智模型"（mental model）或"情景模型"（situation models），比纯粹的命题要翔实得多。显然，理解语言必须包括丰富的心理编码形式。这如同阅读小说，透过文本的生动描述，读者可以在内心构建出来彼时情景，仿佛本人就在现场，参与或目睹了整个事件。脑成像研究显示，当人们阅读感知描写丰富的句子时，大脑专司"感知"的区域会被激活。

但哪些信息在心智模型中得到了表征或体现呢？基于句子、语篇加工的现有研究显示，当句中名词被否定（如no bread），或当两个人名（如John and Mary）中的一个未被代词（如he）所回指时，加工者对该词（bread或Mary）的加工会更慢，即心理表征更弱（MacDonald & Just 1989；MacDonald & MacWhinney 1990）。正因为否定、回指等操作会影响句子的焦点所在及其转移，所以实体在工作记忆中的激活程度会随着文本的推进而时高时低，就像一架摄像机在拍摄电影场景时必须来回变换焦点，才能捕捉不同的细节。据此，也有一些心理语言学家将语义和语用相结合，通过解析句子理解的过程，来探究心智模型的构建过程，涉及时间、空间、信息地位、因果关系、蕴涵推理等。

出于篇幅考虑，本章将不讨论语用加工，但会涉及信息结构对语义构建的影响。本章首先简要介绍形式语义学以及事件语义学框架下的语义规则，然后转入介绍具体的实时加工议题，包括论元与嫁接语、量化词辖域歧义、运动事件、事件强制等。之后，本章讨论语篇层面上代词的实时消解。最后，作为非句法因素的余论，本章简要介绍口语中的语音线索对句子加工的影响。

8.1 语义规则概述

形式语义学的基本思想是"组合原则"（the principle of compositionality），由Frege（1892）提出。该原则认为，对于一个复杂的语言表达（a complex linguistic expression），即（由多个字词所组成的）短语、句子，其语义由其组成部分的语义及组合方式决定。根据该定义，句法结构在语义理解中显然具有核心地位。但组合原则如何在句法结构中实施，学界存在不同看法。"强组合"派认为，句法结构与语义之间是同构的关系，即句子的意思完全由其组构成分（constituents）以及这些组构成分按照短语规则组合而成的句法结构来决定。换言之，语义组合的每一步骤都与句法组合的步骤相对应，句意的指谓（denotation）可直接从句法结构中推衍而出，中间没有纯粹的语义规则或逻辑表征介入（Fodor & Lepore 2002；Montague 1970）。"弱组合"派则给予语义规则操作一定的自由度，虽然每一步句法步骤仍与语义步骤相呼应，但如有必要，允许另行增设纯粹的语义规则，以使某一成分的语义与另一成分的语义相契合（Baker 2002；Partee & Rooth 1983）。"弱组合"的一个经典例子当属补语强制（complement coercion）现象，如 The author began the book 在语义上表达 The author began writing the book 之意，但 writing 在句法上并无显性形式，是增补的隐性语义。

在具体讨论近期心理语言学实证结果以及对"强组合"学说的挑战之前，有必要先简要介绍前置知识，以帮助读者理解语义规则操作的心理现实性。在形式语义学中，指谓（denotate）所属的种类被称为类型（type）。例如，个体（individuals）或名词论元指谓实体（entity），类型为 e；句子指谓真值（truth value），类型为 t。个体和真值是两种基本的、饱和的意义。及物动词（如 hit、destroy）和不及物动词（如 run、smile）都是从实体到真值的函数（function），类型为 et。比如，及物动词 destroy 需要两个个体（外部论元或施事、内部论元或受事）作为其输入，其输出为描述某人毁坏某物的"毁坏"事件。因此，其类型为 $<e<e, t>>$。形式语义学采用兰姆达表达式（λ 表达式）来替代函数，λ 表明一个函数，点号 "." 将函数的输入和输出分开，之前为输入，之后为输出。因此，动词 destroy 的兰姆达表达式为：$\lambda x. \lambda y.destroy(y, x)$。

近年来事件语义学（event semantics）逐渐发展起来，而且心理语言学的一些研究也采用该理论框架，所以有必要在这里对此框架做简要介绍。事件语义学是基于传统的形式/逻辑语义学的一种理论改造和丰富，其立足点在于"以事件为核心"，符合我们对动词的核心本质在于描述事件的属性这一直觉认识（Davidson 1967；Rothstein 1998；Tenny &

Pustejovsky 2000)。与经典的形式语义学相比，事件语义学理论对事件的刻画更为细致，在形式上给动词的论元结构增加一个事件变量（λ e），e是一个变量，表达事件的范围。仍以及物动词destroy为例，其事件语义学的解读为：在"毁坏"这一事件中，涉及两个个体，均作为事件的参与者，在句法上实现为动词的主语和宾语，通过题元关系"施事"和"受事"，与事件发生关系。因此，在事件语义框架下及物动词destroy的兰姆达表达式为：λ x. λ y. λ e.destroy（e）& agent（e, y）& theme（e, x）。其类型为<e<e<s，t>>>，其中s是事件的语义类型。

形式语义学有两条基本规则。第一条规则为"函数应用"（function application），是最基本的语义组合方式，是将函数运用到其论元或参数的一个操作。换言之，当两个组构成分为选择（selection）关系时（如位于句法树上的两个姊妹结点），那么此时的语义组合就是"函数应用"，即一个成分指谓一个函数，该函数选择另一个成分为其论元。以英语句子The enemy destroyed the city为例：及物动词destroy是一个函数，当其与宾语名词the city组合时，我们就可以将动词这一函数应用到其姊妹结点即指谓实体的the city，以取代函数中的受事这一变量，使得宾语论元得到充盈或饱和。同样地，下一个步骤是及物动词这个函数与位于其姊妹结点的主语名词the enemy组合，我们可以再次施行"函数应用"这一操作，使得主语论元得到充盈，最终得到句子的真值为1。具体自下而上的推衍过程，可参见图8.1。许多心理语言学研究聚焦于探究论元结构在加工和语义解析中的作用，其实相当于考察理解者如何实时运用"函数应用"这一运算操作（见8.2小节）。

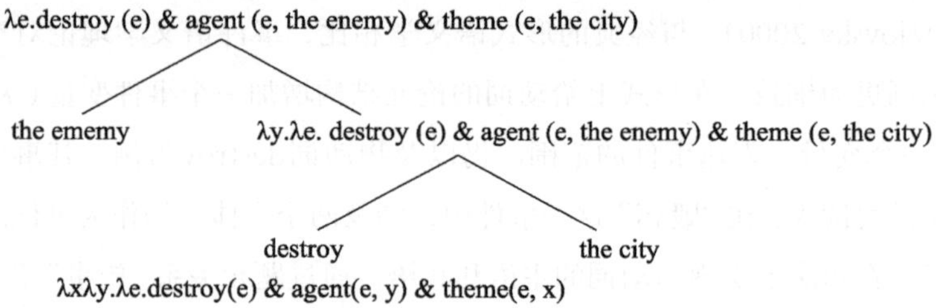

$$\lambda e.destroy\ (e)\ \&\ agent\ (e,\ the\ enemy)\ \&\ theme\ (e,\ the\ city)$$

the ememy　　　$\lambda y.\lambda e.\ destroy\ (e)\ \&\ agent\ (e,\ the\ enemy)\ \&\ theme\ (e,\ the\ city)$

destroy　　　the city

$\lambda x\lambda y.\lambda e.destroy(e)\ \&\ agent(e,\ y)\ \&\ theme(e,\ x)$

图 8.1　运用"函数应用"得到 *The enemy destroyed the city* 句义的推衍过程

第二条语义规则为"谓词修饰"（predicate modification），适用于非论元结构的修饰语的解读。以图8.2中的形容词aggressive为例，其与the或enemy都不是述谓—论元关系，此时可以运用"谓词修饰"这一运算操作，将the aggressive enemy的语义看作aggressiveness的集合与enemy的集合的交集（intersection）。

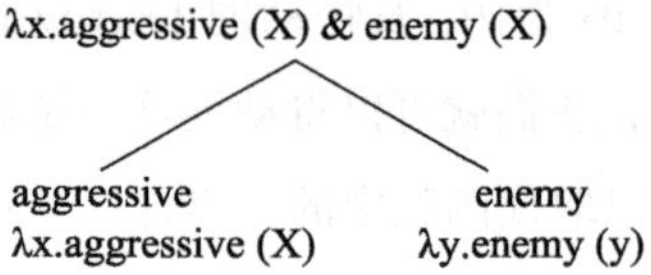

$$\lambda x.aggressive\ (X)\ \&\ enemy\ (X)$$

aggressive　　　enemy
$\lambda x.aggressive\ (X)$　　$\lambda y.enemy\ (y)$

图 8.2　运用"谓词修饰"得到修饰语的语义

在事件语义学框架下，类似"谓词修饰"的规则也能解释动词领域里的交集式修饰关系，比如，与动词短语相组合、做工具用的副词结构——在生成句法框架下又统称为附接语或嫁接语，可看作集合间的交集。对于The enemy destroyed the city violently with a bomb，就可以在句法树上自下而上、逐步地施行"谓词修饰"，其语义推衍过程如图8.3所示：

λe.destroy (e) & agent (e, the enemy) & theme (e, the city) & λe.with (e, a bomb)

λe.destroy(e) & agent(e, the enemy) & theme(e, the city)　　　with a bomb
　　　　　　　　　　　　　　　　　　　　　　　　　　λe.with(e, a bomb)

λe.destroy (e) & agent (e, the enemy) & theme (e, the city)　　　violently
　　　　　　　　　　　　　　　　　　　　　　　　　　λe.volent (e)

the enemy

destroy　　　the city

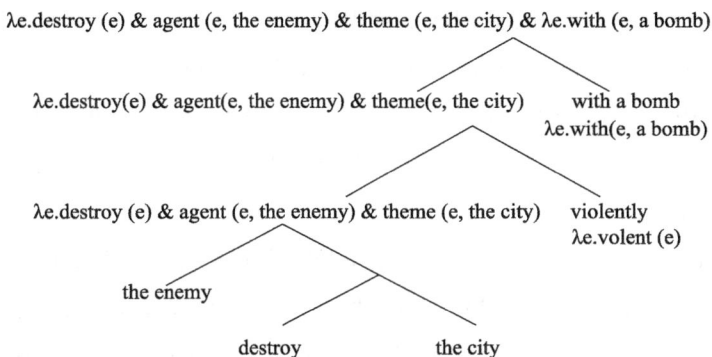

图 8.3　运用"谓词修饰"逐步得到动词短语与其嫁接语的语义

以下我们从心理语言学的角度，来探讨如何运用上述的语义组合原则，对句子进行实时加工。

8.2　"函数应用"的加工优势

理解句意的首要一步是根据词项所固有的属性，组合出最基本的谓词—论元关系。如果将句中的词项看作函数，那么相对于其他语义规则的操作，"函数应用"很可能是在线加工者所运用的一个最基本的语义操作。

8.2.1　论元与嫁接语的加工

宾语论元所对应的语义操作是"函数应用"，而嫁接语所涉及的语义操作是"谓词修饰"。如果"函数应用"优先于"谓词修饰"，那么论元的加工应该较嫁接语更有优势。本小节聚焦这一议题，重点阐述现有句子加工研究所提供的相关证据。

生成句法学理论对论元与嫁接语做了严格区分：论元是事件的参与者，必须在词库所罗列的词条中予以明确；嫁接语则受制于非词汇性的句法、语义限制。比如，同为介词短语，位于与格动词之后的就是论元，如

John put the book into the box，而表示时间、地点或工具的则是嫁接语，如John ate the meal in the morning/in a cafe/in a hurry。

PP既可以挂靠在动词上，也可以挂靠在名词上，是早期句子加工研究中常被讨论的歧义结构。当PP充作论元时，意味着其被中心词所选择，如在The man involved his friends［in the game］和The man expressed his interest［in a wallet］这两句中，PP分别是动词V、名词N的补足语（参见图8.4中A和B）。当PP充作嫁接语时，是中心词或有或无的修饰成分，如在The man involved his friends［in the area］和The man expressed his interest［in a hurry］这两句中，PP分别对应图8.4中C和D，其中D有两种表征方式，既可附着于VP，也可附着于V'。

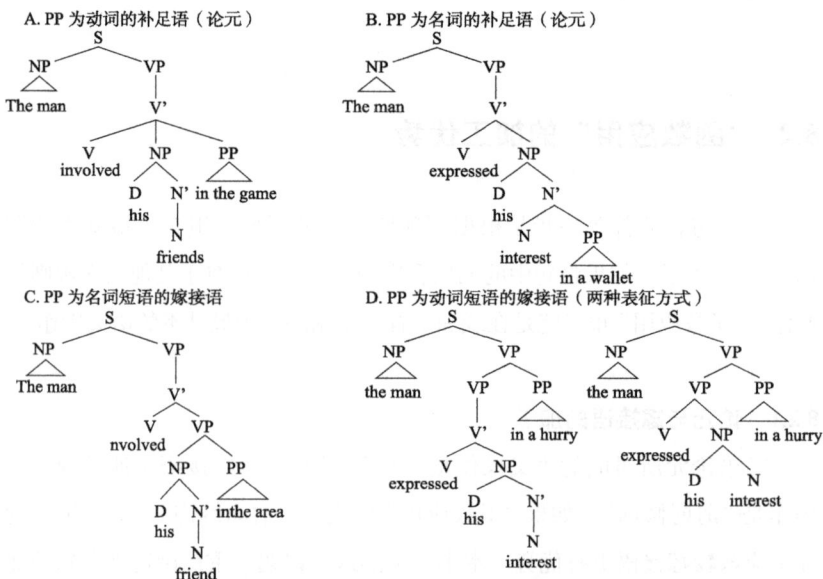

图8.4　介词短语在四组句子中充任论元或嫁接语时的句法表征形式

已有研究大多未从语义规则的角度考察论元与嫁接语的加工，而是从句法驱动的加工策略出发，做出对比预测。Frazier & Clifton（1996）

在模块化理论框架下，基于线性句法解析器这一预设而提出"解释假说"（construal hypothesis），认为对于"主要短语"（primary phrase）和"非主要短语"（non-primary phrase），加工器具有迥异的加工模式。前者是指主语、定式小句的谓语、补足语或必要的依附成分，包括论元；后者包括嫁接语。对于主要短语，加工者会确定无疑地运用"园径理论"的加工策略，建构相应的短语结构。而对于嫁接语，加工者则将其与句子更大的领域"关联"（associate），但其结构并不明确（underspecified）。

以图8.4为例：PP在A和B中均作为论元结构，属于"主要短语"，因此，基于"最少结点挂靠"这一加工策略（见第三章），加工器会更偏好将其挂靠在动词上（即图8.4中的A），而不是挂靠在名词上（类似图8.4中的B）。虽然在决定PP到底挂靠在哪个结点之前，A和B均无需增加一个新的结点（V'和N'都已存在），但因为前者允许三分叉结构，所以总的结点数比后者更少。但如果句法不允许三分叉的话（如Kayne 1984），该预测未必成立。而对于PP在C中作为"非主要短语"的嫁接语，因为挂靠到现有结构总是要增加新的结点（NP），所以A总是比C更具加工优势。而对于均为嫁接语的C和D，因为C中PP挂靠到NP必须增加新的结点，而D中V'已经存在，所以"最少结点挂靠"预测D比C更具加工优势。综上所述，在不同的短语类别内部，仍有加工难度的差异，即有句法类型和挂靠类型之间的交互作用。

但是，已有的句子加工研究显示，在中立语境或没有语境的情况下，充任论元的介词短语比充任嫁接语的介词短语更容易加工，即仅发现了句法类型的主效应（Boland 2005；Clifton *et al.* 1991；Liversedge *et al.* 1998，2003；Schütze & Gibson 1999；Speer & Clifton 1998）。这里需要强调的是，从在线语义理解角度，此类结果支持"函数应用"这一语义操纵具有特殊的优先地位。以下聚焦较有代表性的两项研究。

Clifton *et al.* (1991) 汇报了两项句子加工研究，分别采用自控步阅读（实验一）、阅读眼动（实验二）范式，关键刺激均为16套句子，通过操纵挂靠类

型(动词、名词)和介词短语的句法类型(论元、嫁接语),得到如下四个条件:

(1)   a. 动词挂靠,论元

The saleswoman/tried to interest/the man/in a wallet/during the storewide sale/at Steigers.

b. 动词挂靠,嫁接语

The man/expressed his interest/in a hurry/during the storewide sale/at Steigers.

c. 名词挂靠,论元

The man/expressed his interest/in a wallet/during the storewide sale/at Steigers.

d. 名词挂靠,嫁接语

The saleswoman/tried to interest/the man/in his fifties/during the storewide sale/at Steigers.

先看(1a-b):在动词短语(to)interest the man in a wallet中,介词短语in a wallet是动词interest的论元;而在expressed his interest in a hurry中,介词短语in a hurry是动词expressed的嫁接语。再看(1c-d):在动词短语expressed his interest in a wallet中,介词短语in a wallet是名词his interest的(补语)论元;而在(to)interest the man in his fifties中,介词短语in his fifties是名词的嫁接语。

自控步反应时结果显示,在歧义介词短语之前的区域,没有差异;在歧义区(in a hurry/in a wallet/in his fifties),动词挂靠条件快于名词挂靠条件;在歧义区之后的第一个溢出区域,名词挂靠条件显著快于动词挂靠条件。阅读眼动分析主要关注四个指标:首次阅读时间、第一遍阅读时间、总阅读时间、回视概率。结果显示:1)在首次阅读时间这一指标上,仅在歧义介词短语之前的区域发现了显著的交互作用,作者认为这是由于（1a & 1d）与（1b & 1c）使用了不同的名词，未控制好条件间的词汇差异。2）在第一遍阅读时间这一指标上，在关键区（介词短语）发现动词挂靠的阅读时间显著短于名词挂靠，而在介词短语之后的第一个溢出区域，名词挂靠条件的阅读时间显著短于动词挂靠条件。3）在总阅读时间上，在关键区和其后的第一个溢出区，均发现显著的名词挂靠加工优势效应。4）在回视概率上，动词挂靠条件下比名词挂靠条件下从关键区（介词短语）移出的回视率显著更高，该趋势也在下一区域显示出来，虽然未达到显著。Clifton *et al.*（1991）认为，动词挂靠在加工初期具有优势，但名词挂靠在加工后期具有优势。

但是，Clifton *et al.*（1991）的结果无论从数据分析解读上，还是刺激设计上，都存在不足。首先，第一遍阅读时间与回视频率的数据模式正好相反，如果结合起来看，其实正好暗示较短的阅读时间之后更可能去回视重读，说明名词附着比动词附着更容易加工。事实上，八年之后，Clifton及其同事发表的类似研究（Speer & Clifton 1998），也采用了自控步阅读和阅读眼动两种范式，结果却发现名词挂靠比动词挂靠更容易加工，且该效应出现在加工早期即关键区介词短语上。其次，实验刺激或有混淆因素（Speer & Clifton 1998：967）。比如，不同条件下的可信度没有得到很好的控制：同样是动词挂靠条件（1a-b），位于嫁接语之前的名词（如interest）总是可以指派论元，而位于论元之前的名词（如man）总是无法指派论元。因此，条件间的差异反映的或许是论元解读可信性的差异。的确，Speer & Clifton（1998）对刺激进行了更为严密的控制后，发现了介词短语位于名词之后的可信度效应。再次，来自外部因素的变异较多（Schütze & Gibson 1999：415-416）。比如，将近一半的关键区域的字词个数（如John continued the discussion with persistence ... /the tired boys ...）、结构类型（如The teacher encouraged excitement over the course of the week ... / learning to read ...）都有所不同，而且即使控制了词长，有的句子（如Maria involved the young mothers in church affairs ... vs. Maria increased her involvement in record time ...）中，解读为动词嫁接语的介词短语采用了习语（in record time），而习语很可能作为语块，整体加工速度会比非习语的论元（in church affairs）更快（相关证据见Swinney & Cutler 1979）。

针对以上不足，Schütze & Gibson（1999）仅聚焦单一因素下的两种情况，即歧义PP或解读为NP的论元，或为VP的嫁接语，并较好地控制了潜在的影响因素。他们设置了关键条件（2a-b），两句仅在歧义PP中的名词上有一字之差，且7点量表语义可信度测试显示，介词短语出现在两个条件下的可信度没有差异，可直接进行对比，考察做名词（employee demands）补语论元的介词短语（for a raise）与做动词（considered）嫁接语的介词短语（for a month）在加工模式上的异同。此外，考虑到在VP嫁接语条件下，论元具体内容的缺失也会使加工变慢，比如They discussed the likelihood yesterday，在没有语境的前提下不够自然，因为没有提供"可能性"所指的具体内容，Schütze & Gibson（1999）还增设了无介词短语（2c），以将（2b）中的嫁接语效应从（2c）中的论元内容缺失效应中分离开来。他们共设计了15套句子。

(2) a. NP论元

The company lawyers/considered employee demands/for a raise/but they/didn't act until a strike seemed imminent.

b. VP嫁接语

The company lawyers/considered employee demands/for a month/but they/didn't act until a strike seemed imminent.

c. 无PP

The company lawyers/considered employee demands/but they/didn't act until a strike seemed imminent.

实验一结果见图8.5上图：在前三个区域均无任何差异，但在歧义介词短语之后的区域（如but they），解读为名词论元的条件显著快于解读为动词嫁接语的条件。但除此之外，名词论元条件也显著快于无介词短语的条件，而动词嫁接语条件与无介词短语条件之间并无差异，表明介词短语的缺失的确会导致加工变慢，而这也能解释论元与嫁接语之间的加工差异。

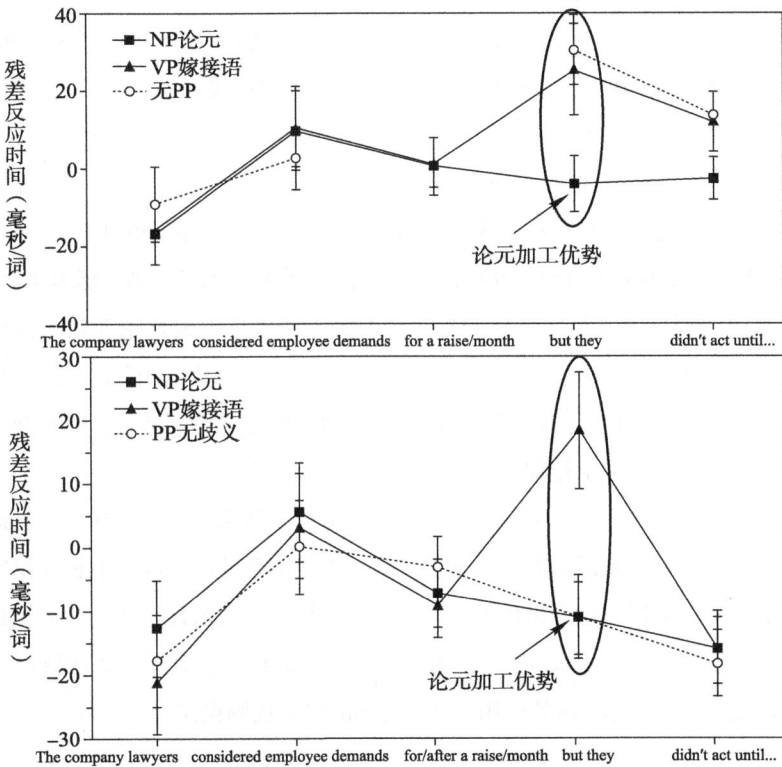

图 8.5　Schütze & Gibson（1999）的两项自控步反应时研究

注：两项研究均显示论元加工优势，上图为实验一，下图为实验二，差异仅在于控制句条件。

为进一步澄清混淆因素对结果的影响，Schütze & Gibson（1999）又设计了实验二，仍采用自控步反应时范式，关键条件的刺激与实验一完全一样，但控制句用另一种介词短语替代，只能修饰动词短语VP，如

（3c），因此该条件为"无歧义PP"：

> （3） c.无歧义PP
>
> The company lawyers/considered employee demands/after a
> month/but they/didn't act until a strike seemed imminent.

实验二的结果明显重复了名词论元的加工优势（见上页图8.5下图）。此外，无歧义条件的反应时间与名词论元条件之间没有差异，但比VP附接条件要快。该结果就排除了实验一的潜在问题，即有歧义的VP附接条件的加工难度并不是因为缺失了名词论元；而且，无歧义PP条件的加工模式与名词论元条件一样，说明VP嫁接语的结构本身并不更难加工。

Schütze & Gibson（1999）据此认为，"最少结点挂靠"或"延迟闭合"都无法解释其实验结果。他们提出，Abney（1989）的偏好论元策略提供了更好的解释。需要特别强调的是，该策略也为"函数应用"这一语义规则赋予了优先地位，即理解者更倾向让函数中的论元得到满足，而不会诉诸非组合性的语义操作如"谓词修饰"。

值得注意的是，已有的大部分研究都采用了歧义结构，即在消歧名词出现之前，介词短语是有歧义的。或许，嫁接语条件的反应时更长仅仅反映了句法加工器对论元结构的偏好。但是，从纯语义组合角度看，因为宾语论元对应的是"函数应用"，而嫁接语涉及的语义操作是"谓词修饰"，所以这些研究暗示"函数应用"是最基本的语义规则操作。

8.2.2　外部论元与嫁接语

上一小节重点阐述了动词宾语论元与嫁接语的实时加工难度的对比，本小节主要讨论动词的外部论元（即主语）与嫁接语的在线加工过程，已有研究结果同样表明"函数应用"这一语义操作的适用性。

Mauner & Koenig（2000）采用逐字阅读，直到语义无法理解则按键停止（stop-making-sense）任务，对比考察了被动句（如 To reduce the noise ... the door was shut with great force.）和不及物动词句（To reduce the noise ... the door had shut with great force.）。结果发现，对于不及物动词句，被试在动词 shut 处就开始按停止键，认为句子无法理解。因为句首表目的小句让被试预测到下一个主句中必须出现施事，以满足其通过关门这一行为来实现降噪的目的。在被动句中，（被动态）动词的论元语义结构会规定一个施事，因此在动词 was shut 出现后，可以继续理解该句。但在不及物动词句中，动词 had shut 采用了主动态的过去完成时，其论元结构所规定的施事却并未出现，且显然不可能是无生命的客体 the door，因此该句无法被接受。

Carlson & Tanenhaus（1988）采用整句呈现范式，让被试阅读类似（4a-b）的句子，并对比考察后继句的反应时间。依据上文给出的情景，一个是备感吃力地从车上卸货（4a），一个是很难跑得快以赶上飞机（4b），下句出现"行李箱"（the suitcase）理应均获得允准。但是结果却显示，相对于（4b）句，被试对于出现在（4a）之后的后继句阅读时间更短。

（4）　a. John had difficulty unloading his car. The suitcase was heavy.

　　　b. John had difficulty running fast to catch his plane. The suitcase was heavy.

如何解释该结果呢？（4a）中的及物动词"卸下"（unload）会分配施事（John）、受事（未明确）、来源（如后备车厢 trunk）。虽然上文并没有提及受事，但已在话语模型中隐性地由动词规定好了。因此，下一句可以很容易用定冠词引入的名词（the suitcase）来回指。（4b）句中的不及物动词"跑"（run）不能指派受事论元，但可以出现多个附接状语，用于表示跑的速度（fast）和目的（to catch his plane）。因此，下文的定指主语"行李箱"，需通过目的小句"赶飞机"推衍而出。该结果暗示，相对于附接在动词上的(目的小句)嫁接语,由动词所规定的(受事)论元更容易加工。

8.3 量化词辖域歧义加工

构建语义表征时,需要确立句子所描述的事件及实体的个数。量化词(quantifier)可提供这方面的信息。量化词属于限定词(determiner),指谓一个集合里成员的数量或比例,包括全称量化词(universal quantifier,如all、every,用∀表示)、存在量化词(existential quantifier,如a、some,用∃表示)等。代词或定指描述语都有指称意义,可以直接作为述谓动词的论元。但量化词没有指称意义,在语义学上是一个变量。量化名词短语作为高阶述谓(higher-order predicate),本身是函数,即集合的集合,以动词短语指谓作为参数,而不是相反。

量化词在形式语义学中占据重要地位,但在心理语言学领域从句子层面上探讨量化词实时加工的研究却并不多见,且多聚焦于双量化词结构的辖域歧义(scope ambiguity)现象(如Anderson 2004;Filik *et al.* 2004;Gillen 1991;Kurtzman & MacDonald 1993;Tunstall 1998)。本小节接下来就该议题,展开具体讨论。

8.3.1 辖域歧义加工及研究方法

辖域歧义研究通常是指,当句中的两个名词短语都出现量化词时,如Every kid climbed a tree,其逻辑语义会存在两种解读(5a-b):

(5) Every kid climbed a tree.

　　a.(∀x)(∃y),意为:对于所有的x,x是个孩子,存在一个y,y是棵树,x攀爬了y

　　b.(∃y)(∀x),意为:存在一个y,y是棵树,对于每一个x,

x是个孩子，x攀爬了y

对于(5a)，every kid取宽域，a tree取窄域，句义解读为"每个孩子攀爬了一棵树"，即很可能每个孩子都攀爬了一棵不同的树，即使不一一对应，也至少意味着有很多的树，且该解读肯定不会是每个孩子都攀爬了同一棵树。换言之，宾语位置上的a tree其实做复数解读。对于(5b)，a tree取宽域，every kid取窄域，即存在某一个特定的树，所有的孩子都攀爬过。此时，宾语位置上的a tree的确做单数解读。

当我们将(5)中的量化词对调时，会产生另一种歧义句，即A kid climbed every tree。该句也存在两种解读(6a-b)：

(6) A kid climbed every tree.

　　a.($\exists$x)($\forall$y)，意为：存在一个x，x是个孩子，对于每一个y，y是棵树，x攀爬了y

　　b.($\forall$y)($\exists$x)，意为：对于每个y，y是棵树，存在一个x，x是个孩子，x攀爬了y

对于(6a)，a kid取宽域，即存在某一个特定的孩子，他攀爬过所有的树。此时，主语位置上的a kid做单数解读。对于(6b)，every tree取宽域，每棵树都被某个孩子攀爬过，但不一定是被同一个孩子爬过。此时，主语位置上的a kid倾向做复数解读。

对于类似(5-6)这样含有双量化词的句子，心理语言学家感兴趣的是，在实时加工辖域歧义句时，理解者施行了哪些操作来消解歧义，或理解者如何获取明确的句意解读。就母语者的语感而言，对于every ... a语序，如(5)，英语母语者更偏好(5a)的解读；对于a ... every语序，如(6)，母语者更偏好(6a)的解读。(5a)和(6a)的共性在于，二者均为表层辖域的解读。换言之，表层辖域比逆序辖域更容易解读。那么，在线加工时，母语者是否也会表现出对表层辖域解读的偏好呢？

从句法—语义界面的分析角度，句意的理解涉及"量化词提升"（quantifier raising，QR）这一句法移位的操作，该操作并无显性的表面形式，而是在逻辑形式层面隐性地加以实施（May 1977，1985）。比如，将位于主语位置的量化名词短语every kid提升至句首，得到（5a）的表层辖域解读；将位于宾语位置的量化名词短语a tree提升至句首，得到（5b）的逆序辖域解读。因此，对表层辖域解读的偏好，可解释为宾语量化词比主语量化词更难加工。

从纯句法角度，也可对偏好性解读做出预测或解释。"线性顺序原则"认为，辖域偏好与量化词在句中的线性顺序相对应（Fodor 1982；Johnson-Laird 1969）。因此，凡是首次出现的、位于句子左端的短语，均取宽域；无论句子是主动态、还是被动态（如A tree was climbed by every kid或Every tree was climbed by a kid），一概如此。"层级句法位置原则"则认为，相对于非主语位置的短语，在表层或底层结构中占据主语位置的短语会取更宽的辖域（Ioup 1975）。该原则下，句子采用主动态或被动态，解读倾向会有所不同。对于主动态句，当量化词短语既是表层结构的主句，也是底层结构的主语时，如对于（5a）中的every kid和（6a）中的a kid，该短语取宽域的解读倾向最强。而对于被动态句（如A tree was climbed by every kid或Every tree was climbed by a kid），表层结构的主语是a tree或every tree，但底层结构的主语却是every kid或a kid，因此不会有明显的解读倾向。

在考察含有双量化词的句子实时加工过程时，由于这些句子本身具有歧义，研究者只能根据被试在量化词上的表现，如反应时间长短、脑波差异等，来推测其如何诠释辖域。但理解者到底如何解读句意，则很难直接考察。20世纪90年代初期，学界开始使用一套实验方法，来推断理解者在线加工量化词时到底更倾向考虑哪种解读（Gillen 1991；Kurtzman & MacDonald 1993）。之后，该方法被其他研究者普遍采用。具体做法是，在歧义句后增加后继句，如（7a-b），来予以消歧：

（7） a. A kid climbed every tree. The kid was full of energy.

b. A kid climbed every tree. The kids were full of energy.

在（7a）中，后继句的主语the kid为单数，迫使前一句的歧义量化词a kid做表层辖域的解读，即第一个量化词取宽域。而在（7b）中，后继句主语the kids采用复数形式，意味着前一句必须解读为逆序辖域，即第二个量化词every取宽域。如果单、复数主语的加工模式有显著差异，那么就可为哪种辖域解读具有主导性提供了证据。如果二者没有差异，则至少有两种可能性：1）理解者平行运算两种解读（如Kurtzman & MacDonald 1993），二者相互竞争（Filik *et al.* 2004）；2）理解者不做明确的辖域解读，只要不影响句意理解（如Gillen 1991；Sanford & Sturt 2002；Dwivedi 2013）。

8.3.2 平行加工的离线证据

Kurtzman & MacDonald（1993）最早从后继句解读的角度，考察辖域歧义句的理解。他们重点关注量化词在句中所处的位置这一影响因素，但仍沿用了彼时通用的离线判断任务。在电脑上，先呈现辖域歧义句，再呈现后继句，被试需要判断第二句能否作为第一句的自然后继句，并按键作答（Yes或No）。最终，研究者根据作答情况，计算被试认为后继句与语境句"相容"的百分比（compatibility rate）。

除了后继句这一因素（即表层、逆序辖域两种解读），Kurtzman & MacDonald（1993）还操纵了另外两个因素：1）语序，因为考虑到every比a更容易取宽域，所以将全称量化词和存在量化词的先后顺序也纳入考察范围，下设every ... a和a ... every两种语序；2）动词类型，分为动作动词（如hit、attack）、感知动词（如see、hear）。此外，除了辖域歧义句之外，研究者还设置了无歧义句子，作为控制条件，分别与辖域歧义句相对。因此，是2 × 2 × 2被试内设计，共有八个条件，如（8）：

（8）　a. every ... a语序，歧义语境，表层辖域

Every kid climbed a tree. The trees were full of apples.

　　a'. every ... a语序，无歧义语境，表层辖域

Every kid climbed a different tree. The trees were full of apples.

　b. every ... a语序，歧义语境，逆序辖域

Every kid climbed a tree. The tree was full of apples.

　　b'. every ... a语序，无歧义语境，逆序辖域

Every kid climbed the same tree. The trees were full of apples.

　c. a ... every语序，歧义语境，表层辖域

A kid climbed every tree. The kid was full of energy.

　　c'. a ... every语序，无歧义语境，表层辖域

The same kid climbed every tree. The kid was full of energy.

　d. a ... every语序，歧义语境，逆序辖域

A kid climbed every tree. The kids were full of energy.

　　d'. a ... every语序，无歧义语境，逆序辖域

A different kid climbed every tree. The kids were full of energy.

　　结果如图8.6所示。先看下图：对于无歧义语境句，无论后继句做表层还是逆序辖域的解读，被试判断其与前一句相容的比例都很高。因为前一小句中加上了相应的形容词（same/different），量化名词短语本身不再具有歧义，所以后继句总是与前一句的意思相容。该模式说明，后继句可以作为良好的评估方式，用于考察辖域歧义句中歧义量化词的解读偏好。

　　上图为有辖域歧义的语境句，主要有三个发现：

　　1）相对于逆序辖域解读的后继句，被试判断表层辖域解读的后继句与前一句相容的比例明显更高。而且，值得注意的是，every ... a语序比a ... every语序做表层辖域解读的数量更低，这表明，辖域歧义加工与词汇的偏向性无关。这是因为，从词义角度看，every比a更偏向取宽域解读，

如果辖域解读偏向性受词汇偏向性影响的话，那么我们会预期every … a语序的后继句做表层辖域解读的可接受度应该高于a … every语序。但结果显示了相反的模式。

2）语序与辖域解读存在交互作用：对于表层辖域的解读，a … every语序比every … a语序的可接受度更高；对于逆序辖域的解读，every … a语序比a … every语序的可接受度更高。研究者认为，对a … every语序做表层辖域解读的偏好性，其背后动因是英语母语者偏好将句首的不定冠词a解读为单个实体，Fodor（1982）将之称为"单一指称原则"。相对于表征多个指称的全称量化词all或every，不定冠词a默认对应于单个指称，其心理表征更为简单。当其后出现every时，虽然every可以取宽域而使得a的解读改变为多个指称，但做此更改需要历经一个复杂的语义表征转换。因此，a仍倾向取比every更宽的辖域，即表层辖域解读的偏向性更强，以保持单个实体的表征不变。

反观every … a语序，a位于宾语位置，后于every出现。而位于every之后出现的a，此时可以做两种解读：或做多个实体的表征，即由本来就是多个表征的every取宽域做表层辖域解读，无需涉及表征的转换；或仍是单一表征，即a取宽域为逆序辖域解读，而这也不涉及表征的转换。因此，every … a做逆序辖域的解读相对于a … every更容易，且此时也易受其他因素的影响，如动词类型。的确从上图可以看出，同为逆序辖域的解读，具有感知动词的句子，其接受度高于具有动作动词的句子。

3）语序与动词类型存在交互作用：虽然逆序辖域的可接受度都较低，但有一种句子是例外，即具有感知类动词、语序为every … a（如Every tourist saw a statue. These statues were in a courtyard.）的句子，其后继句接受度很高，接近60%。

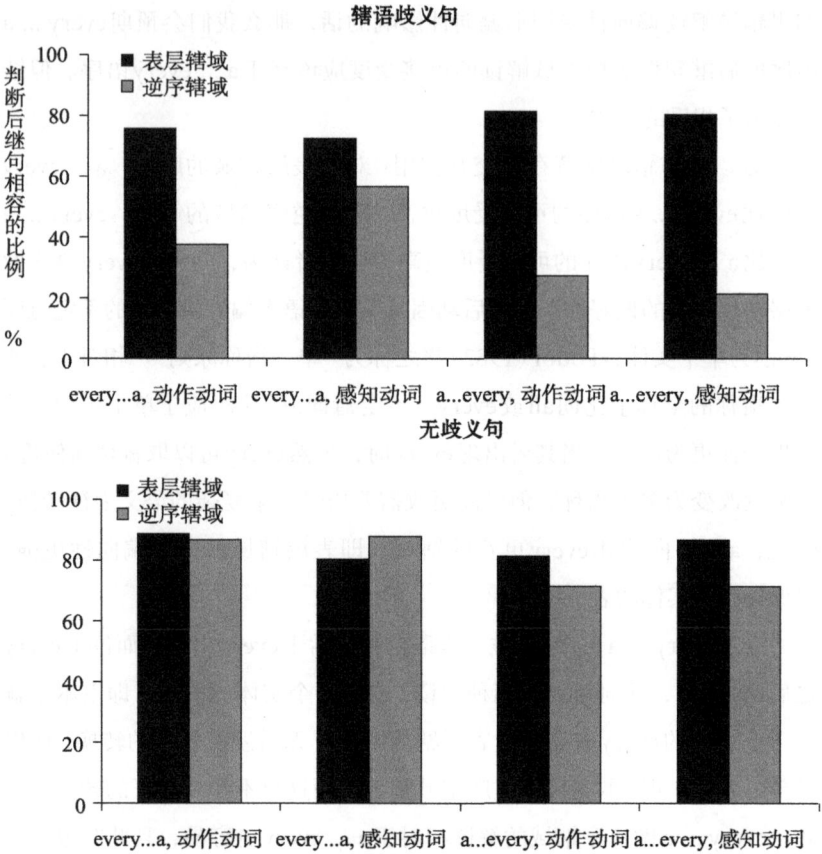

辖语歧义句

every...a, 动作动词 every...a, 感知动词 a...every, 动作动词 a...every, 感知动词
无歧义句

every...a, 动作动词 every...a, 感知动词 a...every, 动作动词 a...every, 感知动词

图 8.6　Kurtzman & MacDonald（1993）的实验一判断后继句做表层或逆序
辖域解读相容度的结果

　　Kurtzman & MacDonald（1993）在实验二中，又采用了被动态句式，其余均与实验一刺激一样，但结果没能重复类似图8.6的模式，仅发现三重交互作用，但该交互仅仅是由表层辖域解读不稳定而致。总体上看，对于被动态的辖域歧义句，表层辖域解读（62.2％）相对于逆序辖域解读判断（56.5％）仅有微弱的偏好性优势，但并未达到统计性显著。在实验三、四中，他们又考察了含有两个量化词的复杂名词短语，如every picture of an acrobat，结果发现逆序辖域解读的优势，且有歧义 × 解读 × 量化词顺序的三重交互作用。这些多样的结果似乎暗示，英语双量化词的辖域歧义加工并不是某一个句法或语义原则在加工初期起主导作用，而是多个因素共同作用、竞争的结果。

基于这些结果，特别是因素间的交互作用，Kurtzman & MacDonald（1993）认为，表层辖域、逆序辖域是并行加工，英语本族语者会同时运行这两种运算。

但是，值得注意的是，量化词本身的语义解析，也会影响辖域解读的倾向。以不定冠词a为例，其修饰的名词短语（a N）具有两种解读：1）特指（specific），即该名词短语有指称性（referential），但不具有量化性（quantificational）；2）非特指，即该名词短语具有量化性。因此，对于a ... every语序（如A kid climbed every tree），a N位于主语或话题位置，其解读会偏向指称性，即某个特定的小孩。而对于非量化性的解读，由a kid上的单数标记带来的指称性偏向，正好与表层辖域解读吻合。如果被试选择了一个小孩和许多棵树这种解读，那么该解读到底是由于指称性的语用解读带来的，还是由"量化提升"这一算法带来的，并无法完全区分。因此，基于a ... every语序得到的研究结果，其实很难得到解释。更合理的做法应该是将各种可能的影响因素分离开来，比如，不去考察多种解释都适用的语序，仅看可以剥离多个解释的语序。

而仅看every ... a语序的话，Kurtzman & MacDonald（1993）的结果显示，表层辖域具有加工优势：被试认为复数后继句与前语境更契合的频数为77%。该结果也被Dwivedi et al.（2010）在正式脑电实验前的一项离线刺激评定所验证：该研究仅考察every ... a语序，且仅采用了主动态句式。刺激评定测试显示，总体上被试更倾向复数后继句（即表层辖域解读），评定高达74%。此外，Raffray & Pickering（2010）采用结构启动的产出实验，也发现复数解读的目标句产出率总体上很高（75%）。这些结果暗示，就every ... a语序而言，英语母语者更倾向复数后继句，即表层辖域的解读。

但是，Dwivedi *et al.*（2010）对刺激逐条分析后发现，刺激间的个体差异较大。就复数后继句而言，部分刺激的评定可高达100%，如Every kid climbed a tree，但也有部分刺激的评定低于50%，如Every jeweler appraised a diamond。显然，在现实世界里，一颗宝石受多个珠宝商鉴定的情况很常见，单数或逆序辖域解读的事件表征并不难构建。因此，可接受度判断会受与词汇语义相关的语用信息的影响。

Kurtzman & MacDonald（1993）作为较早探究辖域歧义句解读的实证研究，展示了英语双量化词的辖域歧义加工是多个因素共同作用、竞争的结果，为检验彼时学界两大争议理论"句法主导说"和"平行交互说"提供了新的证据。

8.3.3 平行加工的实时证据

Kurtzman & MacDonald（1993）采用的是绝对判断任务，并不属于真正意义上的在线加工。实时理解者到底实施了单一的句法或语义操作，还是实施了两个不同的操作，离线判断数据对此并不敏感。因此，有必要考察辖域歧义消歧过程中各种因素发生作用的时间进程。本小节主要介绍采用在线加工方法的研究。

Gillen（1991）采用自控步逐个小句呈现的范式研究发现，无论表层顺序如何，单数后继句总是比复数后继句的反应时更短。Gillen（1991）认为，被试在阅读句子时，会倾向把不定指量化词a解读为单个指称，只有给被试分配任务，要求他们必须对数量做出明确判断时，才会考虑更为复杂的复数解读。Tunstall（1998）同样采用自控步阅读范式，发现被试判断单数后继句的合法度比复数后继句的合法度所需的反应时更短。Filik *et al.*（2004）采用阅读眼动范式，也发现了单数后继句的总体优势。因该研究较具代表性，以下做重点介绍。

Filik *et al.*（2004）利用了英语介宾与双宾的与格交替句式，即直接宾语（DO）在介宾结构中先于间接宾语（IO），而在双宾结构中则顺序相反，并操纵了量化词的表层顺序（a ... every、every ... a）、论元的顺序（DO居先、IO居先）。后继句中的主语名词总是回指不定量化词a，分别采用单数或复数的形式，予以消歧，具体如（9a-d）。研究者共设计了48套句子，测试了56个英语母语者。

（9）　a. DO-居先，a ... every

The celebrity gave | an in depth interview to every reporter from the newspaper, but | the interview(s) was/were | not very interesting.

b. DO领先，every ... a

The celebrity gave | every in depth interview to a reporter from the newspaper, but | the interview(s) was/were | not very interested.

c. IO领先，a ... every

The celebrity gave | a reporter from the newspaper every in depth interview, but | the reporter(s) was/were | not very interested.

d. IO领先，every ... a

The celebrity gave | every reporter from the newspaper an in depth interview, but | the interview(s) was/were | not very interesting.

在眼动实验之前，Filik *et al.*（2004）首先对句子意思的最终理解进行了评估。他们去除了后继句，仅保留but ...之前的小句，采用离线5点量表的判断任务，让20名英语母语者对不定指量化词a做复数解读的可能性程度做出评定（1＝绝对确定解读为一个实体，5＝绝对确定解读为不止一个实体）。结果发现，对于DO（interview）居先的句子，a ... every比every ... a的评定分数更高；而对于IO（reporter）居先的句子，every ... a比a ... every的评定分数更高。总体而言，复数解读的评定分数较低，即英语母语者显示出微弱的偏好，将a解读为单数。

眼动分析聚焦于三个区域，即歧义区（包括量化词和连词but的小句）、消歧区（即后继句主语the interview(s)/reporter(s)）、消歧区之后。数据分析主要考察两个指标：第一遍阅读时间、总阅读时间。此外，因歧义小句较长，研究者还分析了第二遍阅读时间（即总阅读时间减去第一遍阅读时间），该指标反映再审视的加工过程。消歧区之后区域未发现任何效应，以下结果仅聚焦歧义和消歧区。

在歧义区的发现有三：1）第一遍阅读（反映早期加工）与总阅读时间模式（反映晚期加工）一致，均发现不定指量化词 — 全称量化词这一顺序（a ... all）比全称量化词 — 不定指量化词的顺序（every ... a）更难加工。这符合Fodor（1982）的预测，即加工者最初会将不定指名词短语理解为指称一个实体。对于a ... every的语序，被试会一开始将a解读为一个实体，当全称量词every或all呈现之后，必须将最初的解读修改为多个实体。因此，这种偏向性解读会限制加工者后来对逆序辖域进行运算的能力。但对于every ... a语序的句子，因为every/all自身的语义特点是多个实体，会削弱将之后出现的a解读为一个实体的可能性，而a此时既可以解读为一个实体，也可以解读为多个实体，所以不存在这种最初的偏向。

2）三个指标都发现了交互作用，且总体模式趋同。对于第一遍阅读和总阅读时间，DO（interview）居先条件下，every ... a比a ... every阅读时间更长；对于第二遍阅读和总阅读时间，IO（reporter）居先条件下，a ... every比every ... a阅读时间更长。

3）IO（reporter）居先比DO（interview）居先的第二遍阅读时间更长。考虑到英语的介宾结构为典型语序，而双宾结构为非典型语序（Larson 1988），研究者认为，IO居先为非典型结构，会引发额外的句法加工困难，导致实时运算量词辖域发生延迟。

在消歧词区域，第一遍阅读和总阅读时间均显示，复数后继句比单数后继句更难加工。

这些结果总体上体现了单数后继句的加工优势。但与此同时，在歧义区和消歧区均发现了辖域效应，说明即使没有判断任务，被试也即时进行了辖域运算。这就直接反驳了Gillen（1991）的看法，同时暗示母语者对表层辖域的强烈偏好并非单数后继句加工优势的唯一解释。据此，Filik et al.（2004）认为其采用自然阅读的实时理解范式，得到了与Kurtzman & MacDonald（1993）采用离线判断方式类似的结论，即表层、逆序辖域的解析同时进行，二者彼此竞争，引发加工困难。

但是，Anderson（2004）将问题作答正误率与反应时间结合起来分析，发现回答逆序辖域句比回答表层辖域句的阅读速度更慢。这表明逆序辖域因与表层句法表层不一致，会带来加工成本。

Anderson（2004）还发现，当语境具有高度限制性时，无歧义的逆序辖域句（如A different member tested every recipe）和有歧义的逆序辖域句（如A member tested every recipe）都比无歧义的表层辖域句（如Every member tested a different recipe）和有歧义的表层辖域句（如Every member tested a recipe）显著更慢。当语境中引入了几个成员时（如...Members who nominated recipes were required to test the recipes to make sure that the instructions were correct. A different member ...），不定指名词短语a different member 就不可能被解读为一个实体。因此，这些结果暗示，逆序辖域所涉及的运算比表层辖域的成本更高。

但如上一小节所言，a ... every语序无法分离两种解释，有必要聚焦every ... a这一语序。此外，Filik et al.（2004）对于every的语义也未做好控制。比如，（9b）比（9a）更难加工，或有其他备择解释。全称量化词every具有强烈的量化性，需要一个限定性范围或领域，并对其予以数量上的量化。（9a）中，every reporter 后的介词短语from the newspaper可以充任every的量化域，但（9b）中仅有every in depth interview，缺失every的量化域。因此，（9b）阅读时间更长，很可能是由于违反了every的语用预设，而并非由对（表层vs.逆序）辖域运算的差异导致的。

8.3.4　辖域歧义的浅层加工

考虑到双量化词的语序对辖域解读偏好的影响，也有研究者在实时考察时仅聚焦于every … a这一语序（Tunstall 1998；Dwivedi *et al.* 2010；Dwivedi 2013）。Tunstall（1998）采用自控步反应时范式，发现对于every … a语序这一条件，单数后继句（10a）和复数后继句（10b）的判断反应时并无差异。该结果似乎表明，被试采用了类似浅层加工的策略，因此表层辖域和逆序辖域都一样容易理解。

（10）　Kelly showed every photo to a critic last month.

　　　　a. The critic was from a major gallery.

　　　　b. The critics were from a major gallery.

Dwivedi *et al.*（2010）采用脑电范式，将辖域歧义句（如Every kid climbed a tree）整句呈现，消歧的后继句（单数、复数）以600毫秒的速率逐词呈现，并将基线设置为无辖域歧义的句子（如，单数Every kid climbed a different tree；复数Every kid climbed the same tree）。研究者在分析后继句时，采用的是歧义句与基线句相减后的差异波。结果显示，复数后继句与单数后继句的脑波模式相似，均在主语名词tree/trees呈现后900毫秒诱发了晚期负波N900，并持续到助动词was/were区域。Dwivedi *et al.*（2010）认为，波形相似的晚期持续负波反映了两种加工难度：1）对前一个辖域歧义句进行解读的困难，2）对后继句的解析予以整合的困难。换言之，被试对辖域歧义句仅做了不充分的理解，将语义解析推迟，直到下一句更多的信息出现。

但正如Dwivedi（2013）所指出的，该脑电研究至少存在两个问题：第一，部分刺激受词汇—语用影响，如"每个珠宝商鉴定一颗宝石"这个事件表征并不具有复数或表层辖域解读的强偏向性；第二，脑电呈现刺激的速率较慢，字词间隔为600毫秒，而感知刺激在300毫秒左右就已发生，或许已施行了"量化词提升"的算法操作，导致后继句的表层与逆序解读之间没有差别。据此，Dwivedi（2013）又采用了自控步反应时范式，并严格控制刺激，完成了一系列的实验。刺激句均由两句组成，1）有辖域歧义的语境句，2）消除歧义的后继句，分为两行，逐词呈现。

具体而言，实验一（80人）采用的24套歧义刺激句，如Every kid climbed a tree，均强烈偏向于表层辖域即复数解读（93％—100％），并仅在填充句设置了理解问题。结果显示，有歧义的语境句比无歧义的语境句（如Every kid climbed that tree/those trees）更容易加工，而且消除歧义的后继句（表层The trees ... vs. 逆序The tree ...）在反应时间上并无差异。

为排除被试因无需对刺激句做判断任务而仅做浅层加工的可能性，实验二（48人）仍使用同样的刺激句，但在关键句中也设置了理解问题（如，How many trees were climbed? 1）several 2）one），意在促使被试注意到歧义并做深层加工。在线反应时结果基本重复了实验一的发现，即有歧义的语境句更容易，且后继句没有任何效应。Dwivedi（2013）认为，辖域歧义句所表现出来的加工优势，仅反映了刺激中固有的词汇—语用偏向性，即在没有话语语境情况下，无歧义句使用了具有指称性的that，比泛指的those或歧义句中的a更难加工，但该解释与辖域歧义加工的偏向性无关。此外，在离线的回答问题正确率上，发现了表层辖域（即复数解读）的优势，正确率高达83％，而逆序辖域（即单数解读）的正确率仅接近随机水平（47％）。这似乎暗示被试的确实施了辖域运算，但是，复数解读优势也体现在无歧义语境句的两个条件对比中（71％ vs. 94％）。

为进一步排除因刺激的强偏向性而导致被试采取浅层加工策略的可能性，实验三（40人）采用了24套真正的辖域歧义刺激句，无明显的偏向性（44％—67％），如Every jeweler appraised a diamond，并设置了理解问题。结果仍然发现，1）与实验一、二一样，无歧义语境句比有歧义语境句更难加工；2）在后继句的反应时及问题正确率上，均重复了实验二的模式。

客观地说，这三项实验设计在逻辑上环环相扣，逐步递进，其结果高度一致：无论辖域语境句是否具有偏向性，在线反应时的模式都仅仅体现了语境的词汇—语用偏向性。这些结果表明，母语被试对于辖域歧义句的实时理解属于浅层加工，并未做深度的解析运算；仅当被试必须回答问题，对辖域做出解读时，才会进行复杂的辖域运算。作者认为，正因为辖域歧义句的加工是非常浅层的、不明确的，所以在整合、理解消歧后继句的主语名词时也流于浅层加工：无论该定指名词短语无论回指单数（the tree/the diamond），还是复数（the trees/the diamonds）的指称，都没有反应时差异。而实验二、三涉及逆序辖域解读的句子，大学生被试对问题的回答正确率都不高，接近随机程度，对其他问题的回答则显示，他们的确注意到了歧义，足够认真。这些结果说明逆序辖域解读的确不被偏好。

据此，Dwivedi（2013）提出，辖域语义加工涉及两条线路：一条快速、经济，对刺激表面的词汇—语用偏向性很敏感，而另一条深刻、复杂，是具有确切步骤的形式化算法，反映的是对结构（如量化词提升这一操作）的考虑。前者总是先于后者优先应用，有赖于词汇中的"数目"与符合现实世界的"数目"（如不定冠词a的双重语义），迅速解读句意；后者仅在必须做出抉择时（如迫选回答问题）才予以施行。

8.3.5　辖域歧义加工的小结

对于英语辖域歧义句的实时理解，已有的研究结果并不一致，提出的理论解释也各异。但共同的一点是，多个因素都会影响理解者是否对量化名词短语保持某种偏好性解读。已有研究所确定的影响因素包括：1）量化词在句法结构或逻辑语义层面中的位置，2）量化词自身固有的词义—语用偏向性，3）现实世界百科知识、语义可信度、语用知识，4）动词类型。因此，就实验设计而言，很难建构一个"干净"的测试，且能有足够多的刺激试次，来证实逆序辖域总会带来加工困难，或位于宾语位置的量化名词短语的确更难解读。或许未来研究者还需要在设计思路方面进一步探索。

8.4　运动事件的语义加工

近年来认知语言学家日益关注的一个研究热点是事件结构中亚成分的心理加工过程。事件语义学认为，一个事件结构可以分解为多个亚事件，包括具有基本类型动词的词根或模板（如 DO、CAUSE、BECOME）、事件参与者（如施事、受事等）、各个组成部分之间的关系。从实时加工角度看，由句中各个组构成分所编码的亚事件或成分随着时间而展开，并加以组合，最终构成句意。

8.4.1　动词语义结构的复杂度

动词在描述事件时占据重要的地位，但其编码信息的方式却高度个性化，或侧重编码方式，如 dance（跳舞），或注重编码结果，如 break（打碎）。生成语义学家认为（Rappaport & Levin 2008），方式动词在语义上可以诠释为对 DO 的修饰，明确表达一个事件活动发生的方式。结果动词则是 BECOME 的论元，明确表达一个事件的最终状态；正因为结果动词的语义与 BECOME（成为）相关，所以必须后接一个论元，作为动词事件的结果。比如，scrub（擦洗）编码的是清洁的方式，clean（打扫）编码的是清洁后状态的改变。因此，从语义表征上看，结果动词的语义结构比方式动词更为复杂。那么，这种语义编码的复杂性差异能否在实时加工进程中有所体现呢？

McKoon & Love（2011）在简单主句中操纵了两类动词：方式动词、结果动词各 12 个，如（11a-b）。对于有可能影响词汇决定反应时间的七个因素，包括词频、具象性、词长、音节长度等，研究者均做了严格控制。另外，该研究还设置了 96 个不合法的填充句，85 个合法填充句。McKoon & Love（2011）采用两项任务：1）整句可接受度判断；2）自控步阅读并判定是否语义不可理解，多方面地对比考察了英语被试对这两类动词的加工模式。

（11）　a. 方式动词（hit类）

The workmen banged the tile.

b. 结果动词（break类）

The workmen chipped the tile.

　　整句呈现的判断反应时结果显示，相对于含有结果动词的句子（11b），被试判定含有方式动词的句子（11a）合法的速度显著更快，差值高达178毫秒。逐字呈现的反应时结果显示，在动词位置上，被试对方式动词的反应时较结果动词显著更短，差值高达89毫秒。这些结果表明，从语义表征看，结果动词的确比方式动词更复杂。

　　McKoon & Love（2011）的研究证实了事件动词内部的复杂度会对实时语义加工有所影响。那么，对于状态动词，如love、appreciate、envy、possess、exist等，没有涉及事件的起始、变化、终端等亚结构的编码，是否比事件动词（如break、accuse、explore、come、mingle、exit等）更容易加工呢？ Gennari & Poeppel（2003）采用自控步阅读任务，操纵了动词类型（事件、状态），如（12a-b），各44个。每套刺激的句子除了动词以外，其他都几乎一样，均包括至少两个句法成分（名词短语或介词短语），并严格控制了每对动词的词频、词长、论元结构、句法框架频率、主语与动词之间关系的可信度、动词用于缩略关系从句的频率等因素。

（12）　a. 事件动词

The retired musician built his second house from scratch.

b. 状态动词

The retired musician loved his second child very much.

　　自控步反应时结果显示，在动词位置，事件动词比状态动词的反应时间显著更长，差值为27毫秒。该结果表明，即使两类动词（如存在类状态动词exist vs.达成式事件动词vanish）都有相同的题元角色和参与者槽位，但二者所蕴含的事件语义信息不同的话，难易度也会不同。

综上所述，词汇语义学对句子层面的语义加工有所启示。近年来视域眼动研究显示，在递增式预测性加工过程中，动词的识别会迅速激活其题元和论元结构（Altmann & Kamide 1999），但同时也会激活动词的事件语义亚结构。而动词所编码的亚事件信息越复杂，其被激活、提取的速度也会越慢，进而产生加工成本。

8.4.2 运动事件语义的解读偏好

McKoon & Love（2011）的研究结果似乎暗示，对于表示运动的动词，英语加工者默认表征或首先诠释的是其运动方式的语义。那么，这种语义加工方式在多大程度上具有语言特异性呢？ Naigles & Terrazas（1998）通过两项视频理解实验，对比考察了英语本族语者和西班牙语本族语者对运动词汇不同语义的解读偏好，为此提供了实证依据。

两个实验的流程大概如下：首先是培训新词阶段，给被试展示四组视频，让被试学习、熟悉新词的用法。视频均描绘个体完成一个包括了方式和途径的运动事件，如一个女子连蹦带跳地走向一棵树。被试观看视频，同时会听到一个简单句，句中有一个新词，从未收录在英、西语词汇表中，均附有现在进行时后缀，表示该词为动词，如英语为kradding，西班牙语为mecando。简单句式共有三种：1）中立条件，采用不及物结构，如She is kradding；2）表达运动方式的句式，采用不及物动词后接介词的结构，如She is kradding toward the tree；3）表达路径的句式，采用及物动词结构，如She is kradding the tree。实验一采用了中立句式，实验二采用了后两种句式。

新词训练好后，进入正式实验测试。测试时播放成对的视频：1）保留原（培训）视频中的运动方式，但更改了路径；2）保留原视频中的路径，但更改了运动方式。被试的任务是选出其中一个视频，与新词意思对应。

实验结果如图8.7所示。当新词出现在中立句式中时(上图)，无论被试母语背景如何，都显著倾向选择呈现运动方式的屏幕，即把新词的意思理解为运动方式。当新词出现在表达方式的(不及物和介词共现)句式中时，英语被试表现出一种强烈的倾向，选择呈现运动方式的屏幕显著多于选择呈现路径的屏幕，而西语被试则无任何偏好；当新词出现在表达路径的及物句式中时，两组被试的模式与表达方式的条件正好相反：西语被试明显更倾向选择呈现路径的屏幕，而英语被试无任何偏好。

这些结果说明，对于同一运动事件，不同语言在编码动词语义方面侧重有所不同，英语侧重于编码方式，西语侧重于编码路径。因此，英语句子She runs out of the house(她跑出了房子)在西班牙语中并无对等译文，只能翻译为Ella sale de la casa corriendo/She exists the house running(她跑着离开了房子)。构成运动事件语义的各个组成部分在进入不同语言的词库后，会影响不同母语的理解者对动词语义编码的心理表征方式，进而导致他们在实时加工过程中的表现也有所不同。

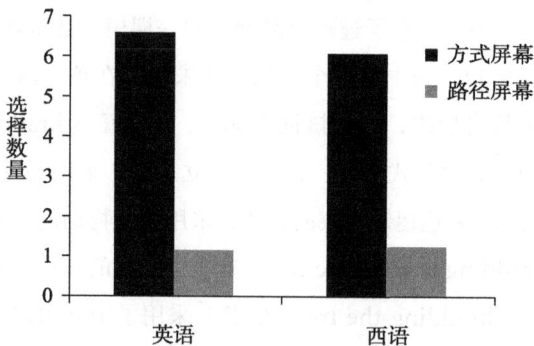

中立句式：She's kradding!
Ella está mecando!

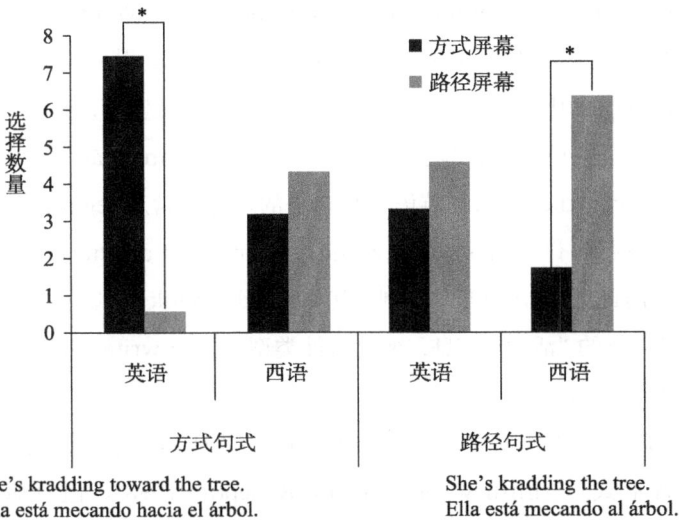

图 8.7 母语为英语、西班牙语在三种句式条件下通过选择呈现为方式或路径的屏幕的数量，来表示对新异的运动动词的理解（改编自 Naigles & Terrazas 1998）

注：上图对应实验一中立句式条件，下图对应实验二句式为方式或路径的条件。

8.5 事件强制的语义加工时间进程

近年来，一些研究事件语义加工的学者结合神经学手段，探讨"强制"（coercion）这一语义现象。语义强制是指在选择项和被选择项的语义属性不匹配时，需要重新解释的过程。具体分为补语强制（complement coercion）和体强制（aspect coercion）两种情况，二者均涉及语义诠释上的转换。

8.5.1 补语强制

补语强制是一种语义上的类型转换（type shifting）操作方法，把论元转换为符合函数要求的类型，以避免出现类型匹配错误（Pustejovsky

1995)。比如，对于John began writing the book，动词begin是事件动词，选择一个"事件"writing the book作为其补语，其补语类型为et；但在John began the book中，the book的语义所指是实体，其类型为e；在施行语义组合原则时，就会出现类型错配（type mismatch）。然而，动词短语began the book在英语中是合法的。为了满足begin的语义要求，加工器需要将该句解读为the author began some activity involving the book。因此，begin需要"强制"其补语（the book）进行类型转换，补充针对实体的"活动"信息，变为事件类型，如to write（the book）或to read（the book）。

从理论上讲，也可以在句法上增设一个动词短语，表达事件，且无语音形式（Grimshaw 1979；Fodor & Lepore 1998）。但有研究者表明，补语强制与句法无关，而是一个纯粹语义的操作（Pylkkänen 2008；Pylkkänen & McElree 2006，2007；Jackendoff 1997；Pustejovsky 1995）。

进入21世纪以来，一些行为实验研究发现，补语强制这一语义操作会带来加工代价，表现在补语强制句（如The author was starting the book in his house）比简单及物动词句（如The author was writing/reading the book in his house）耗时更长（McElree *et al.* 2006a，2006b；Pickering *et al.* 2005；Traxler *et al.* 2002，2005）。但由于存在混淆因素，在过去的十多年间，研究者使用了不同的研究方法，不断地完善实验设计，试图排除其他可能的解释。

McElree *et al.*（2001）最早采用自控步阅读范式，对比考察了（13a-b），发现虽然在可信度评定打分测试中二者没有差异，但（13a）比（13b）更难加工，具体表现在名词table和其后during这两个区域的反应时长差异显著。

（13）　a. 补语强迫句

The carpenter began the table during the morning break.

b. 控制句

The carpenter built the table during the morning break.

之后的两项阅读眼动,也发现(13a)比(13b)的阅读时间显著更长,具体体现在名词短语位置(the table, Pickering *et al.* 2005),或在其后的溢出区域(during the, Traxler *et al.* 2002,实验一)。

但是,这些研究中所使用的刺激意思并不对等,(13a)中桌子尚未造好,而(13b)应已造好,因此,有必要控制动词的体信息。Pickering *et al.* (2005)又增加了一个条件:

(14) The carpenter began building the table during the morning break.

结果显示,在the table位置,(13a)的阅读时间均比(13b)与(14)更长,而后两者的加工模式相似。该结果排除了动词体信息这一潜在混淆因素。

但还存在一种质疑,即事件动词(如begin)总体上比控制句动词(如build)在语义上更复杂,因此,无论其后的补语成分是论元还是事件,前者总是比后者更难加工。此外,从预期性加工角度看,根据Traxler *et al.*(2002)的一项句子补全结果,涉及补语强迫的动词短语(began the table)完型概率为0.03,而控制条件的动词短语(built the table)完型概率范围在0.14到0.19之间。虽然二者都很低,其细微影响未必能被眼动指标所捕捉到(Rayner & Well 1996),但或许也能解释二者的加工差异。

针对以上质疑或可能性,Traxler *et al.*(2002)又做了两个实验,分别采用阅读和自控步反应时范式,操纵了动词类型(事件或中立)和补语类型(补语压迫或论元),如(15)。如果仅仅是对有事件义动词的解读有困难的话,那么我们会预期事件动词(如started)比中立动词(如saw)更难,但同属事件动词的started the fight(15a)和started the puzzle(15c)之间应该没有差异。如果仅仅是对名词做补语强制的解读有困难的话，那么只要名词的解读与事件语义相关，那么（15a-b-c）都会比做论元解读的名词（15d）更难。

(15)　a. 事件动词，补语压迫名词

The boy started the fight after school today.

　　b. 中立动词，补语压迫名词

The boy saw the fight after school today.

　　c. 事件动词，论元名词

The boy started the puzzle after school today.

　　d. 中立动词，论元名词

The boy saw the puzzle after school today.

　　但结果显示，相对于 started the flight、saw the fight、saw the puzzle，只有 started the puzzle（15c）难以理解。具体而言，阅读眼动实验显示，在名词 the fight/the puzzle 位置，第二遍阅读时间和总阅读时间这两个晚期指标均出现交互作用：只有在事件动词（started）条件下，指谓论元的名词（the puzzle）比指谓论元的名词（the fight）更难加工；而对于中立动词（saw）条件，两类名词都很容易加工。此外，该交互作用也在自控步阅读实验中得到重复，只不过延迟到名词后的区域（after school）。这些晚期、延迟的效应，说明被试不仅仅察觉到了补语强迫名词与事件动词在语义上不相匹配，而且的确在进行类型转换，将表面的论元名词整合到符合事件解读的上文语境中，以最终获得一个切实可行的释义。换言之，当整个动词短语（而不是事件动词或名词）涉及补语强迫操作时，在线加工时必须生成额外的语义组合结构，进而产生加工成本。

　　由于补语强迫需要时间去推理隐含的语义，加工成本或许可以归因于语境的缺失。此外，在做类型转换或重新构建语义表征时，可能存在不同的可能性，比如，began the book可能解读为began reading/writing/translating the book等（McElree *et al.* 2001），需要在线加工者从中选择一种解读，这也会产生加工成本。如果将此类句子放入前置语境中去，理应缓解释义难度。据此，Traxler *et al.*（2005）操纵了语境，或引入与目标句事件动词相关的动作，如（16a）中的动词building，或引入并不与目标句相关的活动，如（16b）中的动词looking，然后呈现目标句（如That spring, he began a condominium next to the shopping center.）。但阅读眼动结果显示，前置语境并没有消除补语强制的加工成本，体现在动词（began）、名词（a condominium）区域上，两句的总阅读时间和回视路径时间均未发现差异。

(16)　a. 事件义语境

The contractor had been building in the suburbs.

b. 中立语境

The contractor had been looking for new jobs.

但是，Traxler *et al.*（2005）进一步发现，当前置语境提供了完整的事件信息时（如The student started/read a book in his dorm room），在目标句（Before he started the book about the opium trade ...）上没有发现任何效应。换言之，当上文话语出现了相关的事件语义信息时，就能消除下文中started the book中的补语强制成本。

综上所述，已有很多行为实验的证据表明补语强制句会带来加工代价。此外，也有来自神经语言学方面的证据支持这一观点。Pylkkänen & McElree（2007）采用脑磁图（MEG）方法，发现在补语呈现后350—450毫秒，补语强制句会诱发前部中线区域（anterior midline regions）更大的振幅，具体在腹内侧前额叶皮质（ventromedial prefrontal cortex, vmPFC）。脑电研究发现，补语强制诱发了类似N400的脑波（Kuperberg *et al.* 2010；Baggio *et al.* 2009），且时间上与语义违反句所诱发的 N 400 不同。脑成像研究发现，补语强制所带来的加工成本，诱发了左额下回（left inferior frontal gyrus，LIFG）更大的激活（Husband *et al.* 2011）。

8.5.2　体强制

顾名思义，体强制涉及的是谓词的体信息与动词失匹配。比如，对于 John jumped for three hours，动词 jump 是瞬间动词，其修饰语 for three hours 是持续性副词短语，二者显然并无交集，但该句对于英语母语者来说却是合法的。这说明他们会将瞬间动词理解为重复性动作。这种语义上的重新释义就是"体强制"。从事句法 — 语义界面研究的心理语言学者感兴趣的问题是，这种"体强制"是否会带来加工成本？

Piñango *et al.*（2006）采用跨通道词汇决定任务，在允准词项即体副词 until 呈现后 250 毫秒，屏幕上出现探测词 aspect 或 bureau，被试判断该词是否是真词。

（17）　a. 语义透明

The insect glided effortlessly until it reached the far end of the garden that was hidden in the shade.

b. 语义强制增强

The insect hopped effortlessly until it reached the far end of the garden that was hidden in the shade.

实验结果显示，相对于语义透明条件，被试在语义增强条件下对探测词的反应时间显著更长（相差 20 毫秒）。该结果表明，类型错配句子比语义透明句更难加工。实验二中，被试在听到体副词 until 后，屏幕上即刻呈现探测词，结果仅发现数量上的趋势（相差 12 毫秒），但统计上未达到显著，说明体强迫作为一种语义修复的操作，在时间进程上较晚，加工器首先需要察觉到语义错配，然后才诱发体强迫来诠释语义。

但跨通道词汇决定任务并不自然，而且 Pickering *et al.* (2006) 采用自控步和阅读眼动，并没有发现体副词与动词之间的语义错配会带来额外的加工困难。直到 Brennan & Pylkkänen (2008) 严格控制了实验设计，才为组合型语义操作发生的时间窗口及大脑加工定位提供了可信的证据。

Brennan & Pylkkänen (2008) 采用7点量表评定任务，让被试判断动词所描述的事件是单次或重复的可能性（1＝一次性，7＝多次），最终选取了26个评分低于3的体强迫动词。他们还评定了刺激的可信度，以确保刺激句顺畅自然。此外，他们遵循 Pickering *et al.* (2006) 的做法，将表达体信息的副词放在句首，如 (18 a-b)，从而在其后出现的动词位置上，更客观地考察因语义操作带来的认知成本。换言之，被试看到动词后，才会触发因语义错配而增加的强迫操作。实验一采用自控步反应时任务，结果发现，虽然在动词之前，体强迫动词条件比控制条件的反应时更短，但在关键动词位置上，加工模式出现了反转：体强迫动词的反应时间显著长于控制条件。该结果支持 Piñango *et al.* (2006) 的发现。

（18）　a. 体强迫动词

　　　　Throughout the day the student sneezed in the back of the classroom.

　　　b. 控制条件

　　　　After twenty minutes the student sneezed in the back of the classroom.

实验二采用脑磁图（MEG）研究方法，按每300毫秒一屏（字词间隔300毫秒的空屏）的方式，逐词呈现刺激，结果显示（见图8.8），体强迫动词在两处脑区诱发了更大的神经活动：1）右脑额叶和颞叶前部，时间窗口为动词出现后340—380毫秒，与词汇语义通达与整合相关的 N 400 相

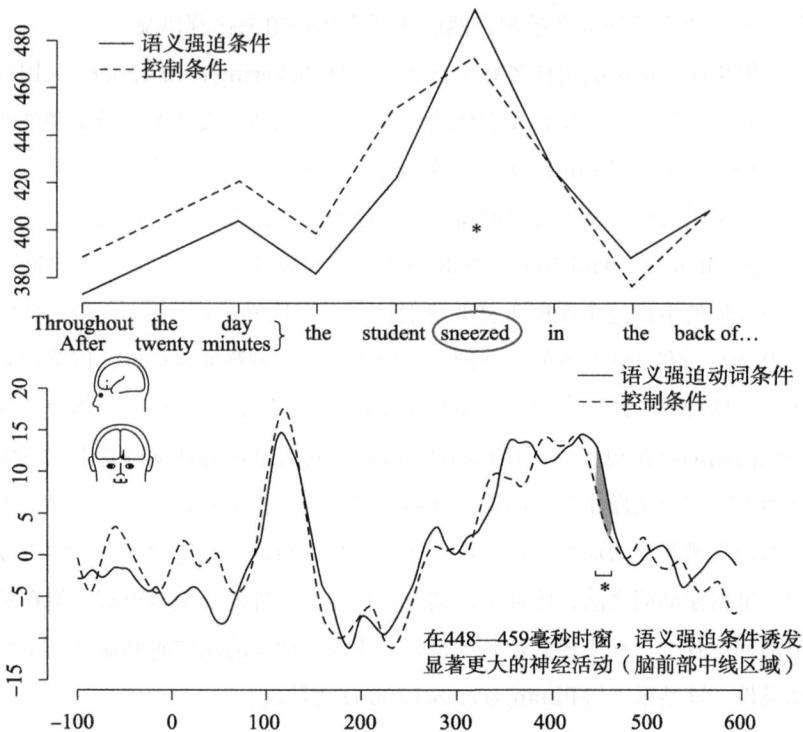

图 8.8　动词与状语错配会使反应时更长，脑神经活动更大
（改编自 Pylkkänen & McElree 2007）

注：上图为在动词位置上自控步反应时结果，下图为脑磁图结果。

似。2）前部中线区域（anterior midline regions），时间窗为动词出现后
440—460毫秒，该区被认为与修复补语论元所强迫施加的语义类型转换
操作有关（Pylkkänen & McElree 2007）。综合这两个脑区的发现，Brennan &
Pylkkänen（2008）认为，持续性副词与有界动词错配句的加工过程涉及两
部分：早期察觉语义上的异常，晚期施以语义强迫的修复操作。

　　需要注意的是，体强制和补语强制有根本的不同。对于补语强制句，
不可能进行直接、透明的语义组合，必须进行类型转换；做体强制操作
时，语义组合是直接、透明的，但得到的组合结果却是违背语义的。或
许，理解者实时加工涉及体强制的句子时，可能在概念语义层面并不做明

确的表征，与述谓释义在词汇语义上所规定的各方面特征也不完全契合，即采取类似浅层加工的策略。

8.6　语篇层面上的代词实时消解

代词回指研究是心理语言学在句子、语篇层面上的一个重要课题。本小节及下个小节将聚焦代词消解，重点介绍影响代词消解的因素、歧义代词消解的实时过程。

8.6.1　影响代词消解的因素

代词在日常言语活动中高频出现，但与其所对应的指称对象有时却并不清晰。然而在多数情况下，我们可以运用语言经验、世界知识，将代词与正确、匹配的指代或先行词（antecedent）建立联系。在许多语言中，代词附有数、性、格等语法标记，听者可以借助这些语法线索，找到与其对应的先行词。比如，英语中代词有主宾格之分（he，him），反身代词有单复数之分（himself/themselves）；德语中代词区分中性、阴性、阳性。

但是，当真实世界可信度不足以帮助判断时，心智模型的信息则可以发挥作用。代词需要与一个指代建立联系，方能得到识解，该指代通常可及度高、显赫性强，容易在记忆中存储，方便言者提取和听者理解。正因为该实体可及性高，所以代词在日常交流中可以缺省，或尽可能少用。听者越容易推测或恢复某种信息，言者就会更少依赖话语内容去交流该信息。该语言准则符合格莱斯会话原则（Grice 1975）中的量原则：语言所编码的信息量，反映的是清晰交流和产出省力的平衡。那么，一个值得探索的研究问题是：为何有的语篇指代更为凸显？

先行词备选项的可及性或凸显性可受多方面影响，以下主要讨论四个因素：句法位置、焦点、题元角色、动词的语义偏向性。

8.6.1.1　句法位置

句中成分所处的位置不同，其显著性也各异。主语在句法层级树上处于统领地位，比宾语、间接宾语的可及性更高，因此更容易作为代词的先行词（Brennan *et al.* 1987）。这一点在英语的语料库、言语诱导产出实验中都获得了支持（Arnold 1998，2001a；Arnold *et al.* 2009；Brennan 1995；Kehler *et al.* 2008；Stevenson *et al.* 1994）。从产出角度，言者对某些指代的偏好性能够决定其对句法结构的选择。如果某个指称在言者的大脑表征中处于凸显地位（salient），那么言者通常会首先把该指称说出来，并将其放置在主语位置。英语句子产出研究中，言者采用一个产出策略，叫作"生命度优先"（animacy first），即主语位置通常由言者所要表达的事件中的施事所占据，该施事通常是有生命的人，是注意力的焦点。

主语位置的凸显性高，这一点有助于代词理解。当句中的代词解读有歧义时，即上文出现不止一个先行词时，理解者通常会倾向从主语先行词获得消解。比如，英语主动句 Bradley beat Donald at tennis after a grueling match. He … 和被动句 Donald was beaten by Bradley after a grueling match. He …，看到代词 he 时，人们倾向将其消解为主语，即主动句中的 Bradley，或被动句中的 Donald，而不是宾语。

"重复人名惩罚"效应的隐现现象，也为主语名词的高可及性提供了证据。Gordon *et al.* (1993)采用自控步反应时范式，让被试阅读如下两组句子，均由两个小句组成，差异仅在第二句的主语所采用的指代形式，或为代词（19a），或重复上文提及的主语人名（19b）：

（19）　a. Bruno was the bully of the neighborhood. He chased Tommy all the way home from school one day.

　　　　b. Bruno was the bully of the neighborhood. Bruno chased Tommy all the way home from school one day.

结果发现，被试加工（19b）中的人称名词（如Bruno）要长于（19a）中的代词。这表明当一个名词指代的语法地位非常显赫，占据主语位置时，在其被再次提及时，被试会预期一个代词形式；如果看到的是全称名词短语，被试就会感到理解困难。该现象叫作"重复人名惩罚"（repeated noun penalty）。但该效应只适用于主语。如果先行词不太显赫，则该效应不会出现。比如，Susan gave Fred a pet hamster中，主语Susan比宾语Fred的显赫性更高。那么，之后再提到Susan时，人名应该比代词形式更易出现重复人名惩罚效应。但是，如果下一句中Fred再次以人名形式提及时，则不会出现该效应。Gordon *et al.*（1993）对比如下句子，发现（20a）比（20b）的阅读时间更长，而（20c）与（20d）则无差异：

（20）　a. Susan gave Fred a pet hamster. In his opinion, Susan shouldn't have done that.

　　　　b. Susan gave Fred a pet hamster. In his opinion, she shouldn't have done that.

　　　　c. Susan gave Fred a pet hamster. In Fred's opinion, she shouldn't have done that.

　　　　d. Susan gave Fred a pet hamster. In his opinion, she shouldn't have done that.

近年来时间精度高的视域眼动研究显示，理解者在听到歧义代词后，会更多地注视与上句主语对应的图片，该倾向最早在代词起始400毫秒后就出现了（Arnold *et al.* 2000；Hartshorne *et al.* 2015），而阅读眼动研究也显示，与主语先行词同指的代词读得更快（Fukumura & Van Gompel 2015）。

8.6.1.2　焦点

信息结构中，可及性更高的焦点，更易充当代词的先行词。英语中有两种结构可以增强焦点名词的凸显度：1) 分裂结构（it-cleft），如 It was the bird that ate the fruit（是那只鸟吃了那个水果），焦点是句中第一个名词 the bird；2) 准分裂结构（pseudo-cleft 或 wh-cleft），如 What the bird ate was the fruit（那只鸟吃的是那个水果），焦点是句中第二个名词 the fruit。如果两句的后继句均是 It was already half-rotten，英语本族语者就会认为第一句使用分裂句很奇怪，而第二句则理解顺畅。因为根据句意，代词 it 只可能指代苹果，但在上一句分裂句中 the bird 占据焦点位置，读者更倾向将代词理解为可及性更高的 the bird，而这与句子可信度指向的理解发生冲突。而在上一句准分裂结构中，the fruit 就是焦点，所以没有冲突。

焦点的可及性高，意味着其更易提取，那么使用全称形式的照应语就会诱发更强的重复人名惩罚效应。Almor（1999）首次探讨了焦点对重复人名惩罚效应的调节作用。他通过操纵两个因素：焦点不同的分裂结构（凸显首个名词、凸显第二个名词）和后继句中全称照应语的语义指向，得到四个条件（21 a-d）。结果的确发现了两个因素之间的交互作用：在照应语（the bird/the fruit）位置，（21 a）比（21 b）的反应时更长，（21 d）比（21 c）的反应时更长。说明相对于非焦点的先行词，处于焦点的先行词，其照应语的重复人名（惩罚）效应更强。

（21）　a. It was the bird that ate the fruit. / b. What the bird ate was the fruit.
　　　　　The bird seemed very satisfied.
　　　　c. It was the bird that ate the fruit. / d. What the bird ate was the fruit.
　　　　　The fruit was already half-rotten.

Birch *et al.*（2000：302）认为，处于焦点的概念比非焦点概念更为凸显（salient），在记忆中留下的痕迹更强，因此更易提取。Foraker & McElree（2007）采用速度—准确率抵消（speed-accuracy tradeoff）范式建模，也认为英语的两种分裂结构可以促进先行词在记忆中的鲜明性，增加其表征强度，从而在代词消解过程中提高其被提取的概率。

8.6.1.3　题元角色

题元角色（即一个指代在某一事件中扮演的角色）可以影响其显赫度，从而也影响其是否是代词的先行词。Stevenson *et al.*（1994）采用续写句子任务，让被试根据提示，比如John passed the comic to Bill，提供一个符合语境的后继句。结果发现，在后继句中，被试更倾向于强调目标（goal）或事件的终点（endpoint），即更倾向指Bill，而不是John，即使John出现在主语位置上。研究者还设置了一个条件，即在后继句中给出代词，如John passed the comic to Bill. He ...，以考察被试如何解析歧义代词。结果再次显示，被试更倾向于以Bill作为代词的先行词结句。Arnold（2001b）通过分析加拿大国会议员发言，也得到了类似的结果，发现演讲者通常关注目标或事件的终结点，而不是源头（source）或起点（origin），而且在接下去的事件中，更倾向用代词回指目标或事件的终结点。

8.6.1.4　动词的语义偏向性

动词也会影响代词回指的取向。Garvey & Caramazza（1974）最早发现不同动词对因果事件的预期会有所不同，即动词具有不同的隐含致因（implicit causality）特性。他们采用NP 1 V NP 2 because pronoun ...的句式模板，让被试补全如下句子：

（22）　a. The prisoner confessed to the guard because he ...

b. The mother punished her daughter because she ...

c. John gave Walt the book because he ...

完句分析显示，被试通常将上文动词事件起因的责任人作为代词所回指的对象：(22a) 中"忏悔"事件多归因为主语 (如... because he wanted to be released)，(22b) 中"惩罚"事件多归因为宾语 (如... because she broke an antique vase)，而 (22c) 中"给予"事件则无任何倾向，或为主语 (如... because he didn't need it anymore)，或为宾语 (如... because he wanted to read it)。

据此，Garvey & Caramazza (1974) 将动词分为三类：1) 偏向主语 NP1，如 confess、join、sell、chase、approach、apologize 等；2) 偏向宾语 NP2，如 kill、fear、criticize、blame、punish、praise、admire 等；3) 无偏向，如 help、recognize、give、argue with、miss 等。

自此，心理语言学家开启了一系列研究，探索动词所隐含的因果语义信息何时在句子加工过程中发挥作用。但受限于实验范式 (跨通道探测词识别任务，Garnham *et al.* 1996) 或刺激呈现方式 (以短语呈现的自控步反应时，Stewart *et al.* 2000)，早期研究结果不一 (MacDonald & MacWhinney 1995)，但大多显示动词隐含因果性仅在晚期句意整合时才能发挥作用。

Koornneef & Van Berkum (2006) 采用自控步反应时和阅读眼动两种范式，考察荷兰语动词的内隐因果信息如何影响代词消解的时间进程。他们设计了语境句，引入两个性别不同的人物，如"大卫和琳达开车都很猛。在一个繁忙的十字路口，他们重重地撞击到一起" (David and Linda were both driving pretty fast. At a busy intersection they crashed hard into each other.)。在目标句即因果复句中，使用了偏向主语的动词如"道歉" (apologize)，并在连词 because 后固定使用了男性代词 (he)。Koornneef & Van Berkum (2006) 实验设计逻辑是，通过对调两个人物在主句中的位置 (主语或宾语)，形成两个条件：因为"道歉"偏向主语，而只有 (23a) 中位于主语的 David 才与代词的性别相符，(23b) 中的 Linda 则与代词 he 有所冲突。因此，不一致条件 (23b) 应该比一致条件

（23a）更难加工。如果荷兰语被试能够即时利用动词的内隐因果偏向性信息的话，那么不一致条件带来的加工难度应该最早在代词位置上就能观测到。

（23）　a. 代词性别与动词语义偏向一致

David apologized to Linda because he according to the witness was the one to blame.

b. 代词性别与动词语义偏向不一致

Linda apologized to David because he according to the witness was not the one to blame.

Koornneef & Van Berkum（2006）的实验结果如图8.9所示。第一张图为自控步反应时结果，其余三张图均为阅读眼动不同指标下的结果。关键词为代词（W0）位置。自控步反应时数据显示，在紧邻代词之后的两个位置，均有显著的不一致效应。从时间精度更高的眼动数据来看，反映早期加工的首次注视时间和首次凝视时间均在代词之后第三个位置上发现了显著的不一致效应（第三和第四张图），而反映晚期加工的回视路径时间则在代词位置就出现了显著的不一致效应（第二张图）。这些结果表明动词所隐含的语义指向性能够很快发挥作用。

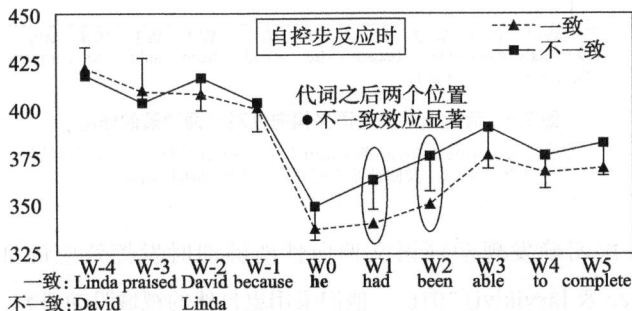

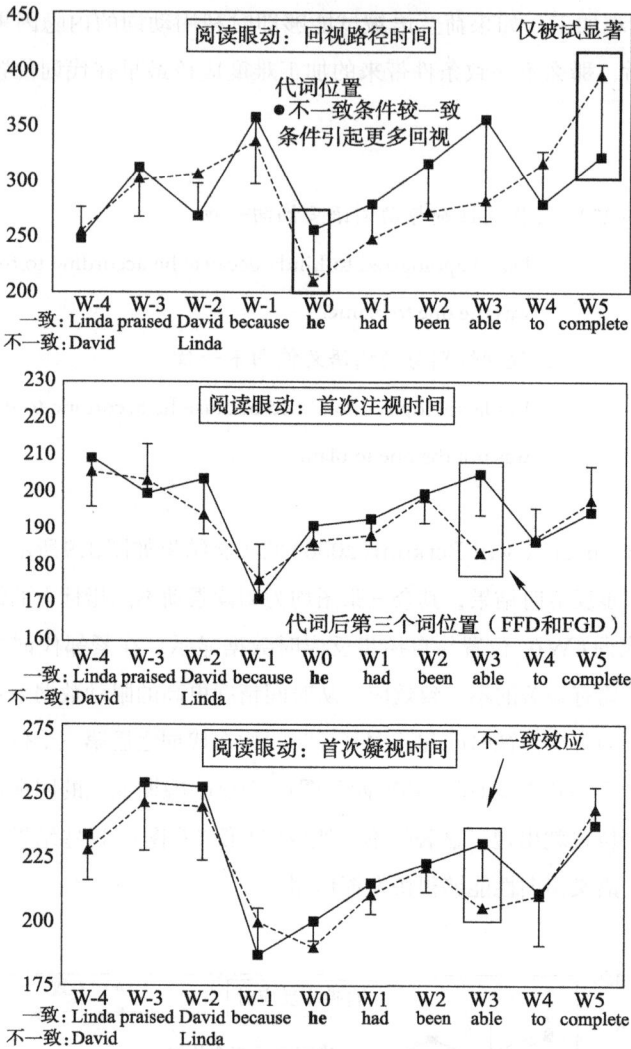

图 8.9　荷兰语动词的语义偏向性对代词消解的作用

注：改编自 Koornneef & Van Berkum（2006）的自控步反应时实验结果
（第一张图）及阅读眼动实验的三个眼动指标结果。

　　但首次明确发现动词语义偏向性能够即时发挥效应的证据来自
Pyykkönen & Järvikivi（2010）。他们采用更自然的视域眼动研究，聚焦芬兰语中宾语导向（如fear，24a）、主语导向（如frighten，24b）的隐含因果动词影响实时句子理解的时间进程。为了探测到早期效应，Pyykkönen & Järvikivi（2010）在动词宾语和连词because之间加入了状语。

（24）　a. The butler feared the guitarist in the dining room because for the whole day he ...

b. The butler frightened the guitarist in the dining room because for the whole day he ...

　　结果如图8.10所示。在动词出现后900毫秒左右，发现了1）语法可及性的主效应：被试注视主语图片的比率显著高于注视宾语图片的比率；2）动词偏向性主效应：被试在偏向主语的动词条件下更倾向注视主语图片，在偏向宾语的动词条件中则更倾向注视宾语图片。因动词的平均时长为560毫秒，加上大脑需要200~250毫秒完成眼动，这些眼动模式说明芬兰被试一听到动词及宾语先行词后，就出现与动词语义偏向性相符的效应。此外，在连词because出现之后两个视窗里（[0~300毫秒]、[300~600毫秒]），都发现语法可及性与动词语义偏向性的交互作用：被试偏好注视主语图片的效应在偏向主语的动词条件下更强，但在偏向宾语的动词条件下则消失，这表明隐含因果动词的语义效应发挥了作用。Pyykkönen & Järvikivi（2010）为动词语义信息发挥即时效应提供了清晰的证据，也强有力地支持了"平行交互说"。

　　综上所述，先行词的可及性高，可以吸引后来的代词指称与其同指，可以提高指代的可及性的因素包括主语地位、焦点结构的使用、动词的语义指向、题元角色等。此外，一些非句法因素也可增强指代的显赫性，影响从记忆中提取指代的难易度，包括句子首次提及的实体（如主语）、最近刚被提及、已被反复提及。

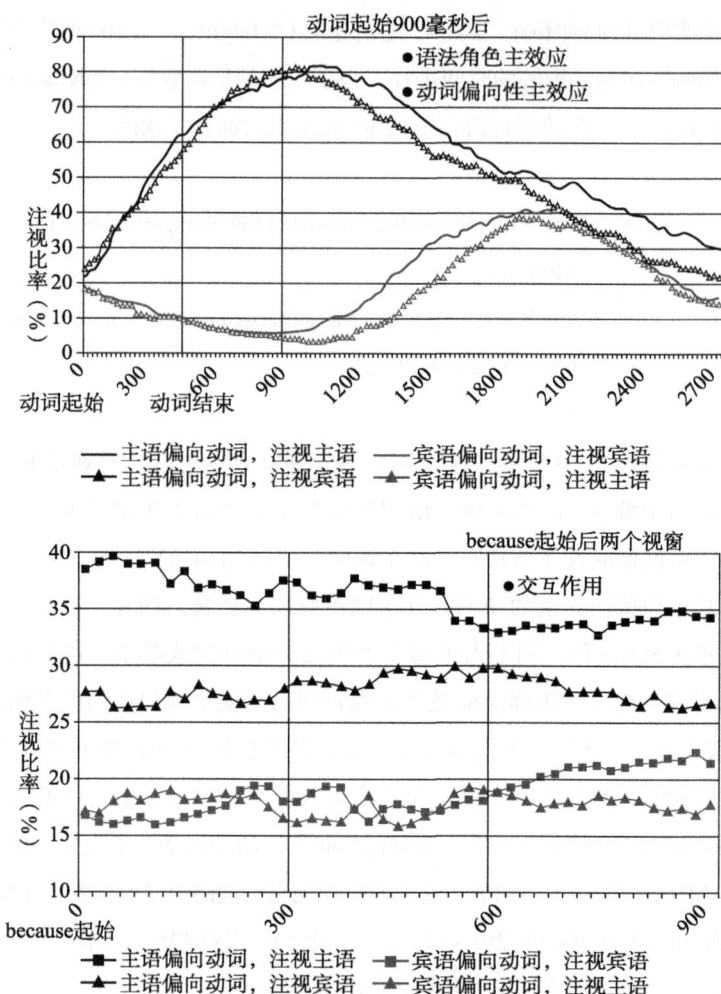

图 8.10　芬兰语动词的语义偏向性在句子理解进程中的即时效应
（改编自 Pyykkönen & Järvikivi 2010）

注：上图为动词呈现后 0~2700 毫秒期间注视主语、宾语图片的比率，下图为
连词 because 呈现后 0~900 毫秒期间注视主语、宾语图片的比率。

8.6.2　歧义代词的实时消解

Nicol & Swinney（2002）采用跨通道启动范式研究发现，代词无论有
无歧义，只要一出现就会即时促发一组先行词备选项的重新激活。但在日

常交流中，各种短暂歧义总能获得消解，即使代词在语法上有歧义，将代词与先行词匹配并没有给读者或听者带来太大困难，有时我们甚至没有意识到这些歧义。但是，通过时间精度高的技术监测，代词在渐进式加工中的消解过程是有一定的加工成本的。本小节讨论代词歧义如何消解，引发消解困难的原因，以及消解的时间进程。

代词消解至少涉及三方面信息：（i）语义信息，如代词的性、数特征标记；（ii）在心智模型中先行词的显赫度或可及性；（iii）可能限制匹配过程的真实世界知识。听者如何协调这些信息？一种可能性是，性别信息作为先行词候选项的过滤器时，只有语义特征相匹配的先行词才被考虑。之后，语篇显赫度或世界知识信息才会发挥作用，帮助听者、读者选择合乎语法的先行词。另一种可能性则完全相反，最可及的先行词——比如首次引入的主语名词，在记忆中的表征最显赫，可与后来出现的代词直接建立关联，构成同指关系。然后，性别标记可做追溯性检查，来确认先行词—代词的匹配是恰当的。

有的研究显示，代词上的性别标记能够即时帮助代词消解（Crawley *et al.* 1990；Ehrlich 1980；Shillcock 1982），而可及性根本用不着，或仅在第二阶段才发挥作用。但另有研究显示，可及性具有自动、优先加工的地位，而性别信息只是一种策略性的非自动化的线索（Greene *et al.* 1992；McKoon & Ratcliff 1992）。但 Arnold *et al.*（2000）的研究表明，代词消解过程涉及多重信息之间的交互和共同协调。

Arnold *et al.*（2000）采用视域眼动范式，通过由四个小句构成的小故事，如（25）：首句引入两个人物（如首个引入即主语，是唐老鸭 Donald，第二个引入即宾语，是 Mickey 米奇或者 Minnie 米妮），均取自迪士尼卡通人物，性别相同或相异。第二句提及图片中的背景（如暴雨），第三句是关键句，主语均以代词开始，性别与之前提到的人物相匹配，第四句结尾，用复数代词指代图片中的人物。

（25）　Donald is bringing some mail to {Mickey/Minnie}, while a violent storm is beginning.

{He's/she's} carrying an umbrella, and it looks like they're both going to need it.

　　被试任务是通过按键来决定图片是否与句子描述相符。图片刺激与听觉刺激相对应，操纵了性别（相同、不同）和提及顺序（首个引入、第二个引入），得到四种条件。图片中，手持雨伞的要么是首个引入的指代（主语），要么或第二个引入的指代（宾语），各占一半。换言之，50％的代词应该回指主语先行词（如唐老鸭），另外50％则回指宾语先行词（米奇或米妮）。图片中出现的两个卡通人物呈对角线，首次提及的唐老鸭出现在左边、右边的次数各占一半。

　　（26）　图片的四个条件

　　　　a. 相同性别（唐老鸭、米奇），首个引入（唐老鸭拿着伞）

　　　　b. 相同性别（唐老鸭、米奇），第二个引入（米奇拿着伞）

　　　　c. 不同性别（唐老鸭、米妮），首个引入（唐老鸭拿着伞）

　　　　d. 不同性别（唐老鸭、米妮），第二个引入（米妮拿着伞）

　　当故事中卡通人物性别不同时（26c），对于被试而言，代词he所回指的先行词显然是手中拿伞的唐老鸭。他也正好是首个引入，且在首句中占据主语位置。如果加工器选取先行词时会优先考虑性别因素，即仅考虑一个匹配的先行词，那么被试应该很快找到与代词he的性别相匹配的先行词图片，而不会考虑女性"米妮"。换言之，被试的眼睛会很快注视唐老鸭，而不会被米妮所吸引。而当故事中有两个男性人物时（26a），代词he有潜在歧义，被试应该会短暂地考虑米奇和唐老鸭这两个人物都可能充任先行词，直到听到"雨伞"后，才会消歧只看唐老鸭。

　　但是，如果代词消解主要受制于先行词的可及性的话，那么就加工效率而言，性别标记只能发挥次要的作用。换言之，无论代词是否有歧义，只有唐老鸭才会被认为是可能的先行词。因此，当听到 he 时，注视唐老鸭的比率应该高于注视米奇或米妮的比率。但是，当图片中持伞的不是唐老鸭，而是可及性较低的宾语名词米奇（或米妮）时，被试应该意识到米奇（或米妮）才是代词 he 的正确的先行词。那么二者冲突之下，被试寻找合适的指代的过程就会放慢，且错误率较高。无论代词有歧义（26a）还是没有歧义（26c），都应该是这样。

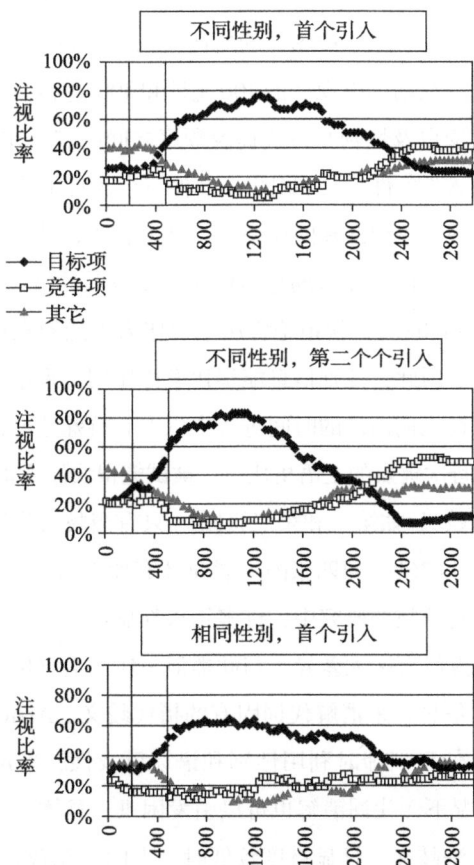

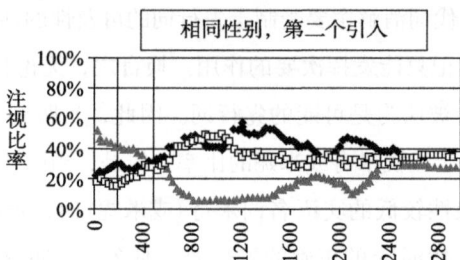

图 8.11　代词起始后 3 秒内性别信息与先行词可行性对代词消解进程的影响作用

注：两条竖线标注的是动词的起始和结束，改编自 Arnold *et al.*（2000：B19）的视域眼动实验。

　　眼动结果如图8.11所示。Arnold *et al.*（2000）将各条件下被试注视目标图片的比率与注视竞争项图片的比例相减，得到"目标项优势效应"，然后做统计分析。在动词出现后的200毫秒和400 毫秒两个关键时窗，都发现了性别主效应以及性别与指代提及顺序之间的交互作用：除了"相同性别、第二个引入"条件（第四张图），其他三个条件下注视目标图片的比率都显著高于注视竞争项图片的比率。该结果表明，被试可以即时利用性别信息来迅速消歧，即使先行词是语篇显赫度较低的指代（第二张图）。换言之，当被试听到 she 时，就拒绝将唐老鸭作为可能的先行词，只看女性卡通人物的图片。因此，性别信息能很快发挥作用，来帮助消除歧义。但是，语篇可及度在代词消歧的时间进程中也占有特殊地位，即当代词回指的是可及性高、首次提及的主语指代时，被试能很快注视正确的人物图片，无论代词是否有歧义（如第一和第三张图）。只有当歧义代词回指的是语篇显赫度低的人物时（26b，第四张图），被试才有加工困难，或延迟消歧。

　　在花园小径句消歧的研究中，许多结果都显示，加工器利用各种信息消歧的时间节点并没有多大差异。与此类似，代词消解也显示，人们可以同时运用不同的信息，来消解代词固有的指代歧义。Arnold *et al.*（2000）的研究表明，人们可以即时利用性别和语篇可及性，来辨析代词与谁同指；但在某些情况下，代词消解也可以引发困难。具体而言，当代词回指的先行词具有语法歧义，且显赫度较低时，人们会花费更长的时间消解。

这一点也得到其他证据的支持。Badecker & Straub（2002）让被试阅读以下句子，并测量其眼球运动轨迹：

（27）　a. Kenny assured Lucy that he was prepared for the new job.

　　　　b. Julie assured Harry that he was prepared for the new job.

　　　　c. Kenny assured Harry that he was prepared for the new job.

　　研究者发现，在代词区域，（27a）较（27b）和（27c）的加工要快。（27a）中，性别和语篇显赫度都共同偏向Kenny作为先行词；（27b）中，代词he与宾语Harry的性别一致，但Harry的语篇显赫度较低；（27c）中，Kenny作为主语位置的先行词，其语篇显赫度高，但代词的性别与主语Kenny和宾语Harry都一致。Badecker & Straub（2002）发现，当多种信息（或某个强信息）都指向一个先行词时，代词消解最容易。值得注意的是，Badecker & Straub（2002）的结果并不能完全对应Arnold *et al.*（2000）的结果，在Arnold *et al.*（2000）的研究中，只有当性别与显赫度都无法消解代词歧义时，加工才会有延迟。

　　代词消解研究所提供的更多的证据表明，歧义代词有时会引发某种程度的加工困难，但有时对语言理解并没有带来令人察觉的负荷，甚至有时人名与指称之间同指，会比与代词同指更为困难。换言之，有时一个完全没有歧义的表达比一个歧义词更难加工。但是，重复人名惩罚效应仅仅局限于以下情景：一个先行词明显优于其他竞争指代。如果该条件不满足，则代词比人名或全称表述表达更难消解。

8.7　语音信息对句子理解的作用

　　本小节从影响代词回指的语音线索出发，介绍语音信息对其他句子类型的语义理解和结构消歧作用。

8.7.1 重读对代词回指的影响

重读能够影响定指名词短语的解读。Dahan *et al.*（2002）采用视域眼动，让被试遵循指导语来摆放物品，如Put the candy above the diamond. Now put the candy/CANDY ...。屏幕上有四个物品，其中两个共享起始音（糖果Candy，蜡烛 Candle），所以candle是竞争项。当名词没有重音时，被试很快就注视目标图片candy，将其解读为上文已出现的旧信息。当名词有重音时，被试一开始会更多地注视竞争项candle，将非重读名词解读为上文未出现的新信息。

8.7.2 言语不流利对代词回指的影响

自2000年以来，从事语言研究的认知心理学家对言语不流利产生了浓厚的研究兴趣。之前句子加工学界仅关注干净理想化状态的书面语，为数不多的口语研究通常也会忽略语流间断的各种形式。

言语产出不流利（disfluencies）、有声停顿（filled pauses）等也能够作为一个概率化线索，帮助听者推测出言者可能即将提及一个新的指称形式，因为相对于已经出现过的指称，其可及性较低，提取相对更为困难。产出困难在语音上可有多种体现形式，多数为言语不流利，包括"嗯"、"啊"（um、uh）（Clark & Fox Tree 2002），出现自我重复、修正（Clark & Wasow 1998），将定冠词the发为thee（韵核为tree同音）（Fox Tree & Clark 1997），有时也会影响言语的韵律特征，如时长延长，（为筹划下一个较为复杂的言语单位而在短语边界处）出现停顿、迟疑（Fox Tree 1995；Watson 2002）。

Arnold *et al.*（2004）采用视域眼动范式，首次考察了言语不流利如何影响在线代词的消解过程。屏幕上呈现的视觉刺激由四幅图片组成（如图8.12的第一张图），其中两个共享起始音节（candle、camel），另两个为干扰项（grapes、salt shaker）。听觉刺激由两句话组成，语境句引入两个指称，put the grapes below the candle/camel，对于处于非焦点地位的第二个指称，操纵了其在下一句中的语篇信息的可及性，或不再提及，为新信息（camel），或再次提及，为旧信息（candle）。第二句操纵言语流利度：或流利（28a），或不流利（28b）。后者的语音特点包括：1）将定冠词the的央元音发为前高元音，2）加入一个具有显性语音形式的停顿uh，3）增加了词的时长，4）出现语音不流利的音高曲拱（pitch contour）。为了让被试"相信"不流利的语音在实验室环境下听上去足够自然，Arnold *et al.*（2004）告诉他们说指导语来自上一个实验参与者的录音，屏幕呈现的内容一样，只不过上一实验被试的任务是看图说话。Arnold *et al.*（2004）提出的研究假说是，如果被试对言语不流利足够敏感的话，那么在（28b）下听到theee、uh后会更多地注视上文未提到的新信息（包括未提及的竞争词和干扰词），而在名词出现的起始阶段，会更多地注视上文未提及的竞争项。

（28）　a. 流利：Now put the candle below the salt shaker.

　　　　b. 不流利：Now put theee, uh, candle below the salt shaker.

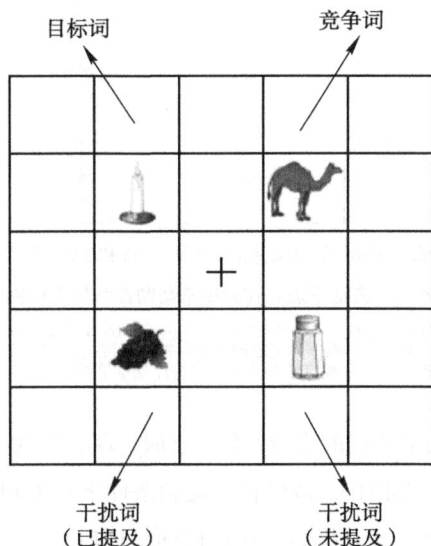

已提及：Put the grape below the <u>candle</u>.
未提及：Put the grape below the <u>camel</u>.

流利：Now put the <u>candle</u> ...
不流利：Now put <u>theee, uh, candle</u> ...

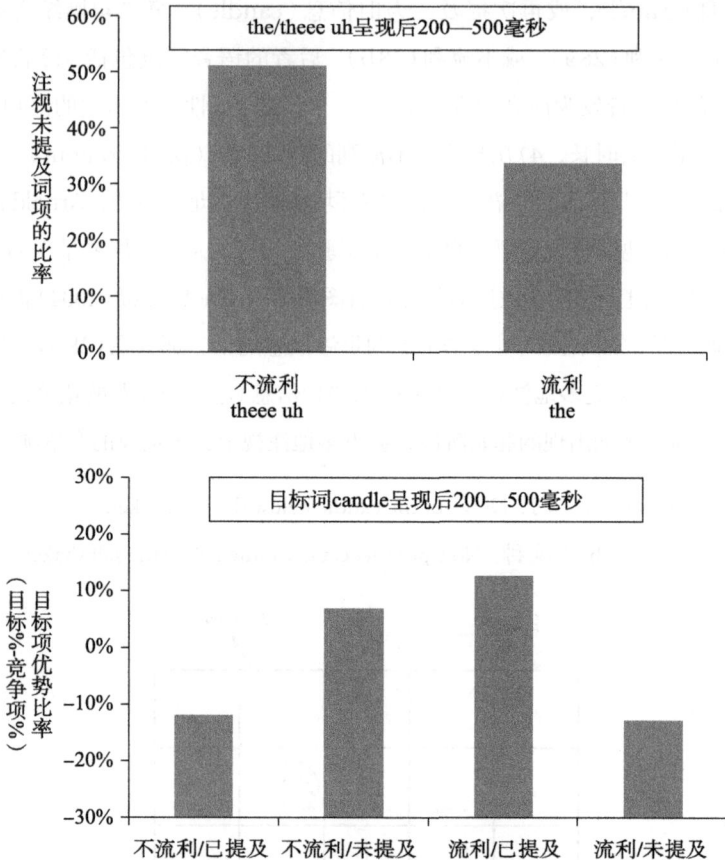

图 8.12　言语不流利作为线索帮助在线加工指称语

注：改编自 Arnold *et al.*（2004）的视域眼动实验，第一张图为视觉刺激呈现样例，被试根据
听觉指导语而移动物体，第二张图为定冠词呈现后被试注视新指称图片的比率，第三张图
为目标词呈现后被试注视目标图片的比率与注视竞争项图片的比率之差值。

实验预期得到了数据的支持：在定冠词呈现后的 200 — 500 毫秒的时
窗里（见图 8.12 第二张图），被试在不流利条件下较流利条件下注视未提
及的指称图片的比率显著提高。在目标词呈现后（图 8.12 第三张图），将
被试注视目标图片的比率与注视竞争项图片的比率相减，得到"目标项优
势"比率，统计结果发现"信息地位"和"言语流利"两个因素之间的交

互作用: 在"不流利/未提及"和"流利/已提及"这两个条件下"目标项优势"效应更强, 即被试更多地注视目标图片, 但被试在"不流利/已提及"和"流利/未提及"两个条件下则更多地注视竞争项图片。Arnold *et al.*(2003)表明, 全称名词短语的语音不流利可以作为语音线索, 帮助理解者确认其与语篇中的新实体建立指称关系的概率。这一点为"预期性加工"(predictive parsing)提供了新的证据。

8.7.3　言语不流利对构建句法结构的影响

言语不流利还可以帮助消除句法暂时歧义。口语语料库分析显示, 停顿、重复最常见于一个小句或复杂短语成分(或一个词之后)的起始之处(Clark & Wasow 1998; Shriberg 1996)。

以英语中的"花园小径"句 while the man hunted the deer ran into the woods 为例, 名词短语 the deer 具有暂时歧义, 可以被误析为直接宾语, 但其正确的解析应该是缩略关系从句的主语。无论是园径理论还是限制满足理论都会预期, 在消歧动词 ran 出现后, 会出现因重新分析而带来的加工困难。Ferreira & Henderson(1991)进一步发现, 当通过修饰语(形容词或关系从句)而增加歧义名词短语的长度时, 后置修饰语(While the man hunted the deer[that was furry]ran into the woods)会比前置修饰语(While the man hunted the[brown and furry]deer ran into the woods)使重新分析变得更难, 因为中心名词出现得越晚, 加工器陷入直接宾语的误析时间越长, 就越难从误析中脱身, 开启新的解析。Ferreira & Henderson(1991)将此称为"中心词位置效应"(Head Position Effect, HPE)。Bailey & Ferreira(2003)首次使用有声停顿 uh uh, 通过操纵其与中心名词的位置(先、后, 见29 a-b), 来考察言语不流利是否能够诱发"中心词位置"效应。他们让被试听句子, 判断句子是否合法, 并告知被试不要因为言语不流利的出现而判断句子不合法。结果发现, 不流利前置于中心词条件(29b)下, 句子的合法判断比例仅为60%; 不流利后置于中心词条件（29a）下，句子的合法判断比例高达85％。该结果表明言语不流利能够调节重新分析的难度。

（29） 主从句歧义

　　a.不流利后置于中心词（延迟出现）

　　While the man hunted the deer [uh uh] ran into the woods.

　　b.不流利前置于中心名词（前期出现）

　　While the man hunted the [uh uh] deer ran into the woods.

Bailey & Ferreira（2003）进而考察了具有暂时歧义的并列结构，如Sandra bumped into the busboy and the waiter told her to be careful，在消歧动词told出现之前，并列结构的第二个名词短语the waiter既可被解读为宾语，也可被解读为下个小句的主语。他们操纵了有声停顿的位置，或为提示性（30a）或为误导性（30b）。结果依然重复了"中心词位置"效应。

（30） 并列歧义

　　a.提示性不流利

　　Sandra bumped into the busboy and the [uh uh] waiter told her to be careful.

　　b.误导性不流利

　　Sandra bumped into the [uh uh] busboy and the waiter told her to be careful.

为进一步探究言语不流利的理解机制，Ferreira *et al.*（2004）针对歧义结构The little girl selected ...，将有声停顿与其所取代的动词结合起来，对比考察两种动词论元形式（无歧义如chosen、歧义如picked）在有声停顿后更改为歧义动词（如selected），是否仍能够施加消歧影响。

（31） a. 有声停顿取代无歧义动词

The little girl chosen-uh, selected for the role celebrated with her parents and friends.

b. 有声停顿取代歧义动词

The little girl picked-uh, selected for the role celebrated with her parents and friends.

该研究仍然采用了听句子、判断合法度的任务。结果发现，被试认为 (31a) 句合法的比例显著高于 (31b)。这表明无歧义的动词过去分词形式 chosen 能在重新分析后依然施加消歧的影响。该结果在一定程度上支持了浅层加工中之前的句法分析并未消失殆尽，而是与新的分析共存，会持续其残余影响这一观点 (另见第五章5.3小节内容)。

8.8　综合评述

本章着重讨论了语义加工的几个主要议题，并在最后提及语音信息对句子实时加工的影响。针对 (外部、内部) 论元与嫁接语的实时理解研究，佐证了 "函数应用" 这一最根本的语义操作具有加工优势。辖域歧义的实时理解研究暗示，表层辖域解读的确有加工优势，但该偏好是多个因素共同作用的结果，逆序辖域的解读涉及复杂运算，除非必要，并不总被施行。这些基于传统的形式语义学理论的实证结果彰显了语义操作的心理现实性和解释力。近期基于事件语义加工的实证研究逐渐上升，研究方法也从行为实验拓展到脑磁图等认知神经层面，结果支持句法结构与语义的 "弱组合"，表明即使句子无显性的句法形式，但实时理解过程涉及额外的语义操作，并带来加工成本。代词的实时消解作为句子、语篇层面的一个长久不衰的议题，已有诸多证据表明，搜寻、提取与其同指的先行词受多个因素的影响。虽然出于篇幅，本章未能涉及反身代词与先行词之间的依存关系加工，但它也是一个研究热点，在验证约束原则、基于线索的提取理论等方面，值得深入探究。虽然语音与句子加工的研究不多，但随着人工智能技术日益成熟，口语无疑将在未来句子加工领域抹上一笔浓墨重彩。

第九章　句子加工研究展望

本章从会话研究出发，介绍一些句子加工研究前沿动态及理论构建，然后聚焦汉语，探讨汉语句子、语篇加工的一些议题，最后指出未来可能的研究方向与发展趋势，展望汉语句子加工对开拓新理论疆域的前景意义。

9.1　理解与产出交融研究动态

传统上，语言理解和语言产出始终被当作两个独立的系统，因为二者在加工过程中的起点迥异：实时理解时，输入为具体的形式，而实时产出时，输入的是概念层面的想法，更难操控（Bock 1986; 张清芳 2019）。但人类作为社会动物，在日常言语交流中始终处于理解、产出的动态过程中，无法将二者截然分开。近年来，研究者也开始考察言者、听者双方如何沟通、互动，协同完成任务；深入思索如何从宏观角度将理解与产出研究进行融合。这些将继续成为未来句子加工研究的方向之一。

9.1.1　会话模式下的听者理解

语用学"会话原则"（Grice 1975）默认，交流双方对彼此共享的信息或共同基础（common ground）都了然于心，言者会在听者所知信息的基础上来组织话语，听者也会从言者已知的角度来理解话语。但是，二人在交互对话时，是否会表现得如此理性呢？

　　基于会话的现有实验研究很少。从听者角度考察共同知识的研究，大多采用合作摆放物品任务：让听者、言者分立于方格柜两端，双方均可见一些物品(共享视角)，如两只蜡烛，一大一小；但个别物品仅听者可见(独享视角)，如一只更小的蜡烛。Keysar *et al.*(2000)发现，即使独享视角中的竞争项与目标项大小一样(Keysar *et al.* 2003)，被试听到 *Move the small candle*(移动小的蜡烛)后，依然会询问"哪个蜡烛？"(*Which candle?*)。这些研究表明，在实时加工时，听者优先从自我出发，不会考虑言者的视角。

　　但是，Hanna *et al.*(2003)指出，"独享视角"中物件是语境中最合适的指称，自我中心仅反映了典型样例效应。只有当竞争项与目标项一样大小，且仍发现被试注视二者的比例相当时，才能真正说明"自我为中心"更为优先。在排除了该混淆因素后，眼动结果显示，加工系统并不总是以自我为中心，而是会利用一切可能的线索，在一定程度上对"共有知识"进行整合，尽快理解言者之意。

　　综上所述，会话式实验研究已有证据汇流显示，共有知识这一单一因素并不能对对话双方起决定性作用，多个因素共同限制、制约着对话双方，使之最终实现交际目的。

9.1.2　"交互协同模型"

　　句子加工学界通常认为，句法加工是自动的，语用加工则是策略性的，更为缓慢，会耗费认知资源。但近期基于交互对话的研究显示，当交流双方提供回馈时，言者会调整其言语，以使交流顺畅(Snedeker & Trueswell 2003；Clark & Krych 2004；Brennan & Hanna 2009)；听者也会很快地适应对方，构建指代领域，推算蕴涵语义，并基于言者的已有知识和意图来调整指代领域，利用特定的语境线索(Brown-Schmidt &

Tanenhaus 2008)。这些都挑战了传统的二阶段看法。Pickering & Garrod (2004) 所提出的 "交互协同模型"（interactive alignment model），就是近年来应运而生的一个理论。

"交互协同模型" 从语言产出出发，聚焦对话过程，论证了对话双方在语音、句法、词汇、语义、场景等各个层面上，逐渐通过 "启动" 而达到协同（alignment）一致。协同是指对话中言者新近使用的表征，源自之前（其作为听者时）对方言语中表征的残余，并将之激活。在句子层面上发生协同的一个最直观的例子，当属针对问句的回答（Levelt & Kelter 1982）。例如，荷兰语可用两种问句对时间提问：1）Hoe laat gaat uw winkel dicht?（What time does your shop close?）；2）Om hoe laat gaat uw winkel dicht?（At what time do you close?）。对话双方在回答时，会基于提问的形式，给出与提问相同句型的回答，分别为：1）vijf uur（Five o'clock）；2）Om vijf uur（At five o'clock）。

协同借由启动（priming）在层面之间的渗透而实现，而句法启动不仅发生在产出方面，也可发生在理解方面（Bock *et al.* 2007），且拓展到对话双方的情景模型（Brown-Schmidt *et al.* 2002；Gagné & Shoben 2002）。由启动达到双方协同一致的过程是自动化的，且不占用认知资源。协同对齐在运算上更经济，沟通也更高效。

综上所述，在 "交互协同模型" 的框架下，听者在理解言者的话语后，借助于自然而生的协同机制，来生成双方共享的认知表征，最终达到一致。但关于该模型仍有许多疑问尚待回答。其一，对话双方的表征到底是如何发生汇流的，该模型所提供的认识尚不够深刻。句法启动背后的动因很可能是内隐式习得，而非激活的扩散（Chang *et al.* 2006，2015；Bernolet *et al.* 2016），"启动" 机制或许是必要条件，但应该不是充分条件。其二，"交互协同模型" 似乎无法解释对话过程中新结构如何浮现。其三，Pickering & Garrod（2004）所讨论的很多例子显示，目标结构均由任务决定，可选句型也非常有限。这些局限性或许凸显了 "协同一致" 和

"启动"在对话机制中的作用，但其实或许这两点仅仅是交互对话所衍生出的现象。

9.1.3　产出—分布—理解理论

"产出—分布—理解"理论（production-distribution-comprehension，以下简称PDC）由MacDonald（2013）提出。其核心主张是，产出者出于降低产出难度这一动因，造成一连串的后果：1）导致言者更偏好选择某些句式；2）导致语言使用中出现某些分布规律；3）导致理解者在线加工时表现出某些模式。

就产出偏向性，MacDonald（2013）提出了三条产出原则，均与工作记忆有关：第一，"易者优先"（easy first），即先说容易的，以便预留时间给更难的言语筹划。语序灵活的结构，如主动态/被动态、介宾/双宾等交替构式，能赋予言者一定的自由度，先说更易提取的成分，保障言语流畅。第二，"计划再利用"（plan reuse），即近期刚执行过的言语筹划或句子结构，会再次使用，也称"句法启动"（Bock 1986；Segaert *et al.* 2016），能持续很长时间（Ivanova *et al.* 2017），即使其间有其他干扰性言语成分介入（Ferreira *et al.* 2008）。第三，"减弱干扰"（reduce interference），即言者在选择言语形式时需抑制、降低其他竞争项的干扰。比如，对于同类项间相似性带来的干扰及产出难度，产出系统可通过省略、延迟、降格等方式，予以弱化（Gennari *et al.* 2012）。

就分布模式的偏向性，PDC创新性地从语言产出角度，解释类型学概括性原则，之前仅个别学者有所尝试（Bybee 2006；Jäger & Rosenbach 2008）。在功能类型语言学的大框架下，MacDonald（2013）认为产出者的需求及隐性的选择偏好，能直接影响句子结构的模式，表现为字词间、短语间、句型分布均具有一定的统计规律（statistical regularity）。语序之所以依据场景的不同而发生变异，是多个因素角力的结果，包括提取难度、为递增式言语亚筹划分配注意力、各相似成分的相互干扰等，同时，产出系统的学习机制可以促进先验计划的重复使用。对于分布模式的浮现，MacDonald 及其同事开展了一系列跨语言实验研究。比如，相对于英语，斯拉夫语强烈偏好主动态结构，因此，有生成分的"易者优先"理应比英语更小。的确，该预测得到了验证（Gennari *et al.* 2012）。

就句子实时理解的偏向性，PDC认为在线理解的表现所反映的是句子中各个单元成分的分布规律。产出者倾向于产出难度最小化的句子形式，导致其频率更高，理解者长期接触并内隐习得了不同句型的统计分布概率，加工时就会表现出某种偏好。句子加工难度源自即将到来的信号的不确定性和已出现的信号的不确定性（Hale 2006；Levy 2008，参见第四章），而理解者可以利用分布的规律性，来降低这种不确定性。因此，PDC可以诠释句子加工中的经典效应，包括挂靠歧义的偏向性、主宾语关系从句加工不对称等。

综上所述，PDC理论将之前散落在句子产出、功能类型学、计算建模、句子理解等单个领域的雏形想法融合在一起，形成一个更为宏大的框架。相对于"语言使用说"（Bybee 2006）、"交流效率说"（Jaeger & Tily 2011；Piantadosi *et al.* 2012），PDC尝试提出更为细化的机制性解释，在一定程度上避免掉入循环论证的陷阱。

PDC理论的提出或许会引发心理语言学界在以下方面的变革：1）更重视句子产出的研究；2）充分利用语料库的数据，建立句子产出与实时理解表现的关系；3）探究世界语言的统计分布模式，从语言的历时变化角度，为加工过程的解释提供启示（Culbertson *et al.* 2012）。

9.2 汉语句子加工

至此，欧美学界句子加工研究已基本介绍完毕。了解他者的目的之一在于审视自我，故有必要转入汉语句子加工。迄今为止，基于汉语的心理语言学研究不多，而聚焦句子、语篇层面的研究更少。探究汉语句子加工，有助于揭示汉语言加工机制，缩小可证伪假说的空间，最终建构更具普适性的加工理论。

9.2.1　汉语句子的特点

汉语在类型学上为孤立性语言，与屈折形态丰富的印欧语言相比，有诸多显著不同。汉语句子是前后以停顿为界的话语（赵元任 1968），带有一定的句调，意义相对完整（朱德熙 1985）。汉语的基本语序为主谓宾，但同时属于话题凸显语言（Li & Thompson 1976）。汉语主语范畴模糊（Chao 1955），主语就是话题（沈家煊 2017），属于语用范畴，而非语法范畴（刘丹青 1995）。汉语的主谓结构未必由NP+VP组成，语义联系松散（陆俭明 1993）。汉语语序相对灵活，有把字句、被字句等特殊句型。汉语复杂句中，前置型关系从句罕见地杂糅了VO语序和名词置尾（Dryer 1992，2013）。语篇中允许代词脱落，多流水句（沈家煊 2017）。据此，汉语学界普遍不太认同生成语法的"句法结构决定不同的语义关系"这一看法，而是认为汉语偏重意合，或强调句法 — 语义界面研究（史锡尧 1995；邵敬敏 1995，1997；张黎1996；徐通锵 1997；陆俭明 2001），或强调语用优先，即句法 — 语用界面研究（刘丹青 1995；陆俭明、郭锐 1998），或提出语用包含语法（沈家煊 2016；2017）。这些洞见为实证研究提供了思路和契机，可望由心理实验进一步取证落实。

现有的汉语句子加工研究尚少，以2005年为界，前期多采用离线或行为测量手段，也有零星研究运用自控步、阅读眼动范式，探讨普适的加工策略以及句法、语义的制约、角力关系。后期则从行为实验拓展到脑电、核磁等神经认知范式，在实验设计、数据分析技术等方面都有很大进展，研究议题也拓展到汉语特色句式实时加工时语义、语用如何与句法界面互动以及各因素发挥作用的时间进程。

9.2.2 语义驱动的加工策略

汉语句子层面的早期研究，以北京师范大学的彭聃龄、华东师范大学的缪小春以及香港中文大学的陈烜之等学者的工作为主。就加工策略而言，研究一般采用经典的"竞争模型"（Bates & MacWhinney 1982；MacWhinney *et al.* 1984），让汉语被试听语序不同（NVN、VNN、NNV）的简单语句，并用玩具或实物将所听内容表演出来。离线结果发现：理解合法简单句时，语序很重要（江新、荆其诚 1999）；理解不合法句时，生命性（语义线索）、语序（句法线索）、轻动词"把"、"被"都起作用，只是权重有所不同（缪小春 1982；缪小春等 1984；Li *et al.* 1993）。这些认识为之后进一步探究各个因素在汉语句子实时理解中的时间进程奠定了基础。

石东方等（1999，2001）采用阅读眼动范式，在句中操纵动词及物性、宾语论元的生命性以及宾语名词的可续接性，发现动词一旦被识别，句子的句法次范畴、语义匹配、复合名词组合等信息会即刻提取，支持词汇驱动的"限制满足模型"（参见第三章）。但是，汉语主要词类范畴（如名词、动词）缺乏显性的形态手段，并无明显区别，相对于印欧语系句子加工始于识别、确认词汇的语法范畴，汉语句子加工更可能采取偏重语义理解的路径。的确，脑电研究借助经典的句法、语义违反设计，发现词类范畴加工并不一定优先于语义加工（Ye *et al.* 2006；Zhang *et al.* 2010，2013；Yang *et al.* 2018）。此方面的综述可参见张亚旭等（2011）。

9.2.3 经典歧义句的加工

汉语虽然在小句层面是SVO语言，但核心名词的修饰语都位于名词之前，这种混合语序（金立鑫、于秀金 2012；金立鑫 2016）会带来结构歧义。汉语最著名的歧义句当属VP+NP1+de+NP2的结构，例如"咬死猎人的狗"（朱德熙 1980），兼具偏正、动宾两种解析。张亚旭最早从加工角度，较为系统地考察了此类歧义结构的加工进程。张亚旭等（2000）依据词汇之间的语义制约强度和解读偏向性（马庆株 1992；冯志伟 1996a，

1996b；陈一民 2005），通过评定任务，确立了三个子类：1) 偏正型，如"怠慢客人的孩子"；2) 动宾型，如"嘱咐患者的家属"；3) 均衡型，如"撞到肖明的车子"。自控步反应时结果发现，汉语人士倾向于偏正结构的解读。近期一项脑功能成像研究也显示，均衡型歧义结构最终是按照偏正结构来解读的 (顾介鑫等 2018)。该加工模式印证了语料库、问卷调查及句子补全结果 (尤庆学 2000；王玲玲 2010；Hsieh & Boland 2015)，呼应了"基于经验"的句子加工理论 (参见第五章)。

张亚旭等 (2002) 设置语境句中的指代个数 (Altmann & Steedman 1988)，发现汉语加工者能很快利用指代语境线索，消除动宾型、均衡型句子的结构歧义，构建正确的解读，支持"限制满足模型"。

Hsieh *et al.* (2009) 发现，汉语加工者在线加工时保持偏正和动宾两种解析的激活，当解读偏向必须最终转为非优势的动宾结构时，汉语加工者能利用生命性线索 (如"粉刷公寓的房间之后，小王还打扫了客厅")，不会引发加工困难或重新分析；只有加工器对于优势结构的承诺很深 ("训练士兵的将军之后，总司令发表了演说")，才会引发加工难度 (Tabor & Hatchins 2004)。

综上所述，针对汉语歧义结构 VP+NP 1+de+NP 2 的一系列研究结果支持基于限制满足的平行加工模型，不支持句法主导的线性加工模型。

9.2.4　填充语—空位依存关系加工

句子加工研究历来关注填充语—空位依存的实时构建与整合。汉语中涉及长距离依存加工的结构主要有关系从句、控制句、话题句和疑问句。

汉语关系从句为前置型，会导致"空位居首"(gap-first) 的依存关系，如"[_ 打碎花瓶的] 男孩诚恳地道了歉"。那么，积极填充语策略是否还适用呢？针对关系从句 (Hsu & Bruening 2003；Ng & Wicha 2014) 的研究发现"缺失填充语效应"(missing-filler effect)，类似英语的"空位已填充效应"。来自控制句 (Ng 2008；Ng & Fodor 2011)、话题句 (Huang &

Kaiser 2008)的支持证据显示，汉语加工者采用"积极空位策略"，但同时也善于利用各种可用的线索，即时、动态地构建并变换当前结构的解析，以尽快闭合句法依存关系，获得最为合理的语义解读。这些都暗合了"句法—语义界面"在实时加工汉语句子中的重要性。

此外，关于汉语关系从句加工的一个研究热点，是主宾语加工不对称问题。但结果不一，彼此矛盾，迄今悬而未决，综述可参见周长银等（2020，又见杨梅、严晓朦 2019）。已达成的共识是，有诸多因素都在起作用，包括词汇—结构层面的预期（Jäger *et al.* 2015），名词论元的生命性（He & Chen 2013；Hsiao & MacDonald 2016；Wu *et al.* 2012），论元与题元角色提及顺序（Lin 2014，2015），指代语境（Gibson & Wu 2013），句法、语义线索词（如"被"、量名不匹配）的强度（Hsu *et al.* 2014；Wu *et al.* 2014，2018），结构距离（Lin 2018），等等。未来研究在刺激设计上要特别注意恒定无关变量。

汉语特指疑问句（wh-question）严格遵循原位生成（in-situ）原则，无需像英语那样左移到小句边缘。生成句法分析认为（Huang 1982），在逻辑形式层面（LF）疑问词发生了位移，达至其管辖域位置，形成指示词短语。那么，是否实时加工时汉语母语者会构建这种隐性、非局域依存关系，来确定疑问词的辖域？芝加哥大学的向明（Xiang）及其合作者采用速度—准确率—抵消（SAT）范式（Xiang *et al.* 2014），自控步反应时范式+句子补全任务（Xiang *et al.* 2015），发现相对于陈述句，原位疑问句会影响判断的速率，更难加工；有多个指示语短语的疑问句会产生"相似性干扰"，支持基于内容的记忆提取加工模式（参见第四章）。研究者据此认为，加工器构建隐性依存和显性依存的过程相似。

汉语论元式话题句到底是"移位生成"（Huang 1982；Shi 2000；Huang *et al.* 2009），还是"原位生成"（Li & Thompson 1976；Xu & Langendoen 1985；徐烈炯、刘丹青 2007；杨小龙、吴义诚 2015），尚存争议。从加工角度探讨是否需要构建"填充语—空位"依存关系（filler-gap dependency）的研究结果也不一致，具体综述可参见王芳、吴芙芸（2020）。Huang & Kaiser（2008）聚焦主语话题化，从寄生性空位（parasitic gaps）的角度切入，发现只有当位于主句的填充语是可允准的，加工器才会填入位于"状语孤岛"（adverbial island）内的空位，而这与英语母语者对寄生空位的加工模式相似（Phillips 2006）。杨亦鸣、刘涛（2013）采用脑电范式，发现汉语话题与语迹间具有句法依存关系的加工。但也有证据显示汉语话题句加工不涉及填充语——空位依存关系（蔡任栋、董燕萍 2010；李金满、吴芙芸 2020）。值得注意的是，汉语因为结构之间的语序差异，很难将话题句与其他非论元移位结构直接做比较。未来需要格外精巧的实验设计。

9.2.5　信息结构的加工

　　跨语言研究显示，已知的旧信息通常会出现在主语位置，而未知的新信息通常会作为宾语，由主语引入到述谓关系中去。汉语也不例外（Chao 1968）。而且，话题在信息结构中占据显著地位，体现为话题优先于非话题（王路明 2017）。

　　基于印欧语系的研究发现，相对于主语在先的句子，宾语在先的句子会产生加工困难，即"主语优先效应"。汉语中，主语这个范畴一直存在争议，那么，加工者会如何解读句首名词（NP 1）呢？王路明采用脑电范式，系统地考察了简单句（Wang *et al.* 2009；王路明 2015），并进一步设置了语境，用设问——回答来话题化关键句（王路明 2017）。总体结果显示，无论有无语境，宾语在先的句子都比主语在先的句子更难加工，暗示 NP 1 的默认解读为主语，动词的出现迫使 NP 1 被重新分析为宾语，带来加工成本（N 400）。这说明主语优先加工策略对汉语同样适用。

　　信息地位、生命性均可影响话题的识别，那么生命度如何调节话题延续性呢？Hung & Schumacher（2012）通过设问——回答句子，发现保持已知话题的一贯性具有优先地位，一旦违反该原则、转换了话题，必须重新组织对语篇结构表征的预期，带来加工成本。Hung & Schumacher（2014）表明，有生、指人的名词更易充任话题或主语，无生实体更偏向充任受事或宾语，符合类型学通则（Comrie 1981；Foley & Van Valin 1984）。

焦点也属于信息结构，是言者希望听者特别注意的部分，其功能是引入新信息。就口语普通话而言，焦点具有一定的声学信息，如音节延长、基频升高、声调音域扩大、焦点后的音高域压缩（Chen 2010；Xu 1999；王蓓等 2002）。在书面语中，可用系动词"是"来标记焦点（徐杰、石毓智 2001；袁毓林 2003）。的确，含有"是"标记的焦点信息比非焦点信息更容易加工（Chen et al. 2012；Chen & Yang 2015），因为加工者会给句中的焦点成分分配更多的注意力。对含有疑问词的问句作答通常是句子的焦点（Lambrecht 1994）。值得注意的是，已有针对信息结构的脑电研究均采用了问答方式，而答句引入的是不同类型的焦点，脑波异常效应或许是对处于非焦点位置的焦点信息的响应。

9.2.6 汉语照应语的实时消解

根据约束原则，反身代词必须在局域管辖域内受到约束。但汉语的"自己"允许长距离回指。在实时加工时，是否只有位于语法允准位置的主语会产生干扰？位于附加语位置上的名词也会产生干扰吗？已有研究大多显示，反身代词与局域管辖域的先行词的依存关系比非局域的先行词更强（高立群等 2005；Li & Zhou 2010；Dillon et al. 2014；Liu 2009；综述见吴芙芸 2020）。当候选项位于非允准位置时，语义特征与目标先行词相匹配会产生干扰作用：生命性会产生即时效应，有生名词比无生名词（如，"检察官在法官/法院开庭以后马上介绍了自己"）更容易产生干扰作用（Chen et al. 2012；Dillon et al. 2014），而就复合反身代词而言，性别干扰相对延迟（Chang et al. 2020）。

代词不得在局域管辖域内受到约束。当语境中出现不止一个先行词时，代词如何消解呢？就句法因素而言，汉语被试偏好将代词解读为首句的主语(陈烜之、熊蔚华 1995;缪小春 1996),即"主语优先回指"效应(Chen *et al.* 2000;Yang *et al.* 2003)。就信息地位而言,处于话题或焦点位置的先行词是否更易与代词同指呢?目前仅有少量脑电研究予以考察(综述见徐晓东、陈庆荣 2014)。这些研究结果一致表明,在代词回指加工中,话题比主语具有更高的可及性(Yang *et al.* 2013),不论话题是否停顿,或是否存在其他可能的指称对象(Xu 2015;Xu & Zhou 2016)。从语义角度讲,已有研究侧重考察动词隐含因果性如何影响歧义代词的实时消解(Bai *et al.* 2005;Li *et al.* 2009;张兴利等 2006;申敏等2006;孙燕等 2001)。申敏、杨玉芳(2006)和Li *et al.*(2008)采用眼动、脑电范式,较为系统地考察了语音重读对代词回指的影响。在语篇层面,Cheng & Almor(2017)发现当逻辑连词与句义不符时,因果和让步复句都会诱发N 400。因果句还会诱发更大的P 600,让步句会诱发更大的晚期负波(Xu *et al.* 2015)。

汉语加工者会利用与职业相关的性别刻板印象来缩小先行词候选项的可选择范围(Yang *et al.* 2003;邱丽景等 2012),他们也对代词与先行词的性别特征敏感,当性别不匹配时会诱发P 600(Qiu *et al.* 2012;Xu *et al.* 2013)。第二人称代词的敬语用法"您"用于指称社会地位低的人称时,会诱发N 400(Jiang *et al.* 2013)。

9.2.7 汉语句子加工总结

近五十年间,汉语句子加工研究者关注的句式相对有限,主要聚焦特定的句法依存(如空位—填充语)、语义依存(如代词—先行词)关系研究;相关研究议题的发展不够均衡,疑问句加工研究偏少,关系从句加工不对称研究则很多。总之,汉语句子加工是个富矿,不乏个性化的独特句式,句法—韵律界面的口语加工有待挖掘,并拓展到交互会话层面上。

9.3　未来展望

　　总结已有成果，旨在展望未来。首先，句子加工研究的跨学科性将愈加得到凸显，与认知科学、神经科学、计算机科学等不断交叉融合，仍将是未来研究的趋势。已有证据及计算建模研究都已暗示，词汇—语义、句法表征与加工之间高度融合，而并非各为模块，彼此分离。运用贝叶斯概率建模，精准地提出研究问题，将各种因素放入模型，并与实验研究的数据相结合，能够相互印证。目前关于短语结构的实时构建已有相对成熟的建模，而递增性语义组合加工的计算机建模还有待展开。大型语料库可用于估算各种解析的分布概率性，降低言语输入的不确定性。在大数据及人工智能突飞猛进的背景下，大型语料库将进一步得到广泛使用。

　　其次，认知神经科学脑成像研究将是未来研究的热点。随着认知神经科学在高精度仪器与数据分析方面日益精进，功能性核磁共振及脑成像技术将继续为句子加工研究提供重要的新鲜数据。这一点的重要性与实验语音学的发展很相似。相较于声学语音学和听力语音学，发音语音学历史最为悠久，研究最为成熟，但该领域研究并未踟蹰不前，而是在不断突破创新。功能性核磁共振仪以其直观清晰的动态成像，实时展现了人类发音器协调工作的过程，为该学科创造了新的知识。同样的，句子加工研究历经几十年的演变，与认知科学、神经科学相结合的趋势愈加明显，并将研究对象拓展到脑损伤病人及失语症患者，有望极大地加深学界对大脑与语言、言语之间关系的理解。此外，句法理论的转型也促进了未来认知神经科学的研究。当前的最简方案理论已转为对语言的普适性规则进行一般性的认知计算，弱化了语言学元素在句法计算中的特殊性，仅包括合并（merge）和移位（move）这两个基本操作，变得更像非语言领域的认知计算，这些新动向必将促使认知神经语言学研究对句法计算的理论更新，并将研究延伸至句子层面的理解、产出、习得等多个层面。

　　再次，句子加工研究将更加注重考察语义如何与句法结合，共同影响句子、语篇的实时理解。长期以来，句子加工学界都假定实时加工者头脑里会即时构建句法结构。但随着更多证据的涌现，当前学界都意识到有必要质疑这个说法，因为很难将句法运算的过程与语义运算完全剥离开来。2021年5—10月由德国马普所举办的莱比锡系列语言讲座就以句法与语义的联合过程（combinatorics）为主题，聚集了世界级顶尖学者，深入探讨一些根本的研究问题：在语言使用中我们到底结合的是什么信息？该结合过程是领域特异性的，还是领域通用性的？语言学理论如何影响实验语言学，而实验语言学又如何反哺语言学理论？或许，在构建句子时递增式组合步骤里，句法表征组合几乎无法测量，但句法知识仍可用于对尚未到来的语言成分进行预测。而汉语作为语义句法融合不可分的语言，无疑将会为该研究方向提供新鲜的数据，并有望做出颠覆性创新成果。

最后，句子加工研究领域将涌现更多的跨语言研究。句子加工学界长期由英语这个单一语言所主导，但每种语言有其特异性，只有在考察了尽量多的语言之后，才能检验理论或模型的可适用性、精准性、可预测性。这一点在计算建模时代尤为重要，因为在具体算法这一层面，必须考虑多个参数在各个语言中的实际应用，显然仅仅基于英语而设置的参项会极具限制性。期待更多的学子加入汉语句子加工研究！

参考文献

Abney, S. P. 1989. A computational model of human parsing. *Journal of Psycholinguistic Research* 18: 129-144.

Abrams, K. & T. G. Bever. 1969. Syntactic structure modifies attention during speech perception and recognition. *Quarterly Journal of Experimental Psychology: Human Perception and Performance* 2: 56-70.

Ainsworth-Darnell, K., H. G. Shulman & J. E. Boland. 1998. Dissociating brain responses to syntactic and semantic anomalies: Evidence from event-related potentials. *Journal of Memory and Language* 38(1): 112-130.

Allopeanna, P. D., J. S. Magnuson & M. K. Tanenhaus. 1998. Tracking the time course of spoken word recognition: Evidence for continuous mapping models. *Journal of Memory and Language* 38: 419-439.

Almor, A. 1999. Noun-phrase anaphora and focus: The informational load hypothesis. *Psychological Review* 106(4): 748-439.

Altmann, G. T. M. 1998. Ambiguity in sentence processing. *Trends in Cognitive Sciences* 2(4): 146-152.

Altmann, G. T. M. 1999. Thematic role assignment in context. *Journal of Memory and Language* 41: 124-145.

Altmann, G. T. M. 2004. Language mediated eye-movements in the absence of a visual world: The blank screen paradigm. *Cognition* 93(3): 79-87.

Altmann, G. T. M. & M. J. Steedman. 1988. Interaction with context during human sentence processing. *Cognition* 30: 191-238.

Altmann, G. T. M. & Y. Kamide. 1999. Incremental interpretation at verbs: Restricting the domain of subsequent reference. *Cognition* 73: 247-264.

Altmann, G. T. M., K. Y. van Nice, A. Garnham & J. A. Henstra. 1998. Late closure in context. *Journal of Memory and Language* 38: 459-484.

Ambridge, B. & A. E. Goldberg. 2008. The island status of clausal complements: Evidence in favor of an information structure explanation. *Cognitive Linguistics* 19(3): 349-381.

Amoruso, L., C. Gelormini, F. Aboitiz, M. A. González, F. Manes, J. F. Cardona & A. Ibanez. 2013. N400 ERPs for actions: Building meaning in context. *Frontiers in Human Neurosciences* 7: Article 57.

Anderson, C. 2004. The structure and real-time comprehension of quantifier scope ambiguity. Ph.D. dissertation. Evanston: Northwestern University.

Anderson, J. R. & C. Lebiere. 1998. *The Atomic Components of Thoughts*. Mahwah, NJ: Lawrence Erlbaum Associates.

Anderson, J. R., D. Bothell, M. D. Byrne, S. Douglass, C. Lebiere & Y. L. Qin. 2004. An integrated theory of the mind. *Psychological Review* 111(4): 1036-1060.

Aoshima, S., C. Phillips & A. Weinberg. 2004. Processing filler-gap dependencies in a head-final language. *Journal of Memory and Language* 51: 23-54.

Ariel, M. 1988. Referring and accessibility. *Journal of Linguistics* 24: 65-87.

Ariel, M. 1990. *Accessing Noun-phrase Antecedents*. London: Routledge.

Arnold, J. E. 1998. Reference form and discourse patterns. Ph.D. Dissertation. Stanford: Stanford University.

Arnold, J. E. 2001a. The effect of thematic roles on pronoun use and frequency of reference continuation. *Discourse Processes* 31: 137-162.

Arnold, J. E. 2001b. Accessibility theory: An overview. In T. Sanders, J. Schiperoord & W. Spooren (eds.). *Text Representative, Linguistic and Psycholinguistic Aspects*. Amsterdam: John Benjamins. 29-87.

Arnold, J. E., L. Bennetto & J. J. Diehl. 2009. Reference production in young speakers with and without autism: Effects of discourse status and processing constraints. *Cognition* 110(2): 131-146.

Arnold, J. E., J. G. Eissenband, S. Brown-Schmidt & J. C. Trueswell. 2000. The immediate use of gender information: Eyetracking evidence of the time-course of pronoun resolution. *Cognition* 76: B13-B26.

Arnold, J. E., M. Tanenhaus, R. J. Altmann & M. Fagnano. 2004. The old and thee, uh, new: Disfluency and reference resolution. *Psychological Science* 15(9): 578-582.

Arnold, J. E., T. Wasow, T. Losongco & R. Ginstrom. 2000. Heaviness vs. newness: The influence of structural complexity and discourse status on constituent ordering. *Language* 76(1): 28-55.

Atkinson, R. C. & R. M. Shiffrin. 1968. Human memory: A proposed system and its control processes. In K. W. Spence & J. T. Spence (eds.). *The Psychology of Learning and Motivation: Advances in Research and Theory* (Vol. 2). New York: Academic Press. 89-195

Aylett, M. & A. Turk. 2004. The smooth signal redundancy hypothesis: A functional explanation for relationships between redundancy, prosodic prominence, and duration in spontaneous speech. *Language and Speech* 47(1): 31-56.

Babyonyshev, M. & E. Gibson. 1999. The complexity of nested structures in Japanese. *Language* 75(3): 423-450.

Bach, E., C. Brown & W. Marslen-Wilson. 1986. Crossed and nested dependencies in German and Dutch: A psycholinguistic study. *Language and Cognitive Processes* 1(4): 249-262.

Baddeley, A. D. 1986. *Working Memory.* Oxford: Oxford University Press.

Baddeley, A. D. 1990. *Human Memory: Theory and Practice.* Boston: Allyn and Bacon.

Badecker, W. & K. Straub. 2002. The processing role of structural constraints on interpretation of pronouns and anaphors. *Journal of Experimental Psychology: Learning, Memory, and Cognition* 28(4): 748-769.

Bader, M. & I. Lasser. 1994. German verb-final clauses and sentence processing: Evidence for immediate attachment. In C. Clifton, L. Frazier & K. Rayner (eds.). *Perspectives on Sentence Processing.* Hillsdale, NJ: Lawrence Erlbaum Associates. 225-242.

Bader, M., J. Bayer, J.-M. Hopf & M. Meng. 1996. Case-assignment in processing German verb-final clauses. In C. Schütze (ed.). *Proceedings of the NELS 26 Sentence Processing Workshop. MIT Occasional Papers in Linguistics* 9. Cambridge, MA. 1-25.

Baggio, G., T. Choma, M. van Lambalgen & P. Hagoort. 2009. Coercion and compositionality. *Journal of Cognitive Neuroscience* 22: 2131-2140.

Bailey, K. & F. Ferreira. 2003. Disfluencies affect the parsing of garden-path sentences. *Journal of Memory and Language* 49: 183-200.

Baker, C. 2002. Continuations and the nature of quantification. *Natural Language Semantics* 10: 211-242.

Barr, D. J., T. M. Gann & R. S. Pierce. 2011. Anticipatory baseline effects and information integration in visual world studies. *Acta Psychologica* 137: 201-207.

Barrett, S. E. & M. D. Rugg. 1989. Event-related potentials and the semantic matching of faces. *Neuropsychologia* 27: 913-922.

Bartek, B., L. Richard, S. Vasishth & S. Mason. 2011. In search of on-line locality effects in sentence comprehension. *Journal of Experimental Psychology: Learning, Memory, and Cognition* 37(5): 1178-1198.

Barton, S. & A. J. Sanford. 1993. A case study of anomaly detection: Shallow semantic processing and cohesion establishment. *Memory & Cognition* 21(4): 477-487.

Bates, E., S. McNew, B. MacWhinney, A. Devescovi & S. Smith. 1982. Functional constraints on processing: A cross-linguistic study. *Cognition* 11: 245-299.

Berch, D. B., R. Krikorian, & E. M. Huha. 1998. The Corsi block-tapping task: Methodological and theoretical considerations. *Brain and Cognition* 38(3): 317-338.

Bernolet, S., S. Collina & R. J. Hartsuiker. 2016. The persistence of syntactic priming revisited. *Journal of Memory and Language* 91: 99-116.

Besson, M. & F. Macar. 1987. An event-related potential analysis of incongruity in music and other non-linguistic contexts. *Psychophysiology* 24: 14-25.

Bever, T. G. 1970. The cognitive basis for linguistic structures. In J. R. Hayes (ed.). *Cognition and the Development of Language.* New York: Wiley. 279-362.

Bever, T. G. 1974. The ascent of the specious, or there's a lot we don't know about mirrors. In D. Cohen (ed.). *Explaining Linguistic Phenomena.* Washington, DC: Hemisphere. 173-200.

Bever, T. G., M. Sanz & D. J. Townsend. 1998. The emperor's psycholinguistics. *Journal of Psycholinguistic Research* 27: 261-284.

Birch, S. L., J. E. Albrecht & J. L. Myers. 2000. Syntactic focusing structures influence discourse processing. *Discourse Processes* 30: 285-304.

Bock, K. 1986. Syntactic persistence in language production. *Cognitive Psychology* 18(3): 355-387.

Bock, K. & C. A. Miller. 1991. Broken agreement. *Cognitive Psychology* 23: 45-93.

Bock, K., G. S. Dell, F. Chang & K. H. Onishi. 2007. Persistent structural priming from language comprehension to language production. *Cognition* 104(3): 437-458.

Boland, J. E. 1997. Resolving syntactic category ambiguities in discourse context: Probabilistic and discourse constraints. *Journal of Memory and Language* 36: 588-615.

Boland, J. E. 2005. Visual Arguments. *Cognition* 95: 237-274.

Boland, J. E., M. K. Tanenhaus, G. N. Carlson & S. Garnsey. 1989. Lexical projection and the interaction of syntax and semantics in parsing. *Journal of Psycholinguistic Research* 18(6):563-576.

Boland, J. E., M. K. Tanenhaus, S. Garnsey & G. N. Carlson. 1995. Verb argument structure in parsing and interpretation: Evidence from wh-questions. *Journal of Memory and Language* 34: 774-806.

Bornkessel, I. D., C. J. Fiebach & A. D. Friederici. 2004. On the cost of syntactic ambiguity in human language comprehension: An individual differences approach. *Cognitive Brain Research* 21(1): 11-21.

Bornkessel-Schlesewsky, I. 2002. *The Argument Dependency Model: A Neurocognitive Approach to Incremental Interpretation*. Leipzig, Germany: MPI Series in Cognitive Neuroscience.

Bornkessel-Schlesewsky, I. & M. Schlesewsky. 2006. The extended argument dependency model: A neurocognitive approach to sentence comprehension across languages. *Psychological Review* 113(4): 787-821.

Bornkessel-Schlesewsky, I. & M. Schlesewsky. 2008. An alternative perspective on "semantic P600" effects in language comprehension. *Brain Research Reviews* 59(1): 55-73.

Bornkessel-Schlesewsky, I. & M. Schlesewsky. 2009. The role of prominence information in the real time comprehension of transitive constructions: A corpus-linguistic approach. *Language and Linguistic Compass* 3: 19-58.

Bornkessel-Schlesewsky, I. & M. Schlesewsky. 2013. Reconciling time, space and function: A new dorsal-ventral stream model of sentence comprehension. *Brain and Language* 125, 60-76.

Bornkessel-Schlesewsky, I. & M. Schlesewsky. 2016. The argument dependency model. In D. G. Hillert (ed.). *Neurobiology of Language*. New York: Academic Press. 357-369.

Boston, M. F., J. T. Hale, R. Kliegl & S. Vasishth. 2008. Surprising parser actions and reading difficulty. *Proceedings of ACL-08: HLT Short Papers* (pp. 5-8). Columbus, OH: The Ohio State University.

Boston, M. F., J. T. Hale, S. Vasishth & R. Kliegl. 2011. Parallel processing and sentence comprehension difficulty. *Language and Cognitive Processes* 26(3): 301-349.

Box, G. E. P. & Cox, D. R. 1964. An analysis of transformations (with discussion). *Journal of the Royal Statistical Society* B26: 211-252.

Boyce, V., R. Futrell & R. Levy. 2020. Maze made easy: Better and easier measurement of incremental processing difficulty. *Journal of Memory and Language* 111: 1-13.

Brennan, J. & L. Pylkkänen. 2008. Processing events: Behavioral and neuromagnetic correlates of aspectual coercion. *Brain and Language* 106(2): 132-143.

Brennan, S. E. 1995. Centering attention in discourse. *Language and Cognitive Processes* 10(2): 137-167.

Brennan, S. E. & J. E. Hanna. 2009. Partner-specific adaptation in dialog. *Topics in Cognitive Science* 1(2): 274-291.

Brennan, S. E., M. A. Friedman & C. J. Pollard. 1987. A centering approach to pronouns. *Proceedings of the 25th Annual Meeting of the Association for Computational linguistics* 25: 155-162.

Bresnan, J. 1979. *Theories of Complementation in English Syntax*. New York: Garland.

Britt, M. A. 1994. The interaction of referential ambiguity and argument structure in the parsing of prepositional phrases. *Journal of Memory and Language* 33: 251-283.

Brown, C. & P. Hagoort. 1993. The processing nature of the N400: Evidence from masked priming. *Journal of Cognitive Neuroscience* 5: 34-44.

Brown-Schmidt, S. & M. K. Tanenhaus. 2008. Real-time investigation of referential domains in unscripted conversation: A target language game approach. *Cognitive Science* 32: 643-684.

Brown-Schmidt, S., E. Campana & M. K. Tanenhaus. 2002. Reference resolution in the wild: How addressees circumscribe referential domains in a natural, interactive problem-solving task. Paper presented at the *Annual Meeting of the Cognitive Science Society*. Fairfax, VA. August 2002.

Brysbaert, M. & D. C. Mitchell. 1996. Modifier attachment in sentence parsing: Evidence from Dutch. *Quarterly Journal of Experimental Psychology* 49A: 664-695.

Bybee, J. 2006. From usage to grammar: The mind's response to repetition. *Language* 82: 711-733.

Camblin, C., P. Gordon & T. Swaab. 2007. The interplay of discourse congruence and lexical association during sentence processing: Evidence from ERPs and eye tracking. *Journal of Memory and Language* 56: 103-128.

Caplan, D. & G. S. Waters. 1994. Articulatory length and phonological similarity in span tasks: A reply to Baddeley and Andrade. *The Quarterly Journal of Experimental Psychology* 47(4): 1055-1062.

Caplan, D. & G. S. Waters. 1995. Aphasic disorders of syntactic comprehension and working memory capacity. *Cognitive Neuropsychology* 12, 637-649.

Caplan, D. & G. S. Waters. 1999. Verbal working memory and sentence comprehension. *Behavioral and Brain Science* 22: 77-126.

Caplan, D. & G. S. Waters. 2002. Working memory and connectionist models of parsing: A response to MacDonald and Christiansen. *Psychological Review* 109: 66-74.

Carlson, G. & M. Tanenhaus. 1988. Thematic roles and language comprehension. In W. Wilkins (ed.). *Thematic Relations*. New York, NY: Academic Press.

Carreiras, M. & C. Clifton. 1993. Relative clause interpretation preferences in Spanish and English. *Language and Speech* 36: 353-372.

Carreiras, M. & C. Clifton. 1999. Another word on parsing relative clauses: Eye-tracking evidence from Spanish and English. *Memory & Cognition* 27: 826-833.

Chafe, W. 1987. Cognitive constraints on information flow. In R. Tomlin (ed.). *Coherence and grounding in discourse*. Philadelphia: John Benjamins. 21-51.

Chambers, C. G., M. K. Tanenhaus & J. S. Magnuson. 2004. Actions and affordances in syntactic ambiguity resolution. *Journal of Experimental Psychology: Learning, Memory, and Cognition* 30: 687-696.

Chang, F., G. S. Dell & K. Bock. 2006. Becoming syntactic. *Psychological Science* 39(5): 1113-1130.

Chang, F., M. Baumann, S. Pappert & H. Fitz. 2015. Do lemmas speak German? A verb position effect in German structural priming. *Cognitive Science* 39(5): 1113-1130.

Chang, W., Y. Duan, J. Qian, F. Wu, X. Jiang & X. Zhou. 2020. Gender interference in processing Chinese compound reflexive: Evidence from reading eye-tracking. *Language, Cognition and Neuroscience* 35(10): 1355-1370.

Chao, Y. R. 1955. Notes on Chinese grammar and logic. *Philosophy East and West* 5(1): 31-41.

Chao, Y. R. 1968. *A Grammar of Spoken Chinese*. Berkeley & Los Angeles: University of California Press.

Chen, Y. 2010. Post-focus F0 compression — Now you see it, now you don't. *Journal of Phonetics* 38: 517-525.

Chen, L. & Yang Y. 2015. Emphasizing the only character: Emphasis, attention and contrast. *Cognition* 136: 222-227.

Chen, E., E. Gibson & F. Wolf. 2005. Online syntactic storage costs in sentence comprehension. *Journal of Memory and Language* 52: 144-169.

Chen, L., X. Li & Y. Yang. 2012. Focus, newness and their combination: Processing of information structure in discourse. *PLoS ONE* 7(8): e42533.

Chen, H-C., H. Cheung, S. L. Tang & Y. T. Wong. 2000. Effects of antecedent order and semantic context on Chinese pronoun resolution. *Memory and Cognition* 28: 427-438.

Cheng, W. & A. Almor. 2017. The Effect of Implicit Causality and Consequentiality on Nonnative Pronoun Resolution. *Applied Psycholinguistics* 38: 1-26.

Chomsky, N. 1957. *Syntactic Structures*. The Hague: Mouton.

Chomsky, N. 1965. *Aspects of the Theory of Syntax*. Cambridge, MA: MIT Press.

Chomsky, N. 1970. Remarks on nominalization. In R. Jacobs & P. Rosenbaum (eds.). *Readings in English Transformational Grammar* (pp. 184-221). Waltham: Ginn.

Chomsky, N. 1973. Conditions on transformation. In S. Anderson & P. Kiparsky (eds.). *A Festschrift for Morris Halle*. New York: Holt, Rinehart, & Winston.

Chomsky, N. 1977. On wh-movement. In P. Culicover, T. Wasow & A. Akmajian (eds.). *Formal Syntax*. New York: Academic Press. 71-132

Chomsky, N. 1981. *Lectures on Government and Binding.* Dordrecht: Foris.

Chomsky, N. 1986. *Barriers.* Cambridge, MA: MIT Press.

Chomsky, N. 1995. *The Minimalist Program.* Cambridge, MA: MIT Press.

Chomsky, N. 2002. *On Nature and Language.* Cambridge: Cambridge University Press.

Christianson, K., A. Hollingworth, J. Halliwell & F. Ferreira. 2001. Thematic roles assigned along the garden path linger. *Cognitive Psychology* 42: 368-407.

Christianson, K., C. C. Williams, R. T. Zacks & F. Ferreira. 2006. Younger and older adults' "good-enough" interpretations of garden-path sentences. *Discourse Processes* 42: 205-238.

Clark, H. H. &. J. E. Fox Tree. 2002. Using *uh* and *um* in spontaneous speaking. *Cognition* 84: 73-111.

Clark, H. H. & M. Krych. 2004. Speaking while monitoring addressees for understanding. *Journal of Memory and Language* 50(1): 62-81.

Clark, H. H. & T. Wasow. 1998. Repeating words in spontaneous speech. *Cognitive Psychology* 37: 201-242.

Clifton, C. & P. Odom. 1966. Similarity relations among certain English sentence constructions. *Psychological Monographs* 80(5): 1-35.

Clifton, C., S. Speer & S. P. Abney. 1991. Parsing arguments: Phrase structure and argument structure as determinants of initial parsing decisions. *Journal of Memory and Language* 30: 251-271.

Clifton, C., M. J. Traxler, M. T. Mohamed, R. S. William, R. K. Morris & K. Rayner. 2003. The use of thematic role information in parsing: Syntactic processing autonomy revisited. *Journal of Memory and Language* 49: 317-334.

Cohn, N., M. Paczynski, R. Jackendoff, P. Holcomb & G. R. Kuperberg. 2012. (Pea) nuts and bolts of visual narrative: Structure and meaning in sequential image comprehension. *Cognitive Psychology* 65(1): 1-38.

Colzato, L. S., M. T. Bajo, W. van den Wildenberg, D. Paolieri, S. Nieuwenhuis, W. La Heij & B. Hommel. 2008. How does bilingualism improve executive control? A comparison of active and reactive inhibition mechanisms. *Journal of Experimental Psychology: Learning, Memory and Cognition* 34(2): 302-312.

Comrie, B. 1981. *Language Universals and Linguistic Typology.* Oxford: Blackwell.

Cooper, R. 1974. The control of eye fixation by the meaning of spoken language:

A new methodology for the real-time investigation of speech perception, memory and language processing. *Cognitive Psychology* 6: 84-107.

Costa, A. & N. Sebastian-Galles. 2014. How does the bilingual experience sculpt the brain? *Nature Reviews Neuroscience* 15(5): 336-345.

Coulson, S., J. King & M. Kutas. 1998. Expect the unexpected: Event-related brain response to morphosyntactic violations. *Language and Cognitive Processes* 13(1): 21-58.

Crain, S. & J. D. Fodor. 1985. How can grammars help parsers? In D. R. Dowty, L. Karttunen & A. Zwicky (eds.) *Natural Language Parsing*. Cambridge: Cambridge University Press. 94-128

Crain, S. & M. J. Steedman. 1985. On not being led up the garden path: The use of context by the psychological parser. In D. R. Dowty, L. Karttunen & A. Zwicky (eds.). *Natural Language Parsing*. Cambridge: Cambridge University Press. 320-358

Crawley, R. A., R. J. Stevenson & D. Kleinman. 1990. The use of heuristic strategies in the interpretation of pronouns. *Journal of Psycholinguistic Research* 194: 245-265.

Cuetos, F. & D. C. Mitchell. 1988. Cross-linguistic differences in parsing: Restrictions on the use of the Late Closure strategy in Spanish. *Cognition* 30: 73-105.

Culbertson, J., P. Smolensky & G. Legendre. 2012. Learning biases predict a word order universal. *Cognition* 122: 306-329.

Culicover, P. W. & R. Jackendoff. 2005. *Simpler Syntax*. Oxford: Oxford University Press.

Dahan, D., M. K. Tanenhaus & C. G. Chambers. 2002. Accent and reference resolution in spoken language comprehension. *Journal of Memory and Language* 47: 292-314.

Dambacher, M. & R. Kliegl. 2007. Synchronizing timelines: Relations between fixation durations and N400 amplitudes during sentence reading. *Brain Research* 1155: 147-162.

Daneman, M. & P. A. Carpenter. 1980. Individual differences in working memory and reading. *Journal of Verbal Learning and Verbal Behaviors* 19: 450-466.

Davidson, D. 1967. The logical form of action sentences. In N. Reschler (ed.). *The Logic of Decision and Action*. Pittsburg: University of Pittsburgh Press. 81-95.

De Vincenzi, M. 1991. Filler-gap dependencies in a null subject language: Referential and nonreferential WHs. *Journal of Psycholinguistic Research* 20: 197-213.

Demberg, V. & F. Keller. 2008. Data from eye-tracking corpora as evidence for theories of syntactic processing complexity. *Cognition* 109(2): 193-210.

Dillon, B., A. Mishler, S. Sloggett & C. Phillips. 2013. Contrasting intrusion profiles for agreement and anaphora: experimental and modeling evidence. *Journal of Memory and Language* 69(2): 85-103.

Dillon, B., W-Y. Chow, M. Wagers, T. Guo, F. Liu & C. Phillips. 2014. The structure-sensitivity of memory access: Evidence from Mandarin Chinese. *Frontiers in Psychology* 5: Article 1025.

Donchin, E. 1979. Event-related brain potentials: A tool in the study of human information processing. In H. Begleiter (ed.). *Evoked Brain Potentials and Behavior* (Vol. 2). New York: Plenum Press. 13-88

Donchin, E. 1981. Surprise! ⋯ Surprise? *Psychophysiology* 18: 493-513.

Drenhaus, H., S. Frisch & D. Saddy. 2005. Processing negative polarity items: When negation comes through the backdoor. In S. Kepser and M. Reis (eds.). *Linguistic Evidence - Empirical, Theoretical, and Computational Perspectives*. Berlin: Mouton de Gruyter. 145-165.

Dryer, M. S. 1992. The Greenbergian word order correlations. *Language* 68(1): 81-138.

Dryer, M. S. 2013. Relationship between the order of object and verb and the order of relative clause and noun. In M. S. Dryer & M. Haspelmath (eds.). *The World Atlas of Language Structures Online*. Leipzig: Max Planck Institute for Evolutionary Anthropology.

Duffy, S. A., J. M. Henderson & R. K. Morris. 1989. Semantic facilitation of lexical access during sentence processing. *Journal of Experimental Psychology: Learning, Memory, and Cognition* 15: 791-801.

Dunn, L. M. & L. M. Dunn. 1997. *Peabody Picture Vocabulary Test* (3rd. ed.). Circle Pines, MN: American Guidance Services.

Dwivedi, V. 2013. Interpreting quantifier scope ambiguity: Evidence of heuristic first, algorithmic second processing. *PLoS ONE* 8(1): e81461.

Dwivedi, V., N. A. Phillips, M. Lague-Beauvais & S. R. Baum. 2006. An electrophysiological study of mood, modal context, and anaphor. *Brain Research* 1117: 135-153.

Dwivedi, V., N. A. Phillips, S. Einagel & S. R. Baum. 2010. The neural underpinnings of semantic ambiguity and anaphor. *Brain Research* 1311: 93-109.

Ehrlich, K. 1980. Comprehension of pronouns. *Journal of Experimental Psychology* 32: 247-255.

Engelmann, F., & S. Vasishth. 2009. Processing grammatical and ungrammatical center embeddings in English and German: A computational model. In A. Howes, D. Peebles & R. Cooper (eds.). *Proceedings of 9th International Conference on Cognitive Modeling.* Manchester, UK. 240-245.

Erickson, T. A., & M. E. Mattson. 1981. From words to meanings: A semantic illusion. *Journal of Verbal Learning and Verbal Behavior* 20: 540-551.

Fanselow, G. 2001. Features, θ-roles, and free constituent order. *Linguistic Inquiry* 32: 405-437.

Federmeier, K. D. & M. Kutas. 1999. A rose by any other name: Long-term memory structure and sentence processing. *Journal of Memory and Language* 41(4): 469-495.

Federmeier, K. D. & M. Kutas. 2001. Meaning and modality: Influences of context, semantic memory organization, and perceptual predictability on picture processing. *Journal of Experimental Psychology: Learning, Memory, and Cognition* 27: 202-224.

Federmeier, K. D., J. B., Segal, T. Lombrozo & M. Kutas. 2000. Brain responses to nouns, verbs and class-ambiguous words in context. *Brain* 123: 2552-2566.

Fedorenko, E. & N. Kanwisher. 2009. Neuroimaging of language: Why hasn't a clearer picture emerged? *Language and Linguistics Compass* 3/4: 839-865.

Fedorenko, E., E. Gibson & D. Rohde. 2006. The nature of working memory capacity in sentence comprehension: Evidence against domain-specific resources. *Journal of Memory and Language* 54(4): 541-553.

Felser, C., H. Clahsen & T. F. Münte. 2003. Storage and integration in the processing of filler-gap dependencies: An ERP study of topicalization and wh-movement in German. *Brain & Language* 873: 345-354.

Ferreira, F. 2003. The misinterpretation of noncanonical sentences. *Cognitive Psychology* 47: 164-203.

Ferreira, F. 2005. Psycholinguistics, formal grammars, and cognitive science.

Linguistic Review 22(2-4): 365-380.

Ferreira, F. & C. E. Clifton. 1986. The independence of syntactic processing. *Journal of Memory and Language* 25: 348-368.

Ferreira, F. & J. Henderson. 1990. Use of verb information in syntactic parsing: Evidence from eye movements and word-by-word self-paced reading. *Journal of Experimental Psychology: Learning, Memory, and Cognition* 16(4): 555-568.

Ferreira, F. & J. Henderson. 1991. Recovery from misanalyses of garden-path sentences. *Journal of Memory and Language* 30: 725-745.

Ferreira, F. & N. Patson. 2007. The good enough approach to language comprehension. *Language and Linguistics Compass* 1: 71-83.

Ferreira, F., E. Lau & K. G. D. Bailey. 2004. Disfluencies, language comprehension, and tree adjoining grammars. *Cognitive Science* 28: 721-749.

Ferreira, F., K. G. D. Bailey & V. Ferraro. 2002. Good-enough representations in language comprehension. *Current Directions in Psychological Science* 11: 11-15.

Ferreira, V. S., K. Bock, M. P. Wilson & N. J. Cohen. 2008. Memory for syntax despite amnesia. *Psychological Science* 19(9): 940-946.

Fiebach, C. J., M. Schleswesky & A. D. Friederici. 2001. Syntactic working memory and the establishment of filler-gap dependencies: Insights from ERPs and fMRI. *Journal of Psycholinguistic Research* 30: 321-338.

Fiebach, C. J., M. Schleswesky & A. D. Friederici. 2002. Separating syntactic memory costs and syntactic integration costs during parsing: The processing of German WH-questions. *Journal of memory and Language* 47: 250-272.

Fiebach, C. J., S. H. Vos & A. D. Friederici. 2004. Neural correlates of syntactic ambiguity in sentence comprehension for low and high span readers. *Journal of Cognitive Neuroscience* 16(9): 1562-1575.

Fiebach, C. J., M. Schleswesky, G. Lohmann & D. Y. von Gramon. 2005. Revisiting the role of Brocas area in sentence processing: Syntactic integration versus syntactic working memory. *Human Brain Mapping* 24(2):79-91.

Filik, R., K. B. Paterson & S. P. Liversedge. 2004. Processing doubly quantified sentences: Evidence from eye movements. *Psychonomic Bulletin and Review* 11: 953-959.

Fisher, C, H. Gleitman & L. R. Gleitman. 1991. On the semantic content of subcategorization frames. *Cognitive Psychology* 23: 331-392.

Fodor, J. D. 1982. The mental representation of quantifiers. In S. Peters & E. Saarinen (eds.). *Processes, Beliefs, and Questions*. Dordrecht: Reidel. 129-164.

Fodor, J. A. 1983. *The Modularity of Mind*. Cambridge, MA: MIT Press.

Fodor, J. A. 1987. *Psychosemantics: The Problem of Meaning in the Philosophy of Mind*. Cambridge, MA: MIT Press.

Fodor, J. A. & E. Lepore. 1998. The emptiness of the lexicon: Reflections on James Pustejovsky's "The Generative Lexicon". *Linguistic Inquiry* 29: 269-288.

Fodor, J. A. & E. Lepore. 2002. *The Compositionality Papers*. Oxford: Clarendon Press.

Fodor, J. A. & L. Frazier. 1980. Is the human sentence parsing mechanism an ATN? *Cognition* 8: 418-459.

Fodor, J. A., T. G. Bever & M. F. Garrett. 1974. *The Psychology of Language: An Introduction to Psycholinguistics and Generative Grammar*. New York: McGraw-Hill.

Foley, W. A. & R. D. Van Valin. 1984. *Functional Syntax and Universal Grammar*. Cambridge: Cambridge University Press.

Foraker, S. & B. McElree. 2007. The role of prominence in pronoun resolution: Active versus passive representations. *Journal of Memory and Language* 56(3): 357-383.

Forster, K. I. 1989. Levels of processing and the structure of the language processor. In W. E. Cooper & C. T. Walker (eds.). *Sentence Processing*. Hillsdale, NJ: Lawrence Erlbaum Associates. 27-52.

Forster, K. I. & I. Olbrei. 1973. Semantic heuristics and syntactic analysis. *Cognition* 2: 319-347.

Forster, K. I., C. Guerrera & L. Elliot. 2009. The maze task: Measuring forced incremental sentence processing time. *Behavior Research Methods* 41(1): 163-171.

Fox Tree, J. E. 1995. The effects of false starts and repetitions on the processing of subsequent words in spontaneous speech. *Journal of Memory and Language* 34(6): 709-738.

Fox Tree, J. E. & H. H. Clark. 1997. Pronouncing "the" as "thee" to signal problems in speaking. *Cognition* 62: 151-167.

Frazier, L. 1979. On comprehending sentences: Syntactic parsing strategies. Ph.D. dissertation. University of Connecticut.

Frazier, L. 1985. Modularity and the representational hypothesis. In S. Berman, J. -W. (eds.). *Proceedings of NELS* 15. Brown University. Providence, Rhode Island. 131-145.

Frazier, L. 1987. Syntactic processing: Evidence from Dutch. *Natural Language and Linguistic Theory* 5: 519-560.

Frazier, L. 1995. Constraint satisfaction as a theory of sentence processing. *Journal of Psycholinguistic Research* 24: 437-468.

Frazier, L. & C. Clifton. 1989. Successive cyclicity in the grammar and the parser. *Language and Cognitive Processes* 4(2): 93-126.

Frazier, L. & C. Clifton. 1996. *Construal.* Cambridge, MA: MIT Press.

Frazier, L. & G. B. Flores d'Arcais. 1989. Filler driven parsing: A study of gap filling in Dutch. *Journal of Memory and Language* 28: 331-344.

Frazier, L. & J. D. Fodor. 1978. The sausage machine: A new two-stage parsing model. *Cognition* 6: 291-325.

Frazier, L. & K. Rayner. 1982. Making and correcting errors during sentence comprehension: Eye movements in the analysis of structurally ambiguous sentences. *Cognitive Psychology* 14: 178-210.

Frazier, L., C. Clifton & J. Randall. 1983. Filling gaps: Decision principles and structure in sentence comprehension. *Cognition* 13(2): 187-222.

Freedman, S. E. & K. I. Forster. 1985. The psychological status of overgenerated sentences. *Cognition* 19(2): 101-131.

Frege, G. 1892. Über Sinn und Bedeutung. *Zeitschrift fur Philosophic und Philosophische Kritif*, 100, 25-50. Translated as 'On sense and reference'. In P. Geach & M. Black (eds) *Translations from the Philosophic Writings of Gottlob Frege.* Oxford: Basil Blackwell. 56-78.

Friederici, A. D. 2002. Towards a neural basis of auditory sentence processing. *Trends in Cognitive Sciences* 6: 78-84.

Friederici, A. D. & J. Weissenborn. 2007. Mapping sentence form onto meaning: The syntax-semantics interface. *Brain Research* 1146: 50-58.

Friederici, A. D. & M. Meyer. 2004. The brain knows the difference: Two types of grammatical violations. *Brain Research* 1000: 72-77.

Friederici, A. D. & S. Frisch. 2000. Verb argument structure processing: The role of verb-specific and argument-specific information. *Journal of Memory and Language* 43: 476-507.

Friederici, A. D., A. Hahne & A. Mecklinger. 1996. Temporal structure of syntactic parsing: Early and late event-related brain potential effects. *Journal of Experimental Psychology: Learning, Memory and Cognition* 22: 1219-1248.

Friederici, A. D., A. Hahne & D. Saddy. 2002. Distinct neurophysiological patterns reflecting aspects of syntactic complexity and syntactic repair. *Journal of Psycholinguistic Research* 31: 45-63.

Friederici, A. D., E. Pfeifer & A. Hahne 1993. Event-related brain potentials during natural speech processing: Effects of semantic, morphological and syntactic violations. *Cognitive Brain Research* 1: 183-192.

Friederici, A. D., K. Steinhauer & S. Frisch. 1999. Lexical integration: Sequential effects of syntactic and semantic information. *Memory and Cognition* 27(3): 438-453.

Friederici, A. D., K. Steinhauer, A. Mecklinger & M. Meyer. 1998. Working memory constraints on syntactic ambiguity resolution as revealed by electrical brain responses. *Biological Psychology* 27: 193-221.

Friederici, A. D., T. C. Gunter, A. Hahne & K. Mauth. 2004. The relative timing of syntactic and semantic processes in sentence comprehension. *NeuroReport* 15(1): 165-169.

Frisch S. & M. Schlesewsky. 2001. The N400 reflects problems of thematic hierarchizing. *NeuroReport* 12: 3391-3394.

Frisch, S., A. Hahne & A. D. Friederici. 2004. Word category and verb-argument structure information in the dynamics of parsing. *Cognition* 91: 191-219.

Frisch S., M. Schlesewsky, S. Douglas & A. Annegret. 2002. The P600 as an indicator of syntactic ambiguity. *Cognition* 85(2): B83-B92.

Fuchs, D., L. S. Fuchs, D. L. Compton, A. Elleman, D. Kearns & P. Peng. 2014. Randomized control trial of the value of cognitive training in a reading comprehension program for poor readers in first grade. In Talk presented at the *21st Annual Meetings of the Society for the Scientific Study of Reading*. July 17. NM: Santa Fe.

Fukumura, K. & R. P. G. van Gompel. 2015. Effects of order of mention and grammatical role on anaphor resolution. *Journal of Experimental Psychology: Learning, Memory, and Cognition* 41(2): 501-525.

Futrell, R., K. Mahowald & E. Gibson. 2015. Large-scale evidence of dependency length minimization in 37 languages. *Proceedings of the National Academy of Sciences* 112(33): 10336-10341.

Gadsby, N., W. L. Arnott & D. A. Copland. 2008. An investigation of working memory influences on lexical ambiguity resolution. *Neuropsychology* 22(2): 209-216.

Gagné, C. L. & E. J. Shoben. 2002. Priming relations in ambiguous noun-noun combinations. *Memory and Cognition* 30: 637-646.

Ganis, G., M. Kutas & M. I. Sereno. 1996. The search for "common sense": An electrophysiological study of the comprehension of words and pictures in reading. *Journal of Cognitive Neuroscience* 8(2): 89-106.

Garnham, A., M. Traxler, J. Oakhill & M. A. Gernsbacher. 1996. The locus of implicit causality effects in comprehension. *Journal of Memory and Language* 35: 517-543.

Garnsey, S. M., M. K. Tanenhaus & R. M. Chapman. 1989. Evoked potentials and the study of sentence comprehension. *Journal of Psycholinguistic Research* 18: 51-60.

Garnsey, S. M., N. J. Pearlmutter, E. Myers & M. A. Lotocky. 1997. The contributions of verb bias and plausibility to the comprehension of temporarily ambiguous sentences. *Journal of Memory and Language* 37: 58-93.

Garvey, C. & A. Caramazza. 1974. Implicit causality in verbs. *Linguistic Inquiry* 5: 459-464.

Gazzaniga, M. S & R. W. Sperry. 1967. Language after section of the cortical commissures. *Brain* 90: 131-148.

Gennari, S. P. & D. Poeppel. 2003. Processing correlates of lexical semantic complexity. *Cognition* 89: B27-B41.

Gennari, S. P. & MacDonald, M. C. 2009. Linking production and comprehension processes: The case of relative clauses. *Cognition* 111: 1-23.

Gennari, S. P., J. Mirkovic & M. C. MacDonald. 2012. Animacy and competition in relative clause production: A cross-linguistic investigation. *Cognitive Psychology* 65: 141-176.

Gernsbacher, M. A. & R. R. W. Roberston. 1995. Reading skills and suppression revisited. *Psychological Science* 6(3): 165-169.

Gernsbacher, M. A., K. R. Varner & M. Faust. 1990. Investigating differences in general comprehension skills. *Journal of Experimental Psychology: Learning,*

Memory and Cognition 16: 430-445.

Gibson, E. 1998. Linguistic complexity: Locality of syntactic dependencies. *Cognition* 68:1-76.

Gibson, E. 2000. The dependency locality theory: A distance-based theory of linguistic complexity. In A. Marantz (ed.). *Images, Language, Brain: Papers from the First Mind Articulation Project Symposium*. Cambridge, MA: MIT Press. 94-126.

Gibson, E. & E. Fedorenko. 2010. Weak quantitative standards in linguistics research. *Trends in Cognitive Sciences* 14(6): 233-234.

Gibson, E. & E. Fedorenko. 2013. The need for quantitative methods in syntax and semantics research. *Language and Cognitive Processes* 28: 88-124.

Gibson, E. & H-H. I. Wu. 2013. Processing Chinese relative clauses in context. *Language and Cognitive Processes* 28(1): 125-155.

Gibson, E., & J. Thomas. 1999. Memory limitations and structural forgetting: The perception of complex ungrammatical sentences as grammatical. *Language and Cognitive Processes* 14: 225-248.

Gibson, E., L. Bergen & S. T. Piantasodi. 2013. Rational integration of noisy evidence and prior semantic expectations in sentence interpretation. *Proceedings of the National Academy of Sciences* 110(20): 8051-8056.

Gibson, E., N. Pearlmutter, E. Canseco-Gonzalez & G. Hickok. 1996. Recency preference in the human sentence processing mechanism. *Cognition* 59: 23-59.

Gibson, E., T. Desmet, D. Grodner, D. Watson & K. Ko. 2005. Reading relative clauses in English. *Cognitive Linguistics* 16(2): 313-354.

Gilboy, E., J. M. Sopena, C. Clifton & L. Frazier. 1995. Argument structure and association preferences in Spanish and English complex NPs. *Cognition* 54(2):131-167.

Gillen, K. 1991. The comprehension of doubly quantified sentences. Ph.D. dissertation. University of Durham.

Gordon, P. C., B. J. Grosz & L. A. Gilliom. 1993. Pronouns, names, and the centering of attention in discourse. *Cognitive Science* 17: 311-347.

Gordon, P. C., R. Hendrick & M. Johnson. 2001. Memory interference during language processing. *Journal of Experimental Psychology: Learning, Memory and Cognition* 27: 1411-1423.

Gordon, P. C., R. Hendrick & M. Johnson. 2004. Effects of noun phrase type on sentence complexity. *Journal of Memory and Language* 51: 97-114.

Gordon, P. C., R. Hendrick & W. H. Levine. 2002. Memory-load interference in syntactic processing. *Psychological Science* 13: 425-430.

Gordon, P. C., R. Hendrick, M. Johnson & Y. Lee. 2006. Similarity-based interference during language comprehension: Evidence from eye tracking during reading. *Journal of Experimental Psychology: Learning, Memory and Cognition* 32(6): 1304-1321.

Greene, S. B., G. McKoon & R. Ratcliff. 1992. Pronoun resolution and discourse models. *Journal of Experimental Psychology: Learning, Memory, and Cognition* 182: 266-283.

Grice, H. P. 1975. Logic and conversation. In P. Cole & J. Morgan (eds.). *Syntax and Semantics 3: Speech Acts*. New York: Academic Press. 41-58.

Grigor, J., S. Van Toller, J. Behan & A. Richardson. 1999. The effect of odour priming on long latency visual evoked potentials of matching and mismatching objects. *Chemical Senses* 24:137-144.

Grimshaw, J. 1979. Complement selection and the lexicon. *Linguistic Inquiry* 10: 279-326.

Grodner, D. & E. Gibson. 2005. Some consequences of the serial nature of linguistic input. *Cognitive Science* 29(2): 261-290.

Gundel, J., H. Hedberg & R. Zacharski. 1993. Referring expressions in discourse. *Language* 69: 274-307.

Gunter, T. C. & A. D. Friederici. 1999. Concerning the automaticity of syntactic processing. *Psychophysiology* 36(1): 126-137.

Gunter, T. C., A. D. Friederici & A. Hahne. 1999. Brain responses during sentence reading: Visual input affects central processes. *Neuroreport* 10(15): 3175-3178.

Gunter, T. C., A. D. Friederici & H. Schriefers. 2000. Syntactic gender and semantic expectancy: ERPs reveal early autonomy and late interaction. *Journal of Cognitive Neuroscience* 12, 556-568.

Gunter, T. C., L. A. Stowe & G. Mulder. 1997. When syntax meets semantics. *Psychophysiology* 34(6): 660-676.

Gunter, T., S. Wagner & A. Friederici. 2003. Working memory and lexical ambiguity resolution as revealed by ERPs: A difficult case for activation theories. *Journal of Cognitive Neuroscience* 15(5): 643-657.

Hagoort, P. 2003. How the brain solves the binding problem for language: A neurocomputational model of syntactic processing. *Neuroimage* 20: S18-S29.

Hagoort, P. 2005. On Broca, brain, and binding: A new framework. *Trends in Cognitive Sciences* 9: 416-423.

Hagoort, P. & C. Brown. 1994. Brain responses to lexical-ambiguity resolution and parsing. In C. Clifton, L. Frazier & K. Rayner (eds). *Perspectives on sentence processing*. Mahwah: Taylor & Francis Group. 45-80.

Hagoort, P., C. Brown & J. Groothusen. 1993. The syntactic positive shift (SPS) as an ERP measure of syntactic processing. *Language and Cognitive Processes* 8(4):439-483.

Hagoort, P., M. Wassenaar & C. M. Brown. 2003. Syntax-related ERP-effects in Dutch. *Cognitive Brain Research* 16(1): 38-50.

Hagoort, P., L. Hald, M. Bastiaansen & K. M. Petersson. 2004. Integration of word meaning and world knowledge in language comprehension. *Science* 304: 438-441.

Hahne, A. & A. D. Friederici. 1999. Electrophysiological evidence for two steps in syntactic analysis: Early automatic and late controlled processes. *Journal of Cognitive Neuroscience* 11(2): 194-205.

Hahne, A. & A. D. Friederici. 2002. Differential task effects on semantic and syntactic processes as revealed by ERPs. *Cognitive Brain Research* 13(3): 339-356.

Hahne, A. & J. D. Jescheniak. 2001. What's left if the Jabberwock gets the semantics? An ERP investigation into semantic and syntactic processes during auditory sentence comprehension. *Cognitive Brain Research* 11: 199-212.

Hale, J. 2001. A probabilistic Earley parser as a psycholinguistic model. In *Proceedings of NAACL* (Vol. 2). 159-166.

Hale, J. 2003. The information conveyed by words in sentences. *Journal of Psycholinguistic Research* 32(2): 101-123.

Hale, J. 2006. Uncertainty about the rest of the sentence. *Cognitive Science* 30(4): 609-642.

Halle, M., J. Bresnan & G. A. Miller. 1978. *Linguistic Theory and Psychological Reality.*

Cambridge, MA: MIT Press.

Hanna, J. E., M. K. Tanenhaus & J. C. Trueswell. 2003. The effects of common ground and perspective on domains of referential interpretation. *Journal of Memory and Language* 49: 43-61.

Hartshorne, J., R. Nappa & J. Snedeker. 2015. Development of the first-mention bias. *Journal of Child Language* 42(2): 423-446.

Hastings, A. S. & S. Kotz. 2008. Speeding up syntax: On the relative timing and automaticity of local phrase structure and morphosyntactic processing as reflected in event-related brain potentials. *Journal of Cognitive Neuroscience* 20: 1207-1219.

Hauser, M. D., N. Chomsky & W. T. Fitch. 2002. The faculty of language: What is it, who has it, and how did it evolve? *Science* 298 (5598): 1569-1579.

He, W. & B. Chen. 2013. The role of animacy in Chinese relative clause processing. *Acta Psychologica* 144: 145-153.

Hillard, S. A. & M. Kutas. 1983. Electrophysiology of cognitive processing. *Annual Review of Psychology* 34: 33-67.

Hinojosa, J. A., M. Martin-Loeches, P. Casado, F. Munoz & F. J. Rubia. 2003. Simiarities and differences between phrase structure and morphosyntactic violations in Spanish: An event-related potentials study. *Language and Cognitive Processes* 18(1): 113-142.

Hoeks, J. C. J., Stowe, L. A. & G. Doedens. 2004. Seeing words in context: The interaction of lexical and sentence level information during reading. *Cognitive Brain Research* 19: 59-73.

Hofmeister, P. 2009. Encoding effects on memory retrieval in language comprehension. *Proceedings of CUNY Conference*. Davis, CA: University of Davis.

Hofmeister, P. & I. Sag. 2010. Cognitive constraints and island effects. *Language* 86(2): 366-415.

Holcomb, P. J. 1993. Semantic priming and stimulus degradation: Implications for the role of the N400 in language processing. *Psychophysiology* 30(1): 47-61.

Hommel, B. 1998. Event files: Evidence for automatic integration of stimulus response episodes. *Visual Cognition* 5: 183-216.

Hsiao, F. & E. Gibson. 2003. Processing relative clauses in Chinese. *Cognition* 90: 3-27.

Hsiao, Y. & M. C. MacDonald. 2016. Production predicts comprehension: Animacy effects in Mandarin relative clause processing. *Journal of Memory and Language* 89: 87-109.

Hsieh, Y. & J. Boland. 2015. Semantic support and parallel parsing in Chinese. *Journal of Psycholinguistic Research* 44(3): 251-276.

Hsieh, Y., J. Boland, Y. Zhang & M. Yan. 2009. Limited syntactic parallelism in Chinese ambiguity resolution. *Language and Cognitive Processes* 24(7-8): 1227-1264.

Hsu, C-C. N. & B. Bruening. 2003. Investigating gap-filler dependencies in Chinese: Is there an "active gap"? Poster presented at AMLaP Conference. Glasgow, Scotland. September 2003.

Hsu, C-C., S-H. Tsai, C-L. Yang & J-Y. Chen. 2014. Processing classifier-noun agreement in a long distance: An ERP study on Mandarin Chinese. *Brain and Language* 137: 14-28.

Huang, C. T. 1982. *Logical Relations in Chinese and the Theory of Grammar*. Ph.D. dissertation. Cambridge, MA: MIT Press.

Huang, Y. & E. Kaiser. 2008. *Investigating Filler-gap Dependencies in Chinese Topicalization*. In M. K. M. Chan & H. Kang. (eds.). *Proceedings of the 20th North American Conference on Chinese Linguistics*. Columbus, Ohio: The Ohio State University. 927-941.

Huang, Y. & J. Snedeker. 2009. On-line interpretation of scalar quantifiers: Insight into the semantics-pragmatics interface. *Cognitive Psychology* 58: 376-415.

Huang, C. T. J., Y. H. Li & Y. Li. 2009. *The Syntax of Chinese*. Cambridge: Cambridge University Press.

Hung, Y. & P. B. Schumacher. 2012. Topicality matters: Position-specific demands on Chinese discourse processing. *Neuroscience Letters* 511: 59-64.

Hung, Y. & P. B. Schumacher. 2014. Animacy matters: ERP evidence for the multi-dimensionality of topic-worthiness in Chinese. *Brain Research* 1555: 36-47.

Husband, E. M., L. A. Kelly & D. C. Zhu. 2011. Using complement coercion to understand the neural basis of semantic composition: Evidence from an fMRI study. *Journal of Cognitive Neuroscience* 23(11): 3254-3266.

Hyönä, J. & H. Hujanen. 1997. Effects of word order and case marking on sentence processing in Finnish: An eye fixation analysis. *Quarterly Journal of Experimental*

Psychology 50(4): 841-858.

Ioup, G. 1975. Some universals for quantifier scope. In J. Kimball (ed.). *Syntax and Semantics* (Vol. 4). New York: Academic Press. 37-58

Ito, K. & S. R. Speer, 2008. Anticipatory effect of intonation: Eye movements during instructed visual search. *Journal of Memory and Language* 58: 541-573.

Ivanova, I., L. Wardlow, J. Warker & V. S. Ferreira. 2017. The effect of anomalous utterances of language production. *Memory and Cognition* 45(2): 308-319.

Jackendoff, R. 1977. *X-bar Syntax: A Theory of Phrase Structure*. Cambridge, MA: MIT Press.

Jackendoff, R. 1978. Grammar as evidence for conceptual structure. In M. Halle, J. Bresnan & G. Miller (eds.). *Linguistic Theory and Psychological Reality*. Cambridge, MA: MIT Press. 201-228.

Jackendoff, R. S. 1997. *The Architecture of the Language Faculty*. Cambridge, MA: MIT Press.

Jackendoff, R. S. 2002. *Foundations of Language: Brain, Meaning, Grammar, Evolution*. Oxford: Oxford University Press.

Jaeger, T. F. & H. Tily. 2011. On language "utility": Processing complexity and communicative efficiency. *Cognitive Science* 2: 323-335.

Jaeger, T. F. 2010. Redundancy and reduction: Speakers manage syntactic information density. *Cognitive Psychology* 61(1): 23-62.

Jaeger, T. F., E. Fedorenko, P. Hofmeister & E. Gibson. 2008. Expectation-based syntactic processing: Anti-locality outside of head-final languages. Oral presentation at *the 21st CUNY sentence processing conference*. Chapel Hill: University of North Carolina.

Jäger, G. &. A. Rosenbach. 2008. Priming and unidirectional language change. *Theoretical Linguistics* 34: 85-113.

Jäger, L., F. Engelmann & S. Vasishth. 2017. Similarity-based interference in sentence comprehension: Literature review and Bayesian meta-analysis. *Journal of Memory and Language* 94: 316-339.

Jäger, L., Z. Chen, Q. Li, C-J. Lin & S. Vasishth. 2015. The subject-relative advantage in Chinese: Evidence for expectation-based processing. *Journal of Memory and Language* 79-80: 97-120.

Janata, P. 1995. ERP measures assay the degree of expectancy violation of harmonic contexts in music. *Journal of Cognitive Neuroscience* 7(2): 153-136.

Jemel, B., N. Geore, E. Olivares, N. Fiori & B. Renault. 1999. Event-related potentials to structural familiar face incongruity processing. *Psychophysiology* 36: 437-452.

Jiang, X., Y. Li & X. Zhou. 2013. Is it over-respectful or disrespectful? Differential patterns of brain activity in perceiving pragmatic violation of social status information duration utterance comprehension. *Neuropsychologi*a 51: 2210-2223.

Johnson-Laird, P. 1969. On understanding logically complex sentences. *Quarterly Journal of Experimental Psychology* 21: 1-13.

Jones, G. & B. Macken. 2015. Questioning short-term memory and its measurement: Why digit span measures long-term associative learning. *Cognition* 144: 1-13.

Jonides, J., R. L. Lewis, D. E. Nee, C. A.Lustig, M. G. Berman & K. S. Moore. 2008. The mind and brain of short-term memory. *The Annual Review of Psychology* 59: 193-224.

Just, M. A. & P. A. Carpenter. 1980. A theory of reading: From eye fixations to comprehension. *Psychological Review* 87: 329-354.

Just, M. A. & P. A. Carpenter. 1992. A capacity theory of comprehension: Individual differences in working memory. *Psychological Review* 99: 122-149.

Kaan, E. & T. Y. Swaab. 2003. Electrophysiological evidence for serial sentence processing: A comparison between non-preferred and ungrammatical continuations. *Cognitive Brain Research* 17(3): 621-635.

Kaan, E., A. Dallas & C. M. Barkley. 2007. Processing bare quantifiers in discourse. *Brain Research* 1146: 199-209.

Kaan, E., A. Harris, E. Gibson & P. J. Holcomb. 2000. The P600 as an index of syntactic integration difficulty. *Language and Cognitive Processes* 15(2): 159-201.

Kaltenböck, G. 2006. "··· That is the question": Complementizer omission in extraposed that-clause. *English Language and Linguistics* 10(2): 371-396.

Kamide, Y. & D. C. Mitchell. 1999. Incremental pre-head attachment in Japanese parsing. *Language and Cognitive Processes* 14: 631-662.

Kamide, Y., G. T. M. Altmann & S. L. Haywood. 2003. The time-course of prediction in incremental sentence processing: Evidence from anticipatory eye movements.

Journal of Memory and Language 49: 133-156.

Kamide, Y., G. T. M. Altmann & S. L. Haywood. 2003. The time-course of prediction in incremental sentence processing: Evidence from anticipatory eye movements. *Journal of Memory and Language* 49: 133-156.

Kanwisher, N. G., J. McDermott & M. M. Chun. 1997. The fusiform face area: A module in human extrastriate cortex specialized for face perception. *Journal of Neuroscience* 17: 4302-4311.

Kaschak, M. P. & A. M. Glenberg. 2004. This construction needs learned. *Journal of Experimental Psychology: General* 133: 450-467.

Kayne, R. S. 1984. *Connectedness and Binary Branching.* Dordrecht: Foris.

Kearns, K. 2007. Regional variation in the syntactic distribution of null finite complementizer. *Language Variation and Change* 19: 295-336.

Kehler, A., L. Kertz, H. Rohde & J. Elman. 2008. Coherence and coreference revisited. *Journal of Semantics* 25(1): 1-44.

Kennison, S. M. 2001. Limitations on the use of verb information during sentence comprehension. *Psychonomic Bulletin & Review* 8: 132-138.

Keysar, B., S. Lin. & D. J. Barr. 2003. Limits on theory of mind use in adults. *Cognition* 89(1): 25-41.

Keysar, B., D. J. Barr, J. A. Balin & J. S. Brauner. 2000. Taking perspective in conversation: The role of mutual knowledge in comprehension. *Psychological Science* 11(1): 32-38.

Kim, A. & L. Osterhout. 2005. The independence of combinatory semantic processing: Evidence from event-related potentials. *Journal of Memory and Language* 52(2): 205-225.

Kimball, J. 1973. Seven principles of surface structure parsing in natural language. *Cognition* 2: 15-47.

King, J. & M. A. Just. 1991. Individual differences in syntactic processing: The role of working memory. *Journal of Memory and Language* 30: 580-602.

King, J. & M. Kutas. 1995. Who did what and when? Using word and clause level ERPs to monitor working memory usage in reading. *Journal of Cognitive Neuroscience* 7: 376-395.

Klem, M., M. Melby-Lervåg, B. Hagtvet, S. -A. H. Lyster, J-R. Gustafsson & C. Hulme.

2015. Sentence repetition is a measure of children's language skills rather than working memory limitations. *Developmental Science* 18(1): 146-154.

Kluender, R. & M. Kutas. 1993. Subjacency as a processing phenomenon. *Language and Cognitive Processes* 8: 573-633.

Kolk, H. H., D. J. Chwilla, M. Van Herten & P. J. Oor. 2003. Structure and limited capacity in verbal working memory: A study with event-related potentials. *Brain and Language* 85(1): 1-36.

Konieczny, L. 2000. Locality and parsing complexity. *Journal of Psycholinguistic Research* 29: 627-645.

Konieczny, L. & P. Döring. 2003. Anticipation of clause-final heads: Evidence from eye-tracking and SRNs. In *Proceedings of the 4th International Conference on Cognitive Science*, 330-335. University of New South Wales, Sydney, Australia.

Koornneef, A. W. & J. J. A. Van Berkum. 2006. On the use of verb-based implicit causality in sentence comprehension: Evidence from self-paced reading and eye tracking. *Journal of Memory and Language* 54: 445-465.

Kuperberg, G. R. 2007. Neural mechanisms of language comprehension: Challenges to syntax. *Brain Research* 1146: 23-49.

Kuperberg, G. R., T. Sitnikova, D. Caplan & P. Holcomb. 2003. Electrophysiological distinctions in processing conceptual relationships within simple sentences. *Cognitive Brain Research* 17: 117-129.

Kuperberg, G. R., A. Choi, N. Cohn, M. Paczynski & R. Jackendoff. 2010. Electrophysiological correlates of complement coercion. *Journal of Cognitive Neuroscience* 22: 2685-2701.

Kuperberg, G. R., D. A. Kreher, T. Sitnikova, D. Caplan & P. J. Holcomb. 2007. The role of animacy and thematic relationships in processing active English sentences: Evidence from event-related potentials. *Brain & Language* 100(3): 223-238.

Kuperberg, G. R., D. Caplan, T. Sitnikova, M. Eddy & P. J. Holcomb. 2006. Neural correlates of processing syntactic, semantic, and thematic relationships in sentences. *Language and Cognitive Processes* 21: 489-530.

Kurtzman, H. S. & M. C. MacDonald. 1993. Resolution of quantifier scope ambiguities. *Cognition* 48: 243-279.

Kush, D. & C. Phillips. 2014. Local anaphor licensing in an SOV language: Implications for retrieval strategies. *Frontiers in Psychology* (5): 1252.

Kutas, M. & C. Van Petten. 1994. Psycholinguistics electrified: Event-related brain potential investigations. In M. A. Gernsbacher (ed.). *Handbook of Psycholinguistics*. San Diego, California: Academic Press. 83-143.

Kutas, M. & K. D. Federmeier. 2000. Electrophysiology reveals semantic memory use in language comprehension. *Trends in Cognitive Science* 4: 463-470.

Kutas, M. & K. D. Federmeier. 2009. N400. *Scholarpedia* 4: 7790.

Kutas, M. & K. D. Federmeier. 2011. Thirty years and counting: Finding meaning in the N400 component of the event-related brain potential (ERP). *Annual Review of Psychology* 62: 621-647.

Kutas, M. & S. A. Hillyard. 1980. Reading senseless sentences: Brain potentials reflect semantic incongruity. *Science* 207: 203-205.

Kutas, M. & S. A. Hillyard. 1983. Event-related brain potentials to grammatical errors and semantic anomalies. *Memory and Cognition* 11: 539-550.

Kutas, M. & S. A. Hillyard. 1984. Brain potentials during reading reflect word expectancy and semantic association. *Nature* 307: 161-163.

Lambrecht, K. 1994. *Information Structure and Sentence Form: Topic, Focus, and the Mental Representation of Discourse Referents*. Cambridge: Cambridge University Press.

Lau, E. & F. Ferreira. 2005. Lingering effects of disfluent materials on comprehension of garden path sentences. *Language and Cognitive Processes* 20: 633-66.

Larson, R. 1988. On the double object construction. *Linguistic Inquiry* 19: 335-391.

Leckey, M. & K. Federmeier. 2020. The P3b and P600(s): Positive contributions to language comprehension. *Psychophysiology* 57: e13351.

Lee, S. -H., M. Nakayama & R. L. Lewis. 2005. Difficulty of processing Japanese and Korean center-embedding construction. In M. Minami, H. Kobayashi, M. Nakayama & H. Sirai (eds.). *Studies in Language Science* (Vol. 4). Tokyo: Kurosio Publishers. 99-118.

Lelekov, T., P. F. Dominey & L. Garcia-Larrea. 2000. Dissociable ERP profiles for processing rules vs. instances in a cognitive sequencing task. *NeuroReport* 11(5): 1129-1132.

Lelekov-Boissard, T. & P. F. Dominey. 2002. Human brain potentials reveal similar processing of non-linguistic abstract structure and linguistic syntactic structure. *Clinical Neurophysiology* 32: 72-84.

Levelt, W. J. M. & S. Kelter. 1982. Surface form and memory in question answering. *Cognitive Psychology* 14: 78-106.

Levy, R. 2005. Probabilistic models of word order and syntactic discontinuity. Ph.D. dissertation. Stanford: Stanford University.

Levy, R. 2008. Expectation-based syntactic comprehension. *Cognition* 106: 1126-1177.

Levy, R., E. Fedorenko & E. Gibson. 2013. The syntactic complexity of Russian relative clauses. *Journal of Memory and Language* 69(4): 461-495.

Levy, R., K. Bicknell, T. Slattery & K. Rayner. 2009. Eye movement evidence that readers maintain and act on uncertainty about past linguistic input. *Proceedings of the National Academy of Sciences* 106(50): 21086-21090.

Lewis, R. L. 1996. Interference in short-term memory: the magical number two (or three) in sentence processing. *Journal of Psycholinguistic Research* 25: 93-115.

Lewis, R. L. & S. Vasishth. 2005. An activation-based model of sentence processing as skilled memory retrieval. *Cognitive Science* 29: 1-45.

Lewis, R. L., S. Vasishth & J. A. Van Dyke. 2006. Computational principles of working memory in sentence comprehension. *Trends in Cognitive Sciences* 10(10): 447-454.

Li, C. N. & S. A. Thompson. 1976. Subject and topic: A new typology of language. In C. N. Li (ed.). *Subject and Topic*. New York: Academic Press. 457-489.

Li, P., Bates, E. & B. MacWhinney. 1993. Processing a language without inflections: A reaction time study of sentence interpretation in Chinese. *Journal of Memory and Language* 32: 169-192.

Li, X. & Zhou X. 2010. Who is ziji? ERP responses to the Chinese reflexive pronoun during sentence comprehension. *Brain Research* 1331: 96-104.

Li, X. Q., P. Hagoort & Y. F. Yang. 2008. Event-related potential evidence on the influence of accentuation in spoken discourse comprehension in Chinese. *Journal of Cognitive Neuroscience* 20(5): 906-915.

Lin, C-J. C. 2014. Effect of thematic order on the comprehension of Chinese relative clauses. *Lingua* 140: 180-206.

Lin, C-J. C. 2015. Thematic orders and the comprehension of subject-extracted relative clauses in Mandarin Chinese. *Frontiers in Psychology* 6: 1255.

Lin, C-J. C. 2018. Subject prominence and processing dependencies in prenominal relative clauses: The comprehension of possessive relative clauses and adjunct relative clauses in Mandarin Chinese. *Language* 94(4): 758-797.

Liu, Z. 2009. The cognitive process of Chinese reflexive processing. *Journal of Chinese Linguistics* 37: 1-27.

Liversedge, S. P., M. J. Pickering, E. L. Clayes & H. P. Branigan. 2003. Thematic processing in adjuncts. *Psychonomic Bulletin and Review* 10: 667-675.

Liversedge, S. P., M. J. Pickering, H. P. Branigan & R. P. G. van Gompel. 1998. Processing arguments and adjuncts in isolation and context: The case of by-phrase ambiguities in passives. *Journal of Experimental Psychology: Learning, Memory, and Cognition* 24: 461-475.

Logac̆ev, P. & S. Vasishth. 2010. Morphological ambiguity and working memory. In P. de Swart & M. Lamers (eds.). *Case, Word Order and Prominence: Psycholinguistic and Theoretical Approaches to Argument Structure*. Berlin: Springer.

Luck, S. 2005. *An Introduction to the Event-Related Potential Technique*. Cambridge, MA: MIT Press.

MacDonald, J. L. & B. MacWhinney. 1995. The time course of anaphor resolution: Effects of implicit verb causality and gender. *Journal of Memory and Language* 34: 543-566.

MacDonald, M: C. 1994. Probabilistic constraints and syntactic ambiguity resolution. *Language and Cognitive Processes* 9: 157-201.

MacDonald, M. C. 1999. Distributional information in language comprehension, production and acquisition: Three puzzles and a moral. In B. MacWhinney (ed.) *The Emergence of Language*. Mahwah, NJ: Lawrence Erlbaum Associates. 177-196.

MacDonald, M. C. 2013. How language production shapes language form and comprehension. *Frontiers in Psychology* 4: 226.

MacDonald, M. C. & B. MacWhinney. 1990. Measuring inhibition and facilitation from pronouns. *Journal of Memory and Language* 29: 469-492.

MacDonald, M. C. & M. H. Christiansen. 2002. Reassessing working memory:

Comment on Just and Carpenter (1992) and Waters and Caplan (1996). *Psychological Review* 109: 35-54.

MacDonald, M. C. & M. A. Just. 1989. Changes in activation levels with negation. *Journal of Experimental Psychology: Learning, Memory, and Cognition* 15(4): 633-642.

MacDonald, M. C., M. A. Just & P. A. Carpenter. 1992. Working memory constraints on the processing of syntactic ambiguity. *Cognitive Psychology* 24: 56-98.

MacDonald, M. C., N. J. Perlmutter & M. S. Seidenberg. 1994. The lexical nature of syntactic ambiguity resolution. *Psychological Review* 101: 676-703.

MacWhinney, B., E. Bates & R. Kliegl. 1984. Cue validity and sentence interpretation in English, German and Italian. *Journal of Verbal Learning and Verbal Behavior* 23: 127-150.

Marslen-Wilson, W. 1985. Speech shadowing and speech comprehension. *Speech Communication* 4: 55-73.

Marslen-Wilson, W. D. & L. K. Tyler. 1987. Against modularity. In J. L. Garfield (ed.). *Modularity in Knowledge Representation and Natural-Language Understanding.* Cambridge, MA: MIT Press. 37-62.

Martin-Loeches, M., F. Munoz, P. Casado, A. Melcon & C. Frenandes-Frias. 2005. Are the anterior negativities to grammatical violations indexing working memory? *Psychophysiology* 42: 508-519.

Mauner, G. & J. Koenig. 2000. Linguistic vs. conceptual sources of implicit agents in sentence comprehension. *Journal of Memory and Language* 34: 357-382.

May, R. 1977. The grammar of quantification. Ph.D. dissertation. Cambridge, MA: MIT Press.

May, R. 1985. *Logical Form.* Cambridge, MA: MIT Press.

McCloskey, M. 2001. The future of cognitive neuropsychology. In B. Rapp (ed.) *The Handbook of Cognitive Neuropsychology: What Deficits Reveal about the Human Mind.* Philadelphia: Psychology Press. 593-610.

McDermott, J. & M. Hauser. 2007. Nonhuman primates prefer slow tempos but dislike music overall. *Cognition* 104: 654-668.

McElree, B. 1998. Attended and non-attended states in working memory: Accessing categorized structures. *Journal of Memory and Language* 38: 225-252.

McElree, B. & T. Griffith. 1998. Structural and lexical constraints on filling gaps during sentence comprehension: A time-course analysis. *Journal of Experimental Psychology: Learning, Memory, and Cognition* 24: 432-460.

McElree, B., S. Foraker & L. Dyer. 2003. Memory structures that subserve sentence comprehension. *Journal of Memory and Language* 48: 67-91.

McElree, B., S. Frisson & M. J. Pickering. 2006a. Deferred interpretations: Why starting Dickens is taxing but reading Dickens isn't. *Cognitive Science* 30: 115-124.

McElree, B., L. Pylkkänen, M. J. Pickering & M. Traxler. 2006b. The time course of enriched composition. *Psychonomic Bulletin and Review* 13: 53-59.

McElree, B., M. Traxler, M. Pickering, R. Seely & R. Jackendoff. 2001. Reading time evidence for enriched composition. *Cognition* 78: B17-B25.

McKoon, G. & R. Ratcliff. 1992. Inference during reading. *Psychological Review* 993: 440-466.

McKoon, G., R. Ratcliff & G. Ward. 1994. Testing theories of language processing: An empirical investigation of the on-line lexical decision task. *Journal of Experimental Psychology: Learning, Memory, and Cognition* 20(5): 1219-1228.

McPherson, W. B. & P. J. Holcomb. 1999. An electrophysiological investigation of semantic priming with pictures of real objects. *Psychophysiology* 36: 53-65.

McRae, K., M. J. Spivey-Knowlton & M. K. Tanenhaus. 1998. Modeling the influence of thematic fit (and other constraints) in on-line sentence comprehension. *Journal of Memory and Language* 38: 283-312.

McRae, K., T. Ferretti & L. Amyote. 1997. Thematic roles as verb-specific concepts. *Language and Cognitive Processes* 12: 137-176.

Mehler, J. 1963. Some effects of grammatical transformation on the recall of English sentences. *Journal of Verbal Learning and Verbal Behavior* 2: 346-351.

Miller, G. 1956. The magical number seven, plus or minus two: Some limits on our capacity for processing information. *The Psychological Review* 63: 81-97.

Miller, G. (1962). Some psychological studies of grammar. *American Journal of Psychology* 70:311-314.

Miller, G. & N. Chomsky. 1963. Finitary models of language users. In R. D. Luce, R. Bush & E. Galanter (eds.). *Handbook of Mathematical Psychology* (vol. II.). New York: Wiley. 419-492.

Miller, G. A. & K. E. McKean. 1964. A chronometric study of some relations between sentences. *Quarterly Journal of Experimental Psychology* 16: 297-308.

Milne, R. W. 1982. Predicting garden path sentences. *Cognitive Science* 6: 349-373.

Mirman, D. 2014. *Growth Curve Analysis and Visualization Using R.* CRC Press.

Mirman, D., J. A. Dixon & J. S. Magnuson. 2008. Statistical and computational models of the visual world paradigm: Growth curves and individual differences. *Journal of Memory and Language* 59(4): 475-494.

Mitchell, D. C. 1984. An evaluation of subject-paced reading tasks and other methods for investigating immediate processes in reading. In D. Kleras & M. A. Just (eds.) *New Methods in Reading Comprehension.* Hillsdale, NJ: Earlbaum.

Mitchell, D. C. 1987. Reading and syntactic analysis. In J. R. Beech & A. M. Colley (eds.) *Cognitive Approaches to Reading.* Chichester, UK: John Wiley & Sons Ltd. 87-112

Mitchell, D. C. 1994. Sentence parsing. In M. A. Gernsbacher (ed.). *Handbook of Psycholinguistic Research.* San Diego: Academic Press. 375-410.

Mitchell, D. C. 2004. On-line methods in language processing: Introduction and historical review. In M. Carreiras & C. Clifton (eds.). *The On-line Study of Sentence Comprehension: Eyetracking, ERP and Beyond.* New York: Psychology Press. 15-32.

Mitchell, D. C. & D. W. Green. 1978. The effects of context and content on immediate processing in reading. *Quarterly Journal of Experimental Psychology* 30(4): 609-636.

Mitchell, D. C., F. Cuetos, M. M. B. Corley & M. Brysbaert. 1995. Exposure-based models of human parsing: Evidence for the use of coarse-grained (nonlexical) statistical records. *Journal of Psycholinguistic Research* 24: 469-488.

Miyake, A., M. A. Just & P. A. Carpenter. 1994. Working memory constraints on the resolution of lexical ambiguity: Maintaining multiple interpretations in neutral contexts. *Journal of Memory and Language* 33(2): 175-202.

Montag, J. L., K. Matsuki, J. Y. Kim. & M. C. MacDonald. 2017. Language specific and language general motivations of production choices: A multi-clause and multi-language investigation. *Collabra: Psychology* 3(1): 1-22.

Montague, R. 1970. Universal grammar. *Theoria* 36: 373-398.

Mueller, J. L., A. Hahne, Y. Fujii & A. D. Friederici. 2005. Native and nonnative speakers' processing of a miniature version of Japanese as revealed by ERPs. *Journal of Cognitive Neuroscience* 17: 1229-1244.

Münte, T. F. & H. J. Heinze. 1994. ERP negativities during syntactic processing of written words. In H. J. Heinze, T. F. Münte & G. R. Mangun (eds.). *Cognitive Electrophysiology.* Birkäuser Boston: Springer. 211-238

Münte, T. F., H. J. Heinze & G. Mangun. 1993. Dissociation of brain activity related to syntactic and semantic aspects of language. *Journal of Cognitive Neuroscience* 5(3): 335-344.

Münte, T. F., M. Matzke & S. Johannes. 1997. Brain activity associated with syntactic incongruities in words and pseudowords. *Journal of Cognitive Neuroscience* 9: 318-329.

Münte, T. F., H. J. Heinze, M. Matzke, B. M. Wieringa & S. Johannes. 1998. Brain potentials and syntactic violations revisited: No evidence for specificity of the syntactic positive shift. *Neuropsychologia* 36: 217-226.

Naigles, L. R. & P. Terrazas. 1998. Motion-verb generalizations in English and Spanish: Influences of language and syntax. *Psychological Science* 9(5): 363-369.

Nakatani, K. & E. Gibson. 2010. An on-line study of Japanese nesting complexity. *Cognitive Science* 34: 94-112.

Neville, H., J. L. Nicol, A. Barss, K. I. Forster & M. F. Garrett. 1991. Syntactically based sentence processing classes: Evidence from event-related brain potentials. *Journal of Cognitive Neuroscience* 3: 151-165.

Newman, A. J., M. T. Ullman, R. Pancheva, D. L. Waligura & H. J. Neville. 2007. An ERP study of regular and irregular English past tense inflection. *Neuroimage* 34: 435-445.

Ng, S. 2008. An active gap strategy in the processing of filler-gap dependencies in Chinese. In M. K. Chan & H. Kang (eds.). *Proceedings of the 20th North American Conference on Chinese Linguistics (NACCL-20)* (Vol. 2). Columbus, The Ohio State University. 943-957.

Ng, S. & J. Fodor. 2011. Use your headness: An exercise in psycholinguistic exploitation. In H. Yamashita, Y. Hirose & J. Packard (eds.). *Processing and Producing Head-final Structures.* Springer. 299-321

Ng, S. & N. Wicha. 2014. Processing gap-filler dependencies in Chinese: What does it tell us about semantic processing? *Journal of Memory and Language* 74: 16-35.

Ni, W., S. Crain & D. Shankweiler. 1996. Side-stepping garden paths: Assessing the contributions of syntax, semantics, and plausibility in resolving ambiguities. *Language and Cognitive Processes* 11: 283-334.

Ni, W., J. D. Fodor, S. Crain & D. Shankweiler. 1998. Anomaly detection: Eye movement patterns. *Journal of Psycholinguistic Research* 27: 515-539.

Nicol, J. & D. Swinney. 1989. The role of structure in co-reference assignment during sentence comprehension. *Journal of Psycholinguistic Research* 18: 5-19.

Nicol, J. 1993. Reconsidering reactivation. In G. Altmann & R. Shillock (eds.). *Cognitive Models of Speech Processing*. Hove, UK: Lawrence Erlbaum Associates. 321-347.

Nicole, J. & D. Swinney. 2002. The psycholinguistics of anaphora. In A. Barss (ed.). *Anaphora: A Reference Guide*. Cambridge, MA: Blackwell Publishing.

Nigam, A., J. E. Hoffman & R. F. Simons. 1992. N400 to semantically anomalous pictures and words. *Journal of Cognitive Neuroscience* 4: 15-22.

Norman, D. A. 1980. Twelve issues for cognitive science. *Cognitive Science* 4: 1-32.

Omaki, A., E. Lau, I. D. White, M. Dakan, A. Apple & C. Phillips, 2015. Hyper-active gap filling. *Frontiers in Psychology* 6: 384.

Osterhout, L. 1997. On the brain response to syntactic anomalies: Manipulations of word position and word class reveal individual differences. *Brain and Language* 59(3): 494-522.

Osterhout, L. & J. Nicol. 1999. On the distinctiveness, independence, and time course of the brain responses to syntactic and semantic anomalies. *Language and Cognitive Processes* 14: 283-317.

Osterhout, L. & L. A. Mobley. 1995. Event-related brain potentials elicited by failure to use agree. *Journal of Memory and Language* 34: 739-773.

Osterhout, L. & P. J. Holcomb. 1992. Event-related brain potentials elicited by syntactic anomaly. *Journal of Memory and Language* 31: 785-806.

Osterhout, L. & P. J. Holcomb. 1993. Event-related potentials and syntactic anomaly: Evidence of anomaly detection during the perception of continuous speech. *Language and Cognitive Processes* 8: 413-437.

Osterhout, L., P. J. Holcomb & D. A. Swinney. 1994. Brain potentials elicited by garden path sentences: Evidence of the application of verb information during parsing. *Journal of Experimental Psychology: Learning, Memory and Cognition* 20: 786-803.

Partee, B. H. & M. Rooth. 1983. Generalized conjunction and type ambiguity. In B. Bäuerle, C. Schwarze & A. von Stechow (eds). *Meaning, Use, and Interpretation of Language*. Berlin: Walter de Gruyter. 361-368

Patel, A. D., E. Gibson, J. Ratner, M. Besson & P. J. Holcomb. 1998. Processing syntactic relations in language and music: An event-related potential study. *Journal of Cognitive Neuroscience* 10: 717-733.

Patson, N. D., E. S. Darowski, N. Moon & F. Ferreira. 2009. Lingering misinterpretations in garden-path sentences: Evidence from a paraphrasing task. *Journal of Experimental psychology: Learning, Memory, and Cognition* 35(1): 280-285.

Penke, M, H. Weyerts, M. Gross, E. Zander, T. F. Münte & H. Clahsen. 1997. How the brain processes complex words: An event-related potential study of German verb inflections. *Cognitive Brain Research* 6(1): 37-52.

Peretz, I. & K. Hyde. 2003. What is specific to music processing? Insights from congenital amusia. *Trends in Cognitive Sciences* 7(8): 362-367.

Pesetsky, D. 1987. Wh-in-situ: Movement and unselective binding. In Reuland, E. J. & A. ter Meulen (eds.). *The Representation of (In)definitesness*. Cambridge, MA: MIT Press. 98-129.

Phillips, C. 1996. Order and structure. Ph.D. dissertation. Cambridge, MA: MIT Press.

Phillips, C. 2003. Syntax. In L. Nadel (ed.). *Encyclopedia of Cognitive Science* (Volume 4). London: Macmillian. 319-329.

Phillips, C. 2006. The real-time status of island phenomena. *Language* 82(4): 795-823.

Phillips, C., N. Kazania & S. H. Abada. 2005. ERP effects of the processing of syntactic long-distance dependencies. *Cognitive Brain Research* 22(3): 407-428.

Philipp, M., I. Bornkessel-Schlesewsky, W. Bisang & M. Schlesewsky. 2008. The role of animacy in the real time comprehension of Mandarin Chinese: Evidence from auditory event-related brain potentials. *Brain and Language* 105: 112-133.

Piantadosi, S. T., H. Tily & E. Gibson, 2012. The communicative function of ambiguity in language. *Cognition* 122(3): 280-291.

Pickering, M. & G. Barry. 1991. Sentence processing without empty categories. *Language & Cognitive Processes* 6(3): 229-259.

Pickering, M. J. & M. J. Traxler. 1998. Plausibility and recovery from garden paths: An eye-tracking study. *Journal of Experimental Psychology: Learning, Memory, and Cognition* 24(4): 940-961.

Pickering, M. J. & M. J. Traxler. 2001. Strategies for processing unbounded dependencies: lexical information and verb-argument assignment. *Journal of Experimental Psychology Learning Memory & Cognition* 27(6): 1401-1410.

Pickering, M. J. & M. J. Traxler. 2003. Evidence against the use of subcategorization frequency in the processing of unbounded dependencies. *Language and Cognitive Processes* 18: 469-5-3.

Pickering, M. J. & R. P. G. van Gompel. 2006. Syntactic parsing. In M. J. Traxler & M. A. Gernsbacher (wds.). *Handbook of psycholinguistics* (2nd ed.). New York: Elsevier. 455-503.

Pickering, M. J. & S. Garrod. 2004. Toward a mechanistic psychology of dialogue. *Behavioral and Brain Science* 27: 169-190.

Pickering, M. J., M. J. Traxler & M. W. Crocker. 2000. Ambiguity resolution in sentence processing: Evidence against frequency-based accounts. *Journal of Memory and Language* 43: 447-475.

Pickering, M. J., B. McElree & M. J. Traxler. 2005. The difficulty of coercion: A response to de Almeida. *Brain and Language* 93: 1-9.

Pickering, M. J., B. McElree, S. Frisson, L. Chen & M. J. Traxler. 2006. Underspecification and aspectual coercion. *Discourse Processes* 42(2): 131-155.

Piñango, M. M., A. Winnick, R. Ullah & E. Zurif. 2006. Time-course of semantic composition: The case of aspectual coercion. *Journal of Psycholinguistic Research* 35(3): 233-244.

Price, L. & J. Witzel. 2017. Sources of relative clause processing difficulty: Evidence from Russian. *Journal of Memory and Language* 97: 208-244.

Pritchett, B. L. 1992. *Grammatical Competence and Parsing Performance*. Chicago: University of Chicago Press.

Pustejovsky, J. 1995. *The Generative Lexicon*. Cambridge, MA: MIT Press.

Pylkkänen, L. & B. McElree. 2006. The syntax-semantics interface: On-line composition of sentence meaning. In M. J. Traxler & M. A. Gernsbacher (eds.). *Handbook of Psycholinguistics* (2nd ed.). New York: Elsevier. 539-580.

Pylkkänen, L. & B. McElree. 2007. An MEG study of silent meaning. *Journal of Cognitive Neuroscience* 19(11): 1905-1921.

Pylkkänen, L. 2008. Mismatching meanings in brain and behavior. *Language and Linguistics Compass* 2: 712-738.

Pynte, J. & B. Prieur. 1996. Prosodic breaks and attachment decision in sentence parsing. *Language and Cognitive Processes* 11: 165-192.

Pyykkönen, P. & J. Järvikivi. 2010. Activation and persistence of implicit causality information in spoken language comprehension. *Experimental Psychology* 57(1): 5-16.

Qiu, L., T. Y. Swaab, H-C. Chen & Wang S. 2012. The role of gender information in pronoun resolution: Evidence from Chinese. *PLoS ONE* 7: e36156.

Radford, A. 1988. *Transformational Grammar: A First Course.* Cambridge: Cambridge University Press.

Raffray, C. N. & M. J. Pickering. 2010. How do people construct logic form during language comprehension? *Psychological Science* 21(8): 1090-1097.

Rappaport, H. M. & B. Levin. 2008. The English dative alternation: The case for verb sensitivity. *Journal of Linguistics* 44(1): 129-167.

Rayner, K. & A. D. Well. 1996. Effects of contextual constraint on eye movements in reading: A further examination. *Psychonomic Bulletin and Review* 3: 504-509.

Rayner, K. & L. Frazier. 1987. Parsing temporarily ambiguous complements. Q*uarterly Journal of Experiment Psychology* 39A: 657-673.

Reber, A. S. & J. R. Anderson. (1970). The perception of clicks in linguistic and nonlinguistic messages. *Perception and Psychophysics* 8: 81-89.

Rochon, E., G. S. Waters & D. Caplan. 1994. Sentence comprehension in patients with Alzheimer's disease. *Brain and Language* 46(2): 329-349.

Roehm, D., M. Schlesewsky, I. Bornkessel, S. Frisch & H. Haider. 2004. Fractionating language comprehension via frequency characteristics of the human EEG. *Neuroreport* 15: 409-412.

Ross, J. R. 1967. Constraints on variables in syntax. Ph.D. dissertation. Cambridge, MA: MIT Press.

Rothstein, S. 1998. *Events and Grammar.* Dordrecht: Kluwer Academic Publishers.

Ruchkin, D. S., R. Johnson, J. Grafman, J. L. Canoune & W. Ritter. 1992. Distinctions and similarities among working memory processes: An event-related potential study. *Cognitive Brain Research* 1: 53-66.

Ryan C. N, E. Service, J. F. Connolly & C. S. Hawcoh. 2005. The influence of increased working memory load on semantic neural systems: A high-resolution event-related brain potential study. *Cognitive Brain Research* 22(2): 177-191.

Sabisch, B., A. Hahne, E. Glass, W. von Suchodoletz & A. D. Friederici. 2006. Auditory language comprehension in children with developmental dyslexica: Evidence from event-related brain potentials. *Journal of Cognitive Neuroscience* 18(10): 1676-1695.

Sachs, J. S. 1967. Recognition memory for syntactic and semantic aspects of connected discourse. *Perception & Psychophysics* 2: 437-442.

Sanford, A. J. & P. Sturt. 2002. Depth of processing in language comphrehension: Not noticing the evidence. *Trends in Cognitive Sciences* 6: 382-386.

Sarfarazi, M., B. Cave, A. Richardson, J. Behan & E. M. Sedgwick. 1999. Visual event related potentials modulated by contextually relevant and irrelevant olfactory primes. *Chemical Senses* 24: 145-154.

Savin, H. & E. Perchonock. 1965. Grammatical structure and the immediate recall of English sentences. *Journal of Verbal learning and Verbal Behavior* 4: 348-359.

Schafer, A. J. 1997. Prosodic parsing: The role of prosody in sentence comprehension. Ph.D. dissertation. Amherst: University of Massachusetts.

Schütze, C. T. & E. Gibson. 1999. Argumenthood and English prepositional phrase attachment. *Journal of Memory and Language* 40: 409-431.

Sedivy, J. 2014. *Language in Mind: An Introduction to Psycholinguistics.* Sunderland, MA: Sinauer Associates.

Sedivy, J. C., M. K. Tanenhaus, C. G. Chambers & G. N. Carlso. 1999. Achieving incremental semantic interpretation through contextual representation. *Cognition* 71: 109-147.

Segaert, K., L. Wheeldon & P. Hagoort. 2016. Unifying structural priming effects on syntactic choices and timing of sentence generation. *Journal of Memory and Language* 91: 59-80.

Seidenberg, M. S., M. K. Tanenhaus, J. M. Leiman & M. Bienkowski. 1982. Automatic access of meaning of ambiguous words in context: Some limitations of knowledge-based processing. *Cognitive Psychology* 14: 489-537.

Shi, D. 2000. Topic and topic-comment constructions in Mandarin Chinese. *Language 76* (2): 383-408.

Shillcock, R. 1982. The on-line resolution of pronominal anaphora. *Language and Speech* 25(4): 385-401.

Shriberg, E. E. 1996. Disfluencies in SWITCHBOARD. In *Proceedings of International Conference on Spoken Language Processing Addendum*. Philadelphia, PA. 11-14.

Sitnikova, T., G. Kuperberg & P. J. Holcomb. 2003. Semantic integration in videos of real-world events: An electrophysiological investigation. *Psychophysiology* 40: 160-164.

Sitnikova, T., P. J. Holcomb, K. A. Kiyonaga & G. R. Kuperberg. 2008. Two neurocognitive mechanisms of semantic integration during the comprehension of visual real-world events. *Journal of Cognitive Neuroscience* 20(11): 2037-2057.

Skipper, J. I. & S. L. Small. 2006. fMRI studies of language. In K. Brown (ed.). *The Encyclopedia of Language and Linguistics* (2nd ed.). Oxford: Elsevier Science.

Slattery, T. J., P. Sturt, K. Christianson, M. Yoshida & F. Ferreira. 2013. Lingering misinterpretations of garden path sentences arise from competing syntactic representations. *Journal of Memory and Language* 69: 104-120.

Slobin, D. I. 1966. Grammatical transformations and sentence comprehension in childhood and adulthood. *Journal of Verbal Learning and Verbal Behavior* 5: 219-227.

Smith, N. J. & R. Levy. 2013. The effect of word predictability on reading time is logarithmic. *Cognition* 128(3): 302-319.

Snedeker, J. & J. C. Trueswell. 2003. Using prosody to avoid ambiguity: Effects of speaker awareness and referential context. *Journal of Memory and Language* 48(1): 103-130.

Snedeker, J. & J. C. Trueswell. 2004. The developing constraints on parsing decisions: The role of lexical-biases and referential scenes in child and adult sentence processing. *Cognitive Psychology* 49(3): 238-299.

Sommerfeld, E., S. Vasishth, P. Logacev, M. Baumann & H. Drenhaus. 2007. A two phrase model of integration proceses in sentence parsing: Locality and antilocality effects in German. *Proceedings of the CUNY sentence processing conference*. La Jolla, CA.

Speer, S. R. & C. Clifton. 1998. Plausibility and argument structure in sentence comprehension. *Memory and Cognition* 26: 965-978.

Spivey, M. J., J. Tyler, D. C. Richardson & Young, E. 2000. Eye movements during comprehension of spoken scene descriptions. *The proceedings of the 22nd Annual Cognitive Science Society Meeting*. 487-492.

Sprouse, J. & N. Hornstein. 2013. *Experimental Syntax and Island Effects*. Cambridge: Cambridge University Press.

Stanovich K. E. & A. E. Cunningham. 1993. Where does knowledge come from? Specific associations between print exposure and information acquisition. *Journal of Educational Psychology* 85(2): 211-229.

Staub, A. 2007. The parser doesn't ignore intransitivity, after all. *Journal of Experimental Psychology: Learning, Memory, and Cognition* 33: 550-569.

Staub, A. 2007. The return of the repressed: Abandoned parses facilitate syntactic reanalysis. *Journal of Memory and Language* 57: 299-323.

Staub, A., B. Dillon & C. Clifton. 2017. The matrix verb as a source of comprehension difficulty in object relative sentences. *Cognitive Science* 41(6): 1353-1376.

Steinhauer, K. & J. Drury. 2012. On the early left-anterior negativity (ELAN) in syntax studies. *Brain and Language* 120: 135-162.

Steinhauer, K. & J. F. Conolly. 2008. Event-related potentials in the study of language. In B. Stemmer & H. Whitaker (eds.). *Handbook of the Cognitive Neuroscience of Language*. New York: Elsevier. 91-104.

Steinhauer, K., J. Drury, P. Portner, M. Walenski & M. T. Ullman. 2010. Syntax, concepts, and logic in the temporal dynamics of language comprehension: Evidence from event-related potentials. *Neuropsychologia* 48: 1525-1542.

Sternberg, S. 1966. High-speed scanning in human memory. *Science* 153: 652-654.

Stevenson, R. J., R. A. Crawley & D. Kleinman. 1994. Thematic roles, focus and the representation of events. *Language and Cognitive Processes* 9: 519-548.

Stewart, A. J., J. Holler & E. Kidd. 2007. Shallow processing of ambiguous pronouns: Evidence for delay. *Quarterly Journal of Experimental Psychology* 60(12): 1680-1696.

Stewart, A. J., M. J. Pickering & A. J. Sanford. 2000. The time course of the influence of implicit causality information: Focusing versus integration accounts. *Journal of Memory and Language* 42: 423-443.

Stowe, L. A. 1986. Parsing WH-constructions: Evidence for on-line gap location. *Language and Cognitive Processes* 1: 227-245.

Sturt, P., F. Costa, V. Lombardo & P. Frasconi. 2003. Learning first-pass structural attachment preferences with dynamic grammars and recursive neural networks. *Cognition* 88(2): 133-169.

Sussman, R. S. & J. Sedivy. 2003. The time-course of processing syntactic dependencies: Evidence from eye movements. *Language and Cognitive Processes* 18(2): 143-163.

Sutton, S., M. Braren, J. Zubin & E. R. John. 1965. Evoked potential correlates of stimulus uncertainty. *Science* 150: 1187-1188.

Swets, B., T. Desmet, C. Clifton & F. Ferreira. 2008. Underspecification of syntactic ambiguities: Evidence from self-paced reading. *Memory & Cognition* 36(1): 201-216.

Swinney, D. A. 1979. Lexical access during sentence comprehension: (Re) consideration of context effects. *Journal of Verbal Learning and Verbal Behavior* 18: 645-659.

Swinney, D. A. & A. Cutler. 1979. The access and processing of idiomatic expressions. *Journal of Verbal Learning and Verbal Behavior* 18: 523-534.

Tabor, W. & M. K. Tanenhaus. 1999. Dynamical models of sentence processing. *Cognitive Science* 23: 491-515.

Tabor, W. & S. Hatchins. 2004. Evidence for self-organized sentence processing: Digging-in effects. *Journal of Experimental Psychology: Learning, Memory, and Cognition* 30(2): 431-450.

Tabor, W., B. Galantucci & D. Richardson. 2004. Effects of merely local syntactic coherence on sentence processing. *Journal of Memory and Language* 50: 355-70.

Tabor, W., C. Juliano & M. K. Tanenhaus. 1997. Parsing in a dynamical system: An attractor-based account of the interaction of lexical and structural constraints in sentence processing. *Language and Cognitive Processes* 12: 211-271.

Tanenhaus, M. K., G. Carlson & J. C. Trueswell. 1989. The role of thematic structures in interpretation and parsing. *Language and Cognitive Processes* 4: 211-234.

Tanenhaus, M. K., J. E. Boland, G. Mauner & G. N. Calson. 1993. More on combinatory lexical information: Thematic structure in parsing and interpretation. In G. Altman & R. Shillcock (eds.). *Cognitive Models of Speech Processing: Vol. 2. Psycholinguistic and Computational Perspective*. Cambridge, MA: MIT Press. 297-319.

Tanenhaus, M. K., M. J. Spivey-Knowlton, K. M. Eberhard & J. E. Sedivy. 1995. Integration of visual and linguistic information in spoken language comprehension. *Science* 268: 1632-1634.

Taraban, R. & J. L. McClelland. 1988. Constituent attachment and thematic role assignment in sentence processing: Influences of content-based expectations. *Journal of Memory and Language* 27: 597-632.

Temperley, D. 2003. Ambiguity avoidance in English relative clauses. *Language* 79: 464-484.

Tenny, C. & J. Pustejovsky. 2000. *Events as Grammatical Objects*. Stanford: CSLI Publication.

Thompson, S. & A. Mulac. 1991. The discourse conditions for the use of the complementizer that in conversational English. *Journal of Pragmatics* 15: 237-251.

Townsend, D. J. & T. G. Bever. 2001. *Sentence Comprehension: The Integration of Habits and Rules*. Cambridge, MA: MIT Press.

Trask, R. L. 1993. *A dictionary of grammatical terms in linguistics*. New York: Routledge.

Traxler, M. J. & M. J. Pickering. 1996. Plausibility and the processing of unbounded dependencies: An eye tracking study. *Journal of Memory and Language* 35: 454-475.

Traxler, M. J., M. J. Pickering & B. McElree. 2002. Coercion in sentence processing: Evidence from eye-movements and self-paced reading. *Journal of Memory and Language* 47: 530-547.

Traxler, M. J., M. J. Pickering & C. Clifton. 1998. Adjunct attachment is not a form of lexical ambiguity resolution. *Journal of Memory and Language* 39: 558-592.

Traxler, M. J., B. McElree, R. S. Williams & M. J. Pickering. 2005. Context effects in coercion: Evidence from eye-movements. *Journal of Memory and Language* 53: 1-25.

Trueswell. J. C. 1996. The role of lexical frequency in syntactic ambiguity resolution.

Journal of Memory and Language 35: 566-585.

Trueswell, J. C. & A. Kim. 1998. How to prune a garden path by nipping it in the bud: Fast priming of verb argument structure. *Journal of Memory and Language* 39: 102-123.

Trueswell, J. C., M. K. Tanenhaus & C. Kello. 1993. Verb-specific constraints in sentence processing: Separating effects of lexical preference from garden paths. *Journal of Experimental Psychology: Learning, Memory, and Cognition* 19: 528-553.

Trueswell, J. C., M. K. Tanenhaus & S. M. Garnsey. 1994. Semantic influences on parsing: Use of thematic role information in syntactic disambiguation. *Journal of Memory and Language* 33: 285-318.

Tunstall, S. L. 1998. The interpretation of quantifiers: Semantics and processing. Ph.D. dissertation. Amherst: University of Massachusetts.

Tyler, L. K. 1985. Real-time comprehension processes in agrammatism: A case study. *Brain and Language* 26: 259-275.

Van Berkum, J. J. A., P. Hagoort & C. M. Brown. 1999. Semantic integration in sentences and discourse: Evidence from N400. *Journal of Cognitive Neuroscience* 11(6): 657-671.

Van Berkum, J. J. A., A. W. Koornneef, M. Otten & M. S. Nieuwland. 2007. Establishing reference in language comprehension: An electrophysiological perspective. *Brain Research* 1146: 158-171.

Van de Meerendonk, N., H. Kolk, D. Chwilla & C. Vissers. 2009. Monitoring in language perception. *Language and Linguistic Compass* 3(5): 1211-1224.

Van den Brink, D. & P. Hagoort. 2004. The influence of semantic and syntactic context constraints on lexical selection and integration in spoken-word comprehension as revealed by ERPs. *Journal of Cognitive Neuroscience* 16(6): 1068-1084.

Van Dyke, J. A. 2002. Parsing as working memory retrieval: Interference, decay, and priming effects in long distance attachment. Ph. D. dissertation, University of Pittsbuergh, PA.

Van Dyke, J. A. 2007. Interference effects from grammatically unavailable constituents during sentence processing. *Journal of Experimental Psychology:*

Learning, Memory and Cognition 33(2): 407-430.

Van Dyke, J. A. & B. McElree. 2006. Retrieval interference in sentence processing. *Journal of Memory and Language* 55: 157-166.

Van Dyke, J. A. & C. L. Johns. 2012. Memory interference as a determinant of language comprehension. *Language and Linguistic Compass* 6(4): 193-211.

Van Dyke, J. A. & R. L. Lewis. 2003. Distinguishing effects of structure and decay on attachment and repair: A retrieval interference theory of recovery from misanalysed ambiguities. *Journal of Memory and Language* 49(3): 285-316.

Van Dyke, J. A., C. L. Johns & A. Kukona. 2014. Low working memory capacity is only spuriously related to poor reading comprehension. *Cognition* 131: 373-403.

Van Gompel, R. P., M. J. Pickering & M. J. Traxler. 2000. Unrestricted race: A new model of syntactic ambiguity resolution. In A. Kennedy, R. Radach, D. Heller & J. Pynte (eds.). *Reading as a Perceptual Process*. Oxford: Elsevier. 621-648.

Van Gompel, R. P., M. J. Pickering & M. J. Traxler. 2001. Reanalysis in sentence processing: Evidence against current constraint-based and two-stage models. *Journal of Memory and Language* 45: 225-258.

Van Herten, M., H. H. J. Kolk & D. J. Chwilla. 2005. An ERP study of P600 effects elicited by semantic anomalies. *Cognitive Brain Research* 22: 241-255.

Van Valin, R. D. 2005. *Exploring the Syntax-Semantics Interface*. Cambridge: Cambridge University Press.

Vasishth, S. 2003. *Working Memory in Sentence Comprehension: Processing Hindi Center Embeddings*. New York: Garlands Press.

Vasishth, S. & R. Lewis. 2006. Argument-head distance and processing complexity: Explaining both locality and antilocality effects. *Language* 82(4): 767-794.

Vasishth, S., K. Suckow, R. Lewis & S. Kern. 2010. Short-term forgetting in sentence comprehension: Crosslinguistic evidence from head-final structures. *Language and Cognitive Processes* 25(4): 533-567.

Vasishth, S., S. Brüssow, R. Lewis & H. Drenhaus. 2008. Processing polarity: How the ungrammatical intrudes on the grammatical. *Cognitive Science* 32(4): 685-712.

Venables, W. N. & B. D. Ripley. 2002. *Modern Applied Statistics with S-Plus*. New York: Springer.

Vos S. H. & A. D. Friederici. 2003. Intersentential syntactic context effects on comprehension: The role of working memory. *Cognitive Brain Research* 16(1): 111-122.

Vos S. H., T. C. Gunter, H. Schriefers & A. D. Friederici. 2001. Syntactic parsing and working memory: The effects of syntactic complexity, reading span, and concurrent load. *Language and Cognitive Processes* 16(1): 65-103.

Wagers, M. & C. Phillips. 2009. Multiple dependencies and the role of the grammar in real-time comprehension. *Journal of Linguistics* 45(2): 395-434.

Wagers, M. & C. Phillips. 2014. Going the distance: Memory and control processes in active dependency construction. *Quarterly Journal of Experimental Psychology* 67(7): 1274-1304.

Wagers, M. W., E. F. Lau & C. Phillips. 2009. Agreement attraction in comprehension: Representations and processes. *Journal of Memory and Language* 61(2): 206-237.

Wagner, R., J. Torgesen & C. A. Rashotter. 1999. *Comprehensive Test of Phonological Processing*. Austin, TX: Pro-Ed.

Wagner, T. D. & E. E. Smith. 2003. Neuroimaging studies of working memory: A meta-analysis. *Cognitive, Affective & Behavioral Neuroscience* 3(4): 255-274.

Wang, L., M. Schlesewsky, B. Bickel & I. Bornkessel-Schlesewsky. 2009. Exploring the nature of the 'subject'-preference: Evidence from the online comprehension of simple sentences in Mandarin Chinese. *Language and Cognitive Processes* 24(7-8): 1180:1226.

Warren, T. & E. Gibson. 2002. The influence of referential processing on sentence complexity. *Cognition* 85: 79-112.

Wason, P. C. 1965. The contexts of plausible denial. *Journal of Verbal Learning and Verbal Behavior* 4: 7-11.

Wason, P. C. & S. Reich. 1979. A verbal illusion. *The quarterly Journal of Experimental Psychology* 31(4): 591-597.

Waters, G. S. & D. Caplan. 1996a. Processing resource capacity and the comprehension of garden path sentences. *Memory and Language* 24(3): 342-355.

Waters, G. S. & D. Caplan. 1996b. The capacity theory of sentence comprehension: Critique of Just and Carpenter (1992). *Psychological Review* 103(4): 761-772.

Waters, G. S., D. Caplan & E. Rochon. 1995. Processing capacity and sentence comprehension in patients with Alzheimer's disease. *Cognitive Neuropsychology* 12: 1-30.

Watson, D. 2002. Intonational phrasing in language production and comprehension. Ph.D. dissertation. Cambridge, MA: MIT Press.

Winnick, W. A. & S. A. Daniel. 1970. Two kinds of response priming in tachistoscopic recognition. *Journal of Experimental Psychology* 84(1): 74-81.

Wisniewski, E. J. 1997. When concepts combine. *Psychonomic Bulletin and Review* 4: 167-183.

Wisniewski, E. J. & B. C. Love. 1998. Relations versus properties in conceptual combinations. *Journal of Memory and Language* 38: 177-202.

Witzel, N., J. Witzel & K. Forster. 2012. Comparisons of online reading paradigms: Eye tracking, moving-window, and maze. *Journal of Psycholinguistic Research* 41(2): 105-128.

Wu, F., E. Kaiser & E. Andersen. 2012. Animacy effects in Chinese relative clause processing. *Language and Cognitive Processes* 27(10):1489-1524.

Wu, F., E. Kaiser & S. Vasishth. 2018. Effects of early cues on the processing of Chinese relative clauses: Evidence for experience-based theories. *Cognitive Science* 42(3): 1101-1133.

Wu, F., Y. Luo & X. Zhou. 2014. Building Chinese relative clause structures with lexical and syntactic cues: Evidence from visual-world eyetracking and reading times. *Language, Cognition and Neuroscience* 29(10): 1205-1226.

Xiang, M., B. Dillon & C. Phillips. 2009. Illusory licensing effects across dependency types: ERP evidence. *Brain and Language* 108(1): 40-55.

Xiang, M., S. Wang & Y. Cui. 2015. Constructing covert dependencies — The case of Mandarin wh-in-situ dependency. Journal of Memory and Language 84: 139-166.

Xiang, M., B. Dillon, M. Wagers, F. Liu & T. Guo. 2014. Processing covert dependencies: An SAT study on Mandarin wh-in-situ questions. *Journal of East Asian Linguistics* 23(2): 207-232.

Xu, L. & D. T. Langendoen. 1985. Topic Structure in Chinese. *Language* 61: 1-27.

Xu, X. 2015. The influence of information status on pronoun resolution in mandarin Chinese: Evidence from ERPs. *Frontiers in Psychology* 6: 873.

Xu, X. & Zhou X. 2016. Topic shift impairs pronoun resolution during sentence comprehension: Evidence from event-related potentials. *Psychophysiology* 53: 129-142.

Xu, X., X. Jiang & X. Zhou. 2013. Processing biological gender and number information during chinese pronoun resolution: ERP evidence for functional differentiation. *Brain and Cognition* 81: 223-236.

Xu, X., X. Jiang & X. Zhou 2015. When a causal assumption is not satisfied by reality: differential brain responses to concessive and causal relations during sentence comprehension. *Language, Cognition & Neuroscience* 30: 704-715.

Xu, Y. 1999. Effects of tone and focus on the formation and alignment of F0 contours. *Journal of Phonetics* 27: 55-105.

Yang, C. L., C. A. Perfetti & Y. Liu. 2010. Sentence integration processes: An ERP study of Chinese sentence comprehension with relative clauses. *Brain and Language* 112: 85-100.

Yang, C. L., P. C. Gordon, R. Hendrick & C. W. Hue. 2003. Constraining the comprehension of pronominal expressions in Chinese. *Cognition* 86: 283-315.

Yang, X., X. Chen, S. Chen, X. Xu & Y. Yang 2013. Topic Structure Affects Semantic Integration: Evidence from Event-related Potentials. *PLOS One* 8 (12): e79734.

Yang, Y., F. Wu & X. Zhou. 2015. Semantic processing persists despite anomalous syntactic category: ERP evidence from Chinese passive sentences. *PLoS ONE* 10(6): e0131936.

Ye, Z., Y. Luo, A. D. Friederici & X. Zhou. 2006. Semantic and syntactic processing in Chinese sentence comprehension: Evidence from event-related potentials. *Brain Research* 1071: 186-196.

Zagar, D., J. Pynte & S. Rativeau. 1997. Evidence for early closure attachment on first-pass reading times in French. *Quarterly Journal of Experimental Psychology* 50A: 421-438.

Zhang, Y., J. Yu & J. E. Boland. 2010. Semantics does not need a processing license from syntax in reading Chinese. *Journal of Experimental Psychology: Learning, Memory, and Cognition* 36: 765-781.

Zhang, Y., P. Li, Q. Piao, Y. Liu, Y. Huang & H. Shu. 2013. Syntax does not necessarily precede semantics in sentence processing: ERP evidence from Chinese. *Brain and Language* 126: 8-19.

蔡任栋、董燕萍，2010，汉语话题化结构空位的心理现实性研究——来自填充语启动实验的证据，《现代外语》(1)：64-71。

陈烜之、熊蔚华，1995，中文阅读之句法分析历程初探，《心理科学》(18)：321-325。

陈一民，2005，歧义结构的意义优选，《语言文字应用》(3)：76-82。

董燕萍、陈小聪，2020，《口译加工研究》。北京：外语教学与研究出版社。

冯志伟，1996a，论歧义结构的潜在性，《语文现代化论丛》第二辑。北京：语文出版社。

冯志伟，1996b，自然语言处理中的歧义消解方法，《语言文字应用》(1)：55-60。

高立群、刘兆静、黄月圆，2005，"自己"是谁？对约束原则的实验研究，《语言科学》(2)：39-50。

顾介鑫、周昕、翁婧琦，2018，"挂念小芳的爷爷"类句法歧义加工的脑功能成像研究，《语言科学》(6)：647-662。

江新、荆其诚，1999，句法和语义在汉语简单句理解中的作用，《心理学报》(4)：361-368。

金立鑫，2016，普通话混合语序的类型学证据及其动因，《汉语学习》(3)：3-11。

金立鑫、于秀金，2012，从与OV-VO相关和不相关参项考察普通话的语序类型，《外国语》(2)：22-29。

李金满、吴芙芸，2020，句首名词做主语还是话题？来自SVO和TSV句子加工的证据，《现代外语》(4)：477-488。

刘丹青，1995，语义优先还是语用优先——汉语语法学体系建设断想，《语文研究》(2)：10-15。

陆俭明，1993，汉语句子的特点，《汉语学习》(1)：1-6。

陆俭明，2001，关于句处理中所要考虑的语义问题，《语言研究》(1)：1-12。

陆俭明、郭锐，1998，汉语语法研究所面临的挑战，《世界汉语教学》(1)：3-21。

吕叔湘，1979，《汉语语法分析问题》。北京：商务印书馆。

马庆株，1992，《汉语动词和动词性结构》。北京：北京语言学院出版社。

马庆株，1998，结构、语义、表达研究琐议——从相对义、绝对义谈起，《中国语文》(3)：173-180。

缪小春，1982，汉语语句的理解策略——语序和词义在汉语语句理解中的作用，《心理科学通讯》(6)：9-15。

缪小春，1996，影响代词加工的语义和语法因素研究，《心理学报》(4)：352-357。

缪小春、陈国鹏、应厚昌，1984，次序和语义在汉语语句理解中的作用再探，《心理科学通讯》(6)：1-7。

邱丽景、王穗苹、陈烜之，2012，阅读理解中的代词加工：先行词的距离与性别刻板印象的作用，《心理学报》(10)：1279-1288。

邵敬敏，1995，双音节 "V+N" 结构的配价分析。载沈阳、郑定欧（编），《现代汉语配价语法研究》。北京：北京大学出版社。

邵敬敏，1997，句法语义的双向选择性原则，《中国语言学报》(八)。北京：商务印书馆。

申敏、杨玉芳，2006，动词隐含因果性和重读对代词加工的影响，《心理学报》(4)：497-506。

沈家煊，2016，《名词和动词》。北京：商务印书馆。

沈家煊，2017，汉语有没有 "主谓结构"，《现代汉语》(1)：1-13。

石东方、舒华、张厚粲，2001，汉语句子可继续性对句子理解加工的即时影响，《心理学报》(1)：7-12。

石东方、张厚粲、舒华，1999，动词信息在汉语句子加工早期的作用，《心理学报》(1)：28-35。

史锡尧，1995，论句义的表达和理解，《汉语学习》(6)：13-17。

孙燕、舒华、周晓林、郑先隽，2001，动词隐含因果性对代词加工的影响，《心理科学》(1)：39-70。

王蓓、吕士楠、杨玉芳，2002，汉语语句中重读音节音高变化模式研究，《声学学报》(3)：234-240。

王芳、吴芙芸，2020，汉语话题结构的心理实验研究：进展与展望，《外语学刊》(6)：9-16。

王玲玲，2010，汉语述宾/偏正短语的意义优选和歧义度考察，《汉语学习》(4)：91-97。

王路明，2015，优势语序还是优势解读？利用ERP考察汉语双论元歧义句的解歧过程，《心理学报》(7)：869-877。

王路明，2017，主语优先等同于施事者优先或话题优先吗？来自汉语简单句加工的脑电实验发现，《外国语》(3)：43-51。

吴芙芸，2020，英汉反身代词—先行词依存加工中的语义干扰效应，《现代外语》(3)：318-329。

徐杰、石毓智，2001，汉语史上疑问形式的类型学转变及其机制——焦点标记 "是" 的产生及其影响，《中国语文》(5)：454-480。

徐烈炯 刘丹青，2007，《话题的结构与功能》（增订版）。上海：上海教育出版社。

徐通锵，1997，《语言论——语义型语言的结构原理和研究方法》。长春：东北师范大学出版社。

徐晓东、陈庆荣，2014，汉语焦点信息影响代词回指的电生理机制，《心理科学进展》（6）：902-910。

杨梅、严晓朦，2019，汉语关系从句加工综述，《当代外语研究》（6）：43-53。

杨小龙、吴义诚，2015，论话题结构生成的线性机制，《外国语》（1）：55-63。

杨亦鸣、刘涛，2013，汉语话题句中语迹的神经机制研究，《中国社会科学》（6）：146-166。

尤庆学，2000，歧义度的调查与分析，《汉语学习》（5）：15-19。

袁毓林，2003，句子的焦点结构及其对语义解释的影响。《当代语言学》(4)：323-338。

张黎，1996，语义搭配律刍议，《汉语学习》（2）：41-44。

张清芳，2019，《语言产生：心理语言学的视角》。上海：华东师范大学出版社。

张兴利、白学军、阎国利，2006，动词隐含因果关系在代词解决中的作用及时间进程，《心理科学》(5):1149-1152。

张亚旭、朴秋虹、喻婧、杨燕萍，2011，句子理解过程中词类加工的功能性质，《心理科学进展》（12）：1741-1748。

张亚旭、舒华、张厚粲、周晓林，2002，话语参照语境条件下汉语歧义短语的加工，《心理学报》（2）：126-134。

张亚旭、张厚粲、舒华，2000，汉语偏正/述宾歧义短语加工初探，《心理学报》（1）：13-19。

赵元任，1968，《中国话的文法》（英），吕叔湘节译本《汉语口语语法》。北京：商务印书馆，1979年；丁邦新全译本《中国话的文法》（增订版），香港：香港中文大学出版社，2002年。

周长银、李芳、陈荣荣，2020，汉语关系从句加工的眼动研究，《外语教学》（1）：40-46。

朱德熙，1980，汉语句法中的歧义现象。载朱德熙（著），《现代汉语语法研究》。北京：商务印书馆。169-192。

朱德熙，1985，《语法答问》。北京：商务印书馆。

索引

外语学科核心话题
前沿研究文库

"十三五"国家重点出版物出版规划项目

语言学核心话题系列丛书 （总主编：王文斌）

■ **普通语言学（主编：袁毓林）**
焦点与量化理论及其运用（黄瓒辉）
韵律语法理论及其运用（周韧）
词汇化与语法化理论及其运用（张秀松）
语义解释的生成词库理论及其运用（李强、袁毓林）
叙实性与事实性理论及其运用（李新良、袁毓林）
语言的深度计算理论与技术应用（王璐璐、袁毓林）
手语的词汇语法研究与教育应用（倪兰）

◆ **句法学（主编：司富珍）**
句法制图理论研究（司富珍）
分布形态理论研究（刘馨茜）
句法类型学研究（待定）
轻动词研究（冯胜利）
名词性短语的生成语法研究（龚锐）

▲ **语义学（主编：蒋严）**
词汇语义学（王文斌、邬菊艳）
句子语义学（周家发）
推理语用学（王宇婴、蒋严、李琳）
语篇语义学（蒋严）
跨语言语义学（沈园）

● **音系学（主编：马秋武）**
节律音系学（宫齐）
韵律音系学（朱立刚、马秋武）
优选论：从并行模式到串行模式（马秋武）
手语音系研究（邓慧兰）

◆ **语音学（主编：朱磊）**
元音研究（胡方）
辅音研究（凌锋）
声调研究（朱磊）

● **认知语言学（主编：张辉）**
隐喻与转喻研究（张炜炜）
构式语法研究（牛保义、李香玲、申少帅）
心理空间与概念整合研究（杨波）

批评认知语言学（张辉、张天伟）
认知社会语言学（张天伟、周红英）

▼ **对比语言学（主编：王文斌）**
论英汉的时空性差异（王文斌）
英汉语篇对比研究（杨延宁）
英汉句法对比研究（何伟）
英汉认知语义对比研究（刘正光）
英汉词汇对比研究（邵斌）
英汉音系对比研究（张吉生）
英汉语音对比研究（许希明）

应用语言学核心话题系列丛书 （总主编：文秋芳）

■ **语言习得（主编：蔡金亭）**
二语词汇习得研究（张萍）
语言迁移研究（蔡金亭）
二语学习同伴互动研究（徐锦芬）
二语的外显学习和内隐学习（陈亚平）

◆ **社会语言学（主编：高一虹）**
社会语言学视角下的共同体（董洁 等）
社会语言学视角下的言语交际（肖琳）
从世界英语到国际通用英语（李文中）
语言态度与语言认同（李玉霞）

▲ **心理语言学（主编：董燕萍）**
词汇加工研究（乔晓妹、张北镇）
句子加工研究（吴芙芸）
口译加工研究（董燕萍、陈小聪）

● **语料库语言学（主编：许家金）**
语料库与话语研究（许家金）
语料库与双语对比研究（秦洪武、孔蕾）
语料库与学术英语研究（姜峰）

◆ **语言测评（主编：韩宝成）**
语言测评效度验证研究（罗凯洲）
语言测评反拨效应研究（金艳、陈芳）
Rasch测量理论在语言测评中的应用研究
（范劲松、张晓艺）

● 二语写作（主编：王立非）
  二语写作课堂教学研究（杨鲁新）
  二语写作认知心理研究方法与趋势（王俊菊）
  二语写作测评方式研究（梁茂成）
  二语写作身份认同研究（徐昉）
  体裁与二语写作研究（邓鹂鸣、肖亮）

▼ 外语教师教育（主编：徐浩）
  外语教师学习（康艳）
  外语教师能力（徐浩）
  外语教师共同体（张金秀）
  外语教师知识（张莲）

外国文学研究核心话题系列丛书　（总主编：张剑）

■ 传统·现代性·后现代研究（主编：张剑）
  现代性（宋文）
  后现代主义（陈世丹）
  改写（陈红薇）
  解辖域化（张海榕）
  战争文学（胡亚敏）
  新维多利亚小说（金冰）
  科幻（聂韬）

◆ 社会·历史研究（主编：杨金才）
  权力（杨金才）
  乌托邦（姚建彬）
  文化资本（许德金）
  公共领域（李成坚、任显楷）
  霸权（郭英剑）
  文化唯物主义（赵国新、袁方）
  文学性（李颖）
  原始主义（浦立昕）

▲ 种族·后殖民研究（主编：谭惠娟）
  民族（孙红卫）
  空间（陈丽）
  身份（张柏青）
  跨国主义（潘志明）
  杂糅（谭惠娟、王荣）
  他者（张剑）

● 自然·性别研究（主编：陈红）
  身体（张金凤）
  性别（刘岩 等）
  男性气质（隋红升）
  生态女性主义（韦清琦、李家銮）
  田园诗（陈红、张姗姗、鲁顺）

◆ 心理分析·伦理研究（主编：刁克利）
  作者（刁克利）
  伦理（杨国静）
  崇高（陈榕）
  传记（待定）
  书写（王涛）
  成长小说（沈宏芬）

翻译学核心话题系列丛书　（总主编：王克非）

■ 理论翻译研究（主编：王东风）
  国外翻译理论发展研究（王东风）
  翻译过程研究：理论、方法、问题（郑冰寒）
  译学方法论研究（蓝红军）
  翻译认知过程研究（谭业升）

◆ 应用翻译研究（主编：王克非）
  翻译教学研究（陶友兰）
  翻译测试与评估研究（杨志红）
  实务翻译研究（刘康龙、李克兴）
  翻译能力研究（赵秋荣、葛晓华）
  翻译技术研究（王华树）

▲ 翻译文化研究（主编：许钧）
  中国翻译文学史研究（王建开）
  西方翻译史学研究（谭载喜）
  翻译史研究方法（黄焰结）
  中华典籍外译研究（范祥涛）
  中文小说英译研究（王颖冲）

● 语料库翻译研究（主编：秦洪武、黄立波）
  语料库翻译学理论研究（黄立波）
  双语语料库的研制与应用（秦洪武）
  基于语料库的文学翻译研究（胡开宝、李翼）
  基于双语语料库的应用翻译研究（戴光荣）
  基于语料库的语言接触研究（庞双子）
  语料库文体统计学方法与应用（胡显耀）

◆ 口译研究（主编：张威）
  口译理论研究（王斌华）
  口译教学研究（任文、郑凌茜、王洪林）
  语料库口译研究（张威）

■ 跨文化研究核心话题丛书　（总主编：孙有中）

  跨文化能力研究（戴晓东）
  跨文化商务话语研究（吴东英、冯捷蕴、梁森 等）
  跨文化适应研究（侯俊霞）
  跨文化外语教学研究（孙有中、廖鸿婧、郑萱、秦硕谦）
  跨文化传播研究（单波）